맛의 제국 이탈리아의 음식문화사
Al dente
알덴테

Al Dente: A History of Food in Italy by Fabio Parasecoli was first
published by Reaktion Books, London, UK in the Foods and Nations series, 2014

Copyright © Fabio Parasecoli 2014
All rights reserved.

Korean translation Copyright © 2018 Nikebooks
The Korean edition is published by arrangement with Reaktion Books LTD,
London through YuRiJang Literary Agency, Seoul.

이 책의 한국어판 저작권은 유리장 에이전시를 통해
저작권자와 독점 계약한 니케북스에 있습니다.
신 저작권법에 의해 한국 내에서 보호를 받는 저작물이므로,
학술적 비평을 위해 인용하는 경우 외에
상업적으로 이용하려면 미리 서면으로 허락을 받으십시오.

이 책에 실린 모든 도판은 저작권자를 밝히는 한
독자가 자유로이 공유(복제, 배포, 전송)할 수 있고,
저작권자가 허락하는 한도 내에서 가공할 수 있습니다.

언제
무엇을
어떻게
먹었을까?

파비오 파라세콜리 지음
김후 옮김

맛의 제국 이탈리아의 음식문화사

알덴테

니케북스

차례

서문
이탈리아 음식, 신화와 고정관념을 넘어서 • 011

신화 만들기 • 015 인류 무형문화유산으로 지정된 지중해 음식 문화 • 021
엑스트라 버진 올리브유, 그 거품 낀 명성 • 030
옛것에 대한 새로운 해석 • 032 다시 역사 속으로 • 041
+Recipe 푸실리 알라 비냐롤라 • 052
+Recipe 콜론나타산 라르도와 새우를 곁들인 브루스케타 • 054

1장
지중해에 둘러싸인 땅 • 057

최초의 이주 • 059 에트루리아인의 등장 • 066 페니키아인의 도래 • 075
그리스인의 도래 • 082 켈트인의 진출 • 094 로마의 등판 • 097 로마의 확장 • 105
고대 이탈리아의 와인 • 115
지중해 제국, 로마 • 117
《데 레 코퀴나리아》의 골 요리 조리법 • 122

2장
새로 온 정복자들 · 131

로마제국의 종말 · 133 게르만족의 대이동 · 138
비잔틴제국, 랑고바르드족, 프랑크족의 대결 · 141 장원 제도 · 158
부자와 가난한 자의 식사 · 161
중세의 기아 · 165
동방에서 밀려든 이슬람의 물결 · 170 북쪽에서 온 새 물결, 노르만족 · 178

3장
이탈리아의 재탄생 · 185

농업의 도약 · 187 도시 문화와 세련된 식사 · 195
향신료를 찾는 모험 · 198 《리브로 델라 코치나》의 조리법 I · 203
《리브로 델라 코치나》의 조리법 II · 204
위기, 그리고 회복 · 205 불안한 정세 속에 꽃핀 르네상스 · 212
성대한 궁정 요리 · 214 건강, 섭식, 요리 교본 · 225
주류 사회와 소수 민족의 식사 · 238 신대륙 혁명 · 246

4장
분열과 통일 · 253

외세 치하의 이탈리아 · 255 퇴락한 명성 · 261
의학의 발전이 요리에 끼친 영향 · 269 순회 여행 · 271
계몽주의 시대 · 274 통일 이탈리아의 탄생 · 299
《부엌의 과학과 좋은 식사의 기술》 조리법 I · 317
《부엌의 과학과 좋은 식사의 기술》 조리법 II · 319

5장
전쟁을 거쳐 경제기적의 시대로 · 327

벨 에포크 · 328 파시즘 시대 · 334 파쇼 정권 치하의 음식 문화 · 341
아다 본필리오 크라시크의 알뜰 조리법 · 352 '미래주의 요리 선언'(1930) 일부 · 360
처참한 패전과 재건 · 364 달콤한 인생 · 379

6장
오늘과 내일의 이탈리아 음식 · 391

새천년이 시작될 무렵 · 393
+Recipe 연어와 보드카를 곁들인 펜네테 · 396
+Recipe 토르텔리니 알라 보스카이올라 · 398
어디에서 무엇을 살 것인가 · 403 먹을거리 정치 · 409 소비문화, 젠더와 몸 · 417
요리라는 전문 직업 · 421
새로운 음식 문화 현장 · 423 슬로푸드 운동 · 432

7장
세계화한, 또는 세계화된 이탈리아 음식 · 439

디아스포라 · 443
1차 세계대전 직후 미국의 이탈리아 요리 · 449
세계 속의 이탈리아 음식 · 455
+Recipe 유자후추 소스를 얹은 와후 파스타 · 456
세계 시장에서 벌어지는 식품 전쟁의 무기 · 463
음식에 관한 이데올로기 · 465   나폴리 피자의 흥미로운 사례 · 472
이탈리아의 외국 음식점 · 478

8장
마을과 지역의 나라, 이탈리아의 캄파닐리스모 · 487

로마식 마카로니 · 492   시칠리아식 마카로니 · 493
유럽의 먹을거리 정치 · 494
이탈리아의 와인 인증 제도 · 499
종탑 아래에서—이탈리아 음식이란 무엇인가? · 502
이탈리아인에게 전통 음식이란 · 511   '지방 음식'의 정체 · 516   남북 문제 · 522
음식과 지역사회 · 532

용어 설명 · 537
미주 · 547
참고문헌 · 579
감사의 말 · 602

일러두기

1. 지은이가 붙인 주석은 원서대로 책 말미에 미주로 실었다.
2. 본문 하단의 각주와 말미의 용어 설명은 독자의 이해를 돕고자 한국어판 번역·편집 과정에서 붙인 것이다.
3. 본문에 소개된 라틴어 문헌의 원제와 식물의 학명 표기는 되도록 각주로 옮겼다.
4. 외래어 표기는 기본적으로 국립국어원이 정한 외래어 표기법을 따르되, 외래어 표기법에는 어긋나지만 원어 발음에 더 가깝고 일상에서도 널리 통용되는 명칭은 통용되는 대로 표기했다. 예를 들어 lasagna는 '라사냐'가 아닌 '라자냐'로, risotto는 '리소토'가 아닌 '리조토'로 썼다.

서문

이탈리아 음식,
신화와 고정관념을 넘어서

"거기는 지도 어디에도 없는 곳이야, 진짜 위치는 지도 따위에 절대로 나오지 않아." —허먼 멜빌, 《모비 딕》

티라미수, 스파게티, 피자. 이제 이런 음식은 어디에나 넘쳐나기 때문에 그저 흔해빠진 것으로 받아들여진다. 전 세계의 소비자들이 이들 음식의 기원을 다 알고 먹지는 않겠지만, 이탈리아 음식이 세계적으로 가장 입맛 돋는 요리로 꼽히는 것은 틀림없다. 이탈리아 음식의 영향력과 인기는 날로 커지고 있고, 이는 단지 주방에 국한된 게 아니라 대중문화 전반에 걸친 사회적인 현상이 되어버렸다.

얼마 전에 미국 현대 식생활의 변천 과정을 다룬 《아루굴라* 합

● 지중해가 원산지인 채소로 이탈리아 요리에 많이 사용된다. 이탈리아에서는 '루콜라'라고 한다.

중국—어쩌다 우리가 대식국이 되었나?》라는 책이 나왔는데, 이 책에서는 최근 들어 유행하고 있는(그래서 이제 흔하디흔한 것이 되어버린) 이 이탈리아 채소를 범세계주의와 식생활 혁명의 상징으로 본다.[1] 지난 30년 동안 이탈리아 요리는 사회적 위상이 높아졌고, 그만큼 인구에 회자되었다. 패밀리 레스토랑이나 거리의 아이스크림 가게와 피자 가게에서 흔히 접할 수 있는 것이 이탈리아 음식인데, 그런가 하면 세계 유수의 도시에서 초일류 식당으로 꼽히는 곳들 가운데에는 최고급 이탈리아 식당이 꼭 들어 있다. 비평가와 고객 양쪽으로부터 진심 어린 찬사를 받는 식당들이다.

또한 텔레비전 프로그램이나 잡지는 온통 '정통' 이탈리아식이라고 주장하는 조리법으로 도배되고, 이탈리아 출신 요리사들은 출신지의 후광으로 유명 인사가 되기도 한다. 이탈리아 요리가 새롭게 주목을 받자 수많은 여행객이 그 진원지 이탈리아로 몰려들고 있다. 이런 사람들은 아직까지 발견되지 않은 전통 요리법을 찾아서, 잘 알려지지 않은 시골 마을이나 외딴 농장을 찾아가 그곳만의 독특한 풍미를 즐긴다. 이들은 세계적 명성을 얻은 요리사의 강좌를 들으면서 짬짬이 시골 마을을 어슬렁거리기도 하고, 이른바 '정통' 현지 요리를 맛보려고 조그마한 동네 식당들을 탐방하기도 한다.

도대체 이게 무슨 난리란 말인가? 어쩌다 이탈리아 음식이 지금과 같은 위상에 오르게 되었을까? 이탈리아 음식의 무엇이 전 세계 수많은 사람들의 마음을 끈 것일까? 끝도 없이 다양해 보이는 이탈리아 지방 향토 음식들은 도대체 어디에서 온 것인가? 솔직히 대

리구리아 지방의 파스타, 트로피에. 이처럼 특이한 파스타들이 전 세계 식도락가의 관심을 끌고 있다.

부분의 사람들은 그저 헷갈리기만 하는 갖가지 와인, 치즈, 빵, 채소, 살라미 종류들은 어떻게 나온 것인가?

신화 만들기

내가 이탈리아 출신이라는 사실을 아는 순간, 사람들이 가장 많이 하는 질문은 이것이다. "그럼 가장 즐겨 찾는 이탈리아 식당이 어디죠?" 그다음엔 보통 "매일같이 요리하세요?"라는 질문이 이어진다.

'이탈리아 사람'과 '좋은 음식'은 떼려야 뗄 수 없는 관계에 있다는 생각은, 먹는 일이나 식탁의 즐거움에 관한 한 이탈리아를 정말로 아주 특별한 곳으로 여기는 흔한 고정관념이라고 할 수 있다. 전 세계 사람들이 이탈리아 음식에 반한 것 같다. 그래서 이탈리아 음식이란 더할 나위 없이 전통에 충실하며 거의 시대를 초월한 것인 양 생각하는 경향이 있다. 많은 사람들이 식품 체계를 망가뜨린 주범으로 생각하는 사건들도 이탈리아 음식만은 비켜 간 듯하다.

식도락가들은 이탈리아 음식의 끝없는 다양성, 그리고 언제나 뭔가 새롭고 '화끈한' 것을 제공하며 사람들의 호기심을 자극하는 힘에 완전히 매료되어버린다. 관광객이나 여행자는 이탈리아에서 경험하는 식사와 따뜻한 분위기에 경탄하고, 종내에는 그 요리와 재료에 낭만적인 애정을 듬뿍 덧입힌다. 자신의 개인적인 열망과 동경으로 이탈리아 음식을 더욱 미화하는 것이다.

이런 식으로 신화가 만들어지는데, 여기에 영원한 생명을 불어넣는 것은 작가들의 몫이다. 요리책은 논외로 치고, 논픽션 작가들이 이런 인식, 기대와 선입견을 굳히는 데 중요한 역할을 한다. 프랜시스 메이스의 《토스카나의 태양 아래서》*가 좋은 예다.

메이스는 "외국인은 현지인들을 이상적·낭만적으로 정형화하고 지나치게 단순화해 생각하기 쉽다"고 지적하지만, 정작 그녀 자신이 바로 그런 태도를 보이곤 한다.²

> 토스카나식 정찬의 리듬은 우리를 모든 것으로부터 벗어나게 해주는 것 같다. 실외에서 기나긴 시간 동안 점심을 먹고 나면, 오직 한 가지 생각만 남게 된다. 바로 시에스타. 세 시간 동안 한낮의 틈새 속으로 빠져든다는 것은 완벽하게 이치에 들어맞는다. …… 내가 생각하는 천국은 에드와 함께 두 시간 동안 점심 식사를 하는 것인데, 나는 그가 전생에 이탈리아 사람이었을 거라고 생각한다. 그는 손을 흔들며 과장된 몸짓을 취하는 버릇이 생겼는데, 전에는 그가 그러는 것을 본 적이 없다. 집에서 요리하는 것이야 원래 좋아했지만 이곳에 와서는 아예 요리에 자신을 던져 넣은 것 같다.³

메이스의 이야기에 등장하는 외국인들은 이탈리아라는 환경에 노

---

* 미국 작가 프랜시스 메이스(1940~)가 이탈리아 토스카나 지방의 시골 마을에 집을 얻고 그곳의 주민들과 어울려 생활한 이야기를 쓴 책. 2003년 다이앤 레인이 주연을 맡아 영화로 만들어졌다.

Doran Ricks 제공

토스카나 지방의 풍경은 이탈리아의 시골과 향토 음식에 대한 신화를 창조하는 데 중요한 역할을 했다.

출되고 영향을 받으면서, 이탈리아의 모든 것과 모든 사람이 사로잡혀 있는 듯한 나른함에 어쩔 수 없이 홀려 서서히 행동 양식을 바꾸어간다. 시간이라는 존재는 점차 그 무게와 엄정함을 잃고서 늘어난 점심시간과 긴 낮잠의 즐거움에 녹아들고, 이런 시간 감각은 마치 그곳 사람들의 자연스러운 몸동작이나 즐거움(특히 요리에 관한)을 추구하는 탁월한 재능과 마찬가지로 삶의 필수 요소처럼 받아들여진다.

이제 음식 체험은 대중문화의 주요 장르가 되었다. 외국인들은 멋진 모험이나 자기 계발을 목적으로 이탈리아를 찾아와서, 식사와 갖가지 소란스러운 즐거움을 체험하며 새롭고 감각적인 방식으로 참된 자아를 발견하려고 한다. 물론 이탈리아가 이런 목적에 어울리는 유일한 장소는 아니다. 피지 군도부터 동남아시아까지, 자신을 재발견하고 삶의 변화를 추구할 때 필요한 환경을 제공해줄 법한 이국적인 명소는 많다. 그렇지만 음식에 관한 한 이탈리아야말로 그 어느 곳보다 훌륭한 장소다. 이따금 프랑스 남부 지방(주로 프로방스)이 거론되지만 이탈리아, 특히 토스카나 지방만 한 곳은 없다.

사실 이 분야는 그 뿌리가 꽤 깊다. 에드워드 포스터가 쓴 고전 작품 《전망 좋은 방》1908●에서는 젊은 영국인 아가씨가 이탈리아 문화에 빠져듦으로써 자신을 짓누르는 영국 사회로부터 탈출을 시도한

● 영국 작가 에드워드 포스터(1879~1970)의 소설. 주인공 루시는 이탈리아의 피렌체를 여행하던 중 묵게 된 호텔 방의 전망이 그리 좋지 않아 실망하던 참에, 에머슨 씨 부자를 만난다. 에머슨 씨는 그녀에게 전망이 아주 좋은 자기 방을 양보하겠다고 제안하고, 그의 아들 조지와 루시는 달콤한 사랑에 빠지게 된다. 이 사건을 계기로 스스로 의식하지 못하는 사이에 루시는 약혼으로 상징되는 예정된 삶에서 벗어나고자 애쓰게 된다. 이 소설은 1989년 헬레나 보넘 카터 주연으로 영화화되었다.

다. 외국인, 때로 여성이 자기 삶에 좌절하던 와중에 이탈리아에서 음식, 쾌락, 욕망과 새로운 관계를 맺으면서 전全 존재적 욕구에 대한 해답을 찾는다는 이야기는 숱한 자서전이나 잡지 기사에서 접할 수 있다. 이런 주제를 담은 영화도 늘어나는 추세다. 메이스의 책을 원작으로 한 〈토스카나의 태양 아래서〉뿐 아니라 줄리아 로버츠가 주연한 〈먹고 기도하고 사랑하라〉2010●도 있고, 1995년 제작된 〈호숫가에서 한 달A Month by the Lake〉●●, 어맨다 사이프리드와 버네사 레드그레이브가 출연한 〈레터스 투 줄리엣〉2010, 리들리 스콧이 감독한 〈어느 멋진 순간〉2006, 크리스틴 벨이 주연을 맡았던 영화로 로마에 수천 개 있는 분수로 충분하지 못했는지 새로운 분수를 하나 더 만들어냈던 〈로마에서 생긴 일〉2010 등등…….

이런 작품들 속에서 우리는 목가적인 환상의 세계에 빠져든다. 이탈리아는 머나먼 땅이지만 거부감이 들 정도로 낯설지는 않은 나라, 발전은 뒤처졌지만 참으로 매력적인 나라로 그려진다. 효율성을 추구하는 현대적인 북새통이 들어설 여지가 없고, 생산성이 우선시되지 않기 때문에 사뭇 다른 삶이 펼쳐지는, 달콤한 곳이다. 이탈리아를 방문하는 사람들은, 음식을 체중 증가의 원흉이자 불안감의 원천이 아니라 먹고 마시며 즐기는 것으로 재발견하는 사이 자연과 자기 자신을 다시 만나게 되리라 기대한다.

● 미국 소설가 엘리자베스 길버트(1969~)가 2006년 발표한 이탈리아, 인도, 인도네시아 여행기 《먹고 기도하고 사랑하라》가 원작이다.
●● 버네사 레드그레이브, 에드워드 폭스, 우마 서먼이 출연한 영화로 한국에서는 개봉하지 않았다. 영국 작가 허버트 베이츠(1905~1974)가 쓴, 제목이 같은 단편소설이 원작이다.

이런 이야기 속에서 이탈리아인들은 마치 18세기 유럽인들이 생각했던 이른바 '고귀한 야만인'*과 같은 역할을 하는 듯 보인다. 프랑스의 신학자 페늘롱**의 표현을 인용하자면 이들 고귀한 야만인은 "건강하고 소박하고 자유로우며, 몸과 마음에 활기가 넘친다. 그리하여 덕을 숭상하고 신을 두려워하며, 이웃에 대한 자연스러운 선의와 친지에 대한 애착, 온 세상에 대한 진실함, 풍요에 대한 절제, 역경을 돌파하는 불굴의 의지, 언제나 단호하게 진실을 말할 수 있는 용기, 그리고 아첨을 경멸하는 것"이 특징이다.4
　그렇지만 문화비평가 에드워드 사이드***가 동양의 문화에 대한 서구의 식민주의적 인식을 비판한 유명한 논저에서 강조했듯이, 이국의 낯선 민족에게서 이런 '고귀한 야만인'의 특성을 찾는 태도에는 양면성이 있다. 한편으로는 현대인이 가 닿을 수 없는 자연 상태에 대한 동경심을 나타내는 동시에, 다른 한편으로는 문화적인 우월감을 은연중에 드러내는 것이다. 메이스의 책에 나오는 다음 구절에서도 알 수 있다.

　　　우리가 무엇을 어떻게 한들 이탈리아인처럼 될 수 있을까?

● 18세기에 장 자크 루소(1712~1778)가 설파한 '자연으로 돌아가라'는 사상이 각광을 받으면서 프랑스와 영국에서는 '원시주의(Primitivism)' 사조가 유행했다. 이 사조의 기본 전제는 문명에 찌든 인간보다 원시생활을 하는 인간들이 훨씬 더 고결하다는 것이다.
●● 프랑수아 페늘롱(1651~1715)은 가톨릭 성직자였지만 프로테스탄트 박해를 반대하고 여성 교육을 주장하는 등 계몽주의 사상의 선구자로서 활약했다.
●●● 에드워드 사이드(1935~2003)는 팔레스타인 예루살렘 태생으로서, 미국에서 컬럼비아대학 교수를 역임하며 문학비평가로 활동했다. 명저 《오리엔탈리즘》에서 동양의 문화에 대한 서양의 접근 방식을 비판하면서 세계적인 명성을 얻었다.

내 생각에는 어려울 것 같다. 너무나 가능성이 낮다. 그들처럼 자연스럽게 말과 동작이 동시에 나오는 것은 거의 불가능하다. …… 우리는 아무리 해도 그들처럼 여러 사람이 동시에 말하는 기술을 습득할 수 없다. …… 축구 경기가 끝나면 나팔을 불며 거리를 휘젓고 다니거나 스쿠터를 몰고 마을 광장을 뱅글뱅글 돌고 또 도는 짓도 하지 못한다. 정치는 늘 이해의 범위를 넘어선다.[5]

인류 무형문화유산으로 지정된 지중해 음식 문화

사람들은 이탈리아 음식이 영혼의 허기를 달래줄 뿐만 아니라 건강에도 좋은 것으로 생각한다. 지중해식 식사가 몸에 이롭다는 이야기는 이제 거의 기도문처럼 사람들 입에 붙어 있다.[6]

과거 여러 세기 동안 이탈리아를 포함한 지중해 연안 지역의 사람들은 종종 농사를 방해하는 환경—기근이나 전쟁, 군사적 침략 등등—과 싸워야 했다. 육류와 유제품, 지방을 충분히 얻을 수 없었던 이곳 주민들은 주로 곡물이나 콩, 채소류로 꾸리는 식단을 개발했다. 지정학적 위치와 문화적 배경, 정치사회적 여건에 따른 선택이었다.[7]

이탈리아에서는 1950년대 말 '경제 기적'이 전국을 휩쓸기 시작한 뒤에야 비로소 빈곤층을 포함한 인구 대부분이 다채롭고 풍요로운 식사를 즐길 수 있게 되었다. 그것은 때로 전통적인 생활 방식이나

토마토, 파슬리, 마늘은 지중해 식단을 대표하는 인기 식재료다.

조리 습관과 멀어지는 것을 의미했다.

뒷장에서 상세히 살펴보겠지만, 이 시기에 새로운 포장 기술과 보존 기법이 등장하고 대량 생산 산업과 최신 운송·유통 체계가 들어서면서, 이탈리아인들의 식생활 방식과 음식에 대한 생각 자체에까지 지대한 변화를 일으켰다. 이런 획기적인 변화는 이탈리아를 포함해 남부 유럽 전체의 식생활에 영향을 미쳤다. 그런데 다른 한편, 이 지역 주민들이 기아를 극복하기 위해 발전시켜왔던 지중해식 식습관이 실상 건강한 식생활 방식이었다는 사실을 깨달은 사람들은 엉뚱하게도 세계의 다른 지역에 살고 있던 사람들이었다.

2차 세계대전이 끝난 직후, 미국의 역학자 릴런드 올바Leland Allbaugh가 록펠러 재단의 후원을 받아 크레타 섬 주민들의 식생활을 심층 조사한 바 있다. 군사 분쟁이 지역의 식량 안보에 끼친 영향을 알아보고자 하는 조사였다. 그러나 지중해 연안의 주민들이 빈곤한 처지에도 건강을 유지하는 것은 분명히 식단과 상관있음을 밝힌 것은 훗날 미국의 생리학자 앤설 키스Ancel Keys가 수행한 연구다. 키스 박사는 1950년대 초반을 나폴리에서 보내면서, 이곳 주민들이 가난하지만 심장질환 발생률이 매우 낮고 기대수명은 비교적 길다는 사실을 알게 되었다. 연구를 확대해서 모두 일곱 나라에서 조사를 진행했더니, 지중해 연안 지역 사람들의 비교적 좋은 건강 상태가 다시금 확인되었다. 1960년대에 유럽 원자력위원회(Euratom)의 의뢰로 수행된 연구에서 식생활 패턴과 심장질환 발생률 사이에 밀접한 상관관계가 있다는 결과가 나왔다. 이 사실은 1980년대에 앤설 키스와 공동 연구진이 일곱 나라에서 수행한 연구 조사 결과를 발표하면서 비로소 미국과 북부 유럽에 널리 알려졌다.

1992년 미국 농무부는 미국인들이 건강한 식단을 선택할 수 있도록 돕는 지침을 만들면서 이를 한눈에 보기 좋게 '식품 안내 피라미드Food Guide Pyramid'로 만들어 발표했다. 이듬해인 1993년에는 보스턴 소재 하버드대학교 보건대학원에서 개최한 국제 학술회의에서, 세계보건기구(WHO)가 '올드웨이즈 보존 및 교환 트러스트'*와 공동으로 '지중해 식단 피라미드Mediterranean Diet Pyramid'를 발표했다. 올드웨이즈 트러스트에는 올리브유 산업체와 와인 업체들도 참여하고 있다.[8] 이때부터 대중매체들이 지중해 식단에 빠져들기 시작했다. 지중해 식단은 건강에 좋으면서도 맛있고, 활발한 신체 활동을 병행한다면 체중 조절에도 도움이 되는 것으로 여겨졌다.

건강에 관한 측면은 일단 접어두고, 남부 유럽 특히 이탈리아 음식을 대하는 미국인과 다수 외국인의 태도에 크나큰 영향을 끼치고 있는 '지중해 식단'이란 개념 자체는 일종의 문화적인 가공물이라는 사실을 유념할 필요가 있다. 도대체 지중해 식단이란 무엇인가? 사실 대중매체들이 지중해 식단이라고 말하는 것에는 일정한 기준도 없어서, 지중해 식단이 역사적으로 형성된 문화유산인지, 아니면 특정한 음식의 조합인지, 또는 영양소 함량을 기준으로 하는 과학적 개념인지도 명확하지 않다.[9] 책자나 잡지에 소개된 지중해 식단을 보면 이 세 가지 성격이 모두 나타난다. 그러나 영양소나 음식의 조합에 중점을 둔 경우, 특정한 영양 패턴과 그것을 문화의 일부로 만들어낸 사회의 깊은 연관성에는 지면을 거의 할애하지 않는다.

2010년 유네스코는 모로코, 이탈리아, 에스파냐, 그리스의 공동 제안을 받아들여 지중해 음식 문화를 '인류 무형문화유산'으로 등재했는데, 이 때문에 지중해 식단에 대한 정의를 내리기가 더욱 까다로워졌다. 문화유산에 대한 정의는 '오랜 세월 동안 세대를 거쳐 전해지면서 중요한 유산으로서 자격과 가치를 지켜온 것'이지만 실상

• 올드웨이즈 보존 및 교환 트러스트(Oldways Preservation & Exchange Trust)는 건강한 식습관 촉진을 기치로 삼은 비영리 기관이다. 1990년 보스턴에서 당시 미국 와인 · 식품협회(The American Institute of Wine & Food) 회장이었던 던 기퍼드(K. Dun Gifford) 주도로 결성되었다. 초기부터 많은 식품 관련 업체와 기관이 참여했고, 현재도 왕성하게 활동 중이다.

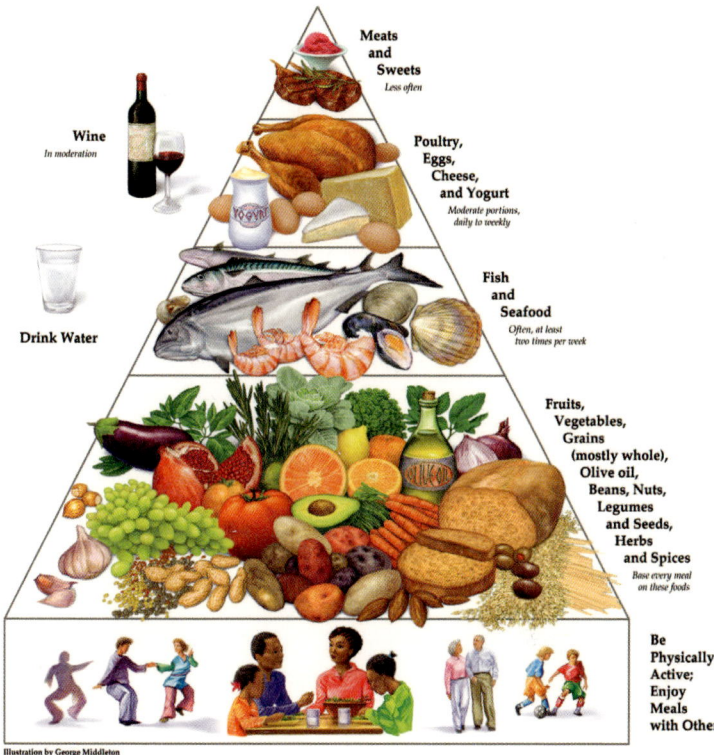

올드웨이즈의 지중해 식단 피라미드

지중해 식단은 오늘날도 끊임없이 진화하고 있으며, 인류 무형문화 유산 등재 문서에서도 그 사실을 담고 있다. 예를 들면 문서에는 "비공식적이고 전통적인 방식의 전달 체계(가정에서 일을 거들면서 모방 학습하는 방식, 시장에서 말로 전달되는 방식 등)와 함께 새로운 방식에 의해서도 전문적인 지식과 기술이 전달되고 있음"이 명시되어 있다.[10] 이는 산 경험을 통해서 중단 없이 전통이 재창조되는 과정의 역동성이나, 지중해 문화권과 다른 문화권이 교류하며 형성한 산물까지도 유산에 포함된다는 의미다. •

이 문서에서는 지중해 권역에 속한 다양한 공동체의 범위가 어디까지인지, 그곳에서 태어나고 자란 현지인만 포함되는지 아니면 이민자까지 포함되는지는 구체적으로 밝히지 않는다. 어디까지가 지중해 권역의 공동체인가 하는 것은 의미 있는 질문이다. 지중해를 끼고 있는 유럽 국가의 주민들이 남반구에서 몰려드는 이주민들에 대해 점점 불편한 기색을 내비치고 있기 때문이다. 때로 이들 이주민의 물결은 고대에 유럽을 공포로 몰아넣은 유목민의 습격쯤으로 간주된다.

• 유네스코한국위원회 홈페이지에서는 Mediterranean Diet를 '지중해식 식문화'라고 번역하고, 다음과 같이 설명한다.

"지중해식 식문화(Mediterranean Diet, 식사를 뜻하는 영어 '다이어트(diet)'는 생활 방식을 뜻하는 그리스어 '디아이타(diaita)'에서 유래했다)는 지중해의 경관에서부터 식사 테이블에까지 이르는 일련의 기술·지식·의례·상징·전통 등을 나타내며, 이들은 지중해 연안에서 이루어지는 농사·수확·채집·어로·축산·저장·가공처리·조리, 그리고 특히 음식을 함께 나누고 소비하는 것 등을 포괄한다. 그리고 지중해식 식사를 하며 나누는 대화는 지중해식 식문화를 표현하고, 지중해식 식사와 관련된 내용을 전파하며, 지중해식 식사를 즐기며 축복하는 등의 중요한 역할을 한다."

유네스코에 유산 등재를 신청한 당사국 중 모로코는 남부 유럽에 대거 유입되고 있는 이민자들의 고향이다. 이 사실에 지중해 식단이 문화유산으로 등재된 진정한 의미가 함축되어 있다. 유네스코는 문화권 간의 교류와 사회 통합을 지향하기 때문이다.

그렇지만 유네스코의 정신을 지지하는 나라들에서조차 이주민 문제는 보수주의 정당이 자주 문제 삼는 정치 쟁점이다. 보수 정당에서는 이주민들이 지역의 전통적인 생활 양식에 위협이 된다고 주장하는데, 그들이 말하는 전통적인 생활 양식에는 관습, 문화, 종교와 함께 의생활이나 식생활 같은 물질생활도 포함된다. 음식 관련 문화유산은 지금과 같은 세계화 추세 속에서 살아남기 어려운 것으로 여겨지고, 음식의 세계화를 제한한다는 것은 패스트푸드, 지방과 당분 함유량이 높은 식단, 그리고 대량 생산 식품에 기초한 식생활 방식을 제한한다는 의미다.

어쨌거나 문화적인 전통 측면에서든, 요리의 형태 측면에서든, 순수한 영양학적 측면에서든 지중해 식단이 어떤 것인지 콕 집어내기란 쉽지 않다. 그 이유는 지중해 식단이란 것이 시간과 장소에 따라 다른 형태를 띠기 때문이다. 그렇지만 음식에 대한 관심의 초점이 점차 식사로부터 조리법으로 넘어가는 추세이기 때문에, 정통성을 추구하거나 남들과 다른 이국적인 취향을 선호하는 사람들은 더욱더 지중해 식단에 매료되고 있다.

사실 누구에게나 건강한 식품을 자유로이 먹을 기회를 보장하는 것은 개발도상국뿐만 아니라 전 세계가 풀어야 할 심각한 과제다.

어느 나라에서든 모든 사람이 지중해 식재료나 요리를 일상적으로 먹을 수 있는 경제적·문화적 여유를 누리지는 못하기 때문이다. 게다가, 이탈리아 밖에서 이탈리아 요리를 만들어보려고 한 사람이라면 누구나 알겠지만 식재료를 구하는 것 자체도 문제가 된다. 맛깔스러운 토마토나 신선한 허브, 로마네스코 주키니*, 콜리플라워 같은 것을 찾아내기란 쉬운 일이 아니며, 찾았다고 해도 가격이 만만하지 않다. 나는 로마 시민이지만 비냐롤라vignarola 요리에 필수적인 부드러운 아티초크나 누에콩 같은 단순한 재료를 구하는 데도 애를 먹곤 한다. 비냐롤라는 전형적인 봄철 파스타 요리로, 여기 들어가는 완두콩, 아티초크, 누에콩 등은 제철에 로마 근교 어디서나 쉽고 저렴하게 구할 수 있는 것들이다.

더욱이 특산물을 둘러싸고 형성된 신비감이 이따금 도를 넘어서, 이 때문에 다소 의도적으로 의사소통이 왜곡되기도 하고 위조품이 범람하는 사태가 빚어지기도 한다. 엑스트라 버진 올리브유 문제가 바로 그런 예다. 어떤 특산물은 다양한 질병을 치유하는 만병통치약처럼 요리계에 널리 알려졌는데, 순수한 자연산으로 포장되지만 실제로는 그 생산 과정에 적용된 온갖 인위적 기술이 은폐되고 있는 경우가 허다하다. 자주 사회 문제로 떠오르는 가짜 엑스트라 버진 올리브유의 경우를 보면, 소비자들이 어떻게 기만을 당하면서 판매자의 홍보와는 다른 물건을 사게 되는지 알 수 있다.[11]

---

* 길쭉한 호박의 일종.

Richard W. M. Jones 제공

고대 로마 시대부터 이탈리아에서 재배된 누에콩은 비냐롤라 파스타의 주요 재료다.

엑스트라 버진 올리브유, 그 거품 낀 명성

엑스트라 버진 올리브유[●]는 지중해 요리의 상징으로, 이탈리아산 식품 중에서 가장 수요가 많은 품목일 것이다. 올리브는 재래 품종이 워낙 다양해서 저마다 열매의 크기와 맛, 성장 속도가 다르다.

올리브유의 문화적·경제적 가치가 점점 높이 평가되면서 최근 올리브유 감식가라는 직업이 널리 주목받고 있다. 민감한 소비자들은 재배 지역이나 품종, 수확 시기 같은 요인들이 상품에 미치는 영향에도 신경을 쓴다.

소량만 생산되는 상품은 시장에서 유례없는 성공을 거두고 있는데, 이런 상품은 사기도 어렵거니와 솔직히 말해 값도 꽤 비싸다. 그렇지만 일상에서 흔히 쓰이는 올리브유는 대량 생산된 제품이다. 대부분의 소비자들은 품질보다 가격에 더 민감한 편이다.

엑스트라 버진 올리브유는 '액체 황금liquid gold'이라고도 불리는데, 이는 올리브유의 독특한 색감에서 기인한 별명이지만 동시에 높은 상업적 가치를 의미하기도 한다. 그렇기 때문에 생산지에서는 원산지와 품질을 보증하는 데에 농업·교역 정책의 주안점을 둔다.

그렇지만 실상 이 분야는 불량품과 모조품으로 얼룩져온 역사가 길다. 올리브유는 착유 방식, 맛, 올레산 함유도 등을 기준으로 해서 여러 등급으로 분류되는데, 엑스트라 버진 올리브유는 절대로 완벽한 맛을 내야 하고 올레산 함유도는 0.8퍼센트 이하여야 한다. 그러나 다수 생산자들은 이런 정도 기준으로는 값싸게 생산할 수 있는 '탈취' 식용유 판매를 억제할 수 없다고 입을 모은다. 탈취 식용유란 생산 과정의 결함으로 생긴 냄새를 화학적 공정을 거쳐 제거한 기름을 가리킨다.

● 신선한 올리브 열매를 단 한 차례 압착해서 짜낸 기름으로, 자연 상태에서 산성도가 0.8퍼센트 미만인 것. 올리브유의 종류에 관해서는 용어 설명 참조.

리구리아 지방의 타자스카Taggiasca 올리브는 고품질 엑스트라 버진 올리브유의 원료로 유명하다.

그런데 문제는 등급 제도에만 있는 것이 아니다. 이탈리아 국내, 국외 할 것 없이 헤이즐넛유를 비롯해 다른 식물성 기름들이 엑스트라 버진 올리브유로 포장되어 버젓이 팔리고 있다. 또한 라벨에 원산지를 표기할 의무가 없다는 법의 허점을 이용해서, 지중해 연안의 다른 지역, 특히 터키나 튀니지산 올리브유를 이탈리아로 들여와 병에 넣고 포장만 해서 이탈리아산 엑스트라 버진 올리브유로 판매하는 경우도 있다.

이런 관행과 싸우는 것은 힘겨운 고지전이 되겠지만, 이탈리아 정부와 고품질 올리브유 생산자들은 이탈리아산 엑스트라 버진 올리브유의 이미지와 품질을 지키고자 분투하고 있다. 세상에 그 누구도 가짜 황금에 사기당하기를 바라지는 않을 테니까.

이탈리아에서는 1970년대에 지중해 식단에 대한 과학적인 이론들이 주목을 받기 시작했지만 이때는 주로 영양학자들 사이에서 거론되었을 따름이고, 대중매체의 관심을 끌게 된 것은 훨씬 뒤의 일이다. 1980년대 말에야 일반인들의 대화에 '지중해 식단'이란 표현이 등장한다. 이 무렵부터 몸매나 체중 감량에 대한 관심이 커지면서 다양한 식이 요법이 주목을 끌기 시작했기 때문이다.

옛것에 대한 새로운 해석

이탈리아 음식에 대한 오늘날의 신화화는 이탈리아인들에게 해로울 것이 없다. 그래서 그들은 세간의 고정관념을 즐기고 있는 듯하다. 일부는 전통 음식 문화에 대한 진정한 자부심과 애착 때문이고, 일부는 자기네 문화유산이 전 세계의 찬사를 받는 것이 기분 좋아서, 또 다른 일부는 덕분에 사업이 잘되고 있기 때문이다.
　한 가지 예로, 2011년 여름 《뉴요커》 지에 실린 이탈리아산 치즈 파르미자노 레자노● 광고 문구를 보자.

파르미자노 레자노: 언제나 자연산 수제품
Parmigiano Reggiano: Always Naturally Handmade

● '이탈리아 치즈의 왕'이라 불리는 경질 치즈로, 이탈리아 북부 파르마 등지가 원산지다.

파르미자노 레자노는 이탈리아의 장인과 대자연이 만들어내는 합작품입니다. 수백 년 동안 이어져 내려온 전통적인 생산 방식에 공기, 토양, 온도, 습도의 손길이 더해져 파르미자노 레자노 한 조각 한 조각의 풍미를 빚어냅니다. 어떤 치즈보다도 긴 24개월 이상의 숙성 기간을 거치면서 생긴 미세한 결정 입자는 혀에 닿는 순간 과일 향이 나는 버터처럼 녹아내립니다. 자기 일을 사랑하는 사람들이 손수 만들고, 그 최고의 기술자와 자연을 사랑하는 사람들이 즐기는 치즈입니다.[12]

이 광고에는 앞으로 8장에서 이야기할 유럽연합의 원산지 인증 마크와 함께 이탈리아 농림부 로고와 '부온이탈리아Buonitalia' 로고가 박혀 있었다. '진정한 이탈리아의 맛'을 모토로 내세우는 부온이탈리아는 이탈리아가 식품 교역 증진을 위해 설립한 기구다.

이 광고가 전하는 전체적인 뜻은 '자연적으로 만든' 음식이라는 모순 어법으로 이뤄져 있다. 생산지의 자연 환경과 결부되어 있는 건강한 음식이라고 말하면서, 동시에 생산 과정에 기술이 투입된다는 점도 언급한다. 전체적으로 자연과 문화의 밀접한 관련성을 강조하면서, 이 치즈의 품질은 자연과 문화의 긍정적 상호작용이 낳은 것임을 표방한다. 그 밖에 이 광고에서는 이탈리아의 생산

부온이탈리아 로고

출처 buonitalia.com

자들이 쏟는 열정과 투자, 그리고 느긋한 시간 감각도 드러낸다. 치즈가 완전히 숙성될 때까지 걸리는 시간은 그저 여러 세기에 걸쳐 이어져 내려온 전통의 연장선일 뿐이며, 그 시간의 힘은 오직 최종 결과물로서만 나타난다. 이탈리아에서는 시간이 더 천천히 흐른다. 따라서 후기 산업사회에 사는 많은 사람들이 마지못해 받아들인 분주한 생활 양식에 대한 가장 효능 좋은 해독제를 전 세계의 소비자들에게 제공할 수 있는 것이다.

최근 이탈리아 음식이 성공을 거두고 있는 것은 얼마간, 요리계와 대중문화, 대중매체에서 '정통', '전통', '대표적인', '향토적인', '장인정신' 같은 유행어의 비중이 높아진 덕분이라고 할 수 있다. 그 저변에는 먹을거리의 출처와 안전성에 대한 우리의 두려움과 우려가 깔려 있다. 따라서 이런 유행어들은 원산지가 확실하고 믿을 만할 뿐 아니라, 구체적으로 분명히 존재하는 사람들의 삶·기술과 이어져 있는 식품을 원하는 욕구를 반영한다고 할 수 있다. 산업적으로 대량 생산된 식품이 값싸고 편리하며 구하기도 쉽다. 하지만 높은 품질과 만족도를 보장하는 식품이라면 추가 비용을 기꺼이 지불해서라도 즐기려고 하는 고급 소비자들이 점차 늘고 있다. 그러한 별미 식품은 재료도 귀하고 생산 기간이 길며 생산 장인이 소수에 그치게 마련이라 대개 한정된 수량만 유통된다.

마케팅 담당자들은 이런 추세를 잘 알고 있다. 그래서 음식 애호가들에게 그들이 구매한 것을 만든 사람의 개인사라든지, 생산자들이 지키는 전통이라든지, 또 그들이 고품질을 만들기 위해 어떤 노

사르데냐산 카수 마르추 치즈

력을 기울이는지를 알려준다. 이탈리아 식품들은 여러 가지 면에서 이런 수요를 충족하기에 아주 좋은 위치에 있다. 그 결과, 이미 한참 전에 시작된 산업화의 물결 속에서도 많은 이탈리아 특산물이 '대표 식품'이라거나 '정통'이라는 라벨을 달고서 아직도 버티고 있다.

이렇게 살아남은 특산물 중에 안초비●를 소금에 절여 발효시킨 다음 걸러내서 만든 맑은 소스 '콜라투라 디 알리치colatura di alici'와 인위적으로 구더기를 집어넣어 만드는 사르데냐산 양젖 치즈 '카수 마르추casu marzu'가 있다. 카수 마르추는 치즈파리의 구더기들이 치즈

● 멸치의 한 종류로 지중해와 유럽 근해에서 잡힌다.

이탈리아 음식, 신화와 고정관념을 넘어서 35

속 유지방을 분해해서 부드럽게 만든 치즈다. 최근 전통 음식에 대한 관심이 커지면서 이런 식품들이 판매 호조를 보이고 있다.

예전에는 이탈리아 인구의 대부분이 시골에 살았기 때문에 마을의 전통이 유지되고 그 전통에 따라 지역 특산물이 계속 생산되었지만, 1950년대 말부터 대규모 인구가 시골에서 도시로, 남부 지방에서 중부와 북부 지방으로 이동했다. 이 시기에는 마을 전체가 버려지기도 하고, 농사는 빈곤의 상징이나 시대에 뒤떨어진 것으로 받아들여졌다. 현대화를 원했던 전후 세대는 대중매체 특히 텔레비전의 영향을 받아서, 공장에서 생산된 신제품을 적극 받아들였다.

최근 들어서야 만드는 데 공이 많이 드는 전통 제품이 재평가되었고, 그 결과 작은 농장을 운영하거나 고급 와인을 생산하는 일이 존경스럽고 매력적인 직업으로 인식되기에 이른 것이다(물론 산업화한 대규모 농장에서 일하는 노동자들―이 중에는 미등록 이주 노동자가 많다―까지 이런 범주에 들어가는 것은 아니다).

그렇다고 해서 새롭게 각광받고 있는 전통 특산품의 제조 과정이나 맛, 심지어 생김새도 50년 전의 그것들과 똑같지는 않다. 그 시간 동안 과거와는 판이한 시장의 요구와 전에 없던 기회에 부응해서 많은 것이 진화했기 때문이다.

8장에서 자세히 살펴보겠지만, 와인과 식품의 원산지 인증 제도가 제정되면서 각 식품의 성격에 대한 정의가 복잡해졌다. 정품을 규정하는 갖가지 생산 조건과 기준은 품질을 보장하고 전통을 살리는 기능을 하는 동시에, 향후 다른 방향으로 발전할 가능성은 막아버리는 구실을 한다. 이들 전통 식품이 과연 이대로 세계화의 추세와 탐욕스러운 대기업들 사이에서 소멸되지 않고 살아남을 것인가, 아니면 박물관의 유물로 전락하고 말 것인가? 그런데 과연 누가 '원조'나 '정품'의 기준을 정하는가? 여기에 어떠한 식으로든 정치·경제적 이해관계가 개입해서 배후에 영향력을 행사하지는 않을까? 문화적인 관점에서 전통 음식의 위상을 끌어올린다는 것은 무엇을 의미하는가? 그 위상의 변화가 식품의 실제 쓰임새에 어떤 영향을 미치는가? 애초 생산지의 지역사회에는 어떤 영향이 미치는가?

바버라 키르셴블랫 김블레트*가 관찰한 바와 같이 문화유산이라는 것은 "과거에 의존해서 현재의 문화를 생산하는 방식으로 …… 고부가가치 산업이며 …… 현지에서 수출을 위해 생산되기도 한다."[13] 그렇다면 음식에 관한 전통도 단순히 '이미 존재하고 있어서 찾아내고 발굴, 보존할 필요가 있는 것'은 아니다. 도리어 관찰하고 정의 내리는 사람들의 행위를 통해 우리가 아는 전통의 형태가 만들어지는 경우가 많다. 이것은 아마 역사학자 에릭 홉스봄 1917~2012이 말한 '만들어진 전통 Invented Tradition'에 속할지 모른다. "과거의 조건에 따른 형태를 취하되 새로운 상황에 부응해서 만들어지거나, 의무적인 반복 실행을 통해 스스로 과거를 만들어낸 전통."[14]

최근에 재발견되거나 재구성된 전통 음식들은 현대적인 범세계주의의 산물인지도 모른다. 그런데 이 범세계주의라는 것은 상품, 생

● 바버라 키르셴블랫 김블레트(1942~)는 미국 뉴욕대학교 공연학부 명예교수로, 관광객에게 보여주는 공연(performance)으로 재구성되는 전통, 공연 예술로서의 음식을 연구한 바 있다.

이탈리아 피에몬테 지방의 포도밭. 고급 와인을 생산하는 일은 존경받는 직업이며, 때로는 영예로운 일로도 여겨진다.

© Megan Mallen

각, 관습, 자본, 사람의 전 지구적인 자유로운 이동이라는 전제에 굳게 뿌리박고 있다. 결국 전통 요리를 새롭게 활성화하거나 되살려내는 일은 단지 과거를 보존하는 것이 아니다. 지역사회가 전 세계의 관광 산업과 소비 시장에서 더 나은 미래를 보장받을 수 있도록 현재를 굳건히 다지려는 것이라고 할 수 있다. 경제적인 측면에서 보면, 어떤 전통 음식이 국제적으로 알려진다는 것은, 그러지 않았으면 소멸될 수도 있었을 전통 생산품에 대한 수요가 증가하고 가격이 상승한다는 의미다.

국제적인 음식문화 운동 기구인 '슬로푸드Slow Food'는 세계 각지에서 '프레시디아Presidia'라는 운동을 시작했다. 슬로푸드 홈페이지에 따르면 "소멸 위기에 처한 좋은 식품을 보존하고, 독특한 지역 환경과 생태계를 보호하고, 전통적인 음식 제조 방식을 복원하며, 자연 품종과 지역 특유의 다양한 식물군을 지키는 것"이 이 운동의 목적이다.[15] 이들은 매체를 통한 홍보 활동과 각종 실천 운동을 벌이고 정치권에 압력을 가하는 방식으로 상당한 성과를 거두고 있다. 이탈리아의 경우, 움브리아 주 트레비에서 나는 줄기가 빽빽하고 향이 강한 블랙 셀러리, 프리울리베네치아줄리아 주에서 나는 야생 치커리(라디크 디 몬트radic di mont), 풀리아 주 토레 칸네에서 나는 레지나Regina 토마토 같은 품종들이 프레시디아 운동의 성과로 전국적인 관심을 끌었다. 토스카나 주 콜론나타 마을에서는 인근 채석장에서 캐낸 대리석 통에 돼지비계를 넣고 소금에 절여 자연 숙성시킨 '라르도lardo'라는 식품을 만들어왔는데, 이것이 1996년 유럽연합이 새로 제정한 식품 안전 규정에 걸려 생산 중단 위기에 처한 적이 있었다. 이때 슬로푸드가 이 문제를 공론화시켰고, 결국 규제 조항이 개정되었다. 덕분에 자칫 금지될 뻔한 전통 방식에 따라 지금도 라르도가 생산되고 있다.[16]

또 상품과 기술, 전통 방식을 재현·촉진하는 일상 활동이 시장에서 망하지 않고 살아남을 가능성은 소비자나 관광객이 그것을 살 의향이 있느냐 하는 데에 달려 있다. 라르도의 경우에는 그것을 활용하는 조리법이 널리 알려지면서 전망이 좋아졌다. 콜론나타에서는 매년 여름 라르도 축제가 열리고, 다양한 관련 행사를 즐기기 위해 전 세계에서 관광객이 모여든다.

다시 역사 속으로

이탈리아 식품을 생산하고 수입하는 전문가들이나, 좋은 글감을 만들어 발표할 기회를 얻어야 하는 작가와 기자들은 부풀려진 선전이나 고정관념에 거리를 두고 비판적인 시각을 견지하기가 쉽지 않을 것이다. 독자나 소비자들이 그렇게 부풀려진 이야기에 적극 호응하는 태도를 보인다면 더욱 그러기가 어렵다.

내 경우는 조금 다르다. 나는 로마에서 태어나 로마에서 자랐으며, 이탈리아 음식과 와인을 다루는 인기 잡지 《감베로 로소 *Gambero Rosso*》지에서 여러 해 동안 일했기 때문에 역동적인 이 세계를 가까이에서 살펴볼 기회가 무척 많았다. 이 세계는 살짝 긁기만 해도 파

콜론나타산 라르도

낼 것이 무궁무진하게 나온다는 사실을 깨닫는 경험도 여러 번 했다. 그러면서 나는 '변하지 않는 전통'이라는 개념에 대해 점차 조심스러운 태도를 취하게 되었다. 이탈리아 음식에 관한 낭만적인 신화에 역사학적인 관점을 도입하여 시야를 넓혀 볼 필요가 있다. 이탈리아에서 재배되고 생산, 소비되는 식품은 어디에서 온 것인가? 예전부터 있었던 것인가, 아니면 누군가가 가지고 들어와서(그렇다면 누가? 언제?) 이탈리아 시골 마을이나 도시에 심은 것인가? 그리고 이탈리아의 전통 요리는 예전부터 늘 종류가 다양하고 풍성하며 지방색도 강했을까? 이탈리아 요리는 시간의 흐름에 따라 어떻게 변화했으며, 지금도 변화하고 있는가? 어떠한 요소가 변화의 요인으로 작용하거나 변화의 계기가 되는가?

이런 것들이 이 책에서 제기하려고 하는 질문이다. 이를 위해서 나는 여러 분야의 자료를 뒤지며 다양한 접근법을 탐구해야 했다. 농업과학, 환경 연구, 생물학, 영양학, 경제학, 경영, 법, 마케팅, 정치, 탈식민주의 연구, 젠더gender 연구, 문화 연구, 사회학, 인류학, 디자인, 건축, 기술과 대중매체 및 언론 등등. 음식은 문화의 가장 구체적이고 물질적인 측면에 속하지만, 세계적인 차원에서 사회·경제·정치의 핵심 쟁점으로 떠오르기도 한다. 어쨌거나 우리가 먹는 것은 결국 실제로 우리 몸의 일부가 되고, 우리가 스스로를 생각하는 방식에도 영향을 미친다. 무엇을 어떻게 생산하고 구입하고 요리하고 소비하고, 먹은 것을 어떻게 처리하느냐 하는 문제는 각자가 한 개인이자 크고 작은 사회의 구성원인 우리의 정체성에 크나큰 영향을 미친다.

음식 문화는 그 자체가 살아 있는 생명체로서 나름의 논리를 가지고 있기 때문에, 이 책에서는 외부 인자들만 국한해서 다루지는 않을 것이다. 알베르토 카파티와 마시모 몬타나리가 공동 집필한 《이탈리아 요리의 문화사》에서 강조한 바와 같이 요리나 조리 기술과 양식의 발전, 사용하는 재료의 변화 뒤에는 자체의 내부 논리가 스스로 정립되는 과정이 있는데, 바로 이 역학 관계를 이해하는 것이 매우 중요한 일이기 때문이다.

음식의 역사에는 크게 관련성이 없는 다른 분야라는 것이 거의 없다. 음식은 일상적인 물질문명에 적용되는 과학·기술과 밀접하게 연관되어 있고, 일상의 의례와 생활에 따른 수요에서도 벗어날 수 없으며, 또한 무엇보다도 '맛'의 형식과 뗄 수 없는 것이기 때문이다.[17]

이들의 견해에 따라 이 책에서도 미식의 역사를 살펴보고, 음식에 대한 사고방식과 함께 음식이 역사적으로 어떻게 이야기되고 묘사되었는지도 알아볼 것이다. 고대 그리스 시대 시칠리아의 도시에 등장했던 역사상 최초의 음식 비평 사례, 중세와 르네상스 시대 저술가들이 음식의 종류를 개념화해 분류하고 그것들이 신체에 미치는 영향을 서술한 글, 그리고 로마냐 출신 상인 펠레그리노 아르투시가 이탈리아 통일 직후에 새로이 제시한 요리 담론도 볼 것이다.

이 정도로는 복잡다단한 이탈리아 음식의 역사를 설명하기에 충분하지 않다. 생산, 분배, 소비라는 경제 활동의 문화적 측면을 살펴보는 일도 대단히 중요하다. 이 점에 대해서는 고대사 학자인 피터 간시˙가 정확하게 짚어냈다.

> 음식과 경제의 관계를 보자면 우선 두 가지 질문이 제기된다. 첫째는 식품 생산의 제반 조건이 얼마나 좋은가 하는 것인데 이 조건에는 물리적인 환경, 농사 기술의 수준, 토지 소유 형태와 토지를 이용할 수 있는 여건, 필요한 자원이 주민 전체에 배분되는 방식 등이 포함된다. 둘째 질문은 시장의 체계와 구조가 제대로 작동해서, 식품이 남아도는 지역과 모자라는 지역의 격차를 원활히 해소해주느냐 하는 것이다.[18]

수백 수천 년에 걸쳐 이탈리아에 정착했던 여러 민족과 그 후예들, 그들의 사회 조직과 그들이 물질문화에 끼친 영향 등등 이 나라의 독특한 정치사에 대한 배경 지식이 없으면 이탈리아 음식 경제의 변천사를 온전히 이해하기란 불가능할 것이다. 이 책 전체를 통해 독자들은, 식재료와 식품과 관습이 각 지역의 정체성을 구성하는 요소가 되는 이탈리아에서, 여러 세기에 걸친 변형과 변이가 이탈리아 요리라는 모자이크를 형성해가는 과정을 보게 될 것이다.

● 피터 간시(1938~)는 영국 케임브리지대학교 교수이자 왕립아카데미 회원으로, 그리스 로마 시대의 사회경제사를 주로 연구했다.

과거에 대한 정보만으로는 오늘날의 실제, 또는 독자가 이탈리아를 방문했을 때 직접 보게 되는 것들을 이해하기에 부족하다. 우리가 외국에 나갈 때는 스스로 그 나라를 이해할 수 있는 수단을 최대한 갖추고 간다고 생각하지만 실제로는 겪고 또 겪어도 언제나 낯선 것이 튀어나온다. 하다못해 간단한 거리 표지판이나 사람들의 몸짓 같은 사소한 것들도 해석이 필요할 때가 있다. 이런 때 우리는 새로운 현실에 정면으로 맞서는 위험을 감수하지 않고, 원래부터 알던 의미와 품고 있던 기대에 끼워 맞추려고 한다. 그러나 그런 식으로는 새로운 현실이 우리에게 알려주는 것을 이해할 수 없다. 그러다 보면 결국 많은 것을 놓치고 만다. 우리가 식당의 차림표에서 보는 요리의 원래 모습과 거기 담긴 의미는 무엇일까? 왜 상차림은 언제나 '전채', '주요리', '후식'의 순서로 나뉘어 구성될까? 음식점은 예전에도 늘 있었던 것일까? 그렇다면 그 모습은 예전 그대로인가, 아니면 시간의 흐름에 따라 변해왔을까? 옛날에는 어떤 사람들이 음식점에 갔을까? 옛날 사람들은 어디에서 식료품을 샀을까? 우리가 가는 시장은 오래 전부터 그 자리에 있었고 언제나 그 모습 그대로였나? 우리가 지금 살 수 있는 것들을 과거에도 마찬가지로 살 수 있었을까?

이탈리아를 찾는 사람들은 곧잘 이탈리아의 시골 풍경에 감명한다. 젖소들이 한가하게 풀을 뜯는 알프스 산간의 목초지나 포 강 유역의 넓은 평원, 아펜니노 산맥의 기슭이나 언덕에 둘러싸인 농지 구획들, 지중해 변의 아름다운 과수원 등이 보여주는 다양한 풍경에서 평화로운 아름다움을 느끼는 것 같다. 나 역시 할아버지 댁이 있는 그란사소Gran Sasso 산자락 마을을 찾을 때마다 들쑥날쑥한 봉우리들과 조각보를 펼쳐놓은 듯한 들판, 언덕의 과수원, 심지어 풀과 나무의 냄새에도 감동을 느낀다. 인간과 자연이 수백 수천 년 동안 서로를 받아들여 빚어낸 조화와 전통의 목가적 몽상에 취해 길을 잃기 십상이다. 이제는 시골 여행이 쉬워졌다. 별장도 쉽게 임대할 수 있고, 농가 살림의 적자를 메우기 위해 도시 사람들의 신식 취향에 맞춰 구조를 변경하고 '농가 민박agriturismo'으로 등록해놓은 농가 주택에서 괜찮은 방을 빌릴 수도 있다. 관광객은 지금 있는 이 집이 앞으로 어떤 처지에 처하게 될까 걱정할 필요 없이 그저 농가 사람들을 구경할 수 있다.

초원이나 숲이나 수로 같은 것들은 그것을 만든 사람들의 삶과 전통에 귀 기울일 만큼 인내심이 있는 사람들에게는 언제나 많은 이야기를 들려줄 수 있다. 그것은 이탈리아에서 먹을거리를 재배하고, 만들고, 팔고, 먹고, 내다 버리기도 하면서 그 전통에 깊은 흔적—대부분은 베일 속에 가려져 있거나 침묵하고 있지만—을 남겼던 사람들과 그 사람들이 속해 있던 지역사회의 부와 가난, 기쁨과 생존에 관한 이야기들이다. 이 책에 담겨 있는 그러한 이야기들과 정보가 이탈리아의 다양한 식품과 요리에 대한 독자들의 관심을 북돋우고, 지적 욕구를 더욱 자극해서, 이탈리아 음식을 맛보는 즐거움도 더 크게 해줄 수 있으면 좋겠다.

앞으로 역사를 관통하게 될 여정에서 우리는 선사시대의 기원부터 현대에 이르기까지 이탈리아 음식과 그 생산, 소비, 인식을 형성해온

친퀘 테레Cinque Terre의 리오마조레 마을. 친퀘 테레는 이름난 관광 명소로, 이탈리아 북서부의 리구리아 주 라스페치아 시 해안에 있는 다섯 마을을 가리킨다.

중요한 사건들을 짚어볼 것이다. 각 장에서는 그 시대에 새 작물이나 요리가 도입되거나, 새로운 풍경이 만들어지거나, 독특한 조리법·식사법이 만들어지거나, 음식 재료가 개발되는 데 결정적인 구실을 했던 문화적·정치적·생산적·기술적인 요소를 들여다볼 것이다. 끝으로, 마지막 세 장에서는 현재의 상황과 세계화 추세가 이탈리아인과 새로 유입된 이민자들의 식생활에 미친 영향을 진단해본다.

우리 여정의 종착역은 이탈리아 음식 문화의 핵심적인 측면인 '캄파닐리스모Campanilismo'*가 될 것이다. 캄파닐리스모란 주민이 자기 지역에 대해 품은 사랑, 자부심, 애착을 가리키는 표현으로, 주민 모두가 마을 한복판에 서 있는 종탑의 그림자 아래 있다는 강력한 공동체의식을 의미한다. 이런 연대감이 지역 특유의 음식 문화 발전에 어떤 역할을 할까? 그것이 먹을거리에 관한 이탈리아인의 자의식에 어떤 영향을 미칠까?

여러 세기 동안 마을과 도시들은 저마다 자기네 식탁에 독특한 무엇이 있다는 사실을 자랑해왔는데, 그 독특한 것의 뿌리는 인근 지역에 있는 경우가 많다. 농촌 문화에서 기원한 많은 관습이 속절없이 변해가거나 사라져간다. 1970년대에 오늘날과 같이 지방 행정 구역이 개편되고 나서, 이탈리아인들은 자신들의 식습관, 식재료, 요리 등을 주州, region의 전통 문화로 생각하기 시작했다.

● 캄파닐리스모는 영어나 한국어에 상응하는 말이 존재하지 않는, 이탈리아인 특유의 정서다. 캄파닐리스모라는 낱말은 '종탑'을 의미하는 '캄파닐레(Campanile)'에 '-주의(이즘)'를 가리키는 어미 -ismo가 붙어서 만들어졌다.

나 역시 성장기를 보낸 로마의 음식에 정서적 유대감을 느낀다는 사실을 인정하지 않을 수 없다. 젖먹이 송아지의 창자를 꼬아서 토마토소스에 조리한 파야타pajata, 구워서 양념한 빵 조각에 갖가지 토핑을 얹은 브루스케타bruschetta, 로마 유대인의 전통 음식으로서 바삭하게 튀겨낸 카르초피 알라 주디아carciofi alla giudia, 로마와 인근 교외 지역의 관계를 일깨워주는 파스타인 알라 비냐롤라alla Vignarola 등.

또한 선대의 고향인 아브루초 지방은 내게 아주 특별한 음식으로 떠오른다. 하프 비슷하게 생긴 나무틀로 뽑아낸 스파게티, 알라 키타라alla Chitarra의 거칠고 독특한 식감이나 맑은 육수에 담근 크레스펠레crespelle(양념된 크레이프) 같은 것들.

이탈리아 음식에 관한 한 나는 아무리 애써도 언제나 수박 겉핥기에 그친다는 느낌을 지울 수 없는데, 이런 의구심은 상당히 타당하다고 생각한다. 그렇지만 바로 이런 점 때문에 이탈리아 요리가 독특하고 환상적인 것이다. 우리 지식이 확장될수록 삶이 지루해질 걱정은 없어지고, 곳곳에서 놀라운 일이 우리를 기다리고 있으리라 믿어도 좋을 것이다.

그럼, 부온 아페티토Buon appetito(맛있게 드세요)!

아티초크는 로마 전통 요리에 중요한 역할을 한다.

Goran Bogicevic 제공, 출처 www.shutterstock.com

타래 모양 파스타, 푸실리

+Recipe

푸실리 알라 비냐롤라
Fusilli alla Vignarola

4인분

아티초크 3개 • 레몬즙 • 엑스트라 버진 올리브유 2큰술 • 깐 마늘 1쪽 • 꼬투리를 벗겨낸 누에콩 300그램(10온스) • 꼬투리를 벗겨낸 완두콩 300그램(10온스) • 푸실리 450그램(1파운드) • 신선한 파슬리 잘게 썬 것 2큰술 • 강판에 간 로마노 치즈 • 후추, 소금

아티초크는 솜털이 난 꽃대 부분을 잘라내고 깨끗하게 씻은 다음 가늘게 조각내서, 레몬즙 넣은 물에 재운다. 팬에 엑스트라 버진 올리브유를 두르고, 손질한 아티초크를 마늘쪽과 함께 15분 정도 볶는다. 여기에 누에콩과 완두콩, 물 2큰술, 소금과 후추를 추가한다. 뚜껑을 덮고 재료들이 부드러워지게 익힌다. 단 이때 너무 오래 익히면 흐물흐물해지므로 조심해야 한다. 마늘쪽을 팬에서 빼낸다.
그사이 푸실리 파스타를 소금물에 알덴테al dente*로 삶은 다음, 물을 버리고 채소를 조리한 팬에 붓는다.
마지막으로 접시에 올릴 때 로마노 치즈 가루와 잘게 썬 파슬리를 뿌려 장식한다.

• 파스타 면을 꼬들꼬들하게 설익힌 상태를 말한다. 이때 파스타 면을 잘라 보면 단면 가운데에 흰 심이 보인다.

xtrekx 제공, 출처 www.shutterstock.com

통밀을 많이 써서 투박하게 만든 컨트리브레드는 '시골빵'이라는 뜻으로, '캉파뉴 Campagne(시골을 뜻하는 프랑스어)'라고도 불린다.

+Recipe

콜론나타산 라르도와 새우를 곁들인 브루스케타

Bruschetta with Lardo di Colonnata and Prawns

이 조리법은 보통 마늘, 소금, 올리브유로만 양념하는 전통 로마식 브루스케타 요리를 변형한 것임.

4인분
대하 4마리 • 컨트리브레드 4쪽 • 콜론나타산 라르도 슬라이스 4장 • 엑스트라 버진 올리브유, 소금

팔팔 끓는 소금물에 대하를 넣어 재빨리 데친 다음 껍질을 벗겨낸다. 빵에 소금과 올리브유로 살짝 간을 해서 굽는다. 빵조각 하나에 라르도 슬라이스 한 장을 얹고, 그 위에 대하 한 마리를 얹는다.

1장

지중해에 둘러싸인 땅

이탈리아 음식이 국제적으로 각광을 받는 이유 중 하나로 다양성을 꼽을 수 있다. 이탈리아 각 지역의 전통, 공장 산업화한 식품과 장인들이 수공업으로 만드는 식품, 갖가지 요리와 식재료가 모자이크처럼 어우러져 있는 데서 사람들은 새로운 그 무엇을 발견하고 흥분한다.

밀이나 올리브, 포도처럼 이탈리아 음식의 중추를 이루는 것으로 여겨지는 작물은 아주 오래전부터 이탈리아 땅에 있었을 것으로 생각하기 쉽다. 하지만 고고학과 역사학은 일반적인 인식과 다른 연구 결과를 보여준다. 농업의 확산 자체가 긴 세월에 걸쳐 역사적 사건들이 복합적으로 연쇄 작용한 결과였다. 이탈리아에는 부엌에서 부엌으로 전해져 내려온 풍요롭고 유서 깊은 전통이 있지만, 사실 현재 이탈리아라고 불리는 땅은 고대 세계의 음식 문화에 비교적 늦게 등장했다. 이 상황을 이해하려면 이탈리아 반도에서 벗어나 우리의 시야를 지중해 전체로 넓혀야 한다.

최초의 이주

지중해의 농업은 오늘날 '중동' 또는 서아시아라고 불리는 지역에서 시작되었다. 더 정확하게 말하자면 역사학자들이 '비옥한 초승달'이라고 부르는 지역으로, 오늘날 이라크의 영토인 티그리스 강과 유프라테스 강 유역을 중심에 두고 동쪽으로는 이란의 서부 산맥 지대까지, 북쪽으로는 터키 남동부, 서쪽으로는 시리아, 레바논, 이스라엘까지 아우른다. 고고학 연구에 따르면 이 지역은 마지막 빙하기가 끝나던 1만 3000년 전에서 1만 년 전 사이에, 수렵과 채취에 의존하던 인류가 처음으로 농사와 목축을 시작한 지역이다.[1]

당시 매우 다양한 품종의 나무와 덤불로 뒤덮여 있었던 이 비옥한 초승달 지역에서 몇몇 야생 곡물과 콩류가 자생했고, 소의 조상 격인 오록스aurochs, 양, 염소, 돼지, 토끼 등 길들이기 적합한 작은 야생 동물들이 이곳을 터전으로 삼고 있었다. 이 지역에서 최초로 재배된 곡물은 초기 형태의 밀인 에머와 외알 밀 아인코른이었다.* 이와 함께 호밀과 보리가 재배되고 완두콩, 렌틸콩, 비터벳지**, 병아리콩 등 다양한 콩류가 경작되기 시작했다. 나중에는 올리브나무와

● 아인코른(학명 Triticum monococcum)은 한 이삭에 밀알이 한 개 맺히는 품종이고, 에머(학명 Triticum dicoccum)는 한 이삭에 밀알이 두 개 맺히는 품종이다.
●● 야생 콩과 식물로, 살갈퀴의 일종.

포도 덩굴도 재배되었다. 이런 종류의 과수 농업은 정착한 주민 집단의 규모가 어느 정도 갖춰진 곳에서만 가능하다. 시간을 들여 꾸준히 노동력을 투입해야만 이런 과실나무를 재배할 수 있기 때문이다.[2]

비옥한 초승달 지역의 서쪽으로 아주 서서히 농사 기술과 재배 작물들이 전해져서, 지중해를 건너 퍼져나갔다. 이와 함께 도끼나 괭이, 맷돌, 절구와 절굿공이 같은 특수한 연장과 질그릇도 전해지고, 큰 마을이 생겨나기 시작했다.

이때 각 지역의 토착민들이 이웃 지역에서 농사짓는 것을 보고 따라하면서 농업이 확산된 건지, 아니면 당시 농업의 확산 속도(1년에 0.6~1.1킬로미터 정도밖에 되지 않았다고 학자들은 추산한다)로 미루어 보았을 때 인구 이동에 따라 농업이 퍼져간 것인지는 불분명하다.[3] 어쩌면 둘 다 맞을 것이다. 어쨌든 농업은 다뉴브 강을 따라 중부와 북부 유럽으로 전파되고, 지중해의 북부 해안선을 따라서도 전파되었으며, 이 시기에 양귀비, 스펠트*, 귀리 재배도 시작되었다.

일부 학자들은 신석기 시대에 이탈리아 북부에서 남부로 농업이 전파되었다고 주장하지만, 이 주장과는 상반되게 이탈리아 남부 해안 지역에서 서기전 6000년 무렵 이미 밀과 보리, 콩류 재배가 시작되고, 중부 지역에서는 대략 서기전 5000년 정도에 농사가 시작되었다. 그렇기 때문에 터키에서 출발해 그리스와 아드리아 해 동쪽 해안을 거치는 해상 통로를 통해서도 문화 변용 현상이 일어난 것으로

• 스펠트(학명 *Triticum aestivum spelta*)는 오늘날 가장 많이 재배되는 보통밀(빵밀)의 바로 앞 세대 품종으로 여겨진다. 한 이삭에 밀알이 두 개 맺힌다.

추측된다.[4]

신석기 시대 오늘날의 이탈리아에 해당하는 지역에서 살았던 사람들은 수렵과 채취로 생계를 영위하면서도, 이미 마을 가까이에 밭을 일구고 가축을 기르는 기술을 터득, 발휘하고 있었다. 하지만 기술적인 한계가 있어 주기적으로 밭을 옮겨야 했다. 주로 화전에 의존했기 때문이다. 화전이란 한정된 땅에 불을 질러서, 수풀이나 관목이 불타고 남은 재로 비옥해진 땅에 농사를 짓는 방식이다.[5] 이 경작 방식은 오직 첫해에만 효과가 있기 때문에 이듬해에는 다른 곳에 다시 불을 질러야 했다. 바로 이 시대에 인간과 환경의 상호작용이 시작되어 지금까지 면면히 이어지면서 오늘날의 이탈리아 전원 풍경을 만들어냈다.[6] 이 시기에 양, 염소, 소, 그리고 아마도 야생 멧돼지를 길들여서 기르는 일은 대단히 중요한 일이었을 것이다.[7]

원래 중앙아시아와 동유럽 사이의 광활한 초원 지대에서 반+유목, 반+정착 생활을 하다가 서쪽으로 대거 이주한 사람들도 이런 기본적인 형태의 농업을 공유했다. 오늘날 '인도-유럽인'이라 불리는 이 사람들은 보리, 밀 같은 곡식을 경작하고 가축을 사육했다. 고대 그리스의 미케네인과 아나톨리아의 히타이트족도 이들의 후손일 것이다. 서기전 24세기부터 유럽과 지중해 연안으로 밀려든 인도-유럽인 종족들은 말을 잘 부리고, 두 바퀴가 달린 전차를 몰고 다녔다.[8]

고고학자들은 이탈리아 반도 북부와 포 강 유역 평원에서 서기전 12세기 무렵에 갑작스럽게 버려진 것으로 추측되는 마을들을 발굴했다. 아주 규모가 작은 이 마을들을 '테라마레 terramare'라고 하는데,

이 이름은 '기름진 땅'을 뜻하는 지역 방언(테라 마르나terra marna)에서 유래한다. 이 지역 농민들은 19세기까지도 테라마레 유적 일대의 언덕에서 비옥한 흙을 채취해서 비료로 사용했다. 테라마레에 살았던 이들은 수렵과 채취 활동을 주로 했지만 청동기를 사용했고, 목축과 농사(주로 곡물)를 병행했다. 이들은 주변의 삼림을 없애는 방식으로 농사를 지었다.[9] 여러 거주지 유적에서 시냇물의 흐름을 바꾸고 우물을 파고 인위적인 도랑과 배수로를 내는 등 다양한 수리 기술을 활용한 흔적을 확인할 수 있다.[10]

테라마레의 정착민과 새로 유입된 인도-유럽인 이주민의 관계는 명확하게 밝혀지지 않았다. 어쨌든 인도-유럽인들은 선주민을 흡수하거나 때로는 완전히 대체하면서 이탈리아 반도를 휩쓸었다. 이주민 종족들은 서로 비슷한 언어를 사용하고 문화적인 특성을 공유했으며, 목축 기술과 한정된 수준의 농경 기술도 공유하고 있었다. 이 종족들은 이탈리아 반도 이곳저곳에 띄엄띄엄 정착했다. 북동부에 정착한 베네티인Veneti, 중부와 남부에 정착한 오스카움브리아인Osco-Umbrian, 오늘날의 마르케 지방 해안에 자리 잡은 피케니인Piceni, 라치오 지방의 라틴인Latini*, 풀리아 지방에 정착한 이아피기아인Iapygian 등.[11] 그들 중 아우룬키인Aurunci**은 처음에 캄파니아에 정착했다가 그곳에서 다시 칼라브리아와 시칠리아로 이주했다. 유적과

● 라치오(Lazio) 또는 라티움(Latium)은 이탈리아 반도 중부 서해안에 면한 지역으로, 동쪽의 아펜니노 산맥과 서쪽의 티레니아 해 사이에 있는 평야 지대다. 이 지역에 로마가 세워졌다.
●● 그리스어로는 아우소네스(Ausones)라 한다. 이들이 정착한 남부 지역을 아우소니아(Ausonia)라 했는데, 오디세우스의 아들 아우손(Auson)이 정착한 땅이라는 의미다.

유물로 미루어 보건대 그들은 선주민과 섞여 독창적인 평등주의적 문화를 만들어냈고, 보리농사와 목축, 야생 포도를 포함한 다양한 식물 채취, 수렵을 하며 생활했던 것으로 보인다.[12]

서기전 8세기 무렵부터 이탈리아 남부 해안 지대에 식민지를 건설했던 그리스인들은 이 사람들을 통틀어서 '이탈리오이Italioi'라고 불렀는데, 어린 송아지를 의미하는 '이탈로스italòs'라는 낱말에서 유래했을 것으로 추측된다.

고고학자들은 서기전 1500년 무렵부터 이탈리아의 많은 지역, 특히 사르데냐와 시칠리아의 사람들이 그리스 반도 및 지중해 동부와 꾸준히 교류했다는 사실을 밝혀냈다.[13] 그렇지만 지중해 동부 지역과 교류한 것이 누라게 문화● 형성과 관련이 있는지 여부는 불분명하다. 누라게는 서기전 1800년에서 서기전 900년 사이에 사르데냐 섬 곳곳에 세워진 둥근 돌탑 형태의 건축물이다. 요새형 가옥으로, 방어 기능과 함께 집안의 부를 과시하는 역할을 했다. 누라게는 이곳 사람들이 곡물을 재배하고 가공하는 농업 기술을 보유하고 있었음을 짐작케 하는 흔적이기도 하다.[14]

도자기와 청동제 무기류 유물들은 이탈리아가 여러 장거리 해상 교역망에 속해 있었음을 보여준다. 호사스럽고 이국적인 상품을 과시함으로써 권력을 다지고 싶었던 마을 우두머리들이 이런 거래를 주도했을 것이다. 당시 교역이나 공물, 외교상의 선물, 종교적인 제

● 이탈리아 반도 서쪽의 사르데냐 섬에서 청동기 시대에 시작되어 서기 2세기 무렵까지 존속했던 문화다.

사르데냐 섬의 누라게 유적

물까지 가장 발전한 형태의 거래가 해상 교역로를 통해서 이뤄졌다. 아무래도 육로를 이용하는 것보다 훨씬 용이하고 비용도 적게 들었을 것이다.[15] 오랜 세월 동안 이탈리아에 도입된 새 농사 기술이나 작물 종자 중 상당수가 이런 교역의 일부로, 또는 그 교역로를 따라 이동한 사람들을 통해서 들어왔다.

실제로 서기전 12세기 무렵 이탈리아에 새로이 대규모 이주민 집단이 들어왔는데, 이 사람들을 통칭해서 '바다 사람들People of the Sea'이라고 한다. 그들 중 일부는 그 시기에 이미 지중해 동부로 퍼져나가 이집트를 위협하고, 히타이트 문명과 미케네 문명을 파괴했다. 이집트의 역사 기록에서는 이들을 가리켜 트르시Trsh, 슈르딘Shrdn(사르데냐인), 스크르시Shkrsh라고 했다.[16] 트르시는 아마 그리스인들이 티레노이Tyrrhenoi, 또는 티르세노이Tyrsenoi라고 불렀던 민족일 것이다. 스크르시는 그리스 문헌에 시칠리아 거주 민족의 하나로 기록되어 있는 시쿨리인Siculi(그리스어로는 시켈로이Sikeloi)이다.

에트루리아인의 등장

바다 사람들이 이주하고 나서 약 400년 동안 무슨 일이 일어났는지 명확하게 알 도리는 없지만, 그때 이탈리아가 지중해 교역의 지렛대 역할을 했던 것은 분명하다. 이는 서기전 10세기부터 서기전 3세기까지 상업적 교역로의 통제권을 놓고 경쟁을 벌였던 에트루리아인, 페니키아인, 그리스인 사이의 상호작용을 통해서 가늠해볼 수 있다.

당시 이들 세 민족은 모두 역사학자 페르낭 브로델*이 적절하게 지적한 요인들, 곧 '도시의 왕성한 활동력, 항해술과 금속가공 기술, 교역 경험과 시장지배력'을 갖추고 지중해 교역로의 강자로 군림했다.[17] 이들은 각기 다른 경로와 독특한 형식으로 식민지를 개척하면서 서서히 점령 지역에 뿌리를 내렸다. 이들 식민지는 그전에도 이미 여러 차례 이주민들을 맞아들였고, 그때마다 변화를 겪었다. 변화가 일어날 때마다 이들 지역의 물질문명과 음식 문화에 새로운 요소들이 추가되었다. 비록 이들 중에서 정확하게 누가 어떤 것을, 이를테면 구체적으로 어떤 작물이나 요리 재료, 농경 기술, 전통 조리법, 먹을거리에 관한 사회적 관습을 들여왔는지 말하기는 어렵지만, 새로 온 정착민과 선주민의 상호작용이 향후의 전개 과정에 밑바탕이 되었다는 사실은 부인할 수 없다.

앞서 본 바와 같이 고대부터 이탈리아는 단일한 덩어리가 아니었다. 예전부터 조각조각 분열되었던 영토야말로 저마다 고유한 문화·관습과 밀착해 있었던 다채로운 문명의 모자이크를 탄생시키는 요람이 되었던 것이다. 이탈리아 특유의 캄파닐리스모와 지역 전통을 고수하는 성향은 바로 이 원초적 다양성을 반영하는 것이 아닌가 싶다.

에트루리아인들은 오늘날의 토스카나 남부와 라치오 북부에 정착

● 페르낭 브로델(1902~1985)은 근대 역사학의 새 지평을 열었다고 평가되는 프랑스 역사학자다. 경제학, 지리학, 인류학을 아우르며 인간의 역사를 중층적이고 복합적으로 탐구하는 '역사적 인간학'을 구축했다.

했다. 바다에서 그리 멀리 떨어지지 않은 곳에 그들의 가장 오래된 고을 카이레와 타르퀴니아가 있었다.

오랜 세월 동안 에트루리아인의 문자는 해독되지 않은 채로 있었다. 에트루리아 문자는 현대 서구에서 쓰이는 알파벳의 기초가 되는 페니키아 문자에서 갈라져 나온 것이다. 에트루리아인들은 무덤이나 건축물 등 상당히 많은 흔적을 남겼는데도 오랫동안 수수께끼에 싸인 존재였다. 그러다가 언어학자들이 마침내 그들이 남긴 금석문과 문헌 자료를 해석하는 데 성공했다. 금석문의 문자들이 에게해에 있는 렘노스 섬에서 사용된 것과 비슷하다는 사실에 주목한 끝에,[18] 학자들은 에트루리아 언어가 오늘날의 터키 서부 지역에 있었던 고대 리디아의 언어와 유사하다는 사실을 밝혀냈다.[19] 그리고 에트루리아인이 남긴 유골의 미토콘드리아 DNA를 분석한 결과, 고대 지중해 동부의 지배 계급에게서 발견된 것과 같은 '유전자 자취'가 확인되었다. 오늘날 토스카나 주 시에나 시 부근에 있는 무를로Murlo 마을 주민들의 DNA에서도 유사한 분석 결과가 나왔다.[20] 또한 토스카나 지방의 소와 서아시아 지역의 소를 대상으로 유전자 검사를 시행한 결과 역시 유전적인 유사성을 확인할 수 있었다.[21]

일부 학자들은 에트루리아인이 바다 사람들의 한 갈래인 트르시와 같은 민족일지 모른다고 주장한다. 트르시는 이집트 역사 기록에 파라오 람세스 3세가 서기전 12세기경 자신의 영토에서 몰아냈다고 쓰여 있는 사람들로, 그리스 기록에는 '티르세노이'나 '티레노이'라는 이름으로 나온다. 그렇지만 주목할 만한 에트루리아 문명은 많이 거슬러 올라가 봐야 서기전 8세기 말 정도에나 나타나기 때문에, 이 주장은 다른 이론에 비해 신빙성이 떨어진다.

이보다는 서아시아에서 이주해 온 사람들과 빌라노바인Villanovans●이라는 인도-유럽인 계열 선주민이 합쳐져서 형성되었다는 설이 더욱 그럴듯하다.[22] 새로 이주민이 유입된 결과 이전과 뚜렷하게 다른 문화가 나타났을 것이다. 이전에는 죽은 사람을 화장하던 문화였으나, 이후 지배 계급은 장대한 무덤에 시신을 매장하기 시작했다. 지배 계급의 무덤은 그들의 일상생활이나 연회 장면, 식사 관습 등을 드러내는 화려한 시설이 되었다. 새로운 문화는 서아시아 문화의 특성 몇 가지를 고스란히 드러낸다. 이를테면 페니키아 문자를 사용한다든가, 제물로 바친 짐승의 간을 보고 미래를 점친다든가, 긴 의자에 드러누워 식사를 하는 연회 관습이라든가, 금 장신구에 세금세공細金細工●●을 한다든가, 전반적으로 사치를 좋아한다는 점 등이 그렇다.[23]

에트루리아인이 어디서 왔든 그들은 페니키아인이 지중해 서부로 가져온 문화를 깊숙이 받아들였으며, 그리스의 문화 요소들도 잘 끌어안았다. 그 결과 그들은 서기전 8세기 이후 상당한 문화적 영향력을 발휘하는 집단으로 자리 잡았다. 에트루리아인들은 자신들이 받아들여 나름대로 소화한 문화를 다시 이웃한 인구 집단에 전파했다.

● 서기전 10~9세기부터 서기전 6세기 무렵까지 이탈리아 서남부에서 서북부에 걸쳐서 초기 철기 문화(이른바 빌라노바 문화)를 영위하며 살아가던 사람들.
●● 금이나 은을 가느다란 줄이나 구슬로 만들어 장식하는 공예 기술.

베이오, 타르퀴니아, 볼테라 같은 고을이 성장하고, 이들 고을을 둘러싼 경작지가 확대되었으며, 재배하는 곡물의 종류도 다양해졌다. 이는 에르투리아인들의 식민지 개척이 서기전 7세기에 더욱 활발해졌다는 사실을 보여준다. 인구의 증가와 그 결과로 나타난 잉여 농산물의 증가로 인해서 점차 광활한 토지가 소수 지배층의 손에 떨어지게 되었다. 이들은 많은 농민을 고용해 일꾼으로 부렸고, 이들 농민의 삶은 먼 훗날 농노들의 삶과 별로 다르지 않았다.[24]

서기전 6세기 전후 에트루리아인들은 바다와 육지에서 진정한 강자로 성장했다. 그들의 영토는 토스카나 지방과 아펜니노 산맥의 대부분을 아울렀고, 캄파니아에서 포 강 유역에 이르는 광대한 지역이 그들에게 복속했다. 이런 사실은 이들이 당시 알프스 산맥 너머에 정착한 켈트인들과 금속, 노예, 소금 등을 교역했던 흔적을 통해서도 확인할 수 있다.[25]

에트루리아의 도시에 거주하던 지배 계급은 정치를 주무르고 광활한 토지를 이용하고 이에 따른 특권을 누리면서도 커다란 통일 국가를 세우려고 하지는 않았다. 대신 그들은 지역의 독립성을 어느 정도 보장하면서 느슨한 연방 형태의 체제를 운영하는 편을 선호했다.

그리스인들과 마찬가지로 그들도 땅의 힘을 보호해 토지 소출을 늘리는 '휴한' 농법을 도입했다. 이 농법은 추수가 끝난 농지를 1년 이상 경작하지 않고 놀리거나, 가축을 놓아 기르는 목초지로 삼아 가축의 거름으로 땅을 비옥하게 만드는 방법을 말한다. 이런 농법은 당시 이탈리아의 다른 인구 집단들이 옮겨 다니며 화전을 일구던 것과 비교했을 때 엄청나게 생산적인 방식이었다. 또한 경작지를 농사 짓는 땅과 쉬는 땅으로 구획 지어 운영했다는 것은 사유재산 제도가 존재했음을 짐작게 한다. 사유재산 제도는 복잡한 사회 구조를 기반으로 하는 것이다. 또한 그들은 우물을 파서 활용함으로써 경작지의 생산성을 더욱 높일 수 있었다. 샘과 시냇물에 인공적인 수로를 연결한 관개 시설의 흔적도 있다.

아마도 에트루리아인들이 누리는 풍요를 질투해서겠지만, 이웃한 인구 집단들은 에트루리아인에게 퇴폐적인 과소비 풍조가 있다고 생각했다. 서기전 1세기에 활동한 시칠리아 출신 그리스 역사가 디오도로스는 에트루리아인들이 사치를 좋아해서, 하루에 두 번씩이나 은식기로 꾸민 식탁에 모여 식사를 한다고 기록했다. 이 역사가는 에트루리아인들이 연회와 축연에 몰두하느라고 그 선조들이 적에 맞서 보여주었던 기개를 잃어버렸다고 한탄했다.[26] 에트루리아인들에 대해서 라틴 시인 카툴루스*는 '오베수스 에트루스쿠스obesus Etruscus'라는 표현을 사용했고, 베르길리우스**는 '핑귀스 티르헤누스pinguis Tyrrhenus'라는 표현을 사용했는데, 둘 다 '뚱뚱한 에트루리아인'이라는 의미다.[27]

에트루리아 연회의 모습을 보여주는 유물로 가장 오래된 것이 토스카나 주 몬테스쿠다이오에서 발견된 서기전 7세기의 토기 항아리

---

* 카툴루스(서기전 84경~서기전 54경)는 로마의 공화정 시대 말기에 활동한 서정시인으로, 연애시의 선구자라고 할 수 있다.
** 베르길리우스(서기전 70~서기전 19)는 로마의 장대한 민족 서사시 《아이네이스》를 쓴 시인이다.

다. 이 항아리에는 한 남자가 다리 세 개짜리 원탁을 앞에 두고 보좌에 앉아 있고, 시중드는 여자가 그 옆에 서 있는 형상을 빚은 소조塑造가 붙어 있다.[28]

서기전 6세기의 에트루리아 무덤에서는 연회 장면을 더 많이 볼 수 있는데, 연회에 참석한 사람들은 혼자서 아니면 둘씩 짝지어서 비스듬히 누운 자세로 먹고 마시는 모습으로 묘사되어 있다. 이것은 그리스 문화의 영향을 나타낸다.[29] 그렇지만 그리스와 달리 연회 참석자 중에 종종 여성의 모습도 등장하는데, 때로는 남녀 한 쌍이 담요 한 장을 함께 덮은 모습으로 그려진다.[30] 일반적으로 여자들이 요리를 맡았으며, 귀족 집안에서는 하인들이 식사를 준비하지만 상차림과 연회를 감독하는 것은 그 집안의 여자들이었다.[31]

남겨진 기록이나 유물, 미술품에 묘사된 모습 등을 통해서 우리는 에트루리아인들이 무엇을 생산하고 소비하고 교역했는지 알 수 있다.[32] 그러나 흔히 그렇듯 하층 계급에 속한 사람들의 삶이나 식습관에 대한 정보는 턱없이 부족하다. 보리와 함께 아인코른, 스펠트와 조 등을 주식으로 삼았는데, 일반적으로 이런 곡물을 거칠게 갈아서 죽을 만들거나, 납작하게 반죽해 뜨거운 돌판이나 화덕에 구웠다. 이 납작한 빵을 후일 로마인들이 받아들여 트락타tracta, tractum라는 이름을 붙여주었다. 에트루리아인은 푸성귀를 많이 먹고 완두콩, 병아리콩, 렌틸콩, 누에콩 등 다양한 콩 종류를 주로 수프로 만들어 먹었다. 돼지고기와 닭고기도 구할 수는 있었지만 연회 음식이 아니면 자주 접할 수 없었으며, 여유가 없는 사람들에게는 거의 그림의

몬테스쿠다이오에서 발굴된 에트루리아 토기

에트루리아인의 연회 장면. 라치오 주 타르퀴니아에서 발견된 에트루리아인 공동묘지 중 '표범의 무덤' 벽화.

떡이었다. 양이나 소는 살아 있을 때가 훨씬 쓸모가 많았기에 잘 잡아먹지 않았다. 쇠고기는 거의 지배 계급의 전유물이었다.

에트루리아인들은 밤, 헤이즐넛, 무화과, 올리브, 포도도 먹었고, 용담*이나 서양쥐오줌풀**같이 오늘날에도 이탈리아에서 널리 쓰이고 있는 약초를 이미 사용하고 있었다.[33]

서기전 6세기에 들어서면서 에트루리아인들은 지중해 교역로에

● 용담은 동서양 할 것 없이 고대부터 소화제로 사용되었다.
●● 서양에서 오래전부터 진정제나 진통제로 사용되었다.

끼어들어 지중해 서부 지역으로 자기네 상품을 수출하는 일에 관심을 기울이기 시작했다. 그들의 가장 오래된 식민지는 나폴리 북쪽에 있는 카푸아로, 그리스인들이 나폴리 인근에 개척한 식민지 쿠마이*와 그리 멀지 않은 곳이었다.

이 시절 로마는 테베레 강에 있는 조그마한 섬(테베레 섬)에 자리 잡고 있었다. 원래 이 도시 자체가 남쪽에 있는 에트루리아 식민지 카푸아와 북쪽의 에트루리아 본토 고을들을 연결하는 중간 상업 기지로 시작되었을 가능성이 크다.

에트루리아인들이 상업 활동을 확장하자, 당시 해상 교역의 두 주역이었던 페니키아, 그리스와 마찰을 빚게 되었다.[34]

페니키아인의 도래

페니키아인들이 이탈리아에 남긴 최초의 흔적은 사르데냐 섬에서 발견된, 서기전 9세기 초의 것으로 여겨지는 금석문 조각이다. 그렇다면 최초의 접촉 시기는 이보다 더 오래되었을 것이다. 바다 사람들이 지중해에서 대격변을 일으킨 직후에 페니키아인들이 이탈리아를 찾아왔을 가능성이 높다.[35]

페니키아인들은 오늘날의 레바논 해안선을 따라 곳곳에 도시를 세웠고, 이 도시들을 근거지 삼아 문화를 발전시켰다. 비블로스, 티

---

* 나폴리 서쪽 19킬로미터 지점에 있었던 고대 도시.

레, 시돈 등 페니키아인이 세운 도시들은 서기전 10세기에서 서기전 7세기 사이에 최대한도로 팽창한 상태였다. 영토의 특성상 농사지을 공간이 거의 없었기 때문에 그들은 농업 대신 유리와 보석을 가공하는 전문 기술을 개발했고, 뿔고둥*에서 뽑아낸 염료를 써서 생산한 보라색 직물로 명성을 얻고 있었다.

뛰어난 뱃사람이자 상인으로서 이익을 창출할 만한 기회나 상품, 새로운 시장을 찾던 페니키아인들은 지중해 전역에 뻗은 교역망을 통해 페니키아산 사치품들을 퍼뜨렸다. 페니키아인들은 멀리 영토를 확장해서 통치하는 데에는 별로 관심이 없었다. 대신 그들은 지중해 연안 전체와 지브롤터 해협 너머 에스파냐의 대서양 연안에 이르기까지 해안선 요소요소에 무역 기지를 세웠다.

페니키아인들은 대략 서기전 11세기 무렵부터 시시때때로 이탈리아 땅을 밟은 것으로 보이지만, 8세기에 이르러서야 고정 기지를 건설했다. 사르데냐에 노라, 술키Sulci, 비티아, 칼리아리 등을, 시칠리아 북서부에 팔레르모, 릴리바이움(현재의 마르살라), 모티아Motya(현재의 트라파니 부근) 등을 세웠다. 이들 기지는 페니키아 본토에서부터 키프로스, 크레타, 몰타를 경유해서 에스파냐에 이르기까지 지중해를 동서로 횡단하는, 빠르고 중요한 경로를 따라 세워졌다. 고고학 유물들을 보면 페니키아 상인들은 이들 기지의 배후에 있는 내륙에서 식량을 얻고, 그 대가로 지중해 전역에서 생산된 사치품을 공급

* 학명 *Murex brandaris*, *Murex trunculus*.

했다. 이 과정에서 분명히 각지의 조리 기술과 조리 기구들을 받아들였을 것이다.[36]

페니키아인들이 북아프리카나 에스파냐에 대한 교역을 관리하는 기지로 오늘날의 튀니지 땅에 세웠던 카르타고는 정착민이 많아지면서 식민지로 변모했다. 훗날 서기전 7세기 무렵에 아시리아가 페니키아인들의 모국을 점령하자, 카르타고는 자체 교역망을 통해 홍해와 그 너머 인도양에서 지중해 연안으로 향신료를 공급하는 독립적인 해양 세력으로 성장했다.[37] 이렇게 새로이 등장한 식민 세력은 다시 필연적으로 이탈리아 남부에 있었던 그리스 식민지나 에트루리아인들과 충돌을 빚게 되었다.[38] 후일 카르타고는 시칠리아에 대한 지배권과 시칠리아에서 재배되는 밀에 관한 이권을 두고 로마와 다퉜으며, 이것이 일련의 전쟁으로 이어져 결국 북아프리카에서 번성했던 카르타고는 멸망에 이른다.

카르타고를 정복한 로마인들은 카르타고인들이 개발한 농경 기술을 받아들였다. 카르타고의 농경학자 마고Mago•가 쓴 농사 교본을 처음에는 그리스어로, 그다음에는 라틴어로 번역했는데, 이 책은 후일 로마인들의 저술에도 자주 참고 도서로 이용된다.[39] 로마의 저술가 루키우스 콜루멜라Lucius Junius Moderatus Columella는 마고를 가리켜 '농업의 아버지'라고 했다. 현재 마고의 교본은 일부분만 남아 있는

• 마고는 고대 지중해 권역에서 가장 위대한 농경학자였지만 생몰 연도는 명확하지 않다. 카르타고가 아직 페니키아의 식민지였던 시절에 활동했다. 무려 28권에 이르는 농사 교본을 남겼다고 하는데, 현재는 극히 일부만 그리스어나 라틴어 번역본으로 전해진다.

데, 그 내용에 따르면 카르타고인들은 소를 육종하는 방법을 개발했으며, 포도 재배 기술과 수확한 포도를 햇볕에 말려서 파숨passum 와인 같은 포도주를 생산하는 기술을 알고 있었다.⁴⁰

대大 플리니우스•는 오늘날 리비아의 영토에 속한 테카페Tecape 오아시스에서 카르타고인들이 경작하는 모습을 보고 경탄했는데, 그들은 하루에 한 번씩 특정한 시간에만 물을 주면서도 같은 땅에 여러 가지 곡물을 동시에 재배하고 있었다.

> 여기서는 커다란 야자나무 아래에서 올리브나무가 자라고, 올리브나무 아래에 무화과나무가 자라고, 무화과 아래에는 다시 석류가, 석류 아래에는 포도가 자란다. 그리고 포도 덩굴 아래에는 첫째로 밀, 다음으로 갖가지 콩 종류가, 그리고 마지막으로 약초가 심어져 있다. 이 모든 작물이 같은 해에 다른 식물의 그늘에서 자라고 있는 것이다.⁴¹

이 다층적인 농법은 오늘날에도 튀니지의 오아시스에서 시행되고 있다. 튀니지의 오아시스에서는 수분의 증발을 최소한으로 줄이기 위해 밤중에 한 차례만 물을 준다. 페니키아인들은 이들 과일나무와 그 재배 기술을 자기네 무역 기지에 들여와서 번식케 했을 것이다.⁴²

• 노(老) 플리니우스 혹은 대(大) 플리니우스로 불리는 가이우스 플리니우스(서기 23~79)는 제정 로마 시대에 활약한 작가이자 박물학자로, 37권에 이르는 《박물지》를 남겼다. 농업을 다룬 제18권은 당시의 농사 기술과 농작물의 종류를 알려주는 중요한 기록이다.

이탈리아 요리나 프랑스 요리에 널리 쓰이는 (양파의 일종인) 샬롯의 이름도 페니키아인들이 세운 도시 아스칼론Ascalon에서 유래했을 가능성이 있다.*

페니키아인들의 일상적인 식단이나 식습관에 대한 정보는 충분히 남아 있지 않지만, 그들의 종교 축연 마르제흐(mrzh라고 쓴다)에 대해서는 어느 정도 알려져 있다. 마르제흐 기간에는 현지 주민들과 페니키아 상인들이 한데 어울려 음주를 즐겼으며 산 짐승을 특정 신에게 제물로 바쳤는데, 아마 죽은 자들을 추도하기 위함이었을 것이다.⁴³ 페니키아인이 남긴 집터 유적에 흙을 구워 만든 작은 화덕이 있는 것으로 보아, 그들의 식사에 곡물류가 포함되어 있었음을 추정할 수 있다. 오늘날 로마 음식으로 남아 있는 '풀스 푸니카puls punica(카르타고식 죽)'는 곡물이나 밀가루에 달걀, 치즈, 벌꿀 등을 섞어 끓인 음식이다.⁴⁴ 페니키아인들은 생선 저장 기술도 전파했다. 가장 진보한 형태의 염장 시설들이 에스파냐 해안 지방에 있었다. 그리스인들은 가로스gáros라고 부르고 로마인들은 가룸garum이라고 불렀던 액젓이 그곳에서 생산되었다. 이 액젓은 상품 가치가 별로 없는 작은 생선에 소금을 쳐서 발효시켜 만든 것이었다.⁴⁵

소금 생산도 중요한 사업이었는데, 시칠리아와 사르데냐에서는 과거 페니키아나 카르타고의 식민지였던 곳에서 그 시대에 만들어진 염전을 지금도 볼 수 있다. 시칠리아 서부 모티아에 있는 페니키

---

* 샬롯을 이탈리아어로 스칼로뇨(scalogno)라 한다. 보통 양파의 4분의 1 정도 되는 크기에 양파보다 달콤하고 부드러운 향을 낸다.

모티아의 전통 염전. 페니키아인들이 서부 시칠리아에 도입한 기술로 여겨진다.

아 유적에서는 고래의 척추뼈가 발굴되었다. 그렇다면 이곳 사람들은 고래를 잡아서 먹고 고래기름도 만들어 썼을 것이다.[46]

카르타고 식민지에서 주조한 동전에 참치 모양이 새겨져 있는 것으로 보아 참치잡이도 상당히 중요한 사업이었던 것으로 유추할 수 있다. 페니키아인들이 작살을 이용하는 등의 세련된 어로 방식, 특히 참치잡이 기술을 서지중해에 전파했을 가능성도 있다. 참치를 잡는 데는 어선 여러 척이 함께 참여하는 협업이 필수이며, 참치 떼를 유인해 막힌 그물에 몰아넣으려면 오늘날 '톤나레tonnare'라고 부르는 것과 비슷한, 거대한 어망도 반드시 갖추어야 했다.

오늘날까지도 시칠리아와 칼라브리아의 어민들은 한꺼번에 많은 참치를 잡으려고 이와 비슷한 기술을 사용하고 있다. 이 기술을 가

출처 Jean-Pierre Houel, *Voyage pittoresque des Isles de Sicile, de Malte et de Lipari ...* (Paris, 1782–7)

시칠리아의 참치잡이 톤나레, 18세기 동판화

리키는 '마탄차mattanza'라는 이름은 '학살'을 의미한다. 참치를 대량으로 잡아 죽이는 마탄차는 그 방식이 대단히 잔인하고, 참치의 씨를 말려 어업의 지속가능성을 저해한다는 거센 비판을 받고 있기 때문에 조만간 사라질 전망이다.[47]

그리스인의 도래

  때맞춰 일과를 꾸려나가는 것을 즐겨라,
  헛간이 철마다 들어찰 테니.
  가축이 늘고 부유해지는 것은 모두 열심히 일한 덕분이지,
  인간은 일을 할 때 신들께 더 어여삐 보이는 법이니.
  일하는 것이 수치가 아니요, 게으름 피우는 것이 부끄러운 일이라네.
  네가 일을 하면 게으름은 부유해지는 너를 보며 샘을 내리,
  부에는 명예와 영광이 따르는 법이니……
  쟁기질을 해야 할 시간이 오기 무섭게
  노예들과 함께 서둘러라,
  쟁기 철에는 땅이 젖었든 말랐든 쟁기질을 해야 한다네.
  아침 일찍부터 부지런히 하면 너의 들판은 가득 차리라.
  봄에 쟁기질을 하고, 여름엔 놀려두었던 밭을 새로 갈면 땅은 너를 속이지 않으리.

흙이 아직 부드러울 때 새로 간 땅에 씨를 뿌려야 한다네.
새로 간 땅에는 저주도 내리지 않고 아이들의 발길도 들지
않는 법……
그렇지만 때때로 바위 그늘에 앉아 비블리스 와인을 한잔하
는 것은 괜찮다네.
보리와 염소젖, 말린 염소젖으로 만든 케이크,
숲에서 자라 아직 새끼를 배지 않은 암송아지 고기나
첫배로 난 놈의 살코기, 여기엔 독한 와인이 제격이지.
든든해진 배로 그늘에 앉아서 마음까지 흡족할 때,
고개를 들어 거센 서풍을 맞아보세.
영원히 마르지 않는 샘에서
세 번 물을 따르고 네 번째는 와인으로……
오리온과 시리우스가 하늘 한가운데 뜨고,
새벽의 장밋빛 손가락이 구월 한가운데로 들어서면,
포도를 모두 수확해서, 아, 페르세스여! 집으로 가져오세.
낮이 열 번, 밤이 열 번 지나는 동안 햇볕에 말리고,
닷새 동안은 그늘에 두었다가 엿새째 날에 통에 넣으면,
언제나 기쁜 디오니소스의 선물을 얻게 된다네.[48]

이것이 고대 그리스 농민의 삶이었다. 최소한 그리스 시인 헤시오도스가 남긴 바에 따르면 그렇다. 위에 인용한 시는 이 시인이 서기전 7세기 즈음에 쓴 〈일과 나날〉이라는 시의 일부다. 그는 이 시를

지어서 동생 페르세스를 불러들여, 포도밭 돌보는 일을 맡기려 했다. 훗날 페르세스는 부패한 판사와 짜고, 아버지가 시인에게 물려준 재산의 상당 부분을 가로챘다.

주로 영웅이나 전사들의 위대한 행적을 그렸던 호메로스와 달리 헤시오도스는 들에서 열심히 일하며 사는 사람들의 일상생활에 주목했는데, 이들은 광대한 토지를 차지해서 지주 귀족이 되려고 하는 사람들에게서 부당한 일을 당하는 경우가 잦았다. 시인은 동생에게 농사에 관해서뿐 아니라 항해와 교역에 관해서도 조언했는데, 재산 대부분은 육지에 남겨두고 일부 물자만 배에 실어 보내라는 조언이다.

고대 그리스에서는 물자 부족이나 고질적인 영양 부족이 일상의 현실이었다. 때때로 흉년이 들면 상황은 더욱 악화되었으며, 최악의 경우 기근이 들기도 했다.[49] 등골 빠지는 노동, 농사, 포도주 양조, 항해, 불공평한 사회 때문에 살아가기 힘겨운 세상. 그리스인들이 서지중해와 흑해 부근, 남부 이탈리아 등지로 이주해 식민지를 건설하게 된 데는 이런 배경이 있었다.

모국에 남았든 이탈리아의 식민지로 이주했든 그리스인들은 모두 자신들이 이웃 민족들과는 문화적으로 격이 다른 존재라고 굳게 믿었다. 자신들 외의 다른 민족은 모두 '바르바로이barbaroi' 곧 야만인이었다. 그리스인들은 거주 지역에 따라서도 사람들을 차별해서, 공간적·사회적·정치적 격차뿐 아니라 도덕적인 격차까지 존재한다고 생각했다. 도시 거주민이 농민보다 문명인이고, 농민보다 유목민이 못한 사람들이라고 생각했다.[50] 이런 우월감이 식습관을 포함해서 사회생활의 모든 측면을 관통하고 있었다.

밀 농사와 포도주나 식용유 생산은 정착 농경과 직결되므로 자연 경관을 바꿔버리는 힘을 가지고 있는데, 바로 이 자연을 바꾸는 힘을 눈에 보이는 문명화의 상징으로 받아들였던 것이다. 하지만 밀, 포도주, 올리브유라는 음식의 삼각 편대는 실생활에서보다 관념상 중요하게 여겨지는 경우가 더 많았다. 일반 민중의 생존에 실질적으로 중요했던 것은 밀(빵이나 죽으로 만들어지는)이 아니라 보리(비스킷이나 죽으로 먹는), 호밀, 귀리와 렌틸콩이었다. 이들 곡물이 '시토스sítos', 말하자면 주식主食이 되었고, 그 밖에 모든 것은 부수적인 것들로서 '옵손ópson'이라는 범주에 속했다. 옵손에는 채소류, 달걀, 치즈와 함께 고기와 생선, 가공한(소금에 절이거나 말리거나 훈제한) 육류와 어류가 모두 포함되었다.

신선한 생선은 고대 그리스에서 인기 있는 식품이었다. 적회식 도기 접시, 서기전 350~325년경.

Bibi Saint-Pol 제공, Musée du Louvre, Paris

그리스인들은 이런 부식 거리들을 상대적으로 덜 중요하게 여기면서도, 좀 값이 나가는 것이나 어쩌다 시장에서 발견한 진미를 손에 넣으면 자랑스럽게 여겼다. 이들 귀한 식품이 유통된다는 것은 화폐경제의 확장, 수공업의 발전, 교역망의 확대를 반영한다.

사냥으로 잡은 고기나 사냥 자체는 유목민 수준까지는 아니더라도 시골 생활과 동의어 정도로 취급되었으며, 종종 야만인의 전유물로 여겨졌다. 고기 소비 자체가 극히 한정되어 있었고, 그나마도 대부분 종교적인 제물로 쓰였다.[51] 제물을 도축하는 일은 '마게이로스 mágeiros'라는 고용 요리사가 맡았다. 이들은 큰 짐승도 도축할 수 있었다. 마게로이스는 제물로 바친 짐승이 너무 커서 그 집안에서 다 소비하기 어려운 경우, 남는 고기를 파는 일까지 대행해주었다. 그렇지만 작은 짐승이나 가축을 제물로 바치는 경우에는 가족 중 누군가가 도축 의식을 거행할 수도 있었다.[52]

그리스인들은 야만인들이 그리스인과 달리 품위 없이 무절제하게 먹고 마신다, 심지어 날것을 먹는다고 비난하곤 했다. 그리스식 식사, 특히 공공 연회는 모든 남성 자유민이 모이는 자리이기 때문에 정치적으로 상당히 중요한 일이었다. 또한 상층 계급의 사적인 식사는 성인 남성들이 사회·문화적 유대를 강화하는 행사를 의미했다. 참석자들 중에는 대접을 받기만 할 뿐 되갚지 않는 식객도 있었는데, 이런 사람들을 '파라시토이 parásitoi'라고 했다. '곁다리 껴서 먹는 자', 말하자면 기생충이라는 뜻이다.[53] 사적인 연회는 공을 무척 많이 들이는 행사였기 때문에 집 안에서도 '안드론 andrón'이라고 불리는 아

크라테르(술독)에서 주전자로 와인을 푸는 젊은이. 왼손에 술잔을 들고 있다. 아테네 적회식 도기 잔의 장식화, 서기전 490~480년경.

주 특별한 장소에서 열렸다. 안드론은 '남자들의 장소'라는 뜻이다. 참석자들은 벽을 따라 놓인 긴 의자에 비스듬히 기댄 채 식사를 했다.

손님의 수가 많을 때나 주인이 참석자들에게 깊은 인상을 주고 싶을 때, '옵소포이오스opsopoiós'와 '트라페조포이오스trapezopoiós'가 마게이로스를 도왔다. 옵소포이오스는 조수, 트라페조포이오스는 상을 차리거나 소소한 심부름을 하는 사람을 지칭했다.[54] 이런 경우 음식은 풍요롭고 다양했으며, 종종 고기와 생선도 포함되었다. 음식은 한꺼번에 차려져 나오고 다 먹으면 상째로 물려졌다. 본격적인 식사에 앞서 전채인 '프로포마타propómata' 상이 나오고, 후식으로는 과일과 견과류를 차린 '트라게마타tragémata'가 나왔다.

양갓집 여성들은 이런 사교 행사에 절대로 끼지 않았다. 이들은 남자들이 먹기 전에 식사를 마쳤다. 이런 관습은 제물을 바치는 종교 의식을 치를 때도 마찬가지였다. 하지만 여자 노예나 무희, 창녀의 존재는 유흥의 한 형태로 취급되어 환영받았다. 풍성한 식사는 종종 조촐한 음주 파티인 '포토스pótos'나 이보다 공을 많이 들인 본격적인 음주 행사 '심포시온sympósion'('함께 마신다'는 뜻)으로 이어졌다. 만찬 상이 치워지면 일단 신들에게 바치는 헌주와 기도가 거행되고, 그다음에는 주인이 비율을 정해서 와인과 물을 섞었다.[55]

물론 모든 식사가 이처럼 공들여 거행되거나 사회적인 의미를 띠는 것은 아니었으며, 모든 사람이 그럴 만한 여유를 가지고 있지도 않았다. 사회적 지위가 낮은 사람들은 비스듬히 누워서가 아니라 똑바로 앉아서 식사를 했을 것이다. 사실 호메로스 시대에는 영웅들도 똑바로 앉아서 식사하는 것이 일반적인 규범으로 간주되었다.

그리스인들은 보통 아침 식사를 했다. 아침 식사를 '아크라티스마akrátisma'라 했는데, 주로 빵을 와인에 찍어 먹었다('아크라티스마'라는 낱말 자체가 '물을 섞지 않은' 상태를 뜻하는 '아크라토스ákratos'에서 유래했다). 점심은 '아리스톤áriston'이라 했다(호메로스 시대에는 이 말이 '아침 식사'를 뜻했다. 전날과는 다른 식사를 의미하는 듯하다). 저녁 식사는 '데이프논deîpnon'이라 했는데 보통 세 끼 중에서 가장 푸짐한 식사였다.

그리스인들은 이탈리아 남부와 시칠리아 동부의 식민지에 모국의 사회 구조와 물질문명을 옮겨 심었다. 음식을 차려서 먹는 과정 전체에 드러나는 습관, 신념, 가치관도 그 일부였다. 이들이 이주한 원인은 모국의 인구 증가와 지리적인 특성 때문이다. 그리스는 국토 대부분이 언덕과 산으로 뒤덮여 있다. 서기전 8세기부터 그리스의 인구가 지속적으로 가파른 증가 추세를 보이자 농지가 부족해지고, 적잖은 농민이 대지주의 지배하에 있는 상황에서 농민들 사이에 불안한 분위기가 조성되었다.[56] 이 문제를 해소하고자 각 도시국가의 지도자들은 농촌 지역에서 잠재적으로 문제를 일으킬 소지가 가장 큰, 젊은 남성들로 하여금 어디든지 가서 식민지를 건설하도록 했다. 모국과 연락을 유지하며 이 사람들을 지휘해 식민도시를 건설할 책임을 맡은 사람을 오이키스테스oikistes라고 했다. 이주자들은 배와 식량, 그리고 정착한 곳에서 농사지을 종자를 받아 가지고 길을 떠났다. 델피 신전에서 받은 아폴론의 신탁이 이들 식민지 개척단의 목적지를 결정하는 데 도움이 되었는데, 이는 이 신전의 사제들이 지중해 전 지역에서 찾아오는 수많은 순례자들에게서 풍부한 정보를 얻고 있었기 때문이다.[57]

그리스인들의 첫 식민지 피테쿠사이Pithecusae는 서기전 770년 무렵 오늘날의 나폴리에서 가까운 이스키아 섬에 세워졌다. 그리스 식민지 중에서 본토와 가장 멀리 떨어진 곳이다. 그 뒤 여러 도시가 잇

따라 세워지고, 시간이 흐르면서 이 도시들은 지중해를 실질적으로 지배하는 열강으로, 그리고 선진 문화의 중심지로 성장했다. 쿠마이, 풀리아 지방의 타렌툼, 칼라브리아 지방의 시바리스와 크로토네, 시칠리아의 시라쿠사와 아크라가스(오늘날의 아그리젠토) 등이 그런 도시다. 이 중 크로토네는 피타고라스가 채식주의 이론 정립에 힘쓴 곳이다.● 타렌툼은 특별한 품종의 양에게서 나는 최고급 양모와 일부를 수출할 정도로 풍부한 밀 소출로 유명했다. 시바리스는 너무나 부유해서 주민들이 과도한 연회와 사치를 즐기는 바람에 지중해 전역에 악명이 자자했다.[58]

문헌 자료에서는 현지인과 그리스인의 혼혈이 이뤄졌을 가능성을 부정하지만, 고고학 연구에 따르면 물질문명의 격차가 있었음에도 그리스인들은 현지 원주민과 혼인했고, 장례 의식이나 더 평등한 사회 체제와 같은 현지 문화를 얼마간 받아들였다. 최소한 이민 초기에는 그랬다. 동시에 현지의 선주민 집단들은 더 큰 규모로 통합해서 단결하는 경향을 보였는데, 이는 이주자들과 교섭할 때 더 유리한 위치를 확보하기 위함이었을 것이다. 세월이 지나 식민지들이 서지중해에서는 경제적 경쟁 상대가 없는 수준까지 성장한 다음에야, 이탈리아에 살던 그리스인들은 다시금 모국의 문화 양식을 받아들여 민족 정체성을 회복하고자 했다.[59]

● 피타고라스는 수학자와 철학자로 유명하지만 채식주의의 선구자이기도 하다. 영혼의 윤회를 믿고 모든 동물을 친구로 대하라고 가르쳤기에, 피타고라스 학파에서는 고기를 먹지 않고 양털로 만든 옷도 입지 않았다.

식민지 개척자들은 농경에 적합한 지역에 터를 잡고, 언덕 꼭대기처럼 외적의 침입을 방어하기 좋은 곳에 도시를 세웠다. 고르지 않은 토질, 법적 분쟁, 유산 상속 관습 등의 요인으로 인해서, 경작지는 낮은 담장과 배수로로 둘러싸인 구획으로 잘게 쪼개져 갔다. 역사학자 에밀리오 세레니는 오늘날에도 볼 수 있는 이런 형태의 경작지를 '지중해식 농원'이라 명명하고, 이렇게 정의를 내렸다. "나무나 관목을 초식 동물로부터 보호하고 과실 도둑을 막는 담장으로 둘러싸여 있으며, 모양이 일정하지 않은 조각 땅."[60]

그리스인들은 올리브, 포도, 케이퍼, 아스파라거스, 양배추, 회향, 마늘, 양파, 오레가노, 바질 등 지중해 동부가 원산지인 다양한 채소 품종을 남부 이탈리아에 들여왔다. 그들은 발달한 재배 기술도 함께 들여왔고, 이런 기술을 토대로 주위 다른 인구 집단에 비해 유리한 위치를 차지했다. 이를테면 포도가 성장하는 시기에는 기온이 높고 강수량이 적기 때문에, 그리스인들은 키 작은 나무나 말뚝 위에 포도 덩굴을 올려서 땅에서 가깝게 자라도록 했다. 식민지 개척자들은 특정한 식품뿐 아니라 고유한 조리 원칙이나 문화적인 개념도 함께 들여왔다. 곡물, 올리브유, 와인을 중시하는 태도가 그런 것 중 하나다. 이런 음식을 먹고 마시는 것은 야만인들과 대비되는, 그리스인의 문명인다운 상징이었다.

식민지가 성장하면서 상인과 수공업자가 몰려들기 시작했다. 이들은 상품 가치가 있는 작물, 특히 와인과 올리브유 교역을 개시했는데, 그 대상 지역을 모국 그리스에 국한하지 않고 지중해 연안 전

체로 확대해나갔다.[61]

　이탈리아 내의 식민지들은 대부분 그리스의 음식 문화를 그대로 포용했지만, 몇 가지 새로운 특산품도 만들어냈다. 이는 아마 이웃 이탈리아 선주민들과 문화 교류를 지속한 결과였을 것이다. 볶은 밀과 참깨를 꿀로 버무려 원뿔 모양으로 쌓은 '피라미스', 밀가루·견과류·대추로 만든 파이 '플라쿠스', 삶거나 구운 고기에 빵가루·치즈·딜*·스톡** 등을 더해 만든 당과류 '카운달로스káundalos' 등이 그것이다. 쿠마이에서 나는 홍합은 너무나 유명해서 그 지역에서 주조한 동전에 새겨질 정도였다.

　그리스인들이 세운 이탈리아 도시들이 그리스 요리에 공헌한 것 중에서 가장 독창적인 것이 '미식학gastronomy'일 것이다. 이는 음식과 식사에 대한 문학적 고찰이다. 그리스 본토의 작가들, 특히 희극 작가들은 사회 비판이나 웃음의 소재로만 음식을 활용했다. 반면 이탈리아, 특히 시칠리아의 일부 작가들은 음식에 생각의 초점을 맞춰, 이탈리아 식민지에서 더욱 커진 요리의 문화적 중요성과 체계적인 기록으로 남길 필요가 있었던 기술적인 진보를 암시한다.

　이런 작가들 중에서 가장 시대가 앞선 것으로 알려진 사람이 미타이코스Míthaikos다. 서기전 5세기 무렵에 살았으며 최초의 요리책을 낸 사람으로 여겨진다. 그에 관해서는 플라톤이 쓴 대화편 중 〈고르

● 미나리과의 한해살이풀. 생선 비린내를 없애거나 오이 피클의 맛을 내는 허브로 쓰인다.
●● 겨자과의 여러해살이풀. '비단향꽃무'라는 우리말 이름이 있다. 오늘날은 주로 관상용 화초로 재배된다.

기아스〉 편*에 언급되어 있다. 서기 3세기에 아테나이오스가 저술한 《식탁의 현인들》**에도 미타이코스에 관한 내용이 나온다.⁶²

《식탁의 현인들》을 살펴보면 시칠리아의 미식학자들은 요리에 관한 전문 용어들도 새로 개발했던 것으로 보인다. '내장 발라내기gutting', '헹구기rinsing', '저미기filleting' 같은 용어를 그들이 개발했다.⁶³ 또한 아테나이오스는 이 책에서 칼라브리아 지방의 로크리 사람인 글라우코스와 타렌툼의 헤게시포스Hegésippos를 요리책 저술가로 언급했고, 음식을 주제로 한 시〈만찬〉을 쓴 필록세노스Philóxenos(레브카스 섬 출신인 듯하다)도 거론했다(《식탁의 현인들》 324a, 516c, 685d). 더 중요한 작가는 사라쿠사 사람 아니면 젤라 사람인 아르케스트라토스Arkhéstratos일 텐데, 그는 '사치스러운 삶'을 뜻하는 〈헤디파테이아Hedypatheia〉라는 시를 썼다. 아테나이오스는 이 시도 저서에 인용했다. 《식탁의 현인들》 중에서 현재까지 전해지는 부분들을 보면 아테나이오스는 많은 곳을 여행하면서 이런저런 식재나 요리가 각각 가장 훌륭한 장소를 밝히고, 조리 과정에 대한 정보도 기술했던 것 같다. 그로 인해서 미식학 역사의 주요 개념, 곧 식재나 요리의 품질이 특정한 장소와 직결되어 있는 것으로 보고, 그 장소에서 난 것만을 '진품'으로 치는 개념이 사상 처음 등장한 셈이다.⁶⁴

● 플라톤의 대화편은 그의 스승 소크라테스와 다른 철학자들의 토론 내용을 기록한 것인데, 소크라테스는 고르기아스와 주로 수사술에 관해 토론했다.

●● 원제는 *Deipnosophistae*. 아테나이오스는 2세기 후반과 3세기에 활동했던 그리스 철학자이자 웅변가다.

켈트인의 진출

앞서 말했듯이, 그리스 식민지들은 오랫동안 지중해 교역의 주도권을 둘러싸고 에트루리아인, 페니키아인과 다투었다. 전쟁 기간에는 당시 지중해 사람들이 알던 세계의 모든 지역에서 온 용병들이 고용되었다. 이 용병들 중에 알프스 산맥을 넘어온 켈트인들도 있었다.

켈트인은 아마 예전에 중부 유럽까지 밀고 들어왔던 인도-유럽인들의 후손일 것이다. 이들은 철기를 도입해 사용했고, 죽은 사람을 땅에 매장하지 않고 화장하는 관습이 있었던 이른바 할슈타트 문화를 영위했다. 서기전 8세기부터 켈트인들은 오늘날의 헝가리와 폴란드 남부, 프랑스 동부에 걸친 너른 지역을 차지하고 있었다. 그들이 발전시킨 문화의 특징은 살이 붙은 바퀴와 말을 사용하는 것이었다. 또한 그들 사이에는 강력한 권력을 지닌 지배 집단이 있었고, 지배자들의 시신은 특별히 공을 들여 매장한 것으로 확인된다.[65]

로마인들은 오늘날의 프랑스 땅에 자리 잡은 켈트인 집단에 '갈리아인'이라는 이름을 붙였고, 오늘날의 그리스와 터키로 침입해 온 켈트인 집단은 '갈라티아인'이라고 불렀다. 켈트인 지배 계급은 와인을 대단히 많이 소비했다. 이들은 지중해의 그리스 식민지들에서 와인을 사서 배에 싣고, 론 강을 따라 중부 유럽까지 실어 날랐다. 귀족들은 부를 과시하고 추종자들의 충성을 다지기 위해서 그리스의 술잔이나 각종 사치품도 들여왔는데, 이는 그들과 남쪽의 이웃들 사이에 꾸준히 교역망이 가동하고 있었음을 나타낸다. 그 이웃에는 포 강 유역에 자리 잡은 에트루리아인들의 식민지도 포함된다. 에트루

리아인들은 그리스인 상인들을 대체할 만한, 구미가 당기는 상대였을 것이다.[66]

또한 그리스인들과 에트루리아인들은 켈트인을 용병으로 고용했으며, 이탈리아 전역에서 켈트인 수공업자들이 활동하고 있었다.[67] 그렇기 때문에 알프스 남쪽에서 향유되던 부에 관한 정보가 산맥 너머에 있는 족속들에게 전해졌을 것이다. 알프스 이북의 켈트인들은 서기전 5세기부터 포 강 유역의 평야 지대 전역으로 진출해서 아드리아 해까지 이르렀다. 그들은 새로운 포도 농사법도 들여왔다. 오늘날 와인을 담그는 대표적인 품종인 람브루스코는 이때 켈트인들이 들여온 야생 포도 종(이 포도를 후일 로마인들이 '라브루스카labrusca'라고 불렀는데, 이 말은 국경을 뜻하는 '라브룸labrum'과 야생 식물을 가리키는 '루스쿰ruscum'의 합성어다)에서 유래했을 가능성이 크다.[68]

그리스와 로마의 문헌에서는 이 점을 충분히 부각하지 않지만, 실상 숲으로 덮여 있던 광활한 지역을 잘 발달한 형태의 농경지로 개간한 사람들이 바로 켈트인이다. 이들은 숲을 개간해서 농장을 만들고, 땅 속에 움을 파서 곡물을 저장하는 창고로 이용하는가 하면 곡물의 껍질을 벗기거나 쭉정이를 가려내는 특수한 시설도 만들었다.[69] 그들은 쟁기를 사용했고, 정착지의 특성에 맞춰 밀과 보리, 귀리, 호밀, 조 같은 다양한 곡물과 누에콩, 완두콩, 벳지 같은 콩류를 재배했다. 또한 소와 양, 염소 같은 가축을 길렀고 특히 돼지를 선호했다.[70] 현대의 전문가들은 이들이 이탈리아 북부의 기후 조건에 맞춰서 농경 기술을 잘 발달시켰기 때문에, 후일 로마인들이 이 지역을

정복했을 때 개선할 것이 별로 없었다는 데 의견을 같이한다.[71]

그리스 문화권과 달리 켈트인들은 사냥을 전사들의 고귀한 전투 훈련으로 간주했다. 사냥으로 잡은 고기는 상층 계급의 연회에서 중요한 역할을 했다. 사냥은 소속감을 강화하고 갈등을 해소하는 계기가 되었으며, 지도자 본인에게는 육체적인 기량과 영향력을 과시할 기회였다.[72]

중부 유럽의 켈트인들은 광물에서 소금을 추출하는 기술을 개발해서, 이 소금을 양념으로 쓰거나 돼지고기를 보존하는 데 사용했다. 이들은 돼지의 내장이나 방광에 소금을 채워 넣는 방식으로 고기를 가공했다. 로마인들도 알프스 산맥 너머에서 만든 햄과 소시지를 높이 평가하고 켈트인의 가공 기술을 배웠던 것이 틀림없다.[73] 후일 로마인들이 파르마 인근 소금물 샘이 있는 지역에 식민지 벨레이아(오늘날의 살소마조레Salsomaggiore, 이 이름 자체가 '커다란 소금밭'이라는 의미다)를 건설한 일은 우연이 아니다. 켈트인 마을이었던 파르마는 몇 백 년이 지난 뒤 프로슈토●와 파르미자노 치즈의 생산지로 유명해지는데, 두 가지 모두 소금을 써서 만드는 식품이다.[74]

켈트인들은 농경 기술도 뛰어났지만 주위 환경의 이점을 활용해서 사냥과 낚시를 하고, 버섯과 산딸기류도 채취했다. 또한 가까운 숲을 돼지 사육 장소로 이용했는데, 넓은 숲에서 자란 돼지들은 풍부한 살코기의 공급원이 되었다.[75]

● 돼지 뒷다리를 소금에 절여서 바람이 잘 통하는 곳에 매달고 최소 2년 동안 말려서 만드는 이탈리아 전통 햄.

켈트인들은 시대에 따라 중부 이탈리아를 공격하기도 하고, 이탈리아의 다른 인구 집단과 동맹을 맺기도 했다. 서기전 390년 그들은 로마까지 육박했지만 결국 패배해서 아펜니노 산맥 너머 근거지로 퇴각했다. 이들이 새롭게 떠오른 로마 세력과 충돌한 것은 불가피한 일이었다.

로마의 등판

테베레 강에 인접한 언덕 마을들의 연맹체로 출발한 로마의 경제 기반은 목축, 그리고 인근 평야를 공동으로 경작하는 것이었다. 어떤 이들은 이 공동 경작이 '공공의 것'을 뜻하는 '레스 푸블리카res publica(공화국)'라는 정치적 개념의 기원이라고 주장한다.[76]

에트루리아의 지배하에 있었던 초기의 로마인들은 에머나 스펠트 같은 파로*에 의존하는, 인근 다른 이탈리아 민족들의 식사와 별반 다를 것이 없는 식생활을 했다. 파로를 날것으로 씹어 먹기도 하고, 수프에 넣거나, 살짝 볶거나 맷돌에 갈아서 에트루리아식 풀스 puls(죽)로 만들어 먹기도 했다. 풀스에는 콩이나 야생 허브나 푸성귀도 넣는데, 이런 부재료들은 '풀멘타리움'(풀스의 곁들이)**으로서 매우 중요하게 여겨졌다. 완두콩, 병아리콩, 누에콩, 렌틸콩, 벳지 등

---

* 낟알에서 겨를 벗겨내지 않은 통밀 상태로 조리하는 아인코른, 에머, 스펠트를 통틀어 이탈리아어로 '파로(farro)'라고 한다.
** 풀멘타리움(pulmentarium)'은 라틴어에서 널리 쓰이는 명사로, 빵과 곁들여 먹는 모든 부식을 통틀어서 지칭하는 말이다.

콩류도 식사에 중요한 역할을 했다.⁷⁷ 보리와 조도 널리 소비되었다. 보리는 주로 폴렌타polenta라는 죽으로 만들어서 먹었는데, 이 이름은 오늘날 이탈리아에서 옥수수죽을 가리키는 말로 쓰인다. 곡물을 가루로 만들어 반죽해서, 이스트를 넣지 않고 포카차●로 구워 먹기도 했다.

서기전 3세기 무렵에 탈곡하기 쉬운 밀 품종●●이 생겨나면서 밀 생산량이 급증해 밀 교역도 늘었다. 그리고 밀반죽에 이스트를 첨가해 푸르누스fumus라는 화덕에 넣고, 재에 파묻거나 뜨거운 흙벽이나 금속 표면에 붙여서 굽는 방식으로 발효 빵을 만들게 되었다.⁷⁸ 빵을 굽는 데 쓸 밀알을 빻고 체로 걸러내는 일이 점차 복잡한 기술로 발전하자, 빵을 만드는 일은 '피스토레스pistores'라고 불리는 전문 제빵사의 몫이 되었다. 이들 피스토레스는 국가가 직접 관리했다.

초기 로마 시대에는 벽난로나 이동식 화로에서 음식을 조리했기 때문에 각 가정에 식사를 준비하는 별도의 공간이 존재하지 않았다. 서기전 2세기가 지나서야 집의 뒤편에 부엌이 독립된 공간을 차지하기 시작했다. 로마인들은 집집마다 소금에 절여 말린 돼지고기, 치즈, 꿀, 올리브 같은 식품을 저장해두었다. '페누스penus'라고 하는 이들 저장 식품은 대단히 소중히 여겨졌기 때문에, 집을 수호하는 신

● 밀가루 반죽에 올리브유, 소금, 허브 등을 넣고 납작하게 구운 이탈리아의 전통 빵인데, 여기다 갖가지 토핑을 얹은 것이 피자다.
●● 밀 품종은 진화 과정에 따라 크게 아인코른(2배체), 에머(4배체), 스펠트(6배체), 보통밀(이질 6배체)로 분류할 수 있는데, 오늘날 주로 재배되는 보통밀은 알곡과 겨가 느슨하게 결합되어 있어 탈곡이 수월하다.

들을 가리킬 때도 그 이름을 따서 '페나테스Penates'라고 했다. 페나테스 신앙은 상당히 오랫동안 유지되었다. 불의 여신 베스타, 가장의 생식력을 상징하는 게니우스, 가정을 수호하는 라레스 등 새로 등장한 신들이 중요한 지위를 얻고 널리 숭배된 이후에도 페나테스는 계속 부엌에서 자리를 지켰다.[79]

로마가 제국으로 변천하기 전에는 도시에 거주하는 로마인들의 집에도 흔히 조그마한 텃밭이 딸려 있었다. 여기서 무, 근대, 아스파라거스, 아티초크, 당근, 리크●, 양파, 마늘, 양상추 같은 채소를 재배했는데, 이런 채소 중에서 특히 양배추가 가장 영양 많고 건강에 좋은 식품으로 간주되었다.

로마인들은 먹을거리를 프루게스fruges와 페쿠데스pecudes, 두 종류로 구분했다. 프루게스는 농업의 산물이고, 페쿠데스는 방목해서 기른 가축과 사냥꾼이 잡은 짐승을 가리켰다. 이 중 프루게스가 문명의 상징으로 간주되어 더 높이 평가받았지만, 페쿠데스는 신들과 군건히 맺어주는 의식인 희생 제의와 사회생활에 가장 중요한 행사인 연회에 반드시 필요한 제물이었다.[80]

실상 초기 로마인들은 육식을 거의 하지 못했으며, 한다고 해도 농촌에서 가금류나 돼지, 양을 소비하는 것이 고작이었다. 소는 농사짓는 데 유용하기 때문에 제의나 종교 축연, 결혼이나 탄생을 축하하는 중요한 행사 때가 아니면 잡지 않았다. 소는 너무나 귀한 것

● 대파와 모양이 비슷하나 잎이 더 넓고 납작하며 길이는 더 짧은 채소로, 지중해 연안이 원산지다.

이어서 상거래를 할 때 가치의 척도가 되었다. 라틴어로 소를 의미하는 낱말 '페쿠스pecus'에서 '돈'을 의미하는 낱말 '페쿠니아pecunia'가 파생했다. 야생이 아닌 길들인 가축만 제물로 쓸 수 있었고, 제물은 '포룸 보아리움forum boarium'이라고 불린 특별한 시장에서 도축되었다. 제물을 도축하는 과정이 중요했기 때문에 그 일을 하는 푸주한도 대단히 중요시되었다. 푸주한의 사회적 지위는 소를 거래하는 상인들보다 낮았지만, 소를 도축하는 기술은 높은 평가를 받았다. 푸줏간을 묘사한 당시의 부조를 보면 그들이 쇠고기뿐만 아니라 종종 돼지고기도 취급했음을 알 수 있다.[81]

밭에서 일하는 동물의 고기는 질기고 기름기가 적기 일쑤여서, 쇠고기는 대개 먼저 삶은 다음에 구웠다. 제물로 바칠 동물에는 와인이나 우유, 혹은 소금과 밀가루를 혼합해서 만든 '몰라 살사mola salsa'(이 말에서 '희생 제물을 바친다'는 뜻의 영어 immolate가 나왔다) 가루를 뿌린다. 심장, 허파, 간은 소중한 기관이므로 신에게 바치고, 창자는 따로 발라내어 소시지나 다른 요리를 만드는 데 쓴다. 살코기는 제의를 마치고 나서 벌어지는 연회에서 나눠 먹었다. 집안에서 제물을 바치는 의식은 그 집안의 '가부장'이 주관했지만, 공식 제례의 희생 의식은 고위 사제 집단 휘하의 전문 집전관이 거행했다.

야생 동물은 이른바 '레스 눌리우스res nullius(누구의 것도 아닌 것)'였다. 그렇기 때문에 누구든 남의 사유지 안에서도 야생 동물을 마음대로 잡을 수 있었다. 초기 로마 시대에는 사냥이 하인이나 하층 계급의 일로 간주되곤 했다. 그러나 지중해 동부 지역과 더 빈번하게 교류가 이뤄지면서 헬레니즘 시대처럼 사냥은 상층 계급의 여가 활동이 되었고, 사냥터에 아무나 드나들지 못하게 울담을 둘러치는 일이 일반화되었다.[82]

초기 로마인들은 생선을 잘 먹지 않았다. 공화정 시대 말엽에 이르러서야 비로소, 주로 나폴리 인근 해안에서 바닷고기잡이와 굴 양식이 중요한 경제 활동으로 자리 잡았다. 별장에 인공 연못을 파고 물고기를 키워서, 사적인 연회를 열 때 쓰기도 했다.[83] 로마인들이 선호하는 생선 종류는 유행에 따라 자주 바뀌었다. 가장 선호를 받은 것을 꼽아본다면 장어, 문어, 노랑촉수, 철갑상어, 곰치 등이다.[84] '포룸 피스카리움forum piscarium'이라는 생선 전문 시장이 있었지만 후일 식육 시장 '마켈룸macellum'으로 통합되었다. 마켈룸은 한 건물 안에서 육류와 가금류를 팔던 곳인데, 이 이름은 현대 이탈리아어에 도살장을 뜻하는 '마첼로macello'와 정육점을 뜻하는 '마첼레리아macelleria'라는 낱말로 그 흔적이 남아 있다.[85] 일부 학자들은 로마인들이 오로지 제물로 바친 짐승의 고기만 먹었다고 주장하지만, 실제로는 사냥한 동물이나 제물로 바쳐진 것이 아닌 짐승의 고기를 마켈룸에서 사는 일도 드물지 않았다.[86] 채소를 파는 시장은 '포룸 올리토리움forum olitorium'이라고 했다.

양젖이나 염소젖으로 만든 치즈, 달걀, 벌꿀과 함께 사과, 배, 무화과 같은 과일류도 로마인의 식단을 구성하는 요소였다. 소금은 영양학적 가치가 있는 식료품으로서도 중요하지만 식품의 보존을 위해서도 대단히 중요한 생활필수품이었다. 로마가 초창기에 발전한

데에 이 소금도 한몫했다고 할 수 있다. 테베레 강 하구에서 생산해서 아벤티노 언덕 아래 소금 창고에 비축해둔 소금으로 올린 수익이 상당했기 때문이다.

로마인들은 돼지고기를 소금에 절여 보존하는 기술을 반도 북쪽에 있던 켈트인들에게 빌려 왔을 것이다. 올리브유는 에트루리아인들이 쓰기 시작했지만 초기의 식생활에는 별반 큰 역할을 하지 못하다가 차츰 보편화했다. 와인 생산은 그리스인들에게서 영향을 받아 발전했다.

초기 로마인들은 하루에 단 한 번, 대개 이른 오후에 본격적인 식사를 했다. 이를 '코이나coena'라고 했는데 주로 풀스나 포카차에 채소나 콩을 곁들여 먹었다. 가볍게 때우는 아침은 '이엔타쿨룸ientaculum', 저녁에 한 번 더 먹는 것은 '베스페르나vesperna'였다.

시간이 지나면서 생활 여건이 나아지고, 무력 정복 덕분에 부릴 수 있는 노예의 수도 많아지면서, 소비되는 음식의 양이 늘고 식사 자체도 점차 복잡해졌다. '콕토르coctor'나 '코쿠우스coquus'(요리사 cook의 어원이다), 또는 그리스어로 '마기루스magirus'라고 불린 직업 요리사가 상류 사회에서 인기를 끌게 되었다. 그러나 직업 요리사를 고용한 경우에도 중요한 결정은 주인이 직접 내리는 경우가 흔했다. 그리고 코이나는 저녁 시간으로 옮겨지고, 대체로 집 밖에서 빠르고 간편하게 먹는 프란디움prandium이 점심 식사로 자리를 잡았다. 풍족한 집안에서는 코이나에 친구나 손님을 초대했는데, 그 풍성한 정도가 주인의 부와 권력을 나타냈다. 영향력 있는 시민이 평범하거나 가난한 식객(클리엔테스clientes) 여럿을 거느린 경우가 일반적이었는데, 클리엔테스는 정치적 지지를 포함한 연대와 충성을 선언하고 그 대가로 음식을 비롯한 물질적인 지원과 보호를 받았다.

저녁 식사는 사교적·종교적 성격을 띤 연회가 될 수도 있었고 가족들만의 연회가 될 수도 있었다. 공공 연회는 공화정 초기에 중요한 역할을 했다. 수많은 신을 기리는 각종 축일의 희생 제의는 연회로 이어졌고, 연회를 매개로 시민의 정치적·군사적 활동이 이뤄졌다. 예를 들어 이웃들 간의 모임이나 상인조합 같은 단체(콜레기아 collegia)가 공공 만찬이 포함된 축하 행사를 주최했다.[87] 수많은 도시 거주민에게 이런 공식 행사는 배불리 먹고, 잠시나마 만성적인 결핍에 따른 분노에서 벗어날 수 있는 기회였다.[88] 로마의 인구가 대폭 늘자 공공 연회에 참가할 수 있는 자격이 원로원 의원과 특정 사제 집단으로 제한되었지만, 다행스럽게도 부유한 지배층 인사들이 인기 관리를 위해서 계속 대규모 연회를 열었다.

많은 연회가 '사투르날리아Saturnalia'라는 축제 기간에 열렸는데, 사투르날리아는 제우스의 아버지인 추수의 신 사투르누스•를 기리는 축일이다. 축제 기간은 오늘날의 12월 후반부 전체에 해당한다. 한 해 농사의 결실을 축하하는 이 공휴일 기간에는 위아래 신분의 전도가 허락되어 하인과 노예가 주인에게 무례하게 굴고, 식탁 앞에서 서로 역할을 바꾸기도 했다. 훗날 기독교 신자들은 사순절 금욕 기

• 영어로는 새턴(Saturn), 그리스식으로는 크로노스.

간이 시작되기 바로 전날인 마르디 그라스Mardi Gras('기름진 화요일'이라는 뜻)에 사육제(카니발)를 즐기는데, 그 중심에 바로 이렇게 흥청대는 사투르날리아의 분위기가 있었음을 알 수 있다.[89]

초기 로마인들은 앉아서 식사를 했지만, 그리스 풍습의 영향을 받으면서 공식 만찬에서는 옆으로 기대 누워서 식사를 했다. 그런 자리에는 오직 남자만 참석했다. 나중에는 여자들도 동석했지만 대부분 배우자 곁에 앉아서 식사를 했으며, 에트루리아인들과 달리 몸을 배우자에게 기대는 행동은 하지 않았다. 음식은 다리가 셋 달린 낮은 탁자에 올려서 손님 앞에 놓았다. 연회는 달걀, 버섯, 굴, 샐러드 같은 전채(구스타티오gustatio)가 나오면서 시작된다. 보통 고기와 채소로 이뤄진 주요리를 '프리마이 멘사이primae mensae(첫 번째 만찬)'라고 한다. 마지막에 무화과, 과일, 견과류나 당과류가 제공되는데 이를 '세쿤다이 멘사이secundae mensae(두 번째 만찬)'라고 한다. 때때로 그리스인들의 향연(심포시온)을 흉내 내어 주요리 후 '코미사티오comissatio'라는 술잔치를 벌였는데, 그리스인들과 달리 술자리에 신성한 의미를 부여하지 않고 그저 남성 참석자들끼리 마시고 떠들면서 자신들의 위계질서와 사회적 연대를 다졌다.

로마 역사 초기의 몇 백 년 동안 로마인들은 화로가 있고 가정의 신 라레스가 머무는, 집 안의 열린 공간에서 저녁을 먹었다. 이 공간을 '아트리움atrium'이라고 했는데, 아트리움은 검은 그을음을 뜻하는 '아트룸atrum'에서 파생한 낱말이다. 후일 이 공간은 점차 닫히게 되었다. 2층으로 올라간 경우도 있었다.[90] 사적인 연회에 남아 있던 몇

몇 문화적 요소들은 종교에서 비롯된 것으로, 흔히 미신의 형태를 띠었다. 식당은 세계의 축소판이었다. 천장은 하늘, 식탁은 땅과 그 생산물, 바닥은 죽은 자들이 지배하는 지하 세계와 동일시되었다. 그래서 해골이나 죽음을 상징하는 다른 것들로 식당의 바닥을 장식했던 것이다. 음식이 바닥에 떨어지면 그 즉시 불결한 것으로 여겨, 개에게 주거나 라레스에게 봉헌한 화로에 던져버렸다.[91]

로마의 확장

서기전 3세기에 로마는 이탈리아 전역으로 세력을 확장하기 시작했다. 먼저 반도 남부로 세력권을 넓혀나가다가 이어서 에트루리아인과 켈트인의 영토를 장악하고, 곳곳에 콜로니아 colonia라는 신도시를 건설했다. 이 콜로니아가 영어로 식민지를 의미하는 '콜로니 colony'의 어원이다. 로마인들과 피정복민의 관계는 그리 편치 않았다. 피정복민은 높은 세금을 부담하고 로마의 전쟁에 병사들을 내보내야 했지만, 이에 대한 대가로 받는 정치적인 보상은 전혀 없었다.[92]

한참 후 로마가 바다 건너편까지 뻗어나갔을 때에야 비로소 이탈리아 주민들에게 온전한 로마 시민권이 주어졌다. 로마 문화권의 확장을 보여주는 당시의 지적도 地籍圖는 현지 주민과 정복자들의 법률적 관계도 나타낸다. 점령지는 공공 재산으로 간주되어 '켄투리아티오 centuriatio'라는 방식으로 로마 시민들에게 재분배되었다. 켄투리아티오는 보통 남북, 동서 방향으로 바둑판처럼 토지를 분할하는 방식이다. 이 방법에 따라 콜로니아의 외곽 경계선인 리미테스limites가 결정되고, 도로와 배수로가 건설되었다. 오늘날에도 특히 포 강 유역 평야에서는 이런 기하학적인 토지 구획, 일렬로 나무를 심어 표시한 구획의 경계, 도로의 방향, 관개용 수로에서 고대 로마 식민지의 토지 정비 양식을 볼 수 있다.

로마의 농민들은 새롭게 취득한 토지에서도 가족과 한정된 노예의 노동력만으로 소규모 농사를 지었다. 공화정 로마가 확장을 거듭하는 동안에도 이런 소규모 자작농 방식이 모범적인 형태로 여겨졌다. 새로 정복한 영토의 일부는 '콤파스쿠오compascuo'라는 공용 토지로 분류되어, 주로 동물을 방목하는 데 쓰였다.

하지만 에트루리아의 영토였던 지역에서는 이런 전통 방식이 그리 힘을 발휘하지 못했다. 특히 남부의 마그나 그라이키아Magna Graecia** 지역은 폭군들 치하에서 현대의 지중해식 농원과 비슷한 소규모 구획 농지가 자취를 감추고 상업적 농경에 맞는 대규모 농장으로 통합되어갔다. 게다가 카르타고 전쟁으로 가뜩이나 황폐해진 땅에 설상가상으로 말라리아까지 창궐하자, 이 지역에 무주공산이 되어버린 땅이 많아졌다. 이런 노는 땅을 이용하려는 사람들이 슬금슬금 나타났다. 이들은 빈 땅에 훗날 빌라 루스티카villa rustica(농가 주

- 국가가 토지 관리를 위해 만든 지도. 토지의 소유 관계, 위치, 경계, 형질, 용도 등을 표시한다. 지적도를 보면 어떤 토지가 주거지인지 농지인지 임야인지, 사유지인지 국유지인지 알 수 있다.
- ** 쿠마이, 타렌툼, 시바리스 등 이탈리아 남부 해안을 따라 들어섰던 그리스 식민도시 권역을 통틀어 마그나 그라이키아, 곧 '대(大) 그리스'라고 했다.

택)의 원형이 되는 시설을 짓고, 수많은 노예의 노동력을 이용해 대규모 농장을 경영했다. 농장의 중심인 농장주의 저택 '빌라 우르바나villa urbana'는 부와 세련미의 상징이었다. 로마 경제의 중추였던 소규모 가족 농장 소유주들은 차츰 설 자리가 좁아졌고, 그들 중 상당수가 도시로 이주해 임금 노동자로 전락하거나 군에 입대했다.[93]

초기부터 로마는 기근이 닥치거나 농사의 작황이 좋지 않으면 이탈리아의 다른 지역에서 식량을 사들였다. 주로 캄파니아나 시칠리아, 사르데냐에 있는 그리스나 페니키아의 식민지와 이웃의 에트루리아가 식량의 수입처였다. 로마가 거대 도시로 변모함에 따라 수입 식량, 특히 수입 밀에 대한 의존도가 점점 높아졌다. 그런데 새로 정복한 포 강 유역의 평원에서 작물을 운반하는 비용이 시칠리아나 사르데냐에서 배편으로 수송하는 비용보다 더 비쌌다. 그래서 아펜니노 산맥 북쪽의 농민들은 곡물을 그대로 파는 것보다, 그 곡물로 돼지를 길러서 부가가치가 높은 햄이나 베이컨으로 만들어 로마에 수출하는 것이 더 이익이라는 사실을 깨닫게 되었다.[94]

충분한 밀을 확보하려면 전쟁을 불사해야 했다. 시칠리아의 그리스 식민지들이 첫 번째 대상이었고, 다음 차례는 서지중해의 밀 교역과 북아프리카 곡창 지대의 농업을 장악하고 있던 카르타고였다. 로마는 카르타고와 여러 번 전쟁을 벌였다. 첫 번째 전쟁에서 로마는 최초로 함대를 조직했고, 시칠리아와 사르데냐를 정복하는 데 성공했다. 곧바로 이들 지역은 무럭무럭 자라고 있던 공화정 로마의 곡창 지대가 되었다. 결국 로마인들은 카르타고의 해상 제국까지 장

약했고, 따라서 밀을 구하기가 더욱 수월해졌다.[95]

빵은 이제 흔히 먹을 수 있는 것이 되었고, 로마인들의 문화적 정체성을 이루는 핵심 요소로 간주되었다. 수도의 주민들은 스스로 빵을 먹을 권리가 있다고 생각했다. 사실 로마인들을 풍족하게 먹인다는 것은 그리 쉬운 일이 아니었다. 그래서 정치 지도자들은 '아이딜레스aediles'● 라는 관리를 임명해 시장의 물가 관리를 맡겼다.

로마의 행정 당국은 발달한 수도망水道網을 통해서 도시에 물을 공급하는 일에도 주의를 기울였다. 수도관으로 공공 분수까지 물을 끌어오고, 드물게는 지배층의 거주지까지 물길을 연결했다. 물은 보통 끓여서 식히거나 따뜻한 상태로 썼는데, 물에 식초를 섞어 포스카posca라는 음료를 만들어 마시기도 했다. 포스카는 로마의 군인들이 일상적으로 마시는 음료였기 때문에, 식초도 군용 식량으로 배급되었다. 그래서 성서에서 십자가에 매달린 예수에게 마지막으로 주어진 음료가 바로 포스카였다고들 한다. 물에 벌꿀을 섞은 아콰 물사aqua mulsa도 애용되었는데, 가끔은 이 음료가 발효해서 술이 될 때까지 묵혀두기도 했다.[96]

군대에 식량을 공급하는 것은 까다로운 일이었다. 밀이 군용 식량을 구성하는 주요소였는데, 보통 곱게 갈아서 딱딱하게 구운 건빵 '부켈라툼bucellatum'을 만들어 먹었다. 밀을 갈 때는 맷돌을 썼다. 분대별로 맷돌이 한 개씩 공급되었다. 여덟 명으로 이뤄진 분대는 노

● 두 명을 임명했기 때문에 복수형으로 썼다. 단수형은 아이딜리스(aedilis).

새에 맷돌을 비롯한 조리 기구와 막사를 함께 싣고 다녔다. 올리브유와 소금도 일정량 배급되었다. 소금은 라틴어로 '살sal'인데, 군용 식량으로 지급하는 소금을 '살라리움salarium'이라고 했다. 이 말이 '봉급'을 의미하는 영어 '샐러리salary'의 어원으로 추정된다.[97]

로마는 카르타고를 정복한 뒤 지중해 전역을 더 철저히 장악하고 멀리 동부 연안까지 상업 기지를 세웠다. 이들은 이후 두 세기 만에 에스파냐, 그리스, 서아시아, 프랑스, 이집트를 점령했다. 로마인들은 지중해를 '우리 바다'라는 뜻으로 '마레 노스트룸mare nostrum'이라 불렀다. 로마가 확장하는 동안, 알렉산드로스 대왕의 대제국이 몰락한 후 그리스인들이 발전시켰던 헬레니즘 도시국가의 궁정 문화가 로마의 문화에 폭넓게 침투했다.

역사학자 앤드루 돌비1947~는 이렇게 썼다.

> 로마인들은 그리스나 동방에서 온 요리사를 채용하거나, 비싼 값을 치르며 그리스와 동방의 진미를 사들이고, 그리스와 동방의 식물들을 부지런히 가져다 심고, 음식과 요리에 그리스식 이름을 붙이면서 그리스 문화와 동방의 사치를 모방하려는 보편적 욕망을 별 거리낌 없이 드러냈던 것으로 보인다.[98]

새롭게 획득한 영토에서 원자재와 농산물과 사치품이 거칠 것 없이 밀려들자 이탈리아의 생활 수준이 급격하게 높아졌고, 이에 이탈리아 주민 통합 과정이 더욱 빠르고 강하게 진전되었다.

폼페이에서 출토된 맷돌

한편 광활한 복속 영토에서 값싼 밀이 쏟아져 들어오자 이탈리아의 전통 농업은 심각한 위기에 봉착했다. 비옥한 농지에서 밀려난 농민들은 소출이 그리 좋지 않은 변방으로 내몰리곤 했다. 삼림 훼손도 늘었다. 땔감으로 사용하거나, 배와 건물을 짓는 데 쓸 목재 수요가 많아졌기 때문이다. 이탈리아 전역의 수많은 소규모 자작농 가족이 집과 밭을 팔고 임금 노동자로 전락하든가, 더 나은 삶을 찾아 지중해 어딘가로 떠났다.

이런 토지 소유 구조의 변화는 투기 농업을 촉발했다. 로마인들 중에서 부유한 사람들은 자기 소유 라티푼디움을 확장해나갔다. 이들은 대규모 토지에 올리브(풀리아·바실리카타 지방)나 포도(라치오·캄파니아·토스카나 지방)처럼 부가가치가 높은 상업 작물을 재배하는 것이 더 이익이 된다는 사실을 깨달았다. 그러나 라티푼디움의 광활한 토지는 수확을 늘릴 만한 기술 혁신을 끌어내지는 못했다. 생산을 전적으로 노예의 노동력에 의존했는데, 정복을 통해 식민지가 늘어난 만큼 식민지에서 들여오는 노예의 수도 자연히 늘어난 까닭이다.

지중해가 로마의 세력권으로 들어오면서 체리, 퀸스(마르멜루 열매), 복숭아, 살구 같은 과일과 뿔닭이나 공작 같은 이국적인 가금류가 반입되어 로마 부유층의 식탁에서 소비되었다. 사치스러운 요리에는 동방에서 온 갖가지 향신료가 첨가되었다. 향신료는 머나먼 동쪽 땅에서 인도양과 홍해, 지중해로 이어지는 교역로를 통해서 들어왔다.[99]

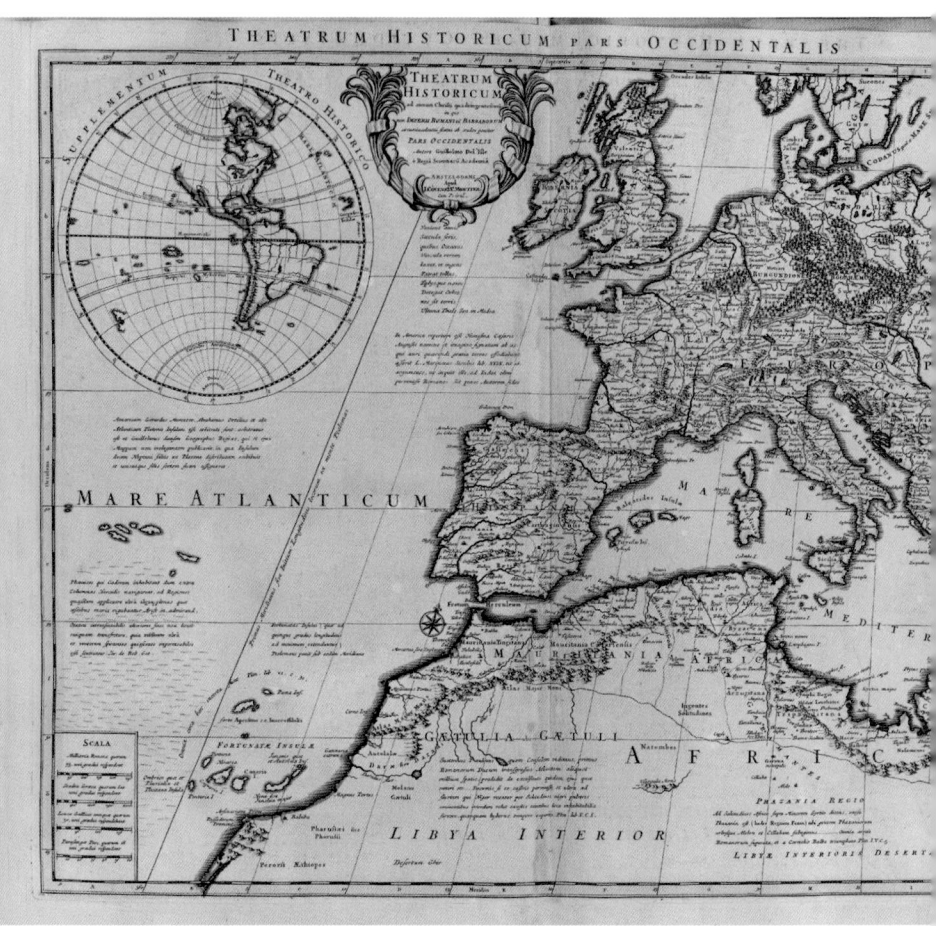

로마제국의 판도

지배 계급의 부가 꾸준히 증가하고 전국적으로 식량 소비도 크게 늘어났음에도 식습관에 깔려 있는 기본적인 관념은 변함이 없었다. 여전히 검소함을 미덕으로 여기는 한편 손님을 환대하는 것은 더 가치 있는 일로 생각했다. 식탐이나 방탕은 흔히 도덕적·정치적 타락으로 간주했다. 농업의 무역 의존도가 점점 높아졌지만 지주 귀족들은 여전히 식량 자급이나 자립을 이상으로 추구했다.[100] 시인 호라티우스서기전 65~서기전 8는 《풍자시》에서 그 유명한 시골쥐 이야기를 통해 이런 전통적 가치관을 피력했다. 도시쥐가 시골쥐를 풍요와 사치로 꾀어 도시로 오게 하지만, 정작 시골쥐가 깨닫게 된 것은 실상 도시의 삶이 시골의 삶보다 훨씬 더 위험하다는 사실이었다.[101] 그렇다 해도 로마 시대의 풍자시에 묘사된 연회 장면은 로마 건국자들의 검약함을 찬양하는 관념과 이와 극명하게 대비되는, 만찬을 즐기는 관습의 사회적 기능을 동시에 드러낸다.[102]

음주벽은 지탄을 받았지만 그저 '만취한 것ebrietas'과 상습적인 '음주벽ebriositas'은 확실하게 구분되었고, 여기에는 성별이나 사회적인 지위도 고려되었다.[103]

서기전 2세기에 낭비를 억제하기 위한 규제 법령이 제정되었다. 서기전 180년 한 사람이 만찬에 초청할 수 있는 손님의 수를 제한하는 법률이 시행되었고, 결혼식이나 축제에 들일 비용을 제한하는 법령도 있었다. 서기전 78년에는 동방의 새 영토에서 들여온 이국적인 동물이나 겨울잠쥐 같은 희귀 동물을 식용하는 것을 철저하게 규제했다.[104]

고대 이탈리아의 와인

고대에도 와인은 이탈리아 반도와 지중해 전역에서 즐겨 마시는 음료였다. 에트루리아에서는 서기전 7세기 무렵에 이미 와인 생산이 성행했고, 로마와 북쪽의 켈트인들에게까지 이어지는 교역망을 유지하고 있었다.

에트루리아인들은 새로운 포도 재배 기술을 터득했기에, 이탈리아 중부와 북부의 비옥하고 습기가 많은 토양을 최대한 활용할 수 있었다. 나무들 근처에 포도 덩굴이 자유롭게 자라나도록 하면, 덩굴은 이 나무에서 저 나무로 길게 뻗어나가면서 높은 데까지 올라갔다. 이런 식으로 농민들은 같은 밭에 여러 작물을 심었는데, 이 방식은 포 강 유역에서 에트루리아인을 밀어내고 그 지역을 차지한 켈트인 집단, 곧 갈리아인에게 그대로 전해졌다. 후일 로마인들은 이 방식을 '아르부스툼 갈리쿰arbustum gallicum(갈리아식 과수원)'이라고 불렀다.

남부 이탈리아의 그리스 식민지들은 애초부터 와인 생산을 중시했다. 이들이 생산한 와인 중에서 특히 쿠마이 와인의 명성이 높았는데, 이것이 로마 시대의 팔레르눔, 곧 오늘날 팔랑기나 와인의 원조로 추정된다. 바실리카타 지방에서 생산되던 와인도 높은 평가를 받았는데, 이것이 오늘날 알리아니코 와인의 원조일 것이다. 알리아니코Aglianico는 '헬레니코스Hellenikos'에서 파생한 이름인데, 헬레니코스란 단순히 '그리스인'이라는 뜻이다. 공식 연회나 주연이 아니더라도 와인은 여흥에 중요한 역할을 했다.

그리스인들은 공화정 시대와 훗날의 제국 시대에도 이탈리아의 와인 생산에 지대한 영향력을 행사했다. 그리스인들은 새 품종을 도입하고, 더 나은 양조 기술이나 발달한 숙성 방식을 채택했다. 와인을 오래 보존하기 위해서 나뭇진, 역청, 석회 가루, 바닷물 등 갖가지 첨가물을 넣기도 하고, 와인을 증류하기도 했다.

가장 높은 평가를 받은 것은 그리스에서 수입된 와인들이었지만, 시간이 지나면서 이탈리아 반도에서 생산된 것들도 명성을 얻었다. 팔레르눔, 오늘날의 캄파니아 지방에서 생산된 트리폴리눔과 베스비우스(그 유명한 베수비오 산의 이름을 딴 것이다), 시칠리아 메시나산産 마메르티눔, 베네토산 푸키눔 등이 유명했다.

와인의 상업적 가치가 치솟고 지중해 전역에서 수요가 급증하자, 매우 조직적인 대량 생산이 이뤄졌다. 로마인 지주들이 소유한 많은 라티푼디움(대농장)에서 와인을 대량 생산했다.

포도주의 신 바쿠스와 베수비오(분화 전) 산기슭의 포도밭, 로마 프레스코화의 일부분

지중해 제국, 로마

서기 1세기에 로마의 정치 형태가 공화정에서 제정으로 바뀌면서 사회적·정치적으로 축연이 더 중요해졌다. 로마는 드넓고 복잡한 교역망의 중심이 되었다. 로마제국의 강역은 북으로 발트 해, 러시아 초원 지대와 접하고 남으로는 사하라 사막 이북에 이르렀으며, 동으로는 페르시아 만을 넘어 인도에 다다랐다. 더미로 실어 나르는 농작물이 주요 교역 품목이었다. 로마로 오는 농작물의 산지는 비교적 가까운 에스파냐, 북아프리카, 시리아 등지였다. 부가가치가 높고 무게가 가벼운 사치품 역시 중요한 교역 품목으로서 부와 특권, 사회적 지위를 나타내는 수단으로 받아들여졌다. 향신료 시장인 호레아 피페라타리아 Horrea Piperataria 근처에 베스파시아누스 황제재위 69~79● 가 건축한 평화의 신전 경내에는 이국의 식물들을 기르는 식물원이 있었다고 전해진다. 이는 로마가 머나먼 이국땅까지 지배하고 있음을 상징하는 것이었다.[105]

폼페이의 대저택을 비롯해 수많은 로마 유적에서 발견된 회화, 모자이크, 부조, 식기류나 유골, 그 밖의 생활 폐기물들을 보면, 고대 작가들이 남긴 연회나 요리 풍습에 관한 기록과 부합한다는 사실을 확인할 수 있다.[106] 제국의 지배 계급은 손님들이 여흥을 즐길 수 있는 다용도 공간에서 특히 저녁때에 만찬 연회 '콘비비아 convivia'를 열

● 베스파시아누스(서기 9~79)는 비천한 집안에서 태어난 군인이었으나, 네로 황제의 사망 후 혼란스러운 후계자 다툼이 벌어졌을 때 최후의 승자가 된 사람이다. 황제가 된 뒤 내전으로 파괴된 로마 시를 재건했다.

었다. 공식적인 식사를 하는 방을 '트리클리니움triclinium'이라고 부르기도 했는데, 이 이름은 손님들이 비스듬히 기댈 수 있도록 3인용 침대를 둔 데서 온 것이다. 상층 계급의 여성들은 하층 계급의 여성에 비해서는 훨씬 자주 이런 연회에 참석했다. 당대의 풍속을 보여주는 그림이나 부조를 보면 여자도 식사 때 비스듬히 누운 자세를 취할 수 있었던 것으로 여겨진다.[107] 보통 한 방에 침대 세 개가 놓이므로 모두 아홉 명이 같이 식사를 할 수 있었다. 물론 더 많은 사람이 사용할 수 있는 더 큰 침대와 침대를 더 많이 놓을 수 있는 커다란 방을 보유한 집도 있었다. 음식은 맨손으로 먹었기 때문에 쉽게 집어 먹을 수 있는 크기로 잘라서 나왔다. 손을 씻을 수 있도록 깨끗한 물을 담은 항아리도 놓아두었다. 주빈은 중앙에 놓인 침대를 사용했기 때문에 모든 참석자가 그를 바라볼 수 있었다.[108]

트리클리니움의 벽을 따라 직사각형 침대 세 개를 놓던 풍습이 서기 3세기 초반부터는 아쿠비툼accubitum이나 스티바디움stibadium이라고 하는 커다란 반원형 침대 하나를 놓는 것으로 바뀌어갔다. 이때도 주빈석을 중심으로 자리가 배치되었다.[109]

당시의 축연을 묘사한 최고의 작품은, 어느 정도 과장이 섞이기는 했겠지만, 작가 페트로니우스20~66가 지은 풍자소설 《사티리콘 Satyricon》일 것이다.• 페트로니우스는 가상의 해방노예 트리말키오가 벌인 터무니없는 파티를 묘사했다. 트리말키오는 손님들에게 대

• 가이우스 페트로니우스는 네로 황제의 총애를 받던 작가다. 역사상 가장 오래된 소설이라고 할 수 있는 《사티리콘》은 현재 일부만 단편적으로 남아 있다.

Doran Ricks 제공, Museo Archeologico Nazionale di Napoli

로마의 트리클리니움(가정 내 식당)을 복원해놓은 모습

스티바디움을 그린 모자이크, 스위스 뇌샤텔 부드리Boudry 성 소장

접하는 갖가지 음식이 모두 제 영지에서 나온 것이라고 허풍을 떨면서 손님들의 찬탄을 끌어내리고 한다. 세계 문학사상 가장 유명한 식사 장면으로 꼽히곤 하는 《사티리콘》의 연회 장면이 1969년 페데리코 펠리니 감독에 의해 걸작 영화로 만들어졌다. 이 장면에는 사치의 극치를 달리는 요리들이 등장한다. 별자리 황도 12궁의 모양을 본뜬 전채 요리가 나오는가 하면, 통째로 구운 돼지의 배를 갈랐더니 그 안이 소시지와 각종 부위별 고기로 채워져 있다.[110]

'요리에 관하여'라는 뜻인 《데 레 코퀴나리아*De re coquinaria*》도 제정 시대 음식을 보여주는 중요한 자료다. 1세기 티베리우스 황제 시대에 살았던 이름난 미식가 아피키우스Marcus Gavius Apicius가 다양한 요리의 조리법을 모아 엮었다는 책인데, 실상 이 책에 실린 조리법은 2~4세기에 편집된 것으로 보인다. 여기에는 소시지나 풀스, 밤 같은 일반적인 음식이 많이 나오지만 타조, 낙타, 후추 같은 이국적인 재료도 거론된다.[111] 《데 레 코퀴나리아》에는 한 가지 아주 특이한 점이 있는데, 조리법에 값비싼 양념과 향신료를 이것저것 섞어 넣으라고 쓰여 있는 경우가 아주 많다는 점이다. 그렇게 하면 원재료의 본디 맛은 거의 잃어버리고 말 것이다. 이런 풍조는 주인이 부를 과시하면서 자기가 고용한 요리사의 기술과 자신의 세련된 취향을 자랑하느라고 생겼을 것이다.[112] 이 조리법 모음서는 개략적인 내용만 소개할 뿐 요리 과정과 재료를 자세히 설명하지는 않는다. 다음 쪽에 소개한, 골 요리에 대한 두 가지 조리법을 보면 알 수 있다.[113]

제정 로마 시대의 식습관에 관해서는 301년 디오클레티아누스 황제가 발표한 칙령 등 기록으로 남아 있는 당대의 법령과 의학 치료법을 통해서 많은 정보를 얻을 수 있다. 실상 히포크라테스(서기전 5~4세기)의 저술을 바탕으로 켈수스(1세기)*와 갈레노스(2세기)**가 정립한 질병 치료법의 이론과 실제에 음식이 중요한 역할을 했다.[114]

● 켈수스(서기전 30년경~서기 45년경)는 《백과전서》를 저술했다고 전해지는데, 그중 의학 편만 남아 있다.
●● 그리스 의학자이자 철학자인 클라우디오스 갈레노스(129년~216년경)는 고대 의학의 완성자로 불린다.

《데 레 코퀴나리아》의 골 요리 조리법

〔제2권〕 다진 고기 : 골 소시지

절구에 후추, 러비지*, 오레가노**를 넣고, 맑은 육수를 약간 부어 촉촉하게 적셔서 곱게 간다. 여기에 익힌 골을 넣고 응어리가 남지 않도록 열심히 섞는다. 여기에 달걀 5개를 넣고 계속 섞으면 잘 다진 고기처럼 되는데, 맑은 육수를 부어 더 묽게 만든다. 이것을 금속 팬에 넓게 펴서 익힌다. 식으면 팬에서 떼어내 깨끗한 상에 놓는다. 손으로 집어 들 만한 크기로 자른다. 〔이제는 소스를 만들 차례다.〕 절구에 후추, 러비지, 오레가노를 빻고 맑은 육수를 부어 섞는다. 이것을 냄비에 걸쭉하게 끓이고 나서 체로 거른다. 이렇게 만든 소스에 골 푸딩 조각들을 넣고 가열해서 소스가 잘 배어들게 한 다음, 접시에 올린다. 버섯 요리에는 후추를 뿌린다.

---

* 미나리과의 여러해살이풀. 잎, 줄기, 뿌리, 씨를 모두 식용하며, 채소로도 쓰이고 향신료로도 쓰인다.
** 꿀풀과의 여러해살이풀. 박하처럼 톡 쏘는 향기가 특징이다. 지중해 요리에 기본양념으로 쓰인다.

[제4권] 기타 잡다한 것 : 채소와 골 푸딩

채소를 깨끗이 씻고 채로 썰어 익힌다. 식힌 후에 물기를 뺀다. (송아지) 골 4개를 가져다 (껍질과) 힘줄을 제거한 다음 익힌다. 절구에 후추 6스크루플*을 넣고 맑은 육수로 촉촉하게 적셔서 잘게 빻는다. 여기에 익힌 골을 넣고 한동안 비빈 다음, 익힌 채소를 추가해서 고운 반죽처럼 될 때까지 계속 비벼준다. 반죽이 되면 달걀 8개를 깨서 넣는다. 이제 여기에 와인 한 잔과 건포도와인 한 잔을 추가하고, 살짝 맛을 본다. 구이용 냄비에 식용유를 충분히 두르고 (이 반죽을 얹어서) 뜨거운 재 위 가열판에 올려둔다. 충분히 익으면 (구이용 냄비에서 떼어내) 후추를 뿌려서 상에 올린다.

- 스크루플(scruple)은 아주 작은 양을 측정하는 계량 단위로 1스크루플은 약 1.3그램에 해당한다.

켈수스와 갈레노스의 믿음에 따르면 인간의 몸은 네 가지 '체액 humours' 곧 혈액 · 황담즙 · 점액 · 흑담즙이 균형을 이뤄 건강을 유지한다. 이들 체액은 서로 다른 네 가지 신체적 성질을 나타낸다. 네 가지 성질이란 열, 냉기, 습함, 건조함이다. 혈액은 뜨겁고 습한 것, 황담즙은 뜨겁고 건조한 것, 점액은 차고 습한 것, 흑담즙은 차고 건조한 것으로 간주되었다. 네 가지 체액 중에서 우세한 어느 하나가 개인의 건강과 성격을 결정하며, 성별과 나이에 따른 감성과 체질의 차이도 이들 체액의 작용으로 설명된다. 여자는 과소비를 좋아하는 경향이 있다고 여겨졌다. 그런데 당시 사회에서는 식료품을 관리하고 음식을 준비하는 등 가정 살림을 꾸려나가는 것을 여성의 역할로 간주했으니 참으로 모순이 아닐 수 없다.[115]

그들은 질병이란 특정한 체액이 과도하게 나온 결과이기 때문에, 정반대 속성을 지닌 음식을 섭취해서 소화시키면 건강의 균형을 다시 찾을 수 있다고 믿었다. 예를 들어 어떤 사람이 흑담즙으로 인해 고통을 받으면 체중이 줄고 눈이 쑥 들어가게 되는데, 이는 차고 건조한 담즙이 과도한 것이므로 반대로 따뜻하고 습기가 많은 음식을 먹으면 다시 균형을 찾을 수 있다는 것이다. 로마 제국이 몰락하고 유럽 북부와 동부에서 유목 민족들이 들이닥치면서 이런 의학적인 지혜는 대부분 소실되고, 수도원에만 미약하게나마 전수되었다. 비잔틴 제국의 수도원에서는 그리스 · 로마의 전통을 계속 지켰기 때문이다.

기독교는 초기에 로마 사회에서 박해를 받으면서도 지중해 문화의 많은 요소를 흡수했다. 기독교인들 스스로가 그 속에서 살고 있었기 때문이다. 초기 기독교에서 의식처럼 치러졌던 공동 식사는 어떤 면에서 고대 로마의 연회와 그 연회의 상징적인 의미를 계승한 것이라고 할 수 있다. 아주 초기에 이런 공동 식사는 저녁에 열렸으며, 사회적인 지위와 상관없이 공동체의 모든 구성원이 음식을 공평하게 나누는 것을 기본으로 했다. 그리스도가 제자들과 함께한 최후의 만찬을 기리는 성찬식은 먼저 사제가 빵과 와인을 축성하고 나서 모든 교인이 그 빵과 와인을 나눠 먹는 순서로 진행된다. 빵과 와인 모두 지중해 문화의 산물이다. 시간이 흐르면서 성찬식은 공동 식사와 동떨어진 별개의 의식이 되었지만, 본래는 성찬식 자체가 공동 식사였다.[116]

제정 로마 시대에도 하층민은 계속 가벼운 음식으로 식사를 했다. 여전히 주식은 풀스와 푸성귀였다. 아우구스투스 초대 황제가 '안노나annona'라는 특수 기관을 설치해서 곡물 가격을 안정시키고 난 후에는 전보다 빵이 흔해졌지만, 그때에도 최상품인 흰색 밀가루 실리고siligo는 부자들만 먹을 수 있는 것이었다.

공화정 말기까지도 로마는 도시까지 식량을 수송할 만한 자체 선단을 보유하지 못했기 때문에, 민간 상선들로 하여금 의무적으로 안노나에 협력하도록 했다. 제국이 확장되고 중앙정부가 속주를 통제하는 효율적인 '명령 경제command economy' 체제가 구축된 다음에야 속주에서 로마로 식료품을 직수입하는 일이 가능해졌다. 행정 당국에서는 세금이나 임대료 명목으로 곡물을 거둬들여 비축했다. 안노나가 수도의 사회 불안을 잠재우고자 로마에서, 나중에는 콘스탄티노플에서도 곡물을 무상 배급했기 때문에 가격 파동이나 투기는 큰 문제가 되지 않았다.[117]

그렇지만 통상 3월에서 11월 사이에는 물자 유통상의 실책, 기상 악화, 전쟁 등으로 인해 선적이 미뤄지거나 지장을 겪는 경우가 수시로 발생했다.[118] 대부분의 도시에서 식량 부족과 이에 따른 정치적 불안에 대처해 주식을 무료로 배급하는 일은 전적으로 지배층의 역량에 달려 있었다. 도시 주민들은 무료 배급을 은덕으로 받아들였다. 동시에 식량을 기부하는 행위는 은덕을 베풂으로써 특권과 충성심을 얻는 방편으로 이용되었다.[119] 역사학자 빔 브루카에르트와 아르얀 자위데르후크는 이렇게 썼다.

> 제국을 확립하는 요건—이를테면 도량형과 통화의 점진적인 통일, 그리스어와 라틴어의 공용어화, 해적 행위와 전쟁의 종식, 그리고 좀 더 일관된 법률 체계—이 갖춰지자, 교역 비용이 감소하고 경제적 통합이 진척되면서 지중해의 식량 수급 체계에서 시장을 통한 거래가 더욱 중요해졌다. 하지만 호혜적인 재분배가 완전히 사라진 것은 아니었다.[120]

도시 빈민의 생활 여건은 매우 척박했다. '인술라insula'라는 커다란 건물에 여러 가구가 북적대며 살았고, 특히 로마 밖의 지역에서는 무료 식량 배급이나 지배층의 시혜를 바랄 수 없는 처지였다. 이들은 화재 위험 때문에 집 안에 부엌을 둘 수 없어 대부분 밖에서 식사를 했다. 주로 '테르모폴리움thermopolium'이라는 가게에서 조리해 파는 따뜻한 음식을 사서, 가게 밖으로 들고 나가 먹었다. 길거리에서 가볍게 점심을 때우는 것이 흔한 풍경이었다. 평민안찰관 '아이딜레스'가 관리하던, 지붕이 있는 가판대 릭사lixa에서 음료와 소시지, 당과류를 팔았다. 경제적으로 여유로운 사람들은 미리 준비한 음식을 노예에게 들려서 데리고 다녔다. 대중음식점도 있었다. '타베르나taberna'라는 식당에서는 음식과 와인을 다 사 먹을 수 있었던 것으로 보인다. '포피나popina'에서는 와인보다 음식을 만들어 파는 데 치중했던 것으로 추정된다.

고대의 음식점 유적은 쉽게 알아볼 수 있다. 카운터, 넓은 식품 저장고, 조리 시설을 갖추고 있기 때문이다. 그러나 구체적으로 어떤 종류의 기능을 하는 시설이었는지 정확하게 밝혀내기란 쉽지 않다.[121]

도박이나 성매매와 관련해서 평판이 좋지 않은 주인과 때로는 더욱 평판이 좋지 않은 손님들 때문에 대중음식점은 점잖지 못한 장소라는 오명을 쓰곤 했고, 그래서 끊임없이 경찰의 감시를 받았다.

로마인들은 연고가 없는 도시에 가면 호스피티아hospitia라는 여관에 묵었다. 호스피티아에서는 방과 식사, 마구간을 제공했다. 대부분 도시의 성문 근처, 아니면 광장이나 공중목욕탕, 극장 등 사람들이 많이 다니는 장소와 가까운 곳에 있었다.

도시와 도시 사이에는 카우포나caupona라는 작은 시골 여인숙이나 공공기관에서 운영하는 여관 만시오mansio가 있었다. 여행자가 불

Doran Ricks 제공

즉석에서 먹을 수 있는 조리 음식을 팔던 길거리 음식점 '테르모폴리움' 유적, 폼페이 소재

을 피울 나무나 음식에 넣을 소금 같은 것을 가지고 다닐 필요는 없었다. 그런 것은 도로를 따라 주재하고 있었던 파로쿠스parochus라는 관리가 제공해주었기 때문이다.[122]

전능해 보이던 로마제국도 실제로는 내부 갈등으로 골이 깊었다. 노예 제도를 바탕으로 한 농사 방식 자체에 깃든 모순도 균열의 일부 원인으로 작용했다. 낯선 민족들이 지중해 연안의 풍요에 끌려 국경을 압박해 오면서, 마침내 제국은 혹독한 종말을 마주하게 되었다.

2장

새로 온
정복자들

거침없던 성장기가 지나고, 로마제국의 마지막 200년 동안에는 위기의 징후가 번져나갔다. 한편으로는 내부의 역학 관계 때문이고, 한편으로는 국경선 일대에서 압력이 가중되었기 때문이다. 북쪽에서, 동쪽에서, 지중해에서 새로 이주민들이 물밀듯이 밀려들면서 파괴와 불안을 몰고 왔다. 동시에 사회관계와 생산 활동, 기술에 변화가 일어났고, 이 변화는 향후 이탈리아 음식의 발전에 초석이 되었다.

이민족들이 섞이고, 변화를 받아들이며 그 변화에 적응하는 과정이 늘 순탄하지만은 않다. 그러나 그런 과정을 겪으면서 사람들은 로마 문명이 새로운 정치·경제 환경으로 넘어가는 것을 받아들였다. 12세기에 들어서부터 중부와 북부 이탈리아에서 농업이 비약적으로 발전하면서 다시 시장이 형성되고 도시가 번영하기 시작했다. 이에 따라 이탈리아 전통 요리도 혁신적으로 발전하면서 중세 후기와 르네상스 시대의 찬란한 전성기를 맞게 되었다.

로마제국의 종말

2세기 말엽까지 로마제국의 경제 구조는 온전히 기능을 발휘하고 있었다. 제국의 농업과 교역은 지중해 연안을 공통의 음식 문화권으로 통합했다. 그러나 로마 황제들이 통치하던 제국은 겉보기에는 부로 흥청거렸지만, 속으로는 마침내 제국을 멸망에 이르게 할 내부의 대립과 갈등이 무르익어 가던 다민족 사회였다.

제국의 농업 생산 체제는 부유한 지주 집안이 소유한 대규모 농장 라티푼디움과 그곳에서 일하는 노예들의 노동을 기반으로 했다.[1] 일부 지주는 소유지의 일부분, 곧 '파르스 도미니카 pars dominica(주인의 몫)'만 직접 경영하고, 나머지 광대한 토지는 마름 conductor에게 위탁했다. 마름은 위임받은 토지를 다시 작은 구획으로 나눠 콜로누스 colonus라는 자유민 소작농*에게 임대하거나, 자유민처럼 자율적으로 농사짓는 노예들 servi quasi coloni에게 맡겼다. 후기에 제국의 영내로 들어오는 게르만인 집단의 수가 많아지자, 이들 '야만인'도 소작농이 되었다. 이들 게르만인 소작농을 인퀼리노 inquilino라고 하고 인퀼리노들을 통틀어 말할 때는 인퀼리니 inquilini라고 했는데, 이들의 법적 신분은 자유민이지만 실상 경작하고 있는 땅에 얽매인 처지라

---

* 콜로누스들을 통틀어 일컬을 때는 복수형으로 콜로니(coloni)라고 한다.

서 땅과 함께 매매되기도 했다. 보통 '소작농장'이라고 불리는 소규모 농장 유적을 발굴해보면, 후기 로마 시대의 농업 관련 토지 이용 실태는 상당히 복잡하고 다양했으며, 생산과 교역의 다른 요소들과 통합되어 있었음을 짐작할 수 있다.[2]

이 새로운 형태의 농촌 경영 방식 덕분에 귀족이나 군 사령관들이 광활한 농경 지역을 통제하기가 쉬워졌다. 구시대 원로원 귀족들은 군을 배경으로 하는 새 지주 계급에게 밀려났다. 새로운 실력자들은 대부분 미천한 출신으로, 중앙정부가 안정된 상태를 유지하든 말든 그다지 신경 쓰지 않았다.[3]

로마의 상층 계급 사이에는 점차 커져가는 정치적인 혼란을 피해 시골의 영지에서 많은 시간을 보내는 일이 유행처럼 번졌다. 그러면서 사냥은 새로운 의미를 얻게 되었다. 지배 계급에게 사냥이란 '자기가 소유한 땅과 그 땅에서 자라나는 자연을 지배하는 것은 바로 자신'이라는 의식을 표출하는 행위가 되었다. 지주들이 독점한 광대한 사냥터를 비바리움 vivarium이라 하는데,* 지주들은 비바리움 둘레에 장벽을 치고 경비병을 세워, 아무나 드나들지 못하도록 감시했다. 군사력과 정치권력을 과시하고자 하드리아누스 황제재위 117~138는 자신이 정복한 영토에서 가장 위험한 야수들을 사냥했다. 마르쿠스 아우렐리우스 황제재위 161~180는 사냥을 전투 훈련이자 건강에 좋은 운동이라고 생각했다.[4]

---

* 비바리움을 통틀어 복수형으로 말할 때는 비바리아(vivaria)라고 한다.

부유한 상인들은 투자의 일환으로 토지를 사들였는데, 농업이 무역보다 더 안전하게 수익을 보장해준다고 생각했기 때문이다. 이는 세수와 국가 재정을 악화시키는 작용을 했다. 제국의 영토 확장이 한계에 다다르자 이제 군대는 전리품을 공급할 수 없게 되었으며, 중앙정부는 재정 적자의 수렁에 빠져 세금을 추가로 징수할 수밖에 없었다. 그 결과 세리는 공포와 증오의 대상이 되었다. 막강한 권력을 쥔 라티푼디움 지주들은 흔히 지방정부나 중앙정부와 긴밀한 관계를 맺고 있었으므로, 세리를 제쳐두고 정부와 직접 협의해서 적당한 수준으로 세금을 낼 수 있었다. 세리들은 정부 관리이면서도 개별 사업가와 같은 방식으로 일했기 때문에,* 이렇게 라티푼디움 지주들이 빠져나감으로써 생긴 손실을 벌충하려고 소규모 농장주들을 압박했다. 그러자 이를 견디지 못한 소규모 농장주가 농장을 대지주에게 넘기고 그 보호막 아래로 들어가는 경우가 잦아졌다.

한편 제국을 방어하기 위해서는 대규모 상비군이 필요했다. 병사들을 이끌고 싸우는 장군들에게는 막강한 권력이 주어졌으며, 장군들은 자기와 손잡은 자를 황제 자리에 앉히려고 애썼다. 또한 상비군에게 봉급을 지급하려면 무거운 세금을 물려야 했다. 군인들은 봉급을 제때 받지 못하면 언제라도 주둔지에서 자원을 약탈할 위험성이 있었기 때문이다. 3세기 말엽, 군대 유지 비용에 큰 부담을 느낀

• 로마제국의 세금 징수는 세리가 담당 납세자들을 대신해서 먼저 세금을 낸 다음, 납세자들과 정산하는 방식으로 이뤄졌다. 농업을 기반으로 하는 경제 체제에서 납세자가 실제로 세금을 내는 시기를 수확기 이후로 미루기 위해 생겨난 방식이지만, 세리들이 사욕을 추구하고 세율이 높아지면서 엄청난 부작용이 나타났다.

로마 황제들은 금화와 은화의 함량을 낮추는 조치를 취했다. 이 조치는 인플레이션을 유발했다. 물가가 하늘 높은 줄 모르고 치솟고 상업이 그 어느 때보다도 심각하게 위축되자, 농촌의 부동산이야말로 부를 지키는 최후의 보루가 되고 말았다. 그 결과 수많은 지주가 도시를 떠나 시골집으로 피신했다.

시간이 흐름에 따라 대규모 토지는 사실상 독립성과 자급자족 능력을 갖추게 되었고, 때때로 상거래 방식도 물물 교환이나 현물 지급 형태를 취하게 되었다. 화폐경제가 흔들리면서 지주들은 소작농을 개별적으로 상대할 게 아니라, 한 지역에 있는 농민들에게 집단적으로 소작을 맡기고 미개간지도 알아서 개간하게 하면서 소작료도 집단적으로 책임지도록 하는 것이 이익이라는 사실을 알게 되었다.

제국이 내부에서부터 흔들리자, 이웃한 인구 집단들이 국경을 넘어오기 시작했다. 특히 북쪽과 동쪽 변경에서 게르만인 부족들이 서서히 제국의 영토로 들어와 자리를 잡았다. 이들을 가리켜 '호스피테스hospites(손님들)'라고 했다. 이들은 모두 '연방'의 지위foederati를 얻으며 제국의 울타리 안으로 흡수되어, 전쟁이나 기아, 전염병 등으로 주민의 수효가 급감한 지역의 인구를 늘려주었다. 그리고 '문명화'가 더욱 덜 된 다른 게르만인 집단이 새로 몰려오는 것을 최전선에서 막아주었다. 이들 연방 민족은 정착한 지역 토지와 가옥의 1/3을 받거나 그곳 로마인 농민들이 재배한 작물을 거둬들일 권리를 얻었는데, 후자의 경우 원주민인 로마 농민들은 반노예 상태와 같은 처지

로 전락하게 되었다.[5]

농업 생산성은 지속적으로 떨어지고, 교외 농촌과 시내 지역 모두 인구가 줄어들었다. 화폐를 매개로 거래하는 시장 경제가 위기에 처하면서 도시는 문화적 우월성을 잃었고, 이런 현상은 향후 여러 세기 동안 지속되었다. 한때 지중해 전역의 도시 지배층을 연결해주던 문화와 교역의 네트워크가 시들해지자 상층 계급은 시골에 틀어박혀서 소유지의 생산물에 기대어 생활했다. 이에 따라 지중해 세계 곳곳에서 온 먹을거리를 즐기던 이들의 음식 문화도 필연적으로 지역에서 생산된 식품 위주로 바뀌었다.

395년 테오도시우스 황제재위 379~395는 제국의 영토를 동서로 쪼개서 두 아들 아르카디우스와 호노리우스에게 나눠주었다. 동쪽 제국은 콘스탄티노플(오늘날의 이스탄불)을 수도로 해서, 그리스 문화의 유산을 바탕으로 독특한 문화를 발전시키며 천년 넘게 지속했다. 서쪽 제국은 수도를 멀리 동북쪽, 아드리아 해와 가까운 라벤나로 옮겼는데, 점점 힘을 잃다가 게르만 부족들의 침투를 허용하고 말았다.

410년, 알라리크가 이끈 서고트족이 로마의 곡창 지대인 북아프리카를 향해 가는 길에 로마로 진군해 들어갔다. 476년에는 고트족 출신인 게르만 용병대장 오도아케르가 서로마의 마지막 황제 로물루스 아우구스툴루스재위 475~476를 퇴위케 하고, 서로마 황제의 휘장을 콘스탄티노플로 보냈다. 이는 동로마 황제의 우위를 인정하는 행위였다. 서로마제국의 종말은 불가피한 것으로 받아들여졌다.

게르만족의 대이동

서로마제국이 몰락하기 훨씬 전에 로마 영토의 변방에 정착했던 게르만인 집단은 이미 로마 문화의 요소들을 흡수하고 있었다. 이들은 지중해 연안의 선진 문화에 매료되었지만, 동시에 자기네 전통에도 자부심을 품고 있었다.

테오도리크가 이끈 동고트족 등 이탈리아를 점령한 게르만인들은 자신들의 통치자에 대한 각자의 충성심을 바탕으로 부족 전통을 유지하고 있었지만, 통치자의 최측근들은 로마식 행정 체제에 크게 의존했다. 특히 공식적인 사안에 대처할 때 지배층은 곧잘 로마의 관습을 차용했다. 테오도리크를 섬기던 로마인 정치가 카시오도루스490년경~585년경는 다음과 같이 묘사했다.

> 왕의 식탁에 차려진 진수성찬은 나라의 중요한 치레로 여겨진다. 왜냐하면 대부분의 사람들은 연회에 나오는 진기한 음식들을 모두 그 집의 주인이 소유한 것으로 생각하기 때문이다. 보통의 시민이라면 주위에서 구할 수 있는 것으로 대접하는 것이 마땅하겠지만, 왕이 초대한 자리라면 경이로운 수준을 넘어설 정도로 대접하는 것이 적절하다.[6]

산지사방에 퍼져 있는 대농장 라티푼디움들은 이탈리아 반도에서 가장 중요한 생산 단위였지만, 대개 중앙의 통제에서 벗어나 있었다. 라티푼디움 한복판에는 토지 소유주의 호사스러운 저택(빌라)

이 있고, 그 빌라를 중심으로 노예나 자유 소작농이 경작하는 광활한 농지가 펼쳐져 있었다. 로마인 지주들은 자신들을 보호하는 방편으로서 게르만인 병사들의 존재를 받아들였다.

게르만 부족의 귀족들이 쿠르테스curtes 또는 마사이massae라고 하는 대규모 토지의 소유주가 되는 경우가 많아졌다. 게르만 귀족들은 점점 로마 귀족을 닮아갔다. 이들은 외부의 공격에 대비해 자기 근거지와 주요 건물들을 요새화하곤 했는데, 이런 요새를 카스트룸castrum, 복수형으로 통칭할 때는 카스트라castra라고 했다. 이 이름은 로마 상비군의 병영을 지칭하던 말이었다.

이런 식의 토지 소유 형태가 이탈리아의 많은 지역으로 서서히 퍼져나갔고, 제국 말기까지 법적으로 유효한 제도로서 존재했다. 로마의 재산법인 퀴리티안quiritian은 원래 로마 시민들에게만 적용되던 법률로, 개별 토지의 소유주(도미쿠스dominus) 개념을 규정하고, 토지 매매와 소유권 이전 절차를 복잡하게 정해놓았다. 그런데 로마법에서 조금 벗어나 소유권을 이전하기가 더 쉬운 새 토지 제도 보니타리안bonitarian이 점점 비중을 넓혀갔다. 게르만 농민들은 마을 단위로 자원을 공유하는 방식에 익숙했다. 그래서 적법한 소유주가 수확을 마친 다음 내버려 둔 땅을 다른 사람들이 일시적으로 점유해서 이용하는 풍습이 점차 널리 자리를 잡게 되었고, 기존 로마법에 따른 관행은 서서히 밀려나게 되었다.

이런 제도적 변화에 따라 전통적인 농업 시스템도 쇠퇴했다. 가축을 기르는 일은 농민의 생존에 중요한 일이었는데, 수확이 끝나 비어 있는 토지나 미경작지에서 가축을 자유롭게 먹일 수 있었다. 숲이나 삼림은 사냥터이자 목재와 각종 먹을거리를 얻는 장소일 뿐 아니라, 돼지를 방목해 키우는 장소로서도 중요해졌다. 돼지는 겨울철에 모자라는 단백질을 보충해주는 원천이었다. 당시의 경작지는 대부분 울타리 없이 트여 있었기 때문에, 수많은 돼지가 제멋대로 돌아다니는 것도 농사에는 골칫거리였다.[7]

교외 농촌에 정착한 게르만 부족들은 반+유목 방식 목축과 사냥, 그리고 자연에서 얻을 수 있는 먹을거리를 따고 캐는 채집 활동을 병행하면서 로마인들이 하급 농산물로 간주하던 조, 스펠트, 호밀, 보리 같은 곡물 농사도 지었다. 이들 곡물은 생육 기간이 짧기 때문에 밀보다 훨씬 손이 적게 간다.[8] 당시에는 맥주를 만들 때 아직 호프를 쓰지 않았고, 대신 이런 곡물이 맥주를 만드는 데 쓰였다. 맥주는 새 이주민에게 가장 대중적인 알코올음료였다.

게르만인 인구가 많은 지역에서는 콩, 올리브, 와인용 포도나 과수원에서 재배되는 채소 같은 지중해 연안의 작물과 함께 북유럽 민족이 전통적으로 즐겨왔던 버터, 돼지비계, 사냥한 고기, 야생 딸기류도 생산, 소비했다. 이것들은 제국 시대에 이미 흔한 식품이 되었지만, 도시 소비자들의 기호를 바탕으로 형성된 로마인들의 기본 농산물 개념 곧 와인-식용유-빵의 삼각 편대에서 의식적으로 배제되었던 것들이다. 로마인에게 들에서 작물을 재배하는 것은 자연에 대한 인간의 지배를 표현하는 것으로 문명화의 상징이었다. 그렇지만 새 이주민이 자연 환경을 대하는 태도는 이와 달랐다. 그들은 땅에서 필요한 것을 얻으면 굳이 바꾸거나 길들이려 하지 않고 있는 그대로 이용하려고 했다.

게르만 이주민들에게 사냥은 누구나 할 수 있지만 사회적으로 중요한 기능을 띠고, 높은 평가를 받는 일이었다. 이들에게는 전투가 생활의 일부였기에, 사냥은 문화적 가치관과 전투 기술을 젊은 세대에 전수하는 훈련 수단으로 받아들여졌다. 또한 사냥을 통해 지도자들이 용맹과 기량을 공개적으로 과시함으로써 부족의 다른 전사들에게 지도자의 우월성을 각인해주는 정치적인 의미도 있었다.

자유민 젊은이가 처음 사냥에 도전하는 것은 공동체의 어엿한 일원이 된다는 의미가 있다. 젊은이들은 자신이 죽이려는 사냥감의 강인함과 용기를 꼭 자기 것으로 만들어서 기량을 인정받아야만 했다.[9] 이렇게 사냥이라는 행위와 전사로서의 기상, 부족 사회의 구조가 한데 얽혀서, 연회에서 고기를 많이 먹는 것은 강인한 신체와 전투력을 얻기 위해 꼭 필요한 일로 간주되었다. 또한 공동체의 다른 구성원들에게 음식을 제공하는 것은 부와 권력을 나타내는 일로 인식되었다.

비잔틴제국, 랑고바르드족, 프랑크족의 대결

게르만족은 서로마제국을 위기에 몰아넣고 마침내 해체시키기에 이르렀지만, 동로마의 영역에는 다다른 적이 없었다. 동로마는 후일 '비잔틴제국'이라는 이름으로 알려진 대제국이다. 제국의 이름은 수도 콘스탄티노플의 옛 이름 비잔티움에서 나왔다. 콘스탄티노플은 지중해와 흑해를 연결하는 해협을 둘러싸고 자리 잡은 군사적 요충지였다.

5세기 말 비잔틴제국의 강역은 오늘날의 그리스, 발칸 반도, 터키, 이집트, 시리아의 일부, 이스라엘, 레바논을 아우른다. 여러 세기 동안 비잔틴의 정치 지도자들은 자기네가 그리스·로마 문화의 후계자라고 생각했다. 이런 인식이 강한 까닭에 동로마제국의 시민들은 스스로를 '로마이오이Romaioi'라고 불렀다. 그리스어로 '로마인'이라는 뜻이다.

6세기 전반, 비잔틴제국의 유스티니아누스 1세재위 527~565는 게르만족의 일파인 반달족이 지배하고 있던 북아프리카를 정복해 밀 생산지를 확보한 다음, 지중해 중앙 항로를 장악했다. 그리고 동고트족을 물리쳐 이탈리아 반도 전체를 차지하려고 전쟁을 개시했다.[10]

동고트 왕 토틸라는 주민들을 자기 편으로 끌어들이려고 과감한 약속을 내놓았다. 비잔틴이 점령한 토지를 수복하면 모든 주민에게 재분배하고, 노예와 농노를 모두 해방하겠다는 약속이었다. 그렇지만 이 전략은 기대만큼 효과를 거두지 못했다. 로마인 농민 다수가 동고트족에게 충성하지 않고, 비잔틴의 점령을 용인했던 것이다. 로마의 후예들은 그때까지도 옛 제도의 법적 질서에 연연하여 게르만식 충의忠義 관계에 적응하지 못하고 있었다. 충의야말로 게르만 문화의 핵심으로, 게르만족에게는 법보다 더 중요한 것이었다.[11]

그러나 기나긴 전쟁과 이에 따른 식량 부족으로 고통을 겪으면서 이탈리아 주민들은 비잔틴 역시 외부에서 온 정복자일 뿐이라고 생각하게 되었다. 아르메니아인, 슬라브족, 심지어는 페르시아인까지 비잔틴제국에서 이탈리아 반도로 이주해 왔다. 그들은 그리스어를 사용하는 데다 이국적인 용모 탓에 이탈리아 주민들에게는 이전의 게르만족 점령자들과 마찬가지로 이질적인 존재였다.[12]

교황 그레고리오 1세재위 590~604의 지시로 시칠리아에서 시행되었던 주민 등록 기록을 보면, 6세기 시칠리아의 토지 대부분은 여전히 라틴어 사용 인구의 소유였으며, 비잔틴인들은 주로 카타니아나 시라쿠사 등 고대 그리스의 식민지였던 도시들을 중심으로 섬의 동쪽 해안 지대에 정착해 있었다. 한참 지나서야 수도사들을 포함해 그리스어를 사용하는 비잔틴인들이 좀 더 많이 이주해 와서 이 섬의 내륙과 남부 이탈리아에 정착했다. 이들은 지중해 동부 연안에서 발생한 정치적·종교적 혼란을 피해 온 사람들이었다.[13]

비잔틴 출신 수도사들은 처음에는 넓은 토지를 보유하지 않고 은자처럼 지내거나, 작은 공동체를 이뤄 살면서 염전이나 방앗간을 꾸렸다.[14] 몇 세기가 지난 후에야 교황이나 지역의 실력자들에게서 땅을 받았는데, 그런 곳 중 하나가 로마 인근 그로타페라타에 있는 성 닐루스 수도원이다.

비잔틴 군대와 게르만 군대가 전쟁을 벌인 20년간, 아수라장 같은 세상을 피해 안식을 찾으려는 사람들이 새로운 형태의 경건한 신앙생활을 꽃피웠다. 이들의 공동체가 바로 6세기 전반 성 베네딕토480

년경~547년경가 세운 수도 규칙을 따라 생활하는 베네딕토 수도회다.

베네딕토 수도회는 공동체 생활의 중요성을 강조하고, 지중해 동부와 이집트의 은자隱者들이 추구하던 지나친 금욕과 절식, 독거 생활을 금했다. 베네딕토회에서는 이탈리아 상황에 맞게 밭에서 일하는 생산 노동을 중심으로 수사修士의 일과를 정했다. 순례자와 걸인에 대한 환대를 중시한 이 수도회의 모토는 '오라 에트 라보라ora et labora', 곧 '기도하고 일하라'였다. 이후 여러 세기 동안 베네딕토의 정신을 따르는 수사들은 습지를 개간하고, 운하를 파거나 하수도를 건설하는 일에 참여했다. 롬바르디아와 토스카나 곳곳에서 울타리로 둘러싸인 베네딕토회 수사들의 경작 구획을 볼 수 있었다. 그러자 교황도 이들을 본받아 로마 인근에서 비슷한 사업을 벌였다.[15]

베네딕토회 수도원에서는 수사들이 돌아가면서 식사 당번을 맡아 음식을 만들고 상을 차렸다. 그렇지만 공동체의 규모가 큰 경우에는 식품 관리인이 따로 있어 식료품 보관과 음식 준비를 책임졌기 때문에, 다른 수사들은 그 일을 하지 않아도 되었다.[16] 수도원 식단에는 육류가 없고, 끼니마다 두 가지 음식이 나왔다. 두 가지 음식 중에 채소나 과일이 있으면 세 번째 음식이 더해졌다. 수사들은 언제나 중노동을 했으므로 수도원장이 허락할 경우 추가로 음식을 먹을 수 있었다.[17] 와인을 절제하는 것이 미덕이었지만 수도 규칙에서 수사의 음주 자체를 금하지는 않기 때문에, 과음하지 않고 적당히 마시는 것은 허용되었다.[18]

수도원의 식사는 로마의 전통 식사를 본뜬 형태로서 빵-올리브유-와인이라는 세 요소가 두드러지는데, 이들 요소는 기독교 신앙의 측면에서도 매우 중요한 것이다. 와인과 빵은 성찬식에 사용되고, 올리브유는 여러 성사聖事*에 강인함과 인내심의 상징으로 쓰인다. 그러나 수도원이 점차 부와 명성을 얻고 영지를 넓혀가면서 차츰 수사들도 농노와 평수사**의 노동에 의존하게 되었고, 수사들에게는 더 푸짐하고 다양한 식사가 제공되었다.[19]

같은 시기에 이탈리아 남부와 중부에 자리 잡은 비잔틴 수사들은 콘스탄티노플에서 세운 규칙을 따랐다. 콘스탄티노플을 중심지로 하는 동방 교회에서는 매주 수요일과 금요일, 사순절, 그 밖에 교회에서 기념하는 여러 축일에 육식을 금하기 때문에, 수도원의 요리사는 창의력을 발휘해 채소를 최대한 활용해야 했다.[20]

비잔틴제국이 동고트족에게 승리를 거두고 이탈리아 반도 대부분을 장악하고 나서 몇 년 지나지 않은 569년, 그동안 로마 문화권에서 전혀 볼 수 없었던 랑고바르드족(롬바르드족)이 알프스 산맥을 넘어왔다. 게르만족의 일파인 그들은 포 강 유역 평원 대부분을 포함해 이탈리아 북부 지방을 점령하고 파비아를 수도로 삼았다. 이들이 장악했던 지역의 일부를 지금도 '롬바르디아'라고 부른다. 정복한 땅은

● 하느님의 은총을 나타내는 거룩한 의식. 가톨릭에는 세례성사, 견진성사, 성체성사(성찬식), 고해성사, 혼인성사, 성품성사, 병자성사가 있다.
●● 수도 서원을 하지 않은 채 평신도로서 수도 생활을 하는 사람을 가리킨다(단, 오늘날 가톨릭에서는 정식으로 수도 서원을 했으나 사제 서품은 받지 않은 수사, 곧 신부가 아닌 수사를 평수사라 한다).

전투에 큰 공을 세웠거나, 이주해 오는 동안 각 단위 조직(군사 조직이면서 사회 공동체이기도 했다)을 이끌었던 지도자들에게 분배되었다. 이 지도자들을 '공작duke'이라고 칭했는데, 이 말은 지도자를 의미하는 라틴어 '둑스dux'에서 유래한다.

랑고바르드족은 대부분 도시에 정착하지만, 처음 왔을 때는 되도록 선주민들과 거리를 두려고 했다. 선주민들을 동등한 존재로 여기지 않았기 때문이다. 로마인의 후손들은 게르만 부족법에 의지할 수 없었으며, 무기를 지니는 것도 금지되었다. 혈연이나 군사적인 충성 맹세에 따라 뭉쳤던 랑고바르드 전사들은 교외 지역에 파라fara, 복수형으로는 파라이farae라고 하는 작은 정착촌을 건설하고, 로마인 농민들과 자신들을 분리했다. 로마인, 게르만계 로마인 농민들은 극심한 착취의 대상이었다. 랑고바르드족의 존재는 이탈리아 곳곳의 지명에 흔적을 남겼다. 로마 인근에 올리브유로 유명한 파라 인 사비나 마을이 있고, 아브루초 지방의 파라 산 마르티노 마을은 세계적인 파스타 제조사 코코, 델베르데, 데체코가 위치한 곳이다.

랑고바르드족 치하 초기에는 로마인 지주들이 가장 좋은 수확물을 정복자들에게 갖다 바쳐야 했다. 소출이 유례없는 수준으로 떨어지고, 농민들은 숲과 들에서 나물을 캐고 사냥을 해서 가까스로 연명하는 처지에 몰렸다. 시간이 흐르자 랑고바르드족은 이탈리아에 정착할 생각을 굳혔다. 그들은 기독교 신앙을 받아들였고, 고대부터 내려오던 자기네 전통을 로마식 성문법으로 만들어 643년 로타리Rothari 왕의 칙령으로 공포했다. 옛 로마의 지배층 일부가 랑고바르드의 공작들에게 협조하기 시작했고, 그 대가로 로마인들이 중요한 관직에 임명되었다.

랑고바르드족은 토스카나를 거쳐 아펜니노 산맥을 따라 남쪽으로 내려가서 움브리아에 스폴레토공국을, 캄파니아에 베네벤토공국을 세웠다. 그 결과 거의 두 세기 동안 이탈리아는 랑고바르드족의 공작령들과 비잔틴 영토로 나뉘어 있었고, 그 기간에 그리스·로마 문화와 게르만 문화의 대립이 증폭되었다. 제노바를 중심지로 하는 리구리아 지방은 643년 랑고바르드족의 수중에 떨어졌다. 10세기에 이르면 제노바는 지중해 교역에 중요한 역할을 하게 된다.[21]

비잔틴 영토로 남은 땅은 랑고바르드족의 침입을 피해 도망친 피난민들이 이탈리아 반도의 북동쪽 바닷가에 세운 도시 베네치아, 그 아래 라벤나 대주교령,● 오늘날의 로마냐와 마르케 주에 있었던 펜타폴리스Pentapolis(아드리아 해변에 위치한 다섯 도시), 이탈리아 반도 중서부의 로마를 중심지로 하는 라치오 지방, 반도 남동부의 풀리아 지방, 남서부의 칼라브리아 지방과 시칠리아 섬, 사르데냐 섬이었다. 세리들이 끊임없이 활동했던 것으로 미루어 볼 때, 이들 지역은 비잔틴제국에서 가장 부유한 지역에 속했던 것 같다. 실제로 비잔틴 황제들이 이탈리아 영토를 방문한 기록을 보면, 이곳이 지중해권의 경제에서 차지하는 비중이 컸음을 짐작할 수 있다.[22]

● 비잔틴제국은 라벤나 대주교를 이탈리아 총독으로 임명했다. 라벤나 일대는 10세기에 이르기까지 동방 교회의 대주교령이었다.

라벤나 초대 주교 성 아폴리나리스. 라벤나에 있는 성 아폴리나레 인 클라세 성당의 비잔틴식 모자이크, 6세기.

그리스-비잔틴인들은 자신들이 로마제국을 잇고 있음을 강조하기 위해서 이탈리아에 있는 비잔틴 영토를 '로마니아Romania'라고 불렀는데, 이 말에서 오늘날 로마냐Romagna 지방의 이름이 유래했다. 고고학 연구에 따르면 이들 지역에는 라틴어로 카스트룸castrum, 그리스어로는 카스트론kastron이라고 하는 요새 도시가 일찌감치 들어서 있었다. 신중한 군사 전략에 따라 세워진 것이었으리라고 추측할 수 있다. 이런 선례를 따라 다른 도시들도 침략에 대비해서 '인카스텔라멘토incastellamento'라고 하는 요새화 작업을 수행했다. 여기에서 '성채'를 의미하는 이탈리아어 카스텔로castello와 영어 캐슬castle이 파생했다. 주로 언덕 꼭대기처럼 방어하기 좋은 장소에 요새화한 도시가 세워지고, 그 주변으로 인근 농민들이 모여들었다. 이리하여 이탈리아의 비잔틴 영토 내 인구 분포가 변화했다.[23]

베네치아는 9세기에 비잔틴제국으로부터 사실상 독립했다. 지리적 특성상 베네치아는 소금을 생산하기 좋은 곳이었는데, 소금은 중세에 값비싼 상품이었다. 식량이 떨어질 때를 대비해서 식품을 보존하는 데 쓰는 귀한 물건이었기 때문이다.[24] 진취적인 베네치아 사람들은 노예, 향신료, 갖가지 비잔틴 물산 교역에도 적극 나섰다. 이 도시는 콤멘다commenda 같은 독창적인 법적 수단을 선보였다. 콤멘다는 자본 동원이 가능한 투자자와 신참 무역상을 연결한 일종의 합자회사다. 무역상이 투자자의 돈으로 상품을 사들여 무역선에 싣고 항해에 나서는 것이다. 이 제도는 계층 이동의 통로가 되었다. 밖으로 베네치아의 교역망이 확장하면서 지중해 동부의 식품과 물산을 공급하는 중요한 통로 구실을 하는 사이, 안으로는 무역 사업으로 신흥 부자가 된 집안들이 베네치아의 정치 지배층에 진입했다.[25]

9세기 중반부터 또 다른 비잔틴 식민지 아말피도 해상 교역을 통해 세력을 확장했다. 아말피는 나폴리 남쪽에 툭 튀어나온 작은 반도에서 오늘날 코스티에라 아말피타나costiera amalfitana(아말피 해안)라고 불리는 바닷가에 자리 잡은, 작은 도시다. 아말피는 밀과 와인, 과일 무역으로 성시를 이루었다. 인근의 캄파니아 지방에서 생산된 밀과 와인, 과일을 비잔틴제국 곳곳에 수출하고, 대신 이탈리아에서 쉽게 판로를 찾을 수 있는 금과 사치품을 들여왔다.[26]

비잔틴 식민지의 지배층은 제국의 정부와 밀접한 관계를 유지하고 있었으며, 관리와 군사 지휘관 대부분이 순환 보직으로 임지를 옮겨 다녔다. 그래서 선주민과 어우러지기는 어려웠다. 이에 지역의 지주들은 콘스탄티노플에서 파견된 행정·군사 책임자들과 유착 관계를 맺고, 무거운 세금은 주로 농민의 몫으로 돌렸다.

비잔틴이 지배하는 지역에는 대규모 농지가 남아 있었다. 법적으로는 '푼두스fundus'라는 토지 구획이 토지 소유·경영의 기본 단위가 되었다.[27] 시간이 지나면서 이런 전통적 생산 구조는 점차 효율성을 잃어갔고, 토지의 상당 부분이 경작되지 않은 채 방치되었으며, 그 땅에서 목축이 성행했다. 일부 학자들은 남부 이탈리아에 물소를 들여온 것이 비잔틴인들이라고 주장하지만, 이에 대해 전국물소사육협회(ANASB)는 랑고바르드족이 어느 정도 역할을 했을 가능성이 크다는 반론을 제시한다.[28]

목축이 성행했다고 해서 비잔틴 식민지의 대규모 농지가 비잔틴제국의 화폐경제 체제에서 벗어났다는 의미는 아니다. 게르만족이 지나가면서 황폐해진 지역에 부분적으로나마 포도 덩굴과 올리브나무가 다시 심어졌고, 이로 인해 무역 흑자가 발생했다. 이탈리아 남부 지방에 뽕나무가 들어와 실크 생산이 시작되기도 했다(비잔틴은 6세기 무렵 중국 양잠업의 비밀을 탐지해내는 데 성공했다).[29] 시칠리아는 여전히 중요한 밀 생산지였는데, 세금으로 징수되는 몫을 제외한 나머지 밀은 지역에서 소비되거나 이탈리아의 다른 지역 시장으로 곧장 운송되었다. 지중해 동부에서 이슬람 세력이 팽창하면서 그리스까지 배로 싣고 가기가 점차 어려워졌기 때문이다.[30]

로마의 상층 계급과 마찬가지로 비잔틴인들도 설탕과 아니스 같은 이국의 향신료를 즐겼다. 이때 아니스를 와인에 첨가한 것이 아마 오늘날 지중해 전역에서 애용되는 아니스향 음료의 시초가 되었을 것이다.[31]

비잔틴제국 자체가 그리스와 로마에 뿌리를 두었기 때문에, 그들의 음식 문화가 이탈리아 반도의 비잔틴 식민지에 끼친 영향을 정확하게 읽어내기란 어려운 일이다. 당시 유행하던 두 가지 와인 모스카토스 moskhâtos와 모넴바시오스 monembasiós의 이름이 오늘날의 와인 모스카토 moscato와 말바시아 malvasia에 반영되었음은 분명하다.

당시 상층 계급은 단연 붉은색 살코기를 선호했는데, 이는 그들이 대규모 토지와 많은 가축을 소유하고 있었음을 의미한다. 그런가 하면 이들을 포함해서 비잔틴인 대부분은 그리스인 선조들과 마찬

아말피 해안

가지로 소금에 절인 생선과 해산물을 특히 즐겼다. 현재까지 알려진 바로는 캐비아(카비아리 kabiári)와 생선알젓(오이오타리콘 oiotárikhon)에 관한 기록을 처음으로 남긴 사람들이 바로 지중해 동부 사람들이다. 오이오타리콘은 이탈리아 음식 보타르가 bottarga(참치나 숭어의 알집을 소금에 절인 것)의 기원이 된다. 농민과 수도사들은 검은 빵, 채소, 유제품을 주식으로 하고 돼지고기도 먹었을 것이다.[32]

이슬람 세력이 지중해 동부에서 급격하게 팽창하자 비잔틴 정부는 그들과 싸울 전쟁 경비를 충당하기 위해 모든 영토에 재정 압박을 가하기 시작했다. 게다가 정부는 우상 숭배를 엄격히 금하는 정교회 교리에 따라 조직적으로 성상聖像 파괴 운동을 벌였다. 이는 이탈리아 내 식민지들의 반란을 촉발했다. 아말피와 베네치아는 지도자를 선출해서 사실상 독립을 추진하기 시작했다. 랑고바르드족은 이 상황을 이용해 비잔틴제국의 영토인 라벤나 대주교령과 펜타폴리스를 정복했다. 랑고바르드 왕 리우트프란트는 지역 내 동맹 관계를 다지고자 새로 정복한 고을 수트리 Sutri를 교황 그레고리오 2세재위 715~731에게 양도했다. 이것이 로마가톨릭교회가 공식적으로 세속의 영토와 통치권을 확보한 첫 번째 사례였다.

그로부터 수십 년 뒤에 교황이 된 스테파노 2세재위 752~757는 랑고바르드족이 라치오 지방을 공격하지 않을까 두려워했다. 당시 라치오는 공식적으로는 비잔틴제국의 일부였지만 실질적으로는 교황이 통치하는 지역이었다. 스테파노 2세는 이 지역을 지키려고 게르만족의 일파 프랑크족을 끌어들였다. 프랑크족은 오늘날의 프랑스 땅에 정착해 기독교로 개종한 민족이었다.

754년 프랑크족은 이탈리아 북부를 침공해서 랑고바르드왕국의 대부분을 정복하고, 라벤나 대주교령, 펜타폴리스, 움브리아와 라치오를 공식적으로 교황에게 양도했다. 이것이 장차 로마가톨릭교회에 직접 속한 영토(교황령)의 기초가 되었다. 이에 감사를 표시하고 동맹 관계를 강화하고자 교황 레오 3세는, 새로 프랑크족의 왕이 된 샤를마뉴를 위해 800년에 대관식을 거행하고 그에게 '신성로마제국 황제'라는 칭호를 수여한다. 영광스러운 로마제국의 계승자이자 기독교의 수호자임을 공인하는 칭호였다.

이제 랑고바르드족에게는 이탈리아 남부의 베네벤토공국만 남았다. 베네벤토공국의 영토는 오늘날의 아브루초 남부와 풀리아 서부, 그리고 캄파니아에 걸쳐 있었다. 비잔틴제국의 통치는 사르데냐와 시칠리아(얼마 지나지 않아 무슬림에게 빼앗기지만), 풀리아 동부, 바실리카타, 칼라브리아로 국한되어 11세기에 노르만족에게 정복될 때까지 명맥을 이어갔다.

이렇게 베네벤토공국과 비잔틴제국의 영토로 남은 이탈리아 남부 지역에서는 이때까지도 광대한 로마식 농장이 농업 활동의 중심에 있었고, 밀·와인·올리브유 생산에 치중해 있었다. 이탈리아 반도 북부에서는 이들 작물의 생산량이 줄어들었지만, 남부에서 농사란 (수익성도 높은) 밀·와인·올리브유와 떨어져서 생각할 수 없는 것이었다.

9세기의 유럽

새로 온 정복자들

장원 제도

비잔틴인들은 신성로마제국의 존재를 인정하는 대가로 나머지 영토의 안전을 보장받았다. 이로써 프랑크족은 이탈리아 북부와 중부에서 탄탄히 위상을 다질 수 있었다. 이탈리아 북부와 중부는 대규모 인구 이동, 전쟁, 정치적 주도권의 급격한 변화 등으로 말미암아 과거의 도시들이 어쩔 수 없이 쇠퇴하고, 귀족들은 시골로 가서 눌러앉았으며, 상업이 사실상 사라져버린 지역이었다.

시장이 사라지면 도시는 장인과 상인을 잃게 된다. 장인과 상인들은 도시를 떠나 장원의 영주들에게서 일자리를 구했다. 도시에는 교회와 관련 기관만이 영광스러운 과거의 흔적으로 남아 있을 뿐이었다. 주교들은 사람들을 영적으로(종종 사회적으로도) 인도해야 하는 본분에 맞게 대부분 성당 가까운 곳에 머물렀다. 그리고 과수원이나 과수나무 숲, 울타리로 구획된 밭 등 정비된 농경 시설 대부분은 여전히 도시 근교에 남아 있는 상황이었다.[33] 이런 까닭에 이탈리아의 도시들은 몰락한 상태였으면서도, 당대 유럽의 다른 지역에서는 알지 못하는 문화적·경제적·정치적 역할을 수행하고 있었다.

프랑크족은 게르만-로마 문명의 유산과 부족 전통 양쪽에 바탕을 둔 사회·정치·경제 체제를 도입했다. 종신 토지 사용권 베네피키움 beneficium, 다른 사람을 보호해주는 대가로 그의 섬김을 받는 콤멘다티오 commendatio 제도 등이 그것이다.[34] 왕과 대제후는 자신이 다스리는 영토의 일부분을 떼어내서 최측근 부하들에게 맡긴다. 영지를 나눠 받은 이 사람들을 '백작 count'이라고 하는데, 이 말은 라틴어

'코메스comes'와 그 복수형 '코미테스comites'에서 유래한다. 코메스는 원래 '동반同伴'을 의미한다. 제정 로마 시대에는 황제의 신임을 얻어 행정부나 군대에서 공식적인 지위를 얻은 사람을 가리켰다. 국경 지대(라틴어로 마르카이marcae)는 통상 군 장성에게 맡겨지는데, 이렇게 국경 지대를 맡은 지휘관을 '후작marquis'이라고 했다. 초기에는 이런 봉신封臣 관계가 군사적·경제적 의무를 바탕으로 했으며, 관계의 청산도 가능했다. 그리고 왕은 (전쟁이 나면 자신을 위해 싸워주어야 할) 지방 영주들을 통제하기 위해 '미시 도미니키missi dominici'라는 대리인을 파견했다. 미시 도미니키는 '주인이 보낸'이라는 뜻이다.

그렇지만 시간이 지나면서 국왕의 봉신이 다스리는 봉토는 세습 영지가 되었으며, 영지의 농민들도 법적으로는 영주에게 속한 존재가 아니지만 여러 형태의 종속 관계로 영주에게 매여 있었다. 경제적 관점에서 볼 때, 봉건 제도라고 알려진 이 체제는 쿠르티스curtis 곧 '장원莊園' 중심으로 짜인 농촌 지배 구조를 기초로 한다. 북부 유럽의 프랑크족 영토에서 장원 제도는 일반적인 것이었는데, 이탈리아의 정복지에서는 로마법 전통에서 유래한 관습과 사회적 기능에 맞게 변형되었다. 영주의 영지는 크게 둘로 나뉜다. 영주의 거주지를 중심으로 영주가 직접 경영하는 땅을 '파르스 도미니카pars dominica'라고 한다. 영주는 이곳에 거주하는 농민 '세르비 도미니키servi dominici(주인의 종들)'의 생계를 책임진다. 세르비 도미니키는 자기가 농사짓는 땅을 떠나거나 직업을 바꿀 자유가 없었다. 파르스 도미니카 안에는 방앗간, 빵 굽는 화덕, 식용유 압착기, 와인을 담는 통과 숙성 창고 등 식품 생산 시설이 갖춰져 있는 경우가 많았다. 또한 장인들이 영주의 거처와 가까운 구역에 살면서 영주를 위해 일했다.

영지의 나머지 부분은 '파르스 마사리키아pars massaricia'라고 했는데, 만시mansi라는 작은 구획으로 쪼개서 '세르비 카사티servi casati(오두막에 사는 종들)'라고 불린 농민들에게 경작하도록 했다. 세르비 카사티는 세르비 도미니키보다 훨씬 독립적으로 살았다. 그래도 1년에 정해진 날수만큼 의무적으로 영주의 밭에 가서 일을 해주어야 했으며, 얼마 남지 않는 자기 구획의 수확량을 쪼개어 영주에게 바쳐야 했으므로 식량 부족을 겪는 경우가 많았다. 이들 농민에게는 경작지를 늘리거나, 소출을 향상하거나 토질을 개선하려고 노력할 만한 동기가 별로 없었다. 생산량의 상당 부분을 빼앗기고 말았기 때문이다.

시간이 흐르자 유럽의 프랑크왕국은 세 부분으로 쪼개졌다. 이탈리아 땅은 북해 연안의 저지대,* 로렌, 알자스, 부르고뉴, 프로방스와 같은 관할권으로 묶였다가, 나중에는 독일에 병합되었다. 독일 왕이 신성로마제국 황제의 지위를 겸했다. 교회는 정세 변화를 틈타서 황제의 권력에서 벗어나 자율권을 확보하고자 노력했다. 그리하여 교회 권력과 세속 권력 사이에 틈이 벌어졌고, 이것이 몇 백 년 동안 지속되었다. 프랑크족이 도입한 봉건 체제는 이탈리아 북부와 중부를 지배하며 11세기까지 지속되었지만, 이탈리아 반도의 남부는 여전히 비잔틴제국의 통치를 받고 있었다.

---

* 오늘날의 네덜란드, 벨기에, 룩셈부르크, 프랑스 북부 일부와 독일 서부 일부에 걸쳐 있다.

부자와 가난한 자의 식사

도시 안팎의 농경지와 봉건 영주 치하의 농촌 마을들은 거의 자급자족 사회여서, 그 안에서 생산된 것은 대부분 그 안에서 소비되었다. 따라서 무역과 투자에 쓸 만한 잉여 자원이 거의 없었다. 화폐경제에 기반을 둔 장거리 무역은 거의 사그라져서, 사회의 가장 부유한 계층에 향신료 같은 사치품을 공급하는 정도에 그쳤다.

부유층과 귀족들은 부와 사회적 지위를 반영하는 음식과 식사 문화를 영위했다. 봉건 영주들은 작위 계승, 결혼, 승전 등 축하할 만한 중요한 일이 있으면 사교 모임을 열었고, 그런 모임에서 풍요로운 식사는 귀족사회 구성원들의 연대감을 강화하고 문화적인 일체감을 확인하는 수단이었다. 하지만 그런 연회가 날이면 날마다 열렸던 것은 아니다. 귀족의 평소 식사는 그들과 대척점에 있는 낮은 계층의 식사와 별반 다를 것이 없었다. 샤를마뉴 대제의 신하이자 역사가였던 아인하르트770년경~840년가 쓴 샤를마뉴 전기에는 이 프랑크인 황제가 상당히 절제된 식생활을 했다는 기록이 나온다.

그는 연회에서 음식에 거의 손을 대지 않았다. 특별한 경우에만 식사를 했는데 그것도 많은 손님들을 초대한 자리에 한해서였다. 매일 저녁 식사로는 구운 고기 외에 네 가지 요리만 먹었다. 구운 고기는 사냥꾼들이 잡은 짐승을 꼬챙이에 꿰어 구운 것으로, 그는 다른 어떤 음식보다도 그것을 좋아했다. ……그는 와인이나 술을 마시는 것도 매우 조심해서 저녁 식사 때석 잔 이상 마시는 경우가 드물었다. 여름에는 점심 식사 후에 과일을 먹으며 딱 한 잔 마신 다음, 옷을 벗고 두세 시간 휴식을 취했다.[35]

축연이 벌어진 때면 손님들은 알코올음료와 함께 석쇠나 화덕에서 구운 고기를 많이 먹었다. 상층 계급의 식사에서는 사냥과 사냥감이 여전히 중요한 몫을 차지하고 있었는데, 귀족들이 점점 더 많은 땅을 사유지로 만들어 울담으로 둘러막았기 때문이다. 프랑크족이 지배하는 동안 백작, 후작, 그리고 그들보다 지위가 낮은 봉신들도 왕의 별도 허락 없이 숲 지대를 독점하는 특권을 누리고 있었다. 숲 지대 사유화는 13세기에 들어서면서 더욱더 흔해졌는데, 시칠리아만이 예외였다. 뒤에서 다시 얘기하겠지만 시칠리아의 노르만족 왕들은 영토 내의 자연자원을 엄격하게 통제했다.[36] 사냥터 독점은 권력 과시용 조치이기도 하지만, 상층 계급끼리 유대를 강화하기 위해 주고받는 선물로 쓸 품목을 확보하려는 목적도 있었다. 토지 사유화는 이른바 '폭력의 귀족화'와 나란히 진행되었다. 다시 말해 귀족만이 무기를 소지할 수 있었다는 뜻이다.

와인은 발군의 지위를 회복했다. 봉건 군주들뿐 아니라 와인을 살 능력이 있는 사람들이면 누구나 와인을 좋아했다. 이 음료는 당대의 질병 치료에도 요긴하게 쓰였고 건강에 이로운 것으로 인식되었다. 일정표에 따라 정해진 음식을 먹는 방법으로 널리 알려진 식이 요법이 체계적인 의료 처방으로 제시되기도 했다. 대표적인 것이 6세기에 의사 안티무스Anthimus가 쓴 《음식에 관한 수칙》*이다.[37] 당시의 와인은 매우 독하고 품질이 좋지 않은 경우가 많았는데, 다양한 자료에 따르면 보통 물에 타서 맛을 순화하고 알코올 도수를 낮춰 마셨던 것으로 생각된다. 동시에 물도 와인을 타면 더 안전한 마실 거리가 되는 것으로 여겨졌다. 중세 초기의 포도 농사는 로마 시대에 교역을 위해 체계적으로 시행되었던 포도 농업과 비교할 바가 못 되었다. 대부분 수도원이나 도시 근교에서 이뤄졌으며, 선택할 수 있는 기술도 고작 마른 말뚝에 걸쳐서 낮은 높이로 자라게 하는 것 정도였다.[38]

농민과 하층 도시민의 식사는 어땠는지 알려주는 문헌이나 그림은 거의 없다. 하지만 지난 수십 년 동안 진척된 고고학 연구 덕분에 역사학자들이 당시 민중의 식생활을 좀 더 구체적으로 설명할 수 있게 되었다. 농민은 곡물과 콩 종류를 주식으로 했는데, 종종 갈아서 빵이나 죽으로 만들었다. 대부분의 경우 화덕은 영주의 집에 있거나 영주의 통제를 받았으므로, 귀리나 호밀로 만든 빵도 값이 비싼 편이었다. 양배추, 비트, 당근, 회향, 리크, 양파 같은 채소로는 수프를 만들었다. 수프는 냄비를 난로에 하루 종일 올려놓고 푹 졸여 만들었다. 여기에 말리거나 소금에 절인 고기 조각(주로 돼지고기)을 넣기도 했다. 신선한 고기는 사치라고 생각했다.

옛 그림 자료를 보면 당시의 돼지는 현대의 것보다 덩치가 작고 털이 많았는데, 야생종에 더 가까웠기 때문일 것이다. 이탈리아 전

---

* 원제는 *De Observatione Ciborum*.

체에서 염소와 양(이들 역시 현대 품종보다 훨씬 작았다)은 털, 젖, 치즈와 고기의 공급원으로서 중요한 가축이었다. 황소는 주로 밭일에 쓰였지만, 암소는 치즈를 만들 우유를 주는 대단히 중요한 단백질 공급원이었다. 하지만 고고학 연구에 따르면 사실 농민들도 쇠고기를 먹었고, 일하기 힘든 늙은 소만 잡은 것도 아니었다. 농민은 사냥이나 낚시도 할 수 있었다. 하지만 9세기부터 지배층이 사냥터에 울담을 두르고 사람들의 출입을 막기 시작하면서 농민이 사냥을 하기 어렵게 되었다.[39]

고고학 연구를 통해서 새롭게 발견된 증거들은 중세 사람들이 자주 오랜 기근에 시달렸다는 기존의 통념을 다시 생각해보게 한다. 물론 한 수사가 1000년 무렵에 기록한 다음과 같은 글은 혹독한 기근을 증언한다.

> 잡아먹을 수 있는 동물이나 새가 바닥나면, 굶주림에 시달린 사람들은 어쩔 수 없이 썩은 고기나, 말하기만 해도 구역질이 나는 것들을 먹으려고 했다. 어떤 이들은 죽음을 피하고자 나무뿌리나 강의 물풀까지 먹었지만, 소용이 없었다. 왜냐하면 신 자신이 아니라면, 신의 분노로부터 벗어날 방도가 없기 때문이다.[40]

빵이 없는 것으로 곧잘 표현되는 기아는 예술, 종교, 전설, 문학에서 중요한 요소로 기능했다.[41]

중세의 기아

과연 중세에는 기아가 고질적으로 만연했나? 로마제국이 무너진 뒤, 로마인 농민이나 게르만인 농민이나 식량이 부족한 시기에는 다양한 것을 식재료로 삼는 전략을 구사했다. 그들은 규칙적으로 농사도 짓고 채집 활동도 하면서, 아게르ager(경작지)와 살투스saltus(황무지)로 토지를 구분하던 로마 시대의 문화적인 인식을 지워버렸다.

 전쟁이나 사회 격변, 경작지를 잃은 경우에도, 인구가 줄고 행정 조직에 공백이 생긴 틈을 타서 가장 낮은 계층의 사람들은 가까스로 생존이 가능한 정도로나마 어렵지 않게 음식을 구할 수 있었다. 농경 기술이 아예 안정적인 투자나 기술 개량, 효율적인 체계를 요구하지 않는 수준까지 퇴보하자, 지주들은 소유지를 울타리로 둘러칠 필요조차 느끼지 못했다. 그래서 일시적으로 농민들은 지주의 땅에 들어가 농사지을 땅을 개간하거나, 가축을 먹이거나, 아니면 다만 사냥이라도 할 수 있었다.

 그러나 9세기에 장원 제도가 등장하면서 영주들이 식량의 생산과 가공을 엄하게 통제할 수 있게 되었다. 영주들은 농민에게서 잉여 생산물을 빼앗아 가기 일쑤였다. 농업 생산성이 낮은 상황에서, 착취당하고 있던 농민들은 비축해둔 식량이 부족하거나 기후가 약간 바뀌거나 작황이 나쁘거나 사소한 혼란만 생겨도 식량 부족을 겪을 수 있었다. 그 결과 기근이라는 재난이 닥치지 않더라도 굶주림은 일상의 구조적 문제, 만성적인 현상이 되었다. 당시의 예술, 종교, 전설뿐만 아니라 정치 이념과 농업 생산 전략에도 굶주림은 중요한 고정 요소였다.

 물론, 어떤 상태를 식량 부족이나 기근으로 간주하느냐 하는 문화 관념은 시대와 정치적인 상황에 따라 달라졌다. 식량 공급이 불안정하고 주식이 되는 식품의 값이 치솟으면 식량 폭동이 발생한 것은 분명한 사실이지만, 식량 부족 상태가 사회적으로 용인될 만한 범위에 들어갈 경우 꼭 소요로 이어지지는 않았다. 반대로 먹고살 만한 식량이 있는데도 곧 부족해질 것이라는 인식 때문에 사회가 불안정해진 경우도 있다. 그리고 문화적 차별이나 정치적인 권력 다툼으로 식량 분배가 불공평하게 이뤄지고 있다는 인식이 팽배한 결과 분란이 일어난 경우는 더 많다.

수도원에서는 금요일과 사순절 기간, 그리고 축일 전날 금식을 하거나 육식을 삼갔다. 그러나 많은 수도 공동체에서 생선, 달걀, 밀가루 빵을 기본으로 좀 더 공들인 요리가 만들어지기 시작했다. 수도원이 관장하는 토지가 넓어지다 보니 그 안에 강이나 연못이 있는 경우도 많아져서, 민물고기가 수사들의 식탁에 더 쉽사리 오르게 되었다.

생선은 로마 시대에 이미 장례 의식에 사용되기 시작했고, 기독교에서는 초기부터 중요한 문화적 기능을 했다. 사도들이 고기잡이한 이야기부터 빵 다섯 개와 물고기 두 마리가 무한정 불어났다는 이야기까지 복음서에 나오는 중요한 일화 중 상당수가 물고기에 관한 이야기다. 초기 기독교 신자들은 물고기를 기독교도의 상징으로 삼았다. 그리스어로 '하느님의 아들이며 구원자이신 예수 그리스도 Iēsous Christos, Theou Yios, Sōter'의 첫 글자만 따서 조합하면 물고기를 의미하는 '이크티스 ichthys'가 되기 때문이다.[42]

로마제국이 무너진 뒤로 신분 고하를 막론하고 문맹률이 높아졌기 때문에, 현재로서는 중세 초기의 조리법을 알 수가 없다. 그렇지만 전혀 뜻밖의 분야, 이를테면 외교나 신앙생활 관련 문헌에서 음식이나 식사에 관한 기록을 찾아볼 수 있다. 한때 비잔틴 황제 제노 재위 474~491의 궁정에서 일하다 라벤나로 와서 동고트 왕 테오도리크 재위 471~526를 섬긴 의사 안티무스가 메스에 있던 프랑크족 왕 테우데리크 1세 재위 511~534에게 편지를 보냈다. 그 편지가 바로 《음식에 관한 수칙》이다. 이 글에서는 그리스 · 로마의 세련된 음식 문화와 날고기를 먹으면서 마치 늑대처럼 행동하는 사람들의 '문명화'가

덜 된 식습관이 뚜렷이 대비되어 보인다.

따라서 앞서 이야기했듯이, 첫째로 무엇보다 건강은 잘 익혀 소화하기 좋은 음식에서 오는 것입니다. 만약 누군가 "전쟁에 나갔거나 긴 여행을 하는 사람은 이런 것을 어떻게 다 지킵니까?"라고 묻는다면, 저는 이렇게 대답하겠습니다. "불이 있든 없든, 앞서 말한 것들은 꼭 지켜야 합니다." 어쩔 수 없이 고기나 다른 음식을 날것으로 먹을 수밖에 없는 상황이라면, 배부를 정도로 먹지 말고 아주 조금만 먹어야 합니다. 한마디 더 보태어 말씀드리면, 옛말에 '모든 것이 지나치면 병이 된다'고 하지 않습니까? 음주로 말할 것 같으면, 술을 마시고 말을 타거나 힘쓰는 일을 할 경우 말의 요동 때문에 곤란을 겪을 것이고, 위장은 음식을 먹을 때보다 더 힘들어질 것입니다.

그렇지만 이렇게 물을 수도 있을 것입니다. "핏기 있는 날고기를 먹는 민족이 건강한 이유는 무엇인가?" 사실 그 사람들은 전혀 건강하지 않지만 그들 스스로 치료하고 있기 때문이라고 답할 수 있습니다. 그들은 몸이 아플 때 배나 아랫배, 혹은 다른 부위를 불로 지지는데, 이것은 말이 미쳐 날뛰면서 제 몸을 불에 지지는 것과 마찬가지입니다. 한 가지 설명을 드리겠습니다. 그 사람들은 꼭 늑대처럼 한 가지 음식만 먹습니다. 사실 그들이 여러 가지 음식을 먹지 않는 것은, 가진 것이 고기와 우유뿐이기 때문입니다. 그들은 먹을 수 있는 것은 모두 먹는 셈이고, 음식 자체가 부족하기 때문에 건강한 것이라고 할 수 있습니다. 마실 것의 경우에도, 그 사람들은 마실 때도 있지만 오랫동안 아무것도 마시지 못할 때도 있습니다. 이런 부족함이 그들의 건강을 지켜주는 것으로 보입니다. 사실 다양한 음식을 즐기고, 갖가지 환락과 마실 것을 즐기는 우리도 풍요에 따른 과식을 피하기 위해 그런 태도를 본받을 필요가 있습니다. 음식을 조금만 먹는 것이 우리의 건강을 유지하는 길입니다.[43]

《성 베네딕토 수도 규칙》 제39장 '음식의 분량에 대하여'는 수도사들이 먹는 음식의 양에 대한 지침인데, 여기서 우리는 노동과 기도에 매진하던 그들의 일상생활을 엿볼 수 있다.

사람마다 허약한 부분이 다르다는 점을 감안하되 하루에 두 번, 6시와 9시의 식사 때마다 조리된 음식이 두 가지면 충분하다고 생각한다. 행여 한 가지를 먹지 못하면 다른 것으로 끼니를 채울 수 있게 하려 함이다. 그러니 두 가지 조리 음식이 모든 형제에게 넉넉히 돌아가도록 해야 한다. 준비된 음식이 과일이나 신선한 채소인 경우에는 한 가지 음식을 추가할 수 있다. 빵은 한 번에 모두 먹든지 점심과 저녁에 나눠 먹든지 하루에 1파운드면 넉넉하다. 저녁에 먹으려 한다면 1/3파운드를 떼어내서 식품 관리인에게 맡겼다가 저녁에 받는다.
그런데 특히 힘든 노동을 한 경우에는 수도원장의 재량과 권한으로 적당한 무언가를 추가할 수 있다. 다만 수도원장은 수사가 과식하여 소화불량에 걸리는 일이 없도록 무엇이든 과용을 막아야 한다. 주님께서 말씀하셨듯이 과식만큼 기독교인의 도리에 어긋나는 일이 없다. "흥청대며 먹고 마시는 일에 마음을 빼앗기지 않도록 조심하여라."•

어린아이에게는 같은 양을 줄 것이 아니라 어른보다 적은 양을 주어야 하며, 매사에 그 양에 주의하여야 한다.

그리고 허약한 사람과 병자를 제외하고는 모두가 네 발 달린 짐승의 고기를 먹지 않도록 한다.[44]

이 시기 서유럽의 조리법은 거의 구할 수 없지만, 반대로 지중해 동부 지역의 조리법에 관한 기록은 많다. 지중해 동부에서는 9세기 들어 새로운 강자가 등장해 이탈리아 반도의 정치 판도에 돌연 극적인 충격을 가했다. 그들은 이슬람 제국이었다.

동방에서 밀려든 이슬람의 물결

622년 예언자 무함마드는 아라비아 반도의 메카에서 메디나로 본거지를 옮기고, 그곳에 최초의 무슬림 공동체를 세웠다. 그가 세상을 떠난 뒤 추종자들은 경이로운 속도로 이 새로운 종교의 영역을 넓혀

• 신약성서 〈루가복음〉 21장 34절에서.

갔다. 수십 년 만에 북아프리카와 중앙아시아, 비잔틴제국의 상당 부분이 그들의 수중에 들어갔다. 이슬람 세력은 8세기 중엽이 되어 서야 서쪽에서는 프랑크족, 동쪽에서는 중국인들에게 막혀 그칠 줄 모르던 확장을 멈추었다. 이들이 에스파냐 땅 대부분과 지중해 남부 연안을 장악한 뒤인 827년, 오늘날의 튀니지에 자리 잡은 이슬람 국가가 시칠리아와 지중해 연안의 몇몇 고을을 공격했다. 이슬람 세력은 얼마 뒤 코르시카, 사르데냐와 조그마한 섬 판텔레리아를 점령했다. 이들은 846년 로마를 포위하고, 다음에는 풀리아를 점령하고 그곳에 토후국 바리Bari를 세웠다. 그리고 멀리 프랑스 남부까지 공격을 시도했다. 902년에는 시칠리아 동해안의 도시 타오르미나를 함락함으로써 시칠리아 정복을 완수했다.

   기술적인 측면에서 봤을 때 이슬람 문명은 수로를 통한 관개 시설과 하수 시설을 이용하는 집약적인 농경 방식을 도입, 확산했다. 덕분에 수확량이 늘어났으며, 멀리서 온 외래 작물이 쉽게 뿌리내릴 수 있었다. 무슬림이 새로운 작물과 기술을 도입해 서유럽의 농업이 되살아나는 데 실질적으로 기여했는가 하는 것은 최근 논쟁의 대상이 되고 있다. 이들이 도입한 것들 중 일부는 사실 과거 이 지역에도 있었으나 소실되고 말았던 것이었다.[45]

   어쨌거나 무슬림이 중앙아시아에서 대서양에 이르는 넓은 지역을 장악했기에 다양한 농사 기술과 식재료, 요리와 조리 양식이 수월하게 전파되었다는 데에는 의심할 여지가 별로 없다. 예를 들면 시칠리아에 가지, 시금치, 석류, 아몬드, 쌀, 사프란, 인디고 같은 작물이

들어왔고, 사탕수수도 재배되면서 설탕 생산이 이뤄졌다.[46] 레몬과 신 오렌지(단 오렌지는 훨씬 뒤인 16세기에 도입되었다), '루미에lumie'라는 이름으로 불리던 라임 역시 시칠리아의 경관을 이루는 중요한 요소가 되었다.

그렇지만 이들 작물의 상당수는 이탈리아 본토로 퍼져나가지 않았다. 이런 작물을 재배하는 데는 선진 농업 기술이 필요해서 당시 장원을 기반으로 한 본토의 농업 생산 체제에는 잘 맞지 않았을 뿐 아니라, 흔히 이들 작물 자체가 너무 '이교도적'인 것으로 여겨졌기 때문이다.

새 무슬림 이주민들은 서아시아의 옛 비잔틴 영토에 남아 있던 고대 지중해식 농원의 전통을 되살려 놓았다. 최소한 시칠리아에서는 그렇다. 이슬람 문화권 안에서는 농사 기술과 작물, 식품의 유통이 활발하게 이뤄졌다. 예를 들면 당시의 아라비아 요리책에서 시칠리아산 치즈가 이용된 경우를 볼 수 있다.[47]

이슬람 제국의 도시에는 고유한 조리 양식과 식사 관습이 생겨났다. 이 세련된 문화는 11세기와 12세기의 십자군 원정 기간에 우악스러운 기독교도 기사들에게 깊은 인상을 주었다. 식사는 커다란 쟁반에 담아서 작은 받침대로 받쳐 나르며, 손으로 집어 먹는다. 숟가락이나 나이프는 음식의 모양새, 특히 장식과 색깔을 중시하는 상층 계급만 사용했다. 이들이 특히 선호하는 색깔은 금색, 흰색, 녹색이었다.[48]

아마 정결을 강조한 코란의 가르침 때문이겠지만 음식 장만 과정에서 냄새와 향이 대단히 중요할 뿐만 아니라, 그 음식을 함께 나누는 사람들도 반드시 말끔하고 깨끗한 상태여야 한다는 점이 이슬람 문화의 또 다른 특징이다(이 점은 서양인들을 무척 당혹스럽게 했다).

조리법에 관해서 말하자면, 이슬람 요리는 다양한 음식 문화의 만남이 빚어낸 산물이었다. 지중해산 재료를 사용하는 것은 아랍과 비잔틴의 문화이고, 기름에 튀긴 고기를 선호하는 것과 고기 요리에 과일과 견과류(아몬드 포함)가 함께 나오고 쌀을 먹는 것 등은 페르시아의 영향을 받은 것이다.[49]

설탕이 풍부했으므로 당과류와 페이스트리 만드는 기술이 높은 수준에 다다랐다. 발효하지 않은 과일 즙에 설탕을 넣은 샤르바트 sharbat라는 음료에는 얼음을 넣어 마시곤 했는데, 이것이 두말할 것도 없이 현대 셔벗의 원조다. 또한 아몬드 가루와 설탕을 섞어서 마지팬marzipan•을 만들기도 했다. 과일 사탕을 만드는 기술이나 설탕으로 장식물을 만드는 기술이 서서히 지중해 연안에 퍼져나갔고, 이탈리아를 거쳐서 마침내 전 유럽에 알려졌다.

이슬람 세계는 다양한 인종을 포괄하면서도 강력한 문화적 동질성을 유지하며 경제적으로 통합되었다. 그래서 지중해에서 인도양, 동남아시아, 동아프리카로 이어진 교역로를 따라 상업이 융성했다.[50] 무슬림 상인들 덕분에 인도산 향신료(후추), 스리랑카산 향신료(계피)와 저 머나먼 말루쿠 제도산 향신료(정향과 육두구)가 서유럽의 기독교 왕국에까지 도달했다. 이들 향신료는 유럽에서 사치품으로 취급되었고, 의학과 식이요법 이론에서 상당히 중시되었다.

• 아몬드 가루와 설탕을 반죽해 굳힌 것으로, 그냥 먹기도 하고 과자나 케이크 위에 씌우는 장식으로도 사용한다.

바실리카타 지방 마테라 인근에 있는 트리카리코의 계단식 밭. 비탈이 심한 지리 조건과 강우량이 적은 기후 조건에 맞춰 무슬림 이주민이 조성한 것이다.

무슬림 치하에서 시칠리아는 활기찬 상업 네트워크의 일부분이 되었다. 기독교인과 유대인은 이른바 딤미dhimmi(피보호민)*로 분류되었다. 이들은 자신의 신앙을 지킬 수 있었고, 무슬림 통치하에 있는 지중해의 주요 도시에서 많은 기독교인과 유대인이 상인이나 수공업자로 일했다. 유대인 사회의 조리 기술이나 재료, 맛에 대한 감각 등은 이슬람 권역이라는 환경의 영향을 많이 받았다. 이렇게 형성된 유대인 사회의 음식은 훗날 '세파르디Sephardi **음식'으로 알려지게 되었다.

팔레르모는 지중해 서부에서 가장 중요한 문화·경제 허브가 되었으며, 무수한 이슬람 문화 요소가 이 지역의 전통 요리에 흡수되었다. 과일 사탕과 마지팬, 셔벗이 자리를 잡고, 페이스트리에 아몬드·피스타치오·건포도·대추야자 같은 말린 견과류나 과일을 넣게 되었다. 오늘날에도 짭짜름한 요리에 잣과 건포도를 넣는다든지 전반적으로 설탕과 벌꿀을 즐겨 사용하는 등 새콤달콤한 조리법이 시칠리아 요리의 특징이다. 여러 가지 채소를 곁들여 새콤달콤하게 양념한 가지 조림 카포나타, 잣·건포도·레몬 껍질 등을 정어리로 동그랗게 말아서 구운 사르데 아 베카피코sarde a beccafico, 그리고 성요셉 축일에 벌꿀에 푹 적셔 먹는 음식인 튀긴 스핀치sfinci(시칠리아식 도넛) 등이 그 예다.

---

* 딤미 제도는 속국민이 이슬람의 지배를 인정하고 인두세와 토지세를 내면, 추방될 염려 없이 자기 신앙을 지키며 안전하게 살 수 있도록 한 것이다. 그러나 기본적으로 무슬림과 비무슬림의 차별을 전제로 한 제도이기에, 기독교인과 유대인을 박해하는 수단으로 악용되기도 했다.
** 세파르디는 에스파냐와 포르투갈에 정착한 유대인을 가리키는 말이다.

마지팬으로 만든 과일 모양 사탕과자, 프루타 디 마르토라나 Frutta di Martorana. 무슬림이 시칠리아를 지배한 기간에 들어온 것으로 추정되는 기술이다.

북쪽에서 온 새 물결, 노르만족

무슬림 치하에서 시칠리아에 도입되었던 작물과 음식 문화는 최소한 노르만족이 들어올 때까지 남아 있었다. 노르만족은 11세기에 이 섬을 침공했다. 이들 새 이주민은 전사戰士이자 뱃사람인 바이킹의 후예로, 900년 무렵 프랑스 북부의 노르망디 지방에 정착했다. '노르망디'라는 이름도 '노르만족'에서 유래한 것이다. 이들은 기독교도로 개종한 뒤, 1066년 헤이스팅스 전투에서 잉글랜드인들을 이기고 브리튼 섬을 정복했다. 프랑스 북부에 뿌리내린 노르만족 전사들은 유럽 전역에서 용병으로 활약했다. 그들의 무대에는 남부 이탈리아도 포함되어 있었고, 그들은 그곳에서 지중해 연안의 풍요를 목격했다.

사실 무슬림의 뒤를 이어 유럽을 휩쓴 사람들은 노르만족뿐만 아니었다. 동유럽의 초원 지대를 건너와 판노니아(오늘날의 헝가리)에 정착한 헝가리인들이 포 강 유역 평원과 토스카나의 아펜니노 산맥 일대로 쳐들어와 쑥대밭을 만들었다. 그들의 공격은 프랑크족 지배 구조의 잔재를 뒤흔들었다. '좋은 사람들'이라는 뜻인 '보니 호미네스 boni homines'라고 불린 사람들이 나서 주민들을 통솔하며 침입자들에게 맞서기 시작했다. 보니 호미네스가 그 지역의 백작인 경우도 있어서, 이들이 통솔하는 농업 지역을 '콘타도 contado'라고 했다. 콘타도는 '백작의 땅'이라는 뜻인데, 이 말에서 '농민'을 뜻하는 이탈리아어 '콘타디노 contadino'가 나왔다. 나중에 이탈리아 중부와 북부의 도시 지역이 특별한 면책권을 누리며 봉건 제후들로부터 다양한 수준의 자치권을 얻어내는 사이, 차츰 '콘타도'는 '시골'을 의미하는 말로 변해갔다.

보니 호미네스가 주로 하는 일은 성채, 성벽, 성루와 성탑을 세우는 일이었다. 이런 방어용 건축물이 점차 언덕 꼭대기에 자리 잡은 도시의 핵심 요소가 되었으며, 오늘날에도 관광객을 끌어들이는 요인이 되고 있다. 민가들도 외부의 공격에 방어하기 좋도록 서로 바싹 붙여서 지었다. 교외에 흩어져 뚝뚝 떨어져 살던 많은 농민이 요새화한 시내로 거주지를 옮겼고, 농사일은 시내의 집과 들판의 밭을 오가며 출퇴근하는 형태로 변했다.[51] 게다가 버려져 있던 땅의 상당 부분이 말라리아가 창궐하는 습지로 변해버린 까닭에, 언덕 꼭대기의 주거 환경이 더 건강에 좋았다.

이탈리아 반도 북부의 정치 지형이 급격히 바뀌는 사이, 나폴리 남쪽 살레르노에 자리 잡은 몇몇 노르만 가문이 무슬림의 침략에 대비해 살레르노 시를 지키는 용병으로 고용되었다. 얼마 후 이들은 복무의 대가로 아베르사, 멜피, 카푸아를 봉토로 받았다. 곧 이들은 이슬람과 비잔틴제국에 맞서 교황을 지키는 역할을 맡았다. 이들 중 오트빌의 로베르와 그의 동생 로제르(루지에로 1세)가 시칠리아에서 무슬림 세력을 몰아냈다(1091년). 로제르의 아들 루지에로 2세 1095~1154는 비잔틴제국의 식민지였던 풀리아, 바실리카타, 칼라브리아 지방과 랑고바르드족의 영토였던 베네벤토 지방, 그리고 그때까지 각기 다른 정도로 자치권을 누리고 있었던 도시 살레르노, 아말피, 나폴리까지 지배권을 넓혔다. 1130년 루지에로 2세는 이탈리아 남부와 시칠리아 섬을 영토로 하는 시칠리아왕국의 왕이 되었다.

카스텔 델 몬테. 시칠리아 왕이자 신성로마제국 황제였던 프리드리히 2세가 풀리아 지방의 안드리아 인근에 세운 요새로, 노르만 군사력의 남부 이탈리아 지배를 상징한다.

그리스인, 아랍인, 게르만인과 로마-게르만인의 후손 등 다양한 인구 집단을 다스려야 했던 노르만인 왕들은 예식이나 정치, 관료 체제에 비잔틴의 요소를 많이 받아들였다.[52] 그들은 상당히 중앙집권적인 정치 체제를 구축하고, 그리스인과 아랍인을 관리로 채용하는 한편, 노르만족이 북유럽에서 받아들였던 봉건 제도의 원리나 방식도 적용했다. 노르만인 통치자들은 광대한 영지를 직접 다스렸으며, 특히 상업과 농업에 대한 과세에 집착했다. 생산량은 전반적으로 감소했다. 정복 전쟁이 거듭되고, 관개 시설의 유지 보수가 이뤄지지 않으며, 시칠리아에서 무슬림 농민이 추방된 탓이었다.[53]

때때로 이 지역에서 가장 중요한 작물인 밀을 현지 주민이 구하지 못하는 경우도 발생했는데, 이는 유럽 전체의 인구가 증가하면서 (이에 대해서는 다음 장에서 다룰 예정이다) 더 높은 값을 받을 수 있는 지역으로 밀을 내다 팔았기 때문이다. 오트빌 가의 왕들은 남부 이탈리아, 특히 시칠리아가 지중해 교역망에서 차지하는 위치를 잃지 않도록 외국인 상인에게 세금 감면 조치를 취해주었다.[54] 그렇지만 식량 부족 사태가 발생하면 왕은 모든 수출을 금지하고, 필요한 곳에 밀을 보냈다. 노르만 왕조에 이어 1268년 남부 이탈리아를 지배하게 된 앙주 왕가도 이 제도를 물려받아 확대했다.

노르만인 왕들은 소금 생산이나 참치잡이 같은 중요한 사업에 대해 독점적인 통제권을 쥐고 있었다. 수도원이나 교회는 종종 중요한 면세 대상 토지를 기증받았고, 심지어는 왕실 소유 목초지도 무상으로 사용할 수 있었다. 그들이 방목하는 양 떼가 왕실 소유지를 넘나

드는 것은 꽤 골칫거리였다.[55]

이리하여 이탈리아의 북부와 남부는 전혀 다른 정치권력 아래에 놓이게 되었고 경제 구조도 판이하게 발전해서, 그 결과가 이후의 역사에 오래도록 이어졌다. 게르만족의 로마제국 침투로부터 마지막으로 북유럽에서 노르만족이 쳐들어오기까지 긴 세월 동안 이탈리아 음식의 역사는 근본적인 변화를 겪었다. 먼 곳에서 이주해 와서 매우 다른 관습에 따라 살아간 사람들은 지중해식 농업과 작물에 심대한 영향을 끼쳤다.

이주, 전쟁, 기근, 전염병으로 말미암아 인구가 감소하면서 경작지의 면적도 줄고, 상당한 토지가 야생으로 돌아가서 때로는 숲으로 변모했다. 또한 게르만 이주민들이 품고 있던 자연관自然觀이 받아들여져 사냥, 고기잡이, 나물 캐기와 열매 따기 같은 채집 활동이 문화적으로 높이 평가되기 시작했다. 농업을 인간이 자연을 지배하는 가장 훌륭한 방식으로 생각했던 그리스·로마 문명에서는 등한시되던 것들이다.

새로이 이주민의 물결이 들이칠 때마다 새로운 식품과 관습과 기술이 도입되면서 식습관 역시 변화했다. 그 결과 형성된 다채로운 모자이크가 온전히 모습을 드러낸 12세기에는 농업 혁신이 이뤄지고, 인구가 증가하고, 시장경제가 부활하고, 새로운 정치·사회 구조가 만들어졌다. 이것이 이탈리아 역사에서 가장 세련되고 창조적이며 독특한 시대인 르네상스 시대의 초석이 되었다.

신성로마제국 황제 프리드리히 2세가 쓴 매사냥 교본 사본의 삽화, 13세기

3장

이탈리아의 재탄생

로마제국의 영광과 방종이 사그라진 뒤로 12세기 들어서 비로소 이 탈리아 반도는 다시금 세계의 문화를 선도하는 동력 기관이 되었다. 잦은 전란과 이방 민족의 침입, 사회 불안, 횡행하는 음모로 정치적 분열이 심해지는 가운데서도 이탈리아 도시들의 생산과 교역은 놀라운 성장을 보였고, 사회적으로 계층 상승의 기회도 많았다. 이런 급격한 변화가 예술과 문화에 반영되어 이른바 르네상스*를 꽃피우게 된다.

* 르네상스(Renaissance)는 프랑스어로 '다시 태어남'을 뜻한다.

농업의 도약

제노바, 피사, 아말피, 베네치아처럼 비잔틴제국으로부터 실질적인 독립을 누리고 있던 해안 도시국가들은 해양 공화국으로도 알려져 있다. 도시의 농업 생산성이 그리 높지 않은 탓에 부가가치가 높은 와인이나 올리브유 교역에 집중하는 전략을 선택했기 때문이었다. 십자군운동 기간 기독교 국가들이 무슬림 치하에 있는 성지를 향해 군사 원정을 감행하자, 이탈리아 해안의 이 교역 허브 도시들은 유럽과 지중해의 이슬람 권역 사이에서 중개자 역할을 맡았다.

가장 급진적인 변화는 북부와 중부에서 일어났다. 이들 지역은 아직도 명목상 신성로마제국의 영토로서 프랑크족의 후예인 독일 황제의 지배하에 있었다. 이탈리아 도시들은 몇 백 년 동안 이어졌던 쇠퇴기에서 벗어나 '코무네 comune'•라고 하는 시민의 자발적인 협의 기구를 기초로 하는 정치 체제를 세우면서 자치를 추진하기 시작했다. 상인이나 수공업자, 그리고 교외 농촌 지역에서 지내던 하급 영주들까지 시민 활동이 활발한 도시로 거처를 옮겼다.

돈이 잘 돌기 시작하니 지주들에게 도시 지배층이 경영하는 상업이나 금융 사업에 투자할 동기가 생겼다. 투자가 활발해지자 이번에는 은행이나, 자본의 장거리 이동을 가능하게 하는 신용장과 같은 제도가 발달했다. 북적거리는 시장은 다시 한 번 도시 생활의 중심이 되어 교외의 잉여 생산물을 끌어들이고 농업의 기술 혁신을 촉진

• 복수형으로 통틀어 말할 때는 '코무니(comuni)'.

Fabio Parasecoli 제공

이탈리아 중부 도시 아레초의 대광장. 코무네 자치가 이뤄지는 도시에서 광장은 문화·정치 활동의 중심 공간이었다.

했다. 이들 도시에서 상업 활동은 조세 수입의 근간이 되었다. 이제 식품의 품질을 효율적으로 통제하는 장치, 그리고 모든 종류의 산물과 상품에 일관되게 적용할 수 있는 도량형을 마련하는 것이 우선 과제가 되었다.

 이 시기에는 식품을 보존하는 기술에 한계가 있었기 때문에, 농촌에서 생산된 식품 중 와인과 치즈 같은 것들만 장거리 교역망을 통해 원산지에서 멀리 떨어진 지역까지 명성을 떨칠 수 있었다. 1350년 즈음 조반니 보카치오1313~1375가 이탈리아어로 쓴 유명한 소설집 《데카메론》에도 파르미자노 레자노 치즈가 나온다.[1] 이 책에서 보카치오는 가상의 나라인 영원히 풍요로운 땅 '벤고디'에 산처럼 쌓인 파르미자노 치즈 가루 더미에서 엄청나게 많은 마카로니와 라비올리*가 굴러 내리는 모습을 묘사했다.[2]

이러한 환상은 양식이 떨어질 걱정이 없는 삶을 바라는 마음을 드러내는 것이므로, 한편으로는 당시에 식량 부족 현상이 보편적인 관심사였음을 나타낸다. 다른 한편으로는 중부와 북부 이탈리아에서 획기적인 변화의 결과로 나타난 새로운 먹을거리와 음식 문화를 보여준다.

중부와 북부 농민들은 도시 주변의 버려졌던 땅에서 숲을 없애고, 늪을 메우고, 물을 빼고, 흙을 일구어 광활한 지역을 농토로 바꿔나갔다. 늘어난 인구만큼 커진 식량 수요를 감당하려면, 지방 영주들의 관습적인 통제에서 벗어나 농사지을 땅을 넓히는 것이 근본적인 해결책이었을 것이다. 그런데 이 시기에 대대적인 삼림 파괴가 진행되는 한편 전에는 개방되어 있던 농지가 울타리로 막히면서, 누구나 마음껏 숲과 들을 돌아다니며 나물과 열매를 채집할 수가 없게 되었다. 가축을 먹일 숲이나 풀밭을 찾기도 어려워졌다. 따라서 소

---

* 만두 모양 파스타. 원형이나 사각형으로 자른 얇은 반죽에 고기, 치즈, 채소 등으로 만든 소를 넣고, 삶거나 기름에 익혀서 먹는다.

사육 두수는 크게 늘지 않았고, 비료로 쓸 가축 분뇨도 귀했다.[3] 일부 영주들은 자신의 영지, 특히 물을 빼낼 필요가 있는 늪지대 근처에 수도원을 짓도록 함으로써 토지의 생산성을 높이려고 했다. 수사들은 이동 방목을 비롯해 대규모 목축업을 재건하는 데 크게 기여했다. 이동 방목이란 계절에 따라 대대적으로 가축을 이동시키는 목축 방식을 의미한다. 겨울에는 양 떼를 따뜻한 남쪽 평원에 보내고, 여름에는 기후가 선선하고 풀이 많은 중부의 언덕 많은 땅으로 보내는 것이다.[4] 수도원들은 지주나 지방 영주들에게서 수시로 토지를 기증받으면서 자연스럽게 그 규모와 권력을 키웠다. 이제 수도원의 영지는 고용된 노동자들이 경작하게 되었고, 수사들은 농산물 생산과 거래를 감독했다. 수사들은 여전히 금식 기간을 준수하고 상층 계급에 비해 채소와 과일의 비중이 높은 식생활을 했지만, 수도원의 식사는 갈수록 풍요롭고 다양해졌다.

여러 도시에서 주위 지역, 특히 지나친 삼림 파괴로 토양이 황폐해진 언덕땅을 복구, 관리하는 사업을 조직적으로 추진했다.[5] 건축용 목재와 땔감에 대한 수요가 늘어 언덕 비탈의 나무는 베어냈지만, 공유지에는 밤나무나 올리브나무를 심곤 했다. 아펜니노 산맥 일대에서는 특히 식량 부족 사태가 닥쳤을 때 밤을 갈아 소로 쓰는 등 다양한 방식으로 활용했다. 보통 언덕의 비탈면을 따라 아래쪽으로 밭을 갈았는데, 바다가 가까운 지역에서는 파도가 토양을 깎아내면 토양이 깎인 곳에 파도가 더 거세게 부딪혀 토양 침식을 가속화할 위험성이 있었다. 토스카나와 리구리아 해안, 아말피 해안, 시칠

안드레아 만테냐, 〈감람산에서 기도하는 예수〉, 1459. 베로나 산 체노 성당 제단화. 이 그림은 언덕 꼭대기에 도시가 있고, 그 아래 비탈에 농경지가 조성되어 있는 풍경을 보여준다.

아펜니노 산맥 부근에서 특히 식량이 부족한 시기에는 밤 가루를 다양하게 활용해 먹었다.

리아 일부에서 그렇게 토양 침식 현상이 발생하자 농민들은 둑(칠리오니ciglioni)을 쌓거나 계단식 경작지 테라체terrazze를 만들고 올리브 나무와 포도, 감귤류를 심었다. 도시에서는 물을 안정되게 공급하기 위해 관개 수로를 파고 강둑을 유지 보수하기 시작했다. 그리하여 포 강 유역에서는 운송과 교역에도 수로를 활용하는 경우가 많아지고, 효율적인 물레방아식 제분소도 널리 보급되었다.

농업 생산성을 근본적으로 높인 것은 기술 혁신이었다. 예전의 격년 휴경 방식(한 해 경작한 토지는 이듬해에 묵히는 방식)을 대신해 삼모작 농경이 도입되었다. 가을 작물(밀)을 거두고 나면 봄 작물(콩, 보리, 호밀)을 심고, 그다음에는 한 철 묵히면서 그 자리에 허브가 자라도록 하는 방식이다. 금속 관련 기술이 진보하고 철을 구하기 쉬워지자, 대장장이들은 볏* 달린 대형 쟁기 같은 혁신적인 연장을 만들어 냈다. 이와 함께 소의 머리 쪽에 장착하는 멍에가 도입되자 밭을 가는 황소들이 숨쉬기가 한결 편해져서 있는 힘껏 쟁기를 끌 수 있게 되었고, 이 또한 생산성의 향상으로 이어졌다. 도시 인근에서나 시골에서나 지주와 수도원 소유 포도밭이 보편적인 풍경을 이루었다. 그렇지만 농촌의 생산성 향상이 언제나 농민의 생활 조건 개선으로 이어진 것은 아니었다. 전통적인 봉건 영주의 지배에서 해방된 농민들이 이제는 점점 도시 지배층에 예속되었다. 다만 이들의 관계는 전통이 아니라, 효율성을 높이고 거래를 촉진하기 위해 계약에 따라 경제적·법률적 의무를 지는 관계였다. 도시에서 배제된 농촌 사람들은 여전히 호밀, 귀리, 보리처럼 소출이 적은 곡물을 생산해서 소비하고 있었다.

도시와 가까운 개간지에서는 주로 밀 농사를 지었고, 덕분에 시내의 빵 소비가 증가했다. 도시 당국에서는 밀 공급 안정을 위해 곧잘 밀의 거래를 규제하거나 세금을 부과했다.[6] 베네치아에서는 일찌감치 1228년에 밀가루 창고를 세웠고, 피렌체에서는 1284년에 곡물 공급과 판매를 관장하는 기관인 세이 델 비아도Sei del Biado를 설립했다.[7] 밀을 구하기가 수월해지면서 도시에서 생파스타와 건조 파스타 소비가 늘어났다. 생파스타는 관습적으로 무른밀**로 만드는데, 흔

---

* 쟁기의 보습(삽처럼 생긴 부분) 위에 비스듬히 덧댄 쇠판으로, 보습이 파낸 흙덩어리를 한쪽으로 넘기는 기능을 한다.
** 연질(軟質) 밀. 낟알 속 부분이 쉽게 부스러지고 글루텐 함량이 적어서 케이크나 과자를 만들기에 알맞다.

히 반죽을 밀대로 밀어 얇고 넓적하게 편 모양으로, '라자냐lasagna'라고 불렸다. 그런데 이것은 고대 그리스 시대에 이미 '라가논laganon'이라는 이름으로 알려졌던 것으로, 지중해 연안에서 무척 역사가 오랜 식품이다. 지배층 집안에서는 고용 요리사가 직접 생파스타를 만들기도 했지만, 대개 전문 상점에서 만들어 지역민에게 판매했다. 건조 파스타는 '트리tri'나 '트리아tria'라고 불렸는데 이는 9세기 시리아와 아랍의 의학 문헌에 나오는 '이트리이야itriyya'라는 낱말이 와전된 것으로서 그리스어 '이트리온itrion'에서 파생된 것으로 추정된다. 이트리온은 2세기에 활동한 그리스인 의학자 갈레노스가 처방에 사용한 기록이 있다. 훗날 트리아는 '작은 벌레들'을 뜻하는 '베르미첼리vermicelli'*라는 이름을 얻게 되었다. 사르데냐의 피데오스fideos와 리구리아의 피델리fidelli는 모두 아랍어 '피다우스fidaws'에서 나왔는데, 베르미첼리와 비슷한 모양이거나 쌀알처럼 생긴 파스타다.

건조 파스타는 장거리 교역 상품으로 생산되었다. 시칠리아는 광대한 듀럼밀** 경작지가 있고, 지중해 한복판에 위치하기 때문에 파스타 교역에 최적인 장소였다. 12세기 시칠리아에서는 팔레르모에서 멀지 않은 곳에서 이트리이야 파스타를 생산해서 배편으로 칼라브리아와 그 밖의 기독교인 지역에 수출했다. 시칠리아의 파스타 사업은 노르만 왕 루지에로 2세재위 1130~1154의 궁정에서 일했던 무슬림 지리학자 알이드리시가 남긴 기록에도 언급된다. 훗날 제노바와

● 보통 스파게티보다 가는 면 파스타.
●● 굳은밀(경질밀)의 일종으로 마카로니와 스파게티를 만들 때 사용하는 품종.

나폴리가 파스타 교역의 중심지로 떠오르게 되지만, 14세기까지 시칠리아의 경쟁 상대는 사르데냐뿐이었다. 당시 아라곤왕국의 지배를 받고 있었던 사르데냐는 대대적으로 듀럼밀을 재배해서 '오브라 데 파스타obra de pasta'라는 품목으로 교역을 했다. 오브라 데 파스타는 이 지역 세관 관리들이 상품으로 수출되는 파스타를 통칭했던 말이다.

당대의 조리법에 건조 파스타는 거의 나타나지 않는다. 기록된 조리법은 주로 귀족의 식탁에서 경쟁을 벌이던 요리들에 관한 것이기 때문이다. 당시 상층 계급에서는 신선하고 상하기 쉬운 식품을 선호했다. 그런 식품이 말리거나 소금에 절인 식품보다 더 바람직하고 자신들의 사회적인 지위에 걸맞은 것으로 인식했던 것이다. 또한 귀족들은 자신이 원하면 언제든지 생파스타를 만들어줄 요리사를 고용할 수 있었고, 그런 요리사를 고용하는 것을 부와 지위의 상징으로 여겼다. 하지만 건조 파스타는 아라곤 왕궁의 보관 식품 목록에도 있었고, 부유한 도시 주민들도 건조 파스타를 먹었다.[8]

도시 문화와 세련된 식사

도시가 급성장하는 가운데 음식 관련 직업이 점차 전문화하면서 규제의 대상이 되어갔다. 수공업자들은 자신들의 지위 향상을 위해 조합(이탈리아어로 아르티arti 또는 코르포라치오니corporazioni)을 조직해서, 지방정부의 엄격한 관리 아래 제품의 표준을 세우고 생산 공정을 정립했다. 조합원으로 가입하려면 오랜 도제徒弟 생활을 거쳐야 했는데, 일단 조합원이 되면 조합이 고용을 보장하고, 사고가 났을 경우에도 적극 지원해주었다. 조합 가입 절차가 엄격한 데는 아무나 쉽게 그 직업을 가질 수 없도록 함으로써 자신들이 하는 일의 가치를 높게 유지하려는 목적도 있었다.

밀 제분사와 제빵사는 가장 존경받는 직업에 속했다. 제빵사는 고객이나, 화덕 소유자(마지막에 빵을 굽는 일은 화덕 주인이 했다)가 제공한 밀가루로 빵과 케이크를 빚었다. 피아첸차의 제빵사들은 아주 높은 대우를 받았다. 지역 성당의 기둥 하나를 사서 그 기둥머리에 자신들이 일하는 모습을 조각해 넣을 정도였다. 한때 거의 범죄자 취급을 받았던 술집 주인이나 푸주한도 조합을 조직할 수 있었다. 푸주한과 훈제품 제조인, 치즈 생산자는 작업 과정에서 발생하는 나쁜 냄새나 오물이 시내에 퍼지지 않도록 도시 외곽에서 작업을 하는 경우가 많았다.⁹ 푸주한은 골치 아픈 부산물을 라르다롤리lardaroli(라르도● 장인)나 살라롤리salaroli(소시지 장인) 같은, 내장을 취급하는 수공업자에게 넘겼다. 술집 주인들은 여행자에게 와인, 빵, 치즈 등(요리한 음식을 파는 경우는 드물었다)을 팔아 짭짤한 수익을 올렸다.

농업 소출이 늘면서 먹을거리가 많아진 데다가 교역이 확대되고 수공업도 발달하자, 이탈리아 전역의 요리·식사 습관이 바뀌었다. 귀족과 도시의 상층 계급은 귀한 재료로 만든 음식을 차린, 세련되

● 돼지비계를 소금, 허브와 향신료로 간해서 굳혀 숙성시킨 것. 빵 사이에 끼워 먹는다.

고 우아한 연회를 자주 열 수 있었다. 이상적인 귀족 전사란 엄청나게 많은 음식을 먹어치워서 자신의 육체적인 기량과 부, 사회적 지위를 드러내야 한다는 생각은 이제 시대에 뒤떨어진 것이 되었다. 대신 식단과 식탁 예절이 사회적인 지위를 드러내는 징표가 되었다. 공식적인 자리에서 손님들은 주인이 미리 정해져 있지 않은 대접, 굽 달린 잔, 1인용 나무 쟁반들을 같이 썼고, 덩어리 음식은 얇게 썬 빵조각이나 나무 받침에 얹혀 나왔다. 수프나 소스가 나올 때는 숟가락이 제공되었다. 손님은 손가락으로 음식을 집어 먹고, 식탁을 장식하는 새로운 요소로 등장한 식탁보에 손가락을 닦았다. 손가락을 입으로 빠는 것, 요리 접시에서 일단 집어 든 음식을 도로 내려놓는 것, 식탁 가까이에서 침을 뱉는 것 등은 예의에 어긋난 행동으로 간주되었다. 와인은 모든 식탁에 올랐던 듯한데, 가격과 품질, 원산지와 명성에 따라 그 사회적 지위와 마시는 사람의 계급이 달라졌다. 의학적으로나 관습적으로나 와인은 나이, 계절, 장소를 불문하고 누구에게나 유익한 것으로 여겨졌다. 병을 예방하거나 치료하는 기능이 있으며, 체액 이론에서는 '뜨거운' 성질이 있어서 소화를 촉진하고 혈액을 생성한다고 했다.

고급 요리에는 계피나 생강, 후추 같은 값비싼 향신료를 첨가하는 경우가 많았다. 십자군운동이 전개되면서 지중해 동부 연안의 문물을 접할 기회가 많아지자, 이국적인 분위기와 식재료에 대한 관심이 다시 불붙었다. 사프란은 음식에 황금색을 입혔으며, 당시 향신료로 여겨졌던 설탕은 많은 조리법에 화려하고 풍부한 맛을 더했다.

향신료를 찾는 모험

중세 말기부터 이탈리아의 요리책에는 사치품으로 간주되는 각종 향신료가 두드러지게 등장한다. 인도(후추)나 스리랑카(계피), 향신료제도Spice Islands라는 별명까지 얻은 머나먼 말루크 제도(정향과 육두구) 같은 곳에서 이슬람 통치자가 지배하는 무역 항로를 거쳐 지중해와 서유럽의 기독교 국가로 들어오는 것들이었다. 15세기에 에스파냐와 포르투갈에서 무어인들이 밀려날 즈음, 금과 노예 무역, 그리고 베네치아를 비롯한 몇몇 항구로 조금씩 들어오는 값비싼 향신료 무역은 이집트의 맘루크와 오스만제국이 독점하고 있었다. 무어인 추방을 계기로 포르투갈인들은 이 상황을 타파하기로 작정했다. 포르투갈 왕 두아르트의 동생인 항해왕 엔히크1394~1460가 탐험 계획을 이끌었다.

마데이라 제도(1420년대), 카나리아 제도(1430년대), 아조레스 제도(1440년대)의 식민지화는 설탕이나 바나나 같은 구세계의 작물이 대서양 세계에 도입되는 계기가 되었다. 포르투갈은 세네갈과 아프리카 서쪽 대서양의 카보베르데 제도에 무역 기지를 건설하고, 1487년 마침내 희망봉을 돌아 인도양의 무역 항로에 모습을 드러냈다. 그들은 인도양에 식민지를 건설하지 않고, 모잠비크의 해안 도시, 홍해 어귀에 위치한 아덴, 페르시아 만의 호르무즈 섬, 그리고 오늘날의 말레이시아 서해안에 위치한 믈라카까지 중요한 항구를 차지하는 쪽을 선택했다. 나아가 포르투갈인들은 중국과 직접 교역하고자 마카오에 기지를 건설하고, 나가사키를 개항, 최초로 일본의 통상 관문을 열었다.

이러한 포르투갈의 도전으로 16세기 초 베네치아의 향신료 교역은 잠시 위축되었지만, 그 후에 다시 지중해 항로로 향신료가 흘러들었다. 이는 얼마간 인도 주재 포르투갈 관리들이 홍해와 페르시아 만을 효율적으로 통제하지 못한 데 기인한다. 베네치아인들은 바스라와 바그다드의 대상隊商(카라반)이 낙타에 상품을 싣고서

르네상스 시대에 매우 값비싼 향신료였던 육두구

이집트의 알렉산드리아와 시리아의 알레포까지 간다는 데 주목했다. 베네치아인들이 이들을 통해 많은 향신료, 특히 후추를 수입하면서 유럽의 향신료 소비도 큰 폭으로 증가했다.

부유한 사람들의 식탁에는 사냥으로 얻은 고기도 가금류, 돼지고기, 양고기와 나란히 올려졌다. 고기는 흔히 끓는 물에 먼저 삶고 나서 팬에 올리거나 꼬챙이에 꿰어 구웠다. 의학 이론에 따르면 채소와 콩은 차고 습기 찬 성질이 있어 귀족들의 연약한 위장에는 지나치게 부담이 되는 음식이었다. 또한 땅에서 가까운 곳에서 자라기 때문에 낮은 계층에 더 어울리는 것으로 여겼다. 그러나 뒤에서 다시 얘기하겠지만 이탈리아의 상층 계급은 먹는 것에 별로 거리낌이 없었던 것으로 보인다. 가금류는 상층 계급의 세련된 미각에 적합한 음식이었다. 귀족은 더 가볍고 공들여 만든 음식을 먹어야 하는 반면, 노동자나 촌사람은 검은 빵이나 야생 식물처럼 부담스러운 음식을 소화할 수 있다고 믿었다. 개개인의 신체는 신이 무한한 지혜로 정해놓은 우주의 질서를 반영하므로 식사도 세계의 신성한 질서에 따라야 하는데, 이 질서에는 사회 구조와 계급도 포함되었다. 식습관도 경제적인 이유에 따라 형성된 것이 아니라, 영적인 본성을 반영해 타고난 본능의 표출로 해석했다.[10]

맛은 체액 이론에 따라 분류되는 음식의 특성이 반영된 것이기 때문에, 식사를 즐기는 데에도 중요하지만 먹는 사람의 건강을 위해서도 중요한 것이었다. 왜냐하면 사람이 즐겁게 먹은 음식은 쉽게 소화하기 때문이었다. 그래서 단맛, 쓴맛, 짠맛, 신맛 외에도 톡 쏘는 맛, 느끼한 맛, 향신료를 넣어 맵싸한 맛과 정체불명의 '폰티쿠스 ponticus'라는 맛도 음식의 풍미를 표현하는 말로 쓰였다.[11]

이탈리아에서 중세 말엽에 처음 요리책이 나온 것은 우연이 아니라 농업의 도약, 도시 생활의 확대와 더불어 음식에 대한 상층 계급의 사고방식과 소비 습관에 심대한 변화가 생겼기 때문이었다. 우리가 아는 첫 번째 요리책은 13세기 말에 라틴어로 쓰인 《리베르 데 코퀴나Liber de coquina》●로, 나폴리 앙주 왕가의 궁정에서 쓰인 것으로 추정된다. 당시에는 읽고 쓸 줄 아는 사람이 드물었기 때문에 책은 상당히 귀한 물건이었으며, 그 책에 실린 조리법들이 상류 사회의 요리 방식이기 때문이다. 이는 이 책이 교육을 많이 받은 독자, 아마 스스로 요리를 골라서 요리사들에게 만들라고 지시를 내릴 만한 귀족이나 요리에 관심이 많은 사람을 위해서 쓰였다는 의미다. 《리베르 데 코퀴나》에는 지방색이 드러나는 먹을거리도 등장하는데, 제노바산産 트리아나 로마식 양배추 요리 등이 그것이다. 이 책에서는 다른 나라로부터 기원한 이국적인 요리도 언급한다. 이는 조리법과 함께 요리사들이 유럽을 돌면서 궁정을 옮겨 다녔음을 나타낸다. 이 책에는 채소 조리법도 있는데, 채소는 유럽의 다른 지역에서 귀족들로부터 업신여김을 받던 것이었다. 많은 요리사가 하층 계급 출신이면서 상층 계급을 위해서 요리를 만든 만큼, 값비싼 향신료와 세련된 조리 방식을 써서 고급스럽게 만들어내면 채소 요리도 상층 계급에 먹힐 수 있었음을 보여준다.

14세기 말까지 지역 방언이나 이탈리아어로 쓴 다양한 요리책이 나왔다. 그중 하나가 베네치아 방언으로 쓴 저자 불명의 《리브로 페

● '요리책'이라는 뜻.

르 쿠오코*Libro per cuoco*》다. 제목은 '요리사를 위한 책'이라는 뜻이다. 지방 토착어로 쓴 이 책에서는 재료, 비용, 조리 시간, 필요한 도구 같은 것들을 조리법에 구체적으로 제시해놓았기 때문에, 글을 읽을 줄 아는 전문 요리사를 위해 쓴 책으로 추정된다. 요리사가 글을 읽을 줄 안다는 것은 그들의 사회적 지위도 높아졌음을 가리킨다.

라틴어가 아닌 통속 이탈리아어로 쓴 요리책들이 주로 토스카나에서 출판되었다. 통속 이탈리아어는 현대 표준 이탈리아어의 선조가 되는 언어다. 토스카나에서 통속 이탈리아어로 출판된 요리책 중 《식탐 많은 열두 신사*XII gentili bomini giotissimi*》는 부르주아 상류층을 위한 요리책으로 추정된다. 14세기 말 내지 15세기 초에 쓰인 《리브로 델라 코치나*Libro della cocina*》*는 라틴어 요리책 《리베르 데 코퀴나》에서 많은 부분을 옮겨 왔지만 상당 부분을 채소 요리에 할애했다. 이 책의 조리법 두 가지를 다음 쪽에 옮긴다. 이 책은 전문 요리사를 고용할 만큼 넉넉한 집안을 대상 독자로 삼았음을 알 수 있다. 두 가지 요리 모두 보는 즐거움을 선사하는 만큼 공식 연회용 요리인 듯하다.

* 《리베르 데 코퀴나》와 마찬가지로 '요리책'이라는 뜻.

《리브로 델라 코치나》의 조리법 I

공작 속 채우기

머리 부분의 깃털만 남겨놓고 공작의 껍질을 벗겨낸다. 기름기가 너무 많지 않은 돼지고기를 공작고기 일부와 함께 찧어서 다진다. 계피와 육두구, 그리고 좋아하는 향신료도 잘 빻는다. 이것을 달걀흰자와 고기에 조심스럽게 섞어 넣고, 힘껏 두드린다. 이때 달걀노른자는 따로 놓아둔다. 향신료 섞은 다진 고기로 공작의 속을 꽉 채우고 나서, 겉에 돼지 내장막 기름(돼지의 내장을 감싸고 있는, 레이스 같은 흰색 '그물')을 입히고 나무 꼬챙이에 끼운다. 이것을 따뜻한 물이 든 솥에 넣고 약한 불에 익힌다. 부피가 조금 줄었을 때 꺼내, 꼬챙이에 꿴 채 불에 굽거나 석쇠에 올려 구우면서 아까 남겨둔 달걀노른자를 붓으로 발라준다. 이때 노른자를 모두 사용하지 말고 미트볼을 만들 때 쓸 정도는 남겨둔다. 미트볼을 만들려면 신선한 돼지 허릿살을 칼로 잘게 다져서 세게 두드린다. 이 고기에 달걀노른자와 향신료를 섞어서, 양손바닥으로 작은 공처럼 만든다. 노른자에 이 공을 굴려서 색깔을 입히고, 끓는 물에 넣어 삶는다. 삶은 다음 꺼내 불에 올려 굽고 달걀노른자와 깃털로 장식할 수도 있다. 미트볼을 공작 속에 집어넣거나 내장막 기름 아래 둘 수도 있다. 조리가 끝나면 깃털이 그대로 붙어 있는 공작 껍질을 다시 입혀 상에 올린다.

《리브로 델라 코치나》의 조리법 Ⅱ

송어 파이

(밀가루와 따뜻한 물로) 약간 단단한 밀반죽을 만들어 이것을 송어 모양이나 둥근 모양으로 빚는다. 송어의 내장을 발라내고 비늘을 벗겨 깨끗이 씻은 다음 소금을 치고, 빚어둔 밀반죽 위에 올려서, 미리 갈아둔 향신료를 뿌리고, 그 위에 식용유와 사프란을 두른다. 송어 모양에 맞춰 반죽의 가장자리를 마무르고, 양쪽 끝은 마치 배의 이물과 고물처럼 뿔 모양으로 만든다. 반죽 양끝이나 가운데에 작은 구멍을 낸다. 이것을 화덕이나 테스티testi(뜨거운 돌) 사이에 넣고 익힌다. 잘 익었을 때 여기에 장미수나 오렌지 주스, 또는 치트란골레citrangole(오렌지의 변종으로 오렌지보다 맛이 강하며, 의학적인 효과가 있는 것으로 알려졌다) 주스를 붓는다. 1년 중 고기를 먹을 수 있는 기간에는 식용유 대신 라드(돼지비계)를 녹여 사용할 수도 있다. 또한 송어 대신 정어리, 멸치, 노랑촉수 등 다른 생선을 사용할 수도 있다.

위기, 그리고 회복

경제·사회의 성숙은 이탈리아 전역으로 확산되지 않았다. 아직 노르만 왕국의 통치하에 있었던 남부 이탈리아에서는 정치적 자치나 과감한 경제 사업이 허용되지 않았고, 전문적인 노동력 부족으로 상업적인 농업도 쇠퇴한 상태였다. 13세기 들어 복잡한 왕위 계승 다툼 끝에 호엔슈타우펜 왕조의 프리드리히 2세가 시칠리아왕국의 왕재위 1198~1250과 신성로마제국 황제재위 1220~1250를 겸하게 되었다.●
프리드리히 2세는 남부 이탈리아의 인디고와 설탕 농법을 개량하고 오렌지, 가지, 아몬드 같은 일반적인 작물의 생산도 늘리고자 했다. 그는 점점 줄어가는 영토 내 무슬림을 등용하고, 다른 무슬림 국가로부터 전문 농사꾼을 수입했다. 그러나 프리드리히 2세가 세상을 떠나자, 그가 상업 작물 생산의 활성화를 위해 시도했던 일들이 모두 중단되었다. 14세기 말에 가서야 외국 상인들의 투자 덕분에 남부 이탈리아의 상업 작물 생산이 다시 활기를 띨 수 있었다.[12]

프리드리히 2세는 상거래에 대한 통제를 강화했다. 연대기 작가 산제르마노의 리카르도1170 이전~1243 이후가 남긴 기록에 따르면 프리드리히 2세는 1232년에 위법 행위에 관한 칙령을 선포했다. 이에 따르면 암퇘지와 어린 돼지를 맞바꾸는 것, 이미 죽은 동물의 고기나 부패한 음식을 판매하는 것, 상할 염려가 있는 음식을 오랫동안

● 1194년 루지에로 2세의 딸 콘스탄체가 독일 왕 하인리히 6세와 결혼한 뒤로 시칠리아왕국은 독일 호엔슈타우펜 왕가의 지배를 받게 되었다. 프리드리히 2세는 콘스탄체 공주와 하인리히 6세의 아들이다.

보관하는 것, 와인에 물을 타는 것 등이 범죄 행위에 포함되었다. 이 칙령을 위반한 혐의로 체포된 상인은 벌금으로 금 1온스를 물어야 하고, 순례자에게 이러한 범죄를 저지르면 2온스를 물어야 했다. 또한 두 번째로 위반할 때는 한 손을 자르고, 세 번째로 위반한 경우에는 교수형에 처해졌다.[13] 이 칙령은 당시에 널리 퍼져 있던, 상인과 시장에 대한 불신을 반영한다. 그리고 지방에서 용인되는 관행이나 특권을 단속하고 도시 생활과 상업 활동까지 직접 다스리겠다는 강력한 의지를 표명한 것이다.

1268년 프랑스 국왕 루이 8세의 아들인 앙주의 샤를(이탈리아식 이름은 카를로)이 나폴리와 시칠리아의 대권을 거머쥐었다. 시칠리아왕국과 신성로마제국의 통합 왕권에 위협을 느낀 교황의 지원 덕분이었다.● 이로써 이탈리아 남부에서 노르만인의 통치가 막을 내렸다. 이탈리아 남부의 유대인들은 집단 개종을 강요당했지만 일부는 비밀리에 문화·종교적 전통을 지켰고, 나머지는 지중해 동부 연안으로 이주했다.[14] 나폴리에서 앙주 가의 통치는 15세기 중반까지 지속되었으나 시칠리아에서는 오래 이어지지 못했다. 1282년 시칠리아의 지방 귀족들이 그들을 축출하고, 대신 에스파냐 아라곤왕국의 국왕을 자신들의 군주로 선택했기 때문이다.

13세기가 지난 뒤, 2세기 동안 유럽과 이탈리아의 발전을 이끌었

● 이탈리아에서 호엔슈타우펜 왕조를 몰아내려 했던 교황 클레멘스 4세는 1266년 프랑스의 앙주 백작 샤를에게 남부 이탈리아에 대한 지배권을 위임했고, 샤를은 프리드리히 2세의 서자 만프레디, 손자 콘라딘과 2년여에 걸쳐 전쟁을 벌인 끝에 시칠리아 왕위에 올랐다.

던 경제 성장과 인구 증가세가 수그러들었다. 날씨가 추워지고 강수량이 늘면서 잦은 기근이 닥친 데다, 지중해 동부 연안을 휩쓸었던 페스트가 1347년 이탈리아를 강타해 수백만 명이 목숨을 잃었기 때문이다. 경작지와 마을 전체가 통째로 버려졌다. 특히 도시 내부는 인구 밀도가 높고 환경이 비위생적이었기에 전염병에 취약했다. 인구가 급감하자 곡물 수요 역시 뚝 떨어졌으며, 이는 밀 값의 폭락으로 이어졌다. 롬바르디아 지방이 유일한 예외였다. 그곳의 농업은 안정을 유지했지만, 전염병 유행이 끝나갈 무렵 지주들은 값싼 노동력을 구하기가 매우 어려워졌다. 많은 생존자들이 죽은 사람들이 남긴 농지를 점유하고, 더 높은 급료를 요구하며 메차드리아mezzadria라는 소작 형태를 발전시켰다. 특히 토스카나를 비롯한 중부 이탈리아에서는 농민이 직접 소와 농기구를 소유했다.

그러나 남부 이탈리아는 여전히 봉건적인 제도가 지배하고 있었다. 프랑스인·에스파냐인 영주들은 토착 귀족과 결탁해서 왕의 통치를 교묘히 피해 갔다. 이들은 공동 경작지를 울담으로 막아 '사유지'로 만들고, 그 안에서 양 떼를 길렀다. 당시 양모 수요가 급증했기 때문이다.[15] 북부 이탈리아에서는 가축을 일정한 목장에서 기른 반면, 중부와 남부 이탈리아에서는 이동 방목이 더욱 확산되었다. 아라곤 왕재위 1416~1458이자 시칠리아와 나폴리의 왕재위 1442~1458인 알폰소 1세*는

---

* 아라곤 왕으로서는 알폰소 5세라고 한다. 나폴리왕국의 조반나 2세(재위 1414~1435)에게 후계자로 지명된 뒤 복잡한 왕위 계승 전쟁을 치른 끝에 1442년 6월 나폴리에 입성, 그 이듬해에는 아예 궁정을 나폴리로 옮겼다. 아라곤 왕으로서 본래 지배하고 있던 시칠리아 섬과 나폴리왕국을 통일한 셈이다.

1447년 먼저 루체라에, 그리고 이어서 포자에 도가나 델레 페코레 Dogana delle pecore(말 그대로 '양에 대한 세관')를 설치하고, 풀리아 지방에서 겨울을 나는 양 떼에 대한 세금을 거둬들였다. 교황도 아그로 로마노 Agro Romano●에 비슷한 기관을 세웠다. 귀족들은 농업 개혁을 받아들일 만한 동기가 별로 없었기에, 남부의 농민들은 참담할 정도로 궁핍했다. 나폴리왕국의 군주와 교황들은 소극적으로 습지 개간과 신기술 도입을 시도하는 데 그쳤다.

전반적인 정세가 불안하고 불확실한 상황에서, 이탈리아 중부와 북부의 코무네에서는 '포테스타 potestà'라고 하는 전문 행정가를 영입했다. 그들의 임무는 도시 내의 다양한 이해관계와 파벌 사이에 균형을 잡는 것이었다. 이 방법이 통하지 않으면 다양한 형태의 자치 제도가 시행되었다. '수장 제도'를 뜻하는 시뇨리에 signorie는 누군가 권력을 장악하면 코무네가 그를 인정하는 것이다. '군주정'을 뜻하는 프린치파티 principati는 새로 등극한 지도자가 (적어도 등극 당시에는) 황제나 교황 같은 상위 권력자의 대리인 신분인 경우다. 이런 과두정이나 귀족정 체제의 조짐은 일찍이 베네치아에서 나타났다. 1297년 베네치아를 통치하던 대평의회가 그 전해에 평의원이 아니었던 시민은 새로 평의원이 되지 못하게 막았다. 지배층은 콤멘다 제도를 폐지해 신참 상인의 계층 상승 기회를 원천 봉쇄하고, 국제 무역의 기회, 특히 수익성이 높은 동지중해 항로를 귀족이 독점하도록 했다.[16]

● 로마 시를 둘러싸고 펼쳐져 있는 광대한 농업 지대.

그러나 이탈리아의 많은 지역에서 귀족정 체제는 토지 경영 면에서 긍정적인 효과를 일으켰다. 농업 생산과 소출이 늘었다. 특히 포 강 유역 평원에서는 밀라노와 베네치아로 권력이 집중된 결과, 공공사업을 추진하는 데 협동이 더 잘 이뤄졌다. 그리하여 특히 위생 상태가 개선되었으며, 수로와 관개 시설이 좋아졌다. 두 도시의 통치자들은 이탈리아 반도 전체에서 기술자와 과학자를 불러들여, 자신들의 권력과 부를 과시하는 동시에 농업 수익을 증대할 수 있는 사업에 자금을 쏟아 부었다. 이렇게 해서 건설된 포 강 유역의 수로는 경작지를 바둑판 모양으로 구획 지었다. 수로의 둑에는 나무와 관목을 심었고, 포도 덩굴이 이 나무줄기에서 저 나무줄기로 뻗어나갔다.[17] '피안타타piantata'라고 불리는 이러한 풍경이 널리 퍼진 것은, 비잔틴제국에서 남부 이탈리아를 통해 들어온 뽕나무의 확산과 궤를 같이한다.[18] 뽕나무가 퍼지면서 실크 산업이 성장했고, 이 산업은 오늘날에도 이 지역에서 중요한 위치를 차지한다. 15세기 들어 향상된 물 관리 체제는 벼농사의 확대로 이어졌다. 이 모든 것이 북부 이탈리아의 지방 정치권력이 관여한 결과였다. 체계적인 가축 사육, 치즈 가공, 그리고 천연 비료인 동물의 분뇨 수거 작업과 맞물려서 작물을 돌려짓기하는 근대적인 농장들이 세워졌다. 경작지의 토양을 비옥하게 하면서 가축의 먹이도 되는 자주개자리(알팔파), 세인포인,• 클로버 같은 식물도 이때 도입해 심기 시작했다.

• 콩과 식물로, 주로 동물의 사료로 사용된다.

Doran Ricks 제공

베네치아 상인들은 동부 지중해를 통한 향신료 무역으로 부를 쌓았다. 베네치아의 화려한 건물들은 당시의 풍요를 보여준다.

불안한 정세 속에 꽃핀 르네상스

군주정이나 수장 체제하의 도시와 왕국들은 저마다 외교와 권모술수를 통해 이웃 지역들을 희생해가며 확장을 시도했기 때문에, 빈번하게 전쟁에 휩싸였다. 프랑스나 에스파냐 같은 외국 세력은 이런 상황을 활용해서 이탈리아 반도에 대한 자신들의 영향력을 확대하려 했기에, 때때로 대규모 군대를 파견해서 파괴를 자행하며 혼란을 일으켰다. 이렇듯 정세 불안이 오래 이어졌는데도 14세기에 이탈리아는 고전 그리스·로마 예술을 재발견하며 심대한 문화적 변화를 경험했다. 전통적인 교회의 가르침보다 세속의 문학과 철학을 더 중요시하고, 역사와 자연 속 인간의 역할을 전반적으로 재평가하게 되었다. 또한 이탈리아 여러 도시의 통치자들(교황을 포함해서)이 후원한 덕분에 예술이 꽃을 피웠다. 통치자들은 앞다투어 최고의 예술가를 궁정에 채용하는 것으로 자신의 위엄을 과시했다.

당시에는 도시나 왕국마다 나름의 사법 체제와 상업 체계가 있었고 통화와 도량형도 제각각이었다. 이런 상황은 여전히 가뭄과 기근, 전쟁의 영향 아래 있던 상품들이 시장을 도는 데 걸림돌이 되었지만, 한편으로 이런 상황에서 사람들은 타지에서 생산된 상품을 구할 기회를 더욱 선망하게 되었다. 어떤 상품은 경우에 따라서 진기한 물건으로 취급되어 사회적 지위를 과시하는 수단이 되기도 했다.[19] 북부와 중부의 도시들은 과시적인 소비 행태를 부추기는 진원지였다.

도시의 시장은 관습과 취향과 사회관계를 조율하는 중요한 공공

장소였다. 상품 공급 통로의 붕괴는 사회 불안을 유발하기 때문에 정치적인 면에서도 시장은 매우 중요했다. 시장은 위험할 정도는 아니라 해도 도덕적으로 문제시되는 장소이기도 했는데, 그곳에 술집과 매음굴이 있다는 것이 그 한 가지 이유였다. 그래서 양갓집 여성이 혼자서 장을 본다든지 이곳저곳 물건을 기웃거리는 것은 적절하지 못한 행실로 간주되었다.[20]

물건을 살 사람은 거리나 광장의 열린 공간에서 사람들 사이를 비집고 다녀야 하지만, 파는 사람은 상점의 판매대 뒤에서 기다리고 있는 시장의 물리적 특성은 관리나 행인이 거래 상황을 감시하기 쉬운 환경이 된다. 주랑이 달린 건물 형태를 띤 상설 시장도 있지만, 지방정부의 허가를 받고서 일정한 장소에서 며칠에 한 번씩 열리는 정기 시장도 있었다. 교외의 농민이 시내로 들어와 시장 관리에게 소정의 수수료를 지불하면 시장에 가판대나 탁자를 놓고, 아니면 바닥에 보자기를 깔고, 가져온 것을 팔 수 있었다. 수레에서 조리한 음식을 파는 노점상도 있었다. 붙박이 조리 시설과 계산대를 갖춘 가게, 술집, 여행자에게 숙박을 제공하는 여관에서도 조리 음식을 팔았다. 협잡을 막기 위해서, 국가나 도시에서는 교회와 상인 조합의 협조를 얻어 상거래 관리 체제를 조직했다.

조합은 중세에 형성된 기능과 구조를 계속 유지하면서 각종 식품 판매, 생산, 가공 분야를 지배하고 있었다. 조합에 소속된 남성 요리사들은 지배층에 고용되어, 부엌 일꾼들(대부분 여성이었다)과 함께 일했다. 일반 가정에서도 음식 준비는 여성들의 몫이었다.

성대한 궁정 요리

시장의 다채로운 풍성함은 가정생활에도 스며들었다. 몇 백 년 동안 무시되어왔던 인간 생활의 감각적인 측면이 다시 관심의 대상이 되고, 음식에 대한 사회적·심미적 평가도 달라지기 시작했다.[21] 르네상스 시대에도 연회는 상층 계급의 중요한 사교 활동이었다. 이 시기에는 음식의 질이나 요리사의 솜씨만큼이나 짜릿함, 여흥, 시각적인 화려함도 중요한 요소가 되었다.[22] 이런 요소들은 당시에 그려진 많은 회화 작품에서도 자주 표현된다. 화가들은 그림을 감상하는 사람의 시선을 사로잡는 데 치중하는 한편, 후원자의 부와 교양에도 경의를 표했던 것 같다.[23]

연회가 지나치게 화려해지는 방향으로 흐르자, 이탈리아 전역의 각 지방정부에서는 연회에서 소비되는 음식의 양과 질을 규제하고 손님의 수를 제한할 목적으로 소비제한법을 도입하고자 시도했다.[24] 부를 극단적으로 과시하는 행위는 도덕적으로 비난받을 만한 일일 뿐더러, 식량이 귀했던 시기에는 치안 유지 차원에서도 위험한 행위였다. 심지어 금식 기간(수요일, 금요일, 기독교의 여러 축일 전야)에도 엄청난 공을 들여 고급스러운 식탁을 성대하게 차린 연회가 열렸다. 소비제한법은 거듭해서 자주 발의되었는데 이는 이 법을 준수하려는 상층 계급의 의지가 약했기 때문이다.

연회는 수많은 '서비스'의 연속으로 구성되었는데, 서비스마다 몇 가지 요리가 한꺼번에 상에 올랐다. 손님들은 자기가 원하는 음식, 사실은 대개 자기 자리에서 가까이 있는 음식들을 맛볼 수 있었다.

요리의 모양도 장관이었다. 가금류 요리는 깃털을 그대로 다시 입힌 상태로, 양고기 역시 껍질을 다시 뒤집어 쓴 채로 나왔다.

흔히 이탈리아 궁정의 식사는 따뜻하게 요리한 '주방 서비스'와 가볍고 차가운 음식인 '찬장(크레덴차credenza) 서비스'가 번갈아 나오는 형식으로 진행되었다. 보통 찬장 서비스로 시작하고, 주방 서비스는 최소한 두 차례 나왔다. 첫 '서비스'로는 신선한 과일이나 올리브유와 식초로 양념한 샐러드가 나오는 경우가 많았다. 이런 음식이 미리 위장을 길들여서, 뒤따라 나올 본격적인 요리를 부담 없이 먹을 수 있도록 준비해준다고 생각했기 때문이다.

대규모 연회에는 전문 일꾼이 필요했다. 트린찬테trinciante는 식탁 옆에서 꼬챙이나 포크에 꿴 고기를 멋진 동작으로 썰어주는 사람이다. 스칼코scalco는 모든 일꾼을 총괄하는 사람으로, 주인과 의논해서 서비스의 전 과정을 지휘하면서 요리사들까지 감독했다. 찬장 서비스를 맡은 크레덴치에레credenziere, 시장을 돌면서 좋은 식재료를 구해 오는 스펜디토레spenditore가 스칼코를 도왔다.[25]

와인은 모든 계급의 사람들이 즐기는 것이었지만 연회에는 최상품만 나왔다. 보틸리에레bottigliere(영어로는 bottler)가 와인을 고르고 사들여서 음식과 짝짓는 일을 맡고, 손님에게 와인을 따라주는 일은 코피에레coppiere가 담당했다.

식사 예절에 대한 관심도 대단히 높아졌다. 이 점은 일찍이 13세기 말에 본베신 달라 리바Bonvesin da la Riva라는 평수사가 쓴 〈50가지 식탁 예절〉*이라는 시에도 잘 드러나 있다. 제목은 라틴어로 되어 있지만 내용은 이탈리아어로 쓴 이 짧은 시에서 말하는 50가지 식사 예절에는 손 씻기, 앉기 전에 예의 바르게 서서 기다리기, 식탁에 팔꿈치 올리지 않기 등이 포함되어 있다.

여덟째 예절, 신께서는 한 입에 너무 많은 양을 넣는 것과 지나치게 빠르게 먹는 것을 삼가라 하십니다. 음식을 입안에 가득 넣고 빨리 먹어치우는 탐식가는 대화에 응할 때 문제가 있을지니……
열여섯째 예절은 여러분이 재채기나 기침을 할 때 주의하는 것인데, 조심스럽게 고개를 다른 쪽으로 돌려서, 침이 식탁에 튀지 않도록 해야 합니다.
또 한 가지 예절은 교양 있는 사람들과 식사하는 자리에서 잇새에 낀 음식물을 빼내려고 손가락을 입에 넣지 않는 것입니다.[26]

예절 교본은 문학의 한 장르로 발전했고, 1528년에 외교관 발다사레 카스틸리오네Baldassarre Castiglione, 1478~1529가 펴낸 《궁정인 Cortegiano》과 1558년에 출판된 조반니 델라 카사Giovanni della Casa, 1503~1556 대주교의 《예법Galateo》에서 그 정점을 찍었다. 손님이 지나치게 음식을 탐하거나 지금 먹고 있는 음식에 관해 대놓고 이러쿵저

● 원제 *De quinquaginta curialitatibus ad mensam*.

러쿵하는 것(와인에 관해서는 예외였다)은 예의에 어긋난 행동이었다.

  손 씻는 물그릇, 냅킨과 식탁보를 사용하면서 위생 상태가 개선되었다. 공식 연회에서는 식탁보 여러 장을 겹쳐서 깔아두고, 한 코스를 마칠 때마다 한 장씩 들어냈다. 식탁은 아직 고정된 자리에 두고 쓰는 가구가 아니었다. 이동식 받침대에 두툼한 널빤지를 깔고 그 위에 음식을 올렸기 때문에, 공식적인 식당뿐만 아니라 테라스나 로지아*, 정원에서도 식사를 할 수 있었다. 개인적인 고상함을 나타내는 도구로 포크가 사용되기 시작했다. 끝이 둘로 갈라진 포크는 보통 고기를 꽂아 손님에게 잘라줄 때 쓰는 도구였는데, 15세기 들어 이탈리아 상층 계급에서 개인용 식기로 사용되기 시작했다. 화가 산드로 보티첼리1445?~1510의 1483년 작품 〈나스타조 델리 오네스티의 결혼〉에 포크를 사용하는 모습이 그려져 있다. 16세기에는 이 도구가 과일이나 설탕절임을 먹는 데에도 널리 사용되었다.[27]

  이때에도 하층 계급은 대개 나무 그릇을 사용했지만, 개인용 식기를 선호했던 부유층은 도자기 그릇을 즐겨 사용했다. 중세 말엽부터 약제사들은 약초나 향신료를 잘 보관하려고 도자기 그릇을 사용했고, 그릇 겉면에 내용물의 이름을 써두었다.[28] 르네상스 시대에는 불투명한 백색 표면에 주석 유약을 바르고 손으로 화사한 그림을 그려 넣은 아름다운 도자기가 생산되었다. 로마냐 지방의 파엔차, 아브루초 지방의 카스텔리, 움브리아의 데루타, 캄파니아의 아리아노, 풀

• 로지아(loggia)는 한쪽 벽이 트여 있는 복도를 말하는데, 트인 쪽은 대개 정원을 향해 있다.

산드로 보티첼리, 〈나스타조 델리 오네스티의 결혼〉, 1483

리아의 라테르차 등이 도자기 생산의 중심지였다.[29] 도자기 생산 기술은 이슬람 세계에서 전파된 것으로 생각된다.[30]

유리 생산 기술이 발전한 배경도 도자기와 비슷하다. 얇고, 투명하고, 모양이 독특한 유리그릇은 엘리트 계급이 바라던 바로 그것이었다.[31] 베네치아의 무라노 섬이 유리 제품 생산지로 유명해졌다.[32] 16세기부터 금속제 식탁용 그릇이 유행하기 시작해서, 벤베누토 첼리니 1500~1571 같은 금속세공 예술가들이 저마다 솜씨와 독창성을 자

르네상스 시대 도자기 생산의 중심지였던 파엔차에서 15세기 초반에 만들어진 물병

르네상스 시대의 저택 빌라 라 피에트라에 있는 리모나이아limonaia(감귤류 정원). 피렌체 소재. 르네상스 시대의 저택에는 넓은 정원이 딸려 있었고, 그곳에서 곧잘 옥외 만찬이나 여흥 행사가 열렸다.

Fabio Parasecoli 제공

랑했다. 소금 종지처럼 식탁에 비치해두는 소형 용기는 마니에리스모manierismo(영어로 매너리즘mannerism)*라는 새롭고 지능적인 양식을 나타냈다. 마니에리스모는 주로 복잡한 구성을 통해 기발한 재치를 드러냄으로써 경탄을 자아내는 예술 사조다.[33]

16세기의 이탈리아는 고급 음식에 관한 혁신과 유행의 진원지였는데, 이 역할은 17세기 전반에 에스파냐로 넘어갔다.[34] 하층 계급 음식 문화의 요소들이 궁정 요리에도 도입되었다. 이를테면 다양한 치즈(당시의 요리책에는 양젖으로 만든 페코리노, 물소 젖으로 만든 프로바투라provatura와 모차렐라, 소젖으로 만든 파르미자노, 표주박 모양 카초카발로, 사르데냐산 치즈 등이 언급되어 있다)를 광범위하게 사용했으며, 동물 내장(골, 귀, 심지어 눈까지)과 회향, 아티초크 같은 채소도 썼다. 고급스러운 식탁에는 쇠고기와 송아지 고기가 쓰였는데, 기름진 음식을 삼가야 하는 종교적 절기에는 대신 대구와 철갑상어, 캐비아 같은 해산물을 요리했다.

르네상스 시대의 유명한 요리사 바르톨로메오 스카피Bartolomeo Scappi, 1500년경~1577년의 책에 거위 간 요리 푸아그라가 언급되는데, 원래 이것은 페라라, 피에몬테, 베네토 등지의 유대인 사회에서 만들어낸 음식이다.[35] 이 시기까지도 오늘날 우리가 이탈리아라는 '나라의 요리'—특정한 민족국가의 음식 문화를 특징짓는 재료·기

---

* 마니에리스모는 르네상스 사조가 바로크 양식으로 변천하기 전에 나타난 과도기적 풍조로, 주로 고전적인 주제를 정교한 기법으로 표현한 양식이다. 점차 독창성을 잃고 표현 수단이 고착되면서, 오늘날에는 기존의 형식을 상투적으로 답습하는 경향을 의미하게 되었다. 어원은 '형식'을 의미하는 이탈리아어 '마니에라(maniera)'다.

술·음식의 총체—라고 부를 만한 것은 찾아 볼 수 없는 상태였다. 전 유럽의 지배층이 중세의 흔적이 진하게 남아 있는, 비슷비슷한 방식으로 조리된 비슷비슷한 음식들을 먹고 있었다. 달게 먹는 코스와 짭짤한 맛으로 먹는 코스가 뚜렷이 나뉘어 있지 않았고, 빵가루나 아몬드 가루와 함께 새콤한 소스 같은 양념을 듬뿍 사용했으며, 식사하는 사람들을 놀라게 할 만큼 시각적 충격을 주는 요리를 좋아했다. 그래도 이 시대에 나온 요리책들은 특정한 외국에서 기원한 요리인 경우 그 기원한 나라를 밝혀두었다. 이는 유럽 여러 나라의 궁정 요리사들끼리 기술과 발상을 교환하고 있었음을 암시한다.

한 가지 요리법이 사라지면서 새로운 요리법으로 대체되는 변천 과정을 정확하게 파악하기란 어렵다. 학자들은 1533년 피렌체의 카테리나 데 메디치가 프랑스 왕위를 계승할 앙리 2세와 결혼하면서 요리사 한 무리를 데리고 프랑스에 갔을 때부터 프랑스 요리가 이탈리아의 영향을 받아 발전하기 시작했다는 설을 두고 갑론을박하고 있다. 아마 처음 프랑스 왕궁에 소개된 것은 포크를 사용하는 것과 같은 이탈리아 식사 예절이나 신선한 채소 맛, 설탕을 써서 과자류나 잼, 과일사탕을 만드는 기술 정도로 한정되었을 것이다.[36] 또한 당시에는 설탕 조각 장식품도 유행했다. 베네치아와 제노바가 포르투갈의 새 식민지 브라질과 마데이라로부터 설탕을 수입해서 유럽 전역으로 재수출했기 때문이다.[37]

1635년의 이탈리아

건강, 섭식, 요리 교본

르네상스 시대의 지식인들은 인간이 우주와 문화의 중심이라고 강조했다. 따라서 요리도 도덕률과 건강에 관한 이론을 바탕으로 학문적인 고찰이 이뤄지는 분야가 되었다. 중세에는 묻혀 있었던 고대 그리스·로마 시대의 의학서들이 재발견되면서 이러한 관점이 도입된 것이다. 앞에서 설명한 갈레노스의 체액 이론을 비롯해 고대 문헌에 담긴 의학과 섭식 원리가 서유럽에 전해진 것은 이슬람 세계 덕분이었다. 비잔틴제국에 전해진 고대 그리스·로마의 문헌들을 네스토리우스파 난민들이 시리아어로 번역했고, 이 번역본이 다시 페르시아로 전해져 그곳의 학자들에게 받아들여졌으며, 마침내 이슬람 지식인들의 과학 담론으로 통합되었던 것이다.

아베로에스1126~1198*나 이븐 시나980~1037 같은 이슬람 저술가들이 체액 이론을 정교하게 다듬었다. 아비켄나Avicenna라는 라틴어 이름으로도 널리 알려진 이븐 시나는 다섯 권에 이르는 《카눈al Qanun》을 저술했다. 의학 백과사전으로서 권위를 인정받은 《카눈》에서 이븐 시나는 체액 이론을 재정립했고, 나중에 그 내용의 상당 부분을 도표로 정리한 '타크윔 알시하taqwim al sihha'(아랍어로 '건강 체계' 혹은 '건강의 개요'라는 뜻)가 만들어졌다. 그러고 나서 섭식에 관한 의학 정보

● 아베로에스는 라틴어 이름이고, 이슬람 세계에서는 이븐 루슈드(Ibn Rushd)라고 부른다. 12세기에 이슬람이 지배하고 있었던 에스파냐에서 활동한 의사이자 철학자다. '철학은 신학에 적대적이지 않다'는 전제를 바탕으로, 아리스토텔레스와 플라톤의 합리주의를 적용하여 이슬람 신학을 해석한 그의 철학은 르네상스 시대와 근대의 서유럽 철학에 기초를 제공했다고 할 수 있다.

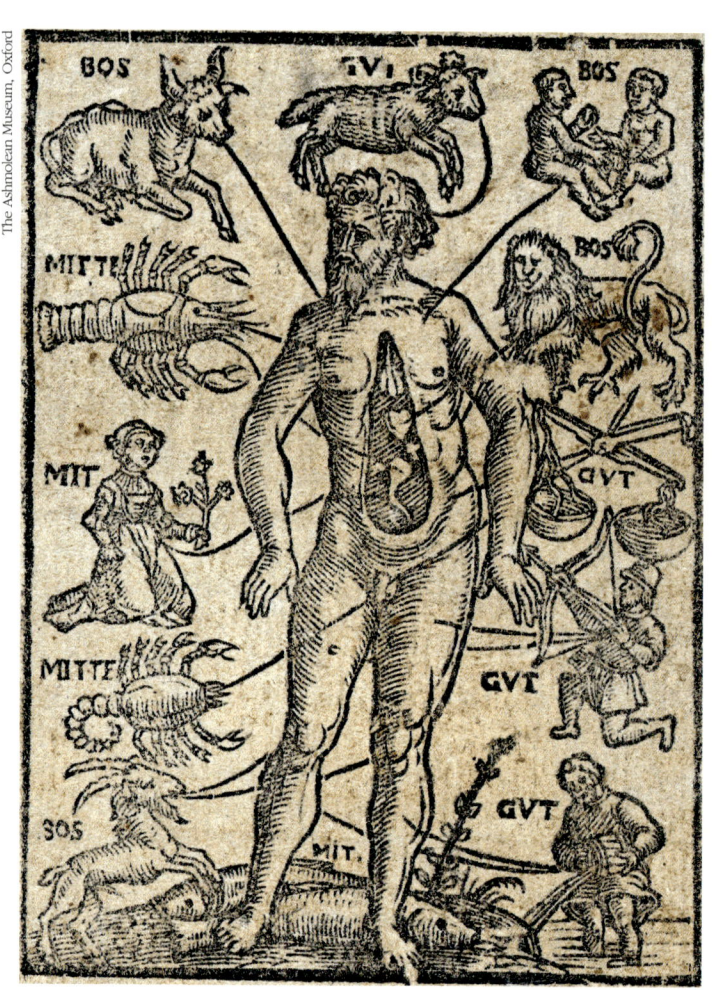

1580년 출판된 천문 역법서에 실린 황도 12궁의 인간, 호모 시뇨룸Homo signorum. 중세 말엽에는 인간을 우주의 축소판으로 생각했다.

를 전달하는 '타쿠이눔 사니타티스Tacuinum Sanitatis'라는 장르가 문필의 한 분야로 탄생했다.[38] 11세기부터 고대의 문헌이 다시 라틴어로 번역되기 시작했는데, 대표적인 것이 로마 근처 베네딕토회 몬테카시노 수도원에 있었던 콘스탄티누스 아프리카누스1020년경~1087년의 작업이다. 12세기에는 나폴리 근처 살레르노에 설립된 의학교에서 《살레르노 양생훈Regimen sanitatis Salernitanum》을 집대성했다. 이 책은 시의 형식을 빌려 쓴 섭식 지침서로, 이탈리아 전역에 체액 이론을 대중화했다. 여기에 내용 일부를 발췌해본다.

> 가장 좋은 와인은 희고 단 것이다.
> 만약 밤에 술을 너무 많이 마셔서 숙취에 시달릴 경우, 아침에 한 잔 더 마시면 그때는 약이 된다.
> 샐비어, 소금, 후추, 마늘, 와인, 파슬리로 훌륭한 소스를 만들 수 있는데, 여기에 다른 재료를 넣으면 소스를 망치게 된다.
> 식사 도중에 물만 마시면 위에 큰 부담이 되고 소화가 더뎌진다.
> 복숭아를 먹은 다음에는 호두를 먹고, 고기를 먹은 다음에는 치즈를 먹는다.[39]

실바티코Silvatico 가문은 살레르노 시 한복판에 정원을 만들고 갖가지 약용 식물을 가득 심으면서 그 약초들을 체액 이론에 따라 분류, 배치했다. 실바티코 가문의 일원인 의사 마테오는 의학교 학생

14세기 중반에 출판된 타쿠이눔 사니타티스의 한 장. 와인의 의학적 효능을 설명한다.

들에게 이 정원의 약초들을 직접 보여주며 그 이름과 특성을 가르쳤다. 이 정원이 최근에 재발견되어 본래 모습대로 복원되었다.[40]

14세기 후반에 들어서자 시인 프란체스코 페트라르카1304~1374* 같은 지성인들이 의학과 과학으로부터 종교와 교회에 예속된 철학의 영향력을 벗겨내려는 싸움에 뛰어들기 시작했다. 1347년 페스트가 창궐하자 당시 의학의 무력함이 입증되었다. 1453년 콘스탄티노플이 오스만제국에 함락되고 나서 수많은 그리스인 학자가 이탈리아로 건너왔다. 이들은 이탈리아를 휩쓸고 있던 전면적 문화 재편에 박차를 가했다. 1470년대부터 17세기 중반에 이르기까지 아주 많은 섭식 관련 서적이 출판되었는데, 이는 인쇄기의 발명 덕분이었다. 초기의 서적들은 이슬람 학자들의 저술에서 깊은 영향을 받은 것들이었으므로 대부분 법정으로 가야 할 처지에 놓였다. 그러다 그리스어 원본 자료들을 입수하게 되자, 학자들은 '절제'라는 덕목을 극찬하며 왕실과 귀족, 그리고 로마 교황청의 방만한 생활 습관을 비판하고, 종종 그들의 식습관을 '탐식'이라 단정했다. 동시에 종교개혁의 기운이 차츰 번져나가면서 사순절의 금식이나 금육재禁肉齋** 같은 가톨릭 관련 전통 문화를 잠식해 들어갔다. 레오나르도 다빈치1452~1519는 이미 소화 작용이 기계의 작용과 같은 물리 현상이라는 것을 알고 있었지만, 독립적인 과학 연구가 활발히 이뤄져서 고대로부터 전

● 프란체스코 페트라르카는 시인이자 인문주의의 서막을 연 고전학자였다. 1341년 로마의 '계관시인'이 되었으며, 최초로 중세를 '암흑시대'로 규정했다.
●● 금요일, 사순절 기간의 수요일, 대축일의 전야제 등에 육식을 금한 가톨릭교회 규칙.

해진 지혜에 대한 믿음을 뒤집기 시작한 것은 16세기 말에 이르러서 였다.[41] 벨기에의 안드레아스 베살리우스1514~1564나 이탈리아의 가브리엘레 팔로피오1523~1562 같은 학자들은 실제로 시체를 해부한 결과를 토대로, 갈레노스의 이론이 지닌 해부학적 약점을 지적했다. 또 제롤라모 카르다노1501~1576나 알레산드로 페트로니오Alessandro Petronio, 조반니 도메니코 살라Giovanni Domenico Sala 등등 수많은 학자들이 직접 관찰해서 얻은 결과를 토대로, 당시 널리 퍼져 있던 영양학 개념들을 반박했다.[42]

연회의 문화적·정치적 중요성이 커져가던 가운데 건강과 섭식에 관해 새로운 지식을 많이 얻게 된 당시의 상황을 생각하면, 요리책이 범람한 것도 그리 놀랄 만한 일이 아니다. 초기 르네상스 시대의 가장 유명한 조리법 모음서는 마에스트로 마르티노가 쓴 《요리 기법에 관한 책Liber de arte coquinaria》인데, 이 책은 1464년에서 1465년 사이에 쓰인 것으로 추정된다.[43] 필사본 다섯 권이 전해지는 이 책의 저자에 대해서는 알려진 것이 거의 없다. 특정한 지역 전통에 얽매이지 않은 것으로 보이는 마에스트로 마르티노의 책은 여러 측면에서 신기원을 이루었다. 사상 최초로 조리법을 일관성 있게 장章별로 분류해서 배치했으며, 필요한 재료, 조리 과정과 필요한 도구를 조목조목 적어놓았다. 이전에 나온 책들은 이런 종류의 정보를 영업 비밀로 인식했던 탓인지 몰라도 되도록 숨기려고 하는 경향이 있었다. 이 책은 르네상스 시대 궁정 요리가 천천히 변해갔음을 증명한다. 당시에는 귀족뿐만 아니라, 이탈리아 여러 도시에서 활발하게 공직에 진출하거나 경제 활동을 벌이던 부르주아 명사들도 세련되고 복잡한 요리를 받아들이고 있었다. 마에스트로 마르티노의 조리법들은 여전히 요리의 겉모양을 중시하는 경향과 14세기 초에 유행했던 카탈루냐 요리의 인기를 드러내는 한편, 쌀과 대추야자, 탱자, 건포도와 말린 자두 같은 재료를 사용하는 것으로 보아 아마 시칠리아를 거쳐 왔을 무슬림 요리의 영향도 나타낸다. 달게 먹는 요리와 짭짤하게 먹는 요리의 구분도 더 뚜렷해졌다.

마에스트로 마르티노의 책에서 채소와 콩도 다룬 것으로 보아 이런 종류의 신선한 식품이 지배층의 식탁에 올랐음을 알 수 있다. 마르티노는 완두콩, 누에콩, 순무, 회향, 버섯, 양배추 등을 돼지기름으로 무쳐서 맑은 고기 육수에 넣고 끓이는 '로마식' 조리법을 실었다. 또한 그는 마늘, 파슬리, 엘더*, 타임sarpillo**, 박하 등 독특한 향이 있는 허브도 폭넓게 사용했다. 당시 많은 이탈리아 도시 안에 허브와 채소를 길러 파는 채마밭과 전문 시장이 있었다는 사실은, 허브와 채소 소비량이 오늘날 권장되는 양보다 훨씬 더 많았음을 알려 준다.[44] 마르티노가 체리, 마르멜로, 말린 자두를 위한 조리법까지 소개한 것으로 보아, 지배층이 자기 소유지에서 거둔 과일을 즐겨 먹었음을 알 수 있다. 귀족 가문에서는 종종 이런 과일을 선물로 활용하기도 했는데, 자급자족이 불가능한 상황에서는 되도록 자신들이 잘 알고 신임하는 상인들에게서 식품을 사들였다.

---

* 서양딱총나무라고도 하는 관목으로, 열매로 잼, 식초, 와인, 의약품 등을 만든다.
** 서양백리향이라고도 하는 꿀풀과의 여러해살이풀로, 잎에서 강한 향이 난다.

물론 채소는 신선한 것이든 조리한 것이든 지배층의 식사에서 아주 작은 부분에 불과했다. 요리에 후추, 사프란, 생강, 계피 같은 향신료가 첨가되어야만 귀족적인 음식이 되어 손님들을 즐겁게 하고 감명을 줄 수 있었다. 역사학자 데이비드 젠틸코어는 지배층에서 허브와 채소를 애용한 것을 '역속물근성reverse snobbery'으로 정의한다.[45] 나중에 가톨릭교회의 반反종교개혁 운동이 특히 교황의 영지에서 더 엄격하게 정통 문화를 강조하는 분위기를 조성하자, 화가와 작가들은 과일과 채소를 곧잘 성적인 은유나 유머의 소재로 삼았다. 이 사실은 이들 과일과 채소가 상층 계급의 식탁에서 흔히 볼 수 있는 것이었으며 문화적으로 의미 있는 것이었음을 나타낸다.[46]

마에스트로 마르티노의 영향력은 '플라티나il Platina'라는 이름으로도 알려진 바티칸의 음식 감정가이자 사서 바르톨로메오 사키 Bartolomeo Sacchi, 1421~1481가 쓴 책 《정직한 기쁨과 건강》1474*에서 확인할 수 있다. 플라티나는 이 책을 라틴어로 써서 유럽 전역에서 명성을 얻었다. 일찍이 고전문학을 수학한 플라티나는 당대에 풍미하던 의학, 철학 이론과 새롭게 연계해서 요리의 가치를 끌어올리고, 음식과 식품의 문화적인 측면을 강조했다. 그는 요리의 즐거움에 대해 방종한 탐식과는 거리가 먼 새로운 해석을 내렸다.

"도대체 그 누가 관습의 신성함과 엄중함을 앞세워 이 감각을 삶에서 빼앗기겠는가? 건강을 지키려고 먹으면서, 육체와 영혼이 즐거

---

* 원제 *De honesta voluptate et valetudine*.

워하는 일을 원하지 않을 만큼 어리석은 사람이 어디 있겠는가?"⁴⁷

플라티나는 특히 자신에게 가장 친근한 지역인 로마, 중부 이탈리아, 포 강 유역의 향토 음식과 식재료를 자주 거론하면서 이들 식품의 특징과 원산지를 엮어 설명했다. 플라티나는 자신이 제시한 조리법이 대부분 마에스트로 마르티노의 것임을 밝히며, 그를 '요리사의 왕'이라고 칭송했다. 자신이 요리에 대해 아는 것은 모두 마르티노에게 배웠다고도 했다.⁴⁸ 플라티나가 쓴 라틴어 책은 유럽 곳곳의 여러 언어로 번역되어, 이탈리아의 궁정 요리가 그 시대 조리법의 표준이 되고 미식의 차원에서 혁신의 중심으로 떠오르는 데 크게 일조했다.

그 뒤로 수십 년 동안 이탈리아 연회의 요리, 관련 서비스와 사용되는 식기가 매우 복잡해졌다. 이러한 추세는 복잡 미묘하고 기발한 독창성을 중시하는, 당시 유행하던 예술 사조 마니에리스모의 특성을 반영한 것이다. 당시 요리책을 쓴 사람들은 대부분 스칼코scalco●였는데, 스칼코란 식사의 연출, 상차림의 구성, 서비스 순서 등을 책임지는 전문가를 가리킨다. 이 시기에 인쇄술의 발달로 말미암아 유례가 없을 정도로 많은 요리책이 출판되어, 기술적인 정보와 미학을 전파했다. 《연회, 요리의 구성과 전반적인 준비》1549●●를 쓴 크리스토포로 메시스부고Cristoforo di Messisbugo와 《유일무이한 원칙》1560●●●의 저자 도메니코 로몰리Domenico Romoli는, 창의적이고 다양한 서비

● 복수형으로 통틀어 말할 때는 스칼키(scalchi)라고 한다.
●● 원제 *Banchetti, compositioni di vivande, et apparecchio generale*.
●●● 원제 *La singolar dottrina*.

스가 손님들을 매료하고 주인의 취향과 부를 빛냄으로써 연회의 격을 높인다고 예를 들어가며 설명했다. 로몰리는 여전히 설탕과 향신료를 펑펑 쓰는 중세의 잔재를 벗어나지 못했지만, 책의 한 절 전체를 일반적인 식사에 할애해서 채소를 중요하게 활용한 여러 가지 조리법을 선보였다.

메시스부고는 자신이 연출한 연회 몇 건을 상세히 설명한다. 예를 들면 1531년 9월 8일 성모 마리아 탄신 축일에 보니파초 베빌라콰는 그에게 '식탁에 식탁보 두 장을 겹쳐 깔고, 냅킨·나이프·소금 종지를 차려두고, 각 손님 앞에 꽈배기빵과 작은 마지팬 비스킷을 놓아둘 것'을 명령했다. 첫 코스는 무화과, 뱀장어 파이, 통밀로 속을 채운 '터키식' 작은 퍼프 페이스트리*와 속을 채운 달걀**이었고, 중간중간에 '이탈리아식' 작은 타르트, 도미 튀김, 강꼬치고기 꼬리, '롬바르디아식' 맑은 육수에 담근 속 채운 송아지고기와 노란 모르타델라 소시지, 브레드 타르트, 돼지 허릿살, 작은 마르멜로 파이와 달콤한 그린소스를 내놓았다. 물론 이어서 다른 코스가 뒤따라 나오며 요리사와 스칼코의 기술, 그리고 주인의 후덕함을 과시했다.[49]

바르톨로메오 스카피가 쓴 《오페라》1570***는 후기 르네상스 시대의 전형적인 요리 양식을 보여준다. 스카피는 로마에서 추기경들과 두 교황(비오 4세와 비오 5세)을 위해 요리했던 사람이다. 그는 칠면

● 넓적한 밀반죽에 유지(油脂)를 한 층 올리고, 겹겹이 접어 구운 페이스트리.
●● 삶은 달걀을 반으로 갈라 노른자를 빼내고 그 자리를 다른 재료로 채운 것.
●●● 이탈리아어로 '오페라(opera)'는 가극 음악을 가리킬 뿐만 아니라 일반적인 일 또는 작업을 의미하기도 한다.

출처: Cristoforo Messisbugo, *Banchetti, compositioni di vivande, et apparecchio generale* (Ferrara, 1549)

《연회, 요리의 구성과 전반적인 준비》에 실린 크리스토포로 메시스부고의 초상

조 같은 아메리카 대륙산 식재료를 최초로 사용한 요리사로도 유명하지만, 조리법을 꼼꼼하게 제시하고 건축물에서 영감을 얻어 식탁을 꾸미는 방식까지 가르친 이탈리아 요리의 위대한 혁신자였다.[50]

내가 오랜 경험을 통해서 이해한 바에 따르면, 제대로 시작해서 갈수록 더 나아지며 결국 최고가 되고자 하는 현명하고 사

려 깊은 요리사들은 신중한 건축가가 그러듯이 자기 일에 긍지를 품어야 한다. 건축가는 설계를 잘 한 다음 기초를 단단히 놓고 그 위에 건물을 지어, 이 세상에 유용하고도 경이로운 건물을 선사하는 것이다. 마찬가지로 요리사의 설계 역시 경험을 기초로 해서 아름답고 안정된 질서를 보여야 한다. 요리사에게는 아주 폭넓은 경험이 필요하기 때문에, 스칼코가 요리사로 일하는 것보다 요리사가 스칼코로 일하는 것이 더 쉬운 법이다.[51]

스카피는 마치 백과사전과 같은 기념비적인 저작을 남겼다. 이 책에서 스카피는 지방 토산물이든 다른 지방에서 수입된 것이든, 로마의 시장에서 구할 수 있는 다양한 식재료에 관심을 보인다. 실제로 그는 포 강 유역 평원이나 남부 이탈리아에서 기원한 것들까지 섭렵했는데, 특히 생선에 관해서는 이탈리아 반도 동해에서 잡히는 생선과 서해에서 잡히는 생선의 차이까지 서술했다.[52] 각 지방에서 가장 명성이 높은 특산물을 소개하고 각 요리를 준비하는 방법과 조리법을 설명한 이 책 덕분에 오늘날의 우리는 그 시대의 지방 요리를 두루 알아볼 수 있다.[53]

오르텐시오 란도Ortensio Lando가 쓴 《이탈리아 등지에서 가장 놀랍고 주목할 만한 것들에 대한 해설》1548*에서도 지방의 관습과 식재료에 비슷한 관심을 기울였다. 이 책은 '아람'이라는 가상의 나라에서

• 원제 *Commentario delle più notabili e mostruose cose d'Italia e d'altri luoghi*.

바르톨로메오 스카피의 《오페라》 1574년판(베네치아)에 실린 부엌 그림

온 외국인이 이탈리아를 여행하면서 발견한 것을 서술하는 형식으로 쓰여 있는데, 이탈리아 반도 각 지역의 음식을 묘사한 내용도 찾아 볼 수 있다.

주류 사회와 소수 민족의 식사

당시 지배층의 웅장한 부엌에는 구리 냄비와 주전자, 철판, 무쇠 프라이팬, 기다란 회전식 꼬챙이, 석쇠 등 수준 높고 사치스럽기까지 한 주방 도구가 즐비했다. 서민 가정에서는 그런 것들을 갖추지 못했지만, 기본적인 조리 과정은 비슷했다. 서민의 조리 방식은 땔감이 부족했던 당시의 상황에 맞게 만들어졌다. 일찍이 12세기부터 전원 풍경을 바꿔가면서 삼림을 없애고 경작지를 확대했기에, 갈수록 나무를 구하기가 어려웠다. 특히 도시에서는 정도가 더 심했다. 보통 사람들은 고기나 빵을 굽기가 어려웠기 때문에, 뭔가를 구워 먹으려면 화덕이 있는 전문 상점으로 구울 거리를 가져가야 했다. 그래서 금속 통이나 도기를 꼭 막고 잉걸불에 파묻어 찌는 것이 일반적인 조리 방식이었다. 삶거나 약한 불에 오래 끓이는 방식도 널리 쓰였는데, 이렇게 물에 넣어 익히면 요리하는 동안 재료가 타버릴 염려가 없기 때문이었다.[54] 가정에서 불을 피우는 곳은 원래 거실 한복판에 있었는데, 이 시기에 굴뚝을 연결한 벽난로가 생겼다.[55]

도시에서든 교외에서든 하층 계급의 주식은 곡물이었다. 남부 지방에서는 여전히 밀이 보편적인 곡물이었지만, 북부의 교외 지역에서는 주로 메밀 같은 곡물을 곱게 갈아 옥수숫가루나 쌀과 섞어 사용했다. 때때로 식량 부족 사태나 기근이 닥쳤을 때 지방정부는 가난한 사람을 위한 구호 식품으로 쌀을 배급했다. 점차 밀을 구하기가 수월해지자 밀가루를 반죽해 요리하는 일이 더 흔해졌다. 둥글넓적하고 찰진 반죽 두 장 사이에 온갖 재료를 끼워 넣고 벽난로의 잉걸불에 파묻은 다음 자주 재를 털어내 가며 익히는 파스티치pasticci가 대중화했다. 토르테torte와 크로스타테crostate는 파스티치와 비슷하지만, 반죽에 버터나 라드를 넣고 치대어 더 얇게 밀어서 더 맛있고 먹기에 편리하게끔 만든 것이다. 스카피는 나폴리의 토르테에 대해 두께가 반 인치도 안 되고 덮개 없이 반죽 한 장으로 만든다고 묘사했다. 오늘날 피자의 선조쯤 되는 것이다.

더 많은 반죽을 만들게 해주는 수동식 절단기와 반죽의 모양을 만들어주는 압출기를 사용하는 등 기술적인 혁신 덕분에 생파스타와 건조 파스타의 소비가 늘어났다. 판매용 파스타가 더 능률적으로 생산되고 가격이 낮아졌으며 품질도 좋아졌다. 16세기 말부터 17세기 전반기에 도시 당국이 파스타 생산에 대한 통제를 강화하면서, 라자냐리lasagnari나 베르미첼라리vermicellari로 불리던 생파스타 장인들은 제빵사 조합에서 갈라져 나와 자신들만의 직능 조합을 결성했다.[56]

버터는 모든 계급에 널리 퍼졌는데, 금육재 기간에 라드 대신 버터를 사용하는 것이 허용되었기 때문이다. 그러나 올리브유는 아주 부유한 사람들만 사용할 수 있었다. 하층민들은 양과 염소, 주로 돼지에게서 단백질을 섭취했는데, 도시민들의 경우 신선한 고기는 더 비쌌기 때문에 대개 소금에 절여 가공한 것을 먹었다.

이탈리아인은 단일 민족과는 거리가 멀다. 바로 이러한 다양성이 음식 문화에도 그대로 반영되었다. 그렇지만 소수 민족 중에서 유대인은 유난히 두드러진 존재였다. 민족이나 소속을 불문하고 누구나 기독교인이었던 세계에서 그들만은 문화가 달랐다. 유대인의 음식

문화는 서아시아의 이슬람 문화권에서 살아가던 동족과 빈번히 접촉하면서 큰 영향을 받았다. 유대인 음식의 특색을 몇 가지 꼽자면 새콤달콤한 양념, 짭짤한 요리에 잣과 건포도를 곁들이는 습관, 갖가지 재료를 잘게 썰어 튀김옷을 입혀서 기름에 튀긴 음식, 당시 많은 이탈리아인들이 위험한 것으로 생각하던 가지 같은 이국적 재료 사용(이탈리아어로 가지를 '멜란차나melanzana'라고 하는데, 이 말은 '건강에 해로운 사과'를 뜻하는 '멜라 인사나mela insana'에서 유래했다) 등이 있다.[57] 물론 유대인이라고 다 똑같지는 않다. 일반화는 불가능하다. 유대인 상층 계급은 19세기 들어서까지도 가지에 대해 심한 거부감을 가지고 있었다.[58]

1492년 에스파냐와 에스파냐의 지배를 받던 시칠리아, 사르데냐에서 추방된 유대인들이 이탈리아 반도로 들어왔다.[59] 뒤이어 종교개혁 와중에 발생한 조직적인 박해를 피해 독일의 유대인들이 밀려들었다. 새로 이주해 온 유대인들은 마르케 지방의 안코나, 로마, 베네치아에 터를 잡았다. 베네치아는 본래 유대인의 거주를 용인하지 않았지만, 1516년 유대인들을 출신지별로 나눠, 정해진 구역에 모여 살도록 하는 정책을 폈다. 그리하여 북부 유럽에서 온 유대인은 테데스키Tedeschi에, 이집트·시리아·터키에서 온 유대인은 레반티니Levantini에, 에스파냐와 포르투갈 출신은 포넨티니Ponentini에 모여 살면서 각자 나름의 음식 문화를 지켜나갔다.[60] 이들 유대인 거주 구역은 '게토ghetto'라는 이름으로 알려지게 되었는데, 이 낱말은 베네치아 방언으로 '제련하다'라는 뜻인 '제타르getar'에서 나온 것이다. 유대인 거주 구역에 주물 공장이 있었기 때문이다.

1555년에 교황 바오로 4세도 로마에 비슷한 정책을 채택했다. 로마의 유대인들은 밤에 게토 밖으로 나오지 못했고, 언제나 노란 모자를 쓰고 다녀야 했다. 1570년 아비뇽에서 추방된 유대인들은 피에몬테 지방의 도시 쿠네오로 이주해서 프랑스식 전통을 보존하며 살았다. 아드리아 해 북부에 있는 주요한 항구도시 트리에스테는 당시 합스부르크 왕국의 지배하에 있었기에, 트리에스테의 유대인 공동체가 형성한 문화에도 중부 유럽의 색채가 어려 있었다.

르네상스 시대에 이탈리아의 모든 지역에서 유대인을 박해했던 것은 아니다. 그들의 경제력을 끌어들이려고 유대인을 환영한 정치체도 많았다. 베로나, 페라라, 만토바(만토바 특산물인 호박 토르텔리 tortelli는 유대인과 관계있다), 피렌체, 그리고 무엇보다 16세기 말 토스카나 대공이 건설한 항구도시 리보르노에서 유대인 공동체가 활기차게 번성했다. 이들 지역에서 유대인들은 스스로 교역망의 중심이 되어 북아프리카, 그리스, 지중해 동부를 연결했다.[61] 본래 유대인 음식이었던, 고기나 달걀과 함께 먹는 쿠스쿠스●, 대구 튀김, 토마토 스튜는 오늘날에도 인기 있는 요리다. 토스카나의 소도시들도 유대인의 거주를 허락했는데, 그중에서 가장 흥미로운 곳이 마렘마 지방에 있는 피틸리아노Pitigliano라는 소도시다. 이 도시의 유대인 공동체는 파시스트당의 박해를 받기 전까지 존속했다. 견과류와 벌꿀로 속

● 밀가루 반죽을 손으로 비벼 만든 좁쌀 모양 파스타로, 주로 고기나 채소로 만든 스튜와 함께 먹고, 샐러드에 넣기도 한다.

토스카나에 있는 소도시 피틸리아노

© Waugsberg / CC BY-SA 3.0 Unported

Giovanni Dall'Orto 제공

베네치아의 옛 게토 지역에 있는 카셰르 빵집

을 채운 막대 모양 디저트 '스프라토 sfratto'가 그들이 남긴 유산이다. 이 디저트는 유대인들에게 강제 추방(이탈리아어 '스프라토 sfratto'는 '추방'을 뜻한다)을 통보하려고 문을 두드리는 데 쓰던 몽둥이를 연상케 한다. 이렇게 추방되어 온 유대인들이 피틸리아노에서 피난처를 찾았던 것이다.

이탈리아에서 유대 율법에 따라 정결한 '카셰르' 식단●을 지키기가 어려워지자, 랍비들은 재량을 발휘해 몇몇 여성이 의식을 갖춰 도축을 할 수 있도록 허락했다. 물론 그렇다고 해서 여성의 사회적인 역할이 변화한 것은 아니었다.[62] 유대인 인구의 수요에 따라 코셔 식품을 취급하는 전문 상점들이 생겨나고 무역이 이뤄졌다. 1579년 베네치아에서 발간된 이탈리아어-히브리어 사전《다베르 토브(제대로 말하기)》에는 수많은 음식 관련 낱말이 수록되어 있다. 이 사전에 토마토나 감자, 옥수수 등 신대륙에서 온 먹을거리의 이름이 없는 것으로 보아, 이 시기까지 유대인들은 신대륙의 산물을 받아들이지 않았다고 짐작할 수 있다. 더욱 놀라운 사실은 유대인의 전통 식품으로 여겨지는 가지나 아티초크, 시금치도 이 사전에서 찾을 수 없다는 것이다.[63]

● 카셰르는 히브리어 카슈루트(kashrut)에서 온 말로, 원래는 구약성서에 명기된 음식 관련 율법을 준수하는 것을 의미했다. "굽이 두 쪽으로 갈라지고 새김질하는 짐승은 먹을 수 있다. …… 돼지는 굽은 두 쪽으로 갈라졌지만 새김질을 하지 않으므로 너희에게 부정한 것이다"(〈레위기〉 11장, 〈신명기〉 14장)라는 구절에 따라 돼지가 배제되고, "물에서 사는 것 가운데 지느러미와 비늘이 없는 것은 너희에게 더러운 것이다"(위와 같음)라는 구절에 따라 갑각류와 조개류가 제외되었으며, "소나 양을 그 새끼와 함께 같은 날 죽이지 마라"(〈레위기〉 22장 28절)라는 구절에 따라 쇠고기와 유제품을 함께 먹는 것이 금지되었다. 훗날 여성은 도축을 하지 못하게 하는 등 다른 사회·문화적 규정이 추가되었다.

신대륙 혁명

포르투갈인들이 아프리카와 인도양을 탐험한 데 이어 에스파냐인들이 아메리카 대륙에 도달했고, 이로써 전 세계에 걸쳐 새로이 시장이 열렸다. 이탈리아의 왕국과 공국들은 식민지 건설에 직접 뛰어들지 않았지만, 이탈리아 반도의 많은 무역상이 여러 대공·제후와 채권 채무 관계로 깊숙이 얽혀 있었다(상인들이 채권자였다). 그리고 이탈리아인 항해사들이 포르투갈이나 에스파냐, 훗날에는 잉글랜드와 프랑스의 재정 지원을 받고 신천지 탐험에 나서서 큰 명성을 얻었다. 크리스토퍼 콜럼버스, 조반니 카보토(영어로는 존 캐벗), 안토니오 피가페타Antonio Pigafetta, 조반니 다 베라차노, 아메리고 베스푸치가 그들이다.

이들의 항해는 '콜럼버스의 교환Columbian Exchange'이라는 말로 통용되는 역사상 가장 큰 생태학적 변혁의 주춧돌이 되었다.[64] 수많은 농작물과 동물이 유럽에서 서반구로 이동했다. 에스파냐인과 포르투갈인들이 밀, 올리브, 포도, 양파와 양배추를 비롯한 각종 채소, 닭·돼지·소·말 같은 가축을 신대륙으로 가져갔기 때문이다. 반대 방향으로도 많은 것이 이동했다. 그때까지 알려지지 않았던 식물과 동물이 아메리카 대륙에서 유럽으로 건너왔는데, 이들은 전통적인 범주나 분류에 속하지 않았기 때문에 주로 과학적 호기심의 대상이 되었다. 새로운 작물을 이해하고 적합한 용도를 찾으려면 직접 관찰해보는 수밖에 없었고, 이로 인해 고대 문헌에 한정되어 있던 지식 기반이 뿌리째 흔들리게 되었으며, 이것이 17세기에 불어닥칠

과학혁명의 도화선이 되었다.

아메리카의 진기한 특산물 몇 가지는 일찍이 16세기에 이탈리아에 도입되었다. '인디언 닭'이라고 알려진 칠면조가 그런 경우로, 아메리카 대륙에서 가축이 된 몇 안 되는 동물이었다.[65] 그렇지만 유럽인 정착민들이 새로 만난 그곳 주민들에 대해 문화적·도덕적 우월감을 품은 탓에, 아메리카의 먹을거리를 다룬 그곳 선주민의 조리법이나 요리는 별로 대서양을 건너지 못했다. 예를 들면 유럽에서는 옥수수를 먹을 때, 당시 아메리카 선주민들에게는 일상적인 조리법이었던 닉스타말화nixtamalization 과정을 거치지 않고 그대로 먹었다. 닉스타말화란 아즈텍족의 언어인 나우아틀Nahuatl어로 '재'를 의미하는 '넥스틀리nextli'와 '옥수수 반죽'을 의미하는 '타말리tamalli'에서 유래한 말이다. 다음 장에서 자세히 보겠지만 옥수수는 필히 석회수 같은 알칼리 용액에 삶아서 껍질을 벗겨내야 하는데, 이런 요리 지식이 없었기 때문에 이탈리아 북부와 북동부에서 펠라그라병 같은 건강에 치명적인 문제가 발생했던 것이다. 당시 이탈리아 북부와 북동부에서는 옥수수가 밀을 대신해 주식으로 이용되었는데, 그 이유는 옥수수 농사에 대해서는 농민이 세금과 소작료를 낼 필요가 없었기 때문이다. 1544년에 지리학자 잠바티스타 라무시오Giambattista Ramusio가 베네치아에 옥수수가 전파된 사실을 기록했는데, 그 후 수십 년 만에 롬바르디아와 에밀리아 지방에서 옥수수 농사가 확산되었다. 옥수수는 단위 면적당 수확량이 높고 거친 토양에서도 잘 자라는 특성이 있어서 인기가 높았기에, 많은 지역에서 밀과 옥수수를 쉼 없이 돌려짓기했다.

아메리카산 콩은 급속도로 토착종을 대체해갔다. 토착종 중에서 오늘날까지 살아남은 것은 검은눈콩 black-eyed bean 하나뿐이다. 호박도 똑같은 사태를 맞았다. 훨씬 큰 아메리카 품종들이 가늘고 길쭉한 라제나리아lagenaria 종을 대체했다. 토마토와 감자 등은 도입, 정착하는 데 더 오랜 시간이 걸렸다.[66] 토마토는 일찍이 1500년대 중반에 토스카나의 메디치 궁정에 있었다는 기록이 남아 있지만, 처음에는 독이 있는 식물인 줄 알고 장식용으로만 썼다. 이탈리아에서는 토마토를 '포모도로pomodòro'라고 하는데, 이는 '황금 사과'라는 뜻이다. 아마 당시 이탈리아에 들어온 품종은 밝은 노란색을 띠었거나, 아니면 속이 무른 생과일 전체를 뭉뚱그려 '황금 사과'라고 했을 수도 있다.[67] 감자는 18세기까지 이탈리아인이 먹는 음식이 아니었다. 반면에 달고 맵싸한 고추는 빠르게 널리 받아들여졌으며, 특히 남부 이탈리아에 매운 맛을 특징으로 하는 음식이 많아졌다.

유럽인의 식습관을 바꾼 것은 아메리카에서 건너온 작물들만이 아니었다. 16세기의 마지막 10년 동안, 에스파냐와 포르투갈의 아메리카 식민지에서 금과 은이 쏟아져 들어오는 바람에 촉발된 가격 혁명이 유럽 경제를 강타했다. 귀금속으로 주조되던 화폐의 가치가 떨어지고, 그 결과 물가는 농민과 노동자의 수입 증가 속도를 훨씬 앞질러서 치솟았다. 지주 귀족들은 그동안 관습적으로 영지의 농민들에게 고정된 소작료를 받고 있었는데, 이제는 어쩔 수 없이 한창 성장하던 부르주아들에게 소유지의 일부를 팔아야만 했다. 반대로 부

Doran Ricks 제공

고추와 호박은 유럽인이 아메리카 대륙에 가서 이탈리아로 들여온 식품이다.

를 쌓아 새로이 상류층에 합류한 부르주아들이 늘어났다. 16세기 말 도시의 수공업과 상업 활동이 상대적으로 하향세를 탄 까닭에 농촌의 부동산으로 몰려가는 자본의 흐름이 더욱 빨라질 참이었다. 위기는 많은 금융업자의 투자 방향을 농업으로 돌려놓았다. 16세기가 끝나갈 무렵 물가 상승, 인구 증가, 농업 기술 혁신의 부진 등이 겹쳐 사회 불안과 광범위한 식량 위기가 도래했다. 이에 대해 역사학자 에릭 덜스텔러는 이렇게 쓴다.

> 15세기 말의 수십 년 동안 지중해 연안에서는 여섯 번에 한 번꼴로 수확을 하지 못했다. 피렌체의 경우 1375년부터 1791년까지 모두 합해서 111년에 이르는 기근을 겪었으며, 오직 16년만이 대풍년이라 할 수 있었다. 기근의 대가는 혹독했다. 1587년에서 1595년까지 거듭된 식량 부족 사태로 볼로냐의 인구는 7만 2000명에서 5만 9000명으로 격감했다.[68]

식량 부족 사태로 인한 극도의 불안감은 볼로냐의 작가 줄리오 체사레 크로체Giulio Cesare Croce의 작품에 잘 드러나 있다. 크로체는 랑고바르드 왕 알보인의 궁정에서 농부 베르톨도가 우스꽝스러운 모험을 겪는 소설(1606년작)로 더 유명한데,《못 먹는 자들의 연회 *Banchetto de'mal cibati*》1608라는 작품에서는 1590년의 기근을 다루었다. 상층 계급의 낭비 습관을 풍자하고 서민의 고통을 묘사한 작품이다. 같은 시기에 쓰인 작가 불명의 시〈기근은 나쁜 것*Mala cosa e' carestia*〉

에서도 식량 결핍의 결과를 애통한다.

> 나는 곧잘 양배추 그루터기를
> 빵 대신 먹지,
> 나는 흙구덩이를 파서
> 본 적 없는 이상한 뿌리를 찾아낸다네,
> 그걸로 우리 얼굴에 기름기가 돈다네.
> 그거라도 매일 먹을 수만 있다면,
> 그렇게 나쁘진 않을 텐데……[69]

많은 유럽 국가에서, 식량 부족 사태가 벌어지면 동시에 종교개혁 운동이 확산되고, 그 결과 사회적 긴장감이 높아졌다. 17세기부터는 이에 대한 반작용으로 가톨릭교회가 벌인 반종교개혁 운동이 이탈리아 문화에 지대한 영향을 끼쳤다.

/ 4장

분열과 통일

르네상스 시대 이탈리아에서는 영주와 왕들이 앞다투어 문학과 예술, 문화의 발달을 후원했고, 그래서인지 인간의 재능과 독창성이 역사상 그 어느 때보다 빛을 발했다. 음식 문화도 마찬가지였다. 급성장한 부르주아 계급은 금융과 상업이 만들어낸 막강한 힘에 기대어 과시적이라고 할 만한 소비 수준을 보이기에 이르렀다. 그러나 이탈리아 반도에서 지속되던 사회적 갈등과 정치적 분열은 마침내 장기간의 경제 침체를 불러왔다. 17세기에는 외부에서 온 점령자들이 이탈리아 각 지방의 식습관에 강한 흔적을 남기는 한편, 유럽에서 이탈리아 요리는 참신하고 정교한 요리의 본산이라는 지위를 잃게 되었다.

외세 치하의 이탈리아

17세기에도 이탈리아는 여전히 정치적으로 분열되어 있었다. 에스파냐는 롬바르디아와 밀라노, 사르데냐, 시칠리아, 이탈리아 반도 남부 전체로 직접 통치를 확대해나갔다. 가톨릭교회는 자신들의 권력에 도전하는 프로테스탄트의 확산을 막고자 반종교개혁 운동을 전개했는데, 이로 인해 조성된 엄혹한 분위기는 이탈리아 전역에서 르네상스의 창조적인 정신을 압살해버렸다. 전쟁, 기근, 전염병으로 말미암아 인구도 큰 폭으로 줄었다.

농업 혁신이 이뤄지지 않은데다 날씨까지 추워졌다. 추운 겨울과 습기 찬 여름이 이어졌던 이 기간을 소빙기小氷期라고 한다. 소빙기는 중세 말기에 시작되어 1650년대에 더 심해졌다.[1] 그래서 농업 생산이 침체되었지만, 인구가 줄어든 덕분에 수요도 급감해서 오히려 도시 주민들은 더 싼 값에 식료품을 구할 수 있었다. 게다가 우크라이나와 동유럽에서 수입된 물량으로 말미암아 곡물 가격이 폭락하자, 지주들—특히 이탈리아 중부와 남부의 지주들—은 포도나 쌀 같은 상업용 작물을 재배하는 데 치중하기 시작했다. 쌀 재배는 피에몬테, 롬바르디아, 베네토, 포 강 유역의 저지대로 확산되었다. 이들 지역에서는 르네상스 시대에 개간되었던 광활한 농지가 물 관리 실패로 다시 습지가 되어버렸는데, 덕분에 벼농사를 시작하기가 쉬웠다.

토스카나(마렘마와 아르노 계곡)와 로마 남쪽의 아르고 폰티노 평원●

● 이탈리아 중부 아펜니노 산맥과 서쪽 티레니아 해 사이에 펼쳐진 광활한 평원.

에도 비슷한 이유로 습지가 되어버린 땅이 많았지만, 여기서는 말라리아가 풍토병으로 자리를 잡은 지경에 이르렀기에 아예 정착 농경이 불가능했다. 이 지역에서 생산적인 활동이라고는 사냥과 낚시만 가능한 곳이 많았다.[2]

인구 감소의 그늘이 농업에 짙게 드리워진 가운데, 실크나 양모를 생산하는 전통적인 사치품 산업도 값싼 외국 상품과 경쟁하게 되었다. 북부 유럽의 섬유 산업은 도시에서 교외 지역으로 이전하면서 조합의 통제에서 벗어나, 효율성을 높이고 가격은 낮출 수 있게 되었다. 그러나 이탈리아의 제조업은 기술 진보를 따라잡기도 힘겨운 데다가 교역의 중심이 지중해에서 대서양으로 넘어간 탓에 더욱 어려움을 겪었다. 상업이 위기를 맞자 금융도 침체했다. 한편 그동안 이탈리아 각지의 통치자들에게 자금을 빌려주면서 재산을 불려왔던, 파트리치아토patriziato라고 하는 거대 금융 가문들은 상류층에 진입하고자 땅을 사들였다. 이런 움직임을 역사학자 에밀리오 세레니는 '봉토의 상품화commercialization of the fief'라고 정의했다. 이렇게 상품화한 봉토에 화려한 정원으로 둘러싸인 호사스러운 저택이 속속 들어섰는데, 이들 저택은 생산 활동과 관계없고 소유주의 부와 사회적 지위를 드러낼 뿐이었다.[3] 안드레아 팔라디오 1508~1580 같은 예술가들이 창의력을 한껏 발휘해 베네토의 유명한 저택들을 지었고, 이런 호화 저택은 18세기에 들어서도 꾸준히 그 수가 늘어났다.

에스파냐 문화의 영향이 짙어지면서, 상업과 금융업을 혐오하는 것이 귀족의 일반적인 속성처럼 되었다. 또 혈통에 집착하고 명예를 극히 중시하며, 명예가 손상되었다고 여기면 결투를 신청하는 것이 귀족의 속성이었다. 이런 성향은 장자 상속제나 신탁 유증 fedecommesso이라는 법률 제도에서도 드러났다. 장자 상속제란 모든 재산을 맏아들에게 상속하는 제도이고, 신탁 유증이란 상속 재산을 나누거나 쪼개지 못하는 제도다. 바로네barone, 복수형으로 바로니 baroni라고 하는 남부 이탈리아의 지주 귀족들은 에스파냐로부터 재정 압박을 받고 있었는데, 농업 소출을 높이기 위한 투자에는 별 관심을 기울이지 않고 대신 목축업에 치중했다. 특히 양모를 생산할 양 사육을 선호했다. 집약 농경은 도시나 마을 인근에서만 소규모 농지와 임시로 개간한 땅에서 이뤄졌고, 따라서 생산성이 그리 높지 않았다.

  이탈리아 중부와 남부에서 농업 쇠퇴를 더욱 부채질한 것은 교회의 토지 소유였다. 교회가 소유한 광대한 토지는 면세 혜택을 받았는데, 상속자가 없는 귀족들이 영지를 계속 교회에 기증했기 때문에 갈수록 더 넓어졌다. 영지에 투자도 하지 않고 관리를 제대로 하지도 않는데도, '마노모르타manomorta'라고 하는 부동산 영구 소유 원칙 때문에 교회는 교황의 특별한 허가가 없는 한 영지를 팔 수도 없었다. 게다가 맏아들이 아니라서 재산을 상속받지 못하는 귀족 자녀가 신부, 수녀가 되는 경우가 흔했기 때문에, 반종교개혁 운동이 벌어지는 동안 로마교회의 문화적·정치적 영향력이 더욱 커졌다.

  이탈리아의 프로테스탄트 운동은 사실상 진압되었지만, 발도 Waldo 파는 예외였다. 발도 파는 13세기에 피에몬테 지방의 알프스 산간으로 피난 와서, 외딴 두메산골에서 공동체를 이루어 살면서 특유한 전통 요리를 발전시켰다. 메밀을 주재료로 한 죽, 치즈와 빵을 넣은 수프('바르벳barbet'이라는 이름으로 불리는데, 이는 목사를 일컫는 지역 방언이다), 고기와 감자를 넣은 만두 칼헤타calhetta는 오늘날도 이 지역의 마을들에서 볼 수 있는 음식이다.

농산물 값이 떨어지자, 귀족과 지주들—세속 지주들과 교회 모두—은 소작인과 농민에게 소작료나 토지세 인상을 밀어붙였을 뿐만 아니라, 이미 15세기에 거의 힘을 잃다시피 한 갖가지 봉건적인 민폐—지주의 농사일을 농민이 무상으로 대신 해주는 등—를 강요했다. 이렇게 '재봉건화'가 진행되는 사이 농민들은 공동 경작지에 자유롭게 들어가서 직접 먹을 작물을 기르거나 가축을 먹이거나 땔감을 구할 수 있었던 전통적인 권리를 잃어갔다. 그러자 농촌 주민들이 대거 도시로 이동하고, 도시 빈민의 수효가 급증했다. 불안정해진 사회에 폭동 전야의 불온한 기운이 넘실거렸다. 이런 현상은 남부 이탈리아에서 특히 심각했다.

인구가 30만 명에 달했던 나폴리는 파리, 런던과 함께 유럽의 최대 도시로 꼽혔다. 나폴리왕국의 귀족 대부분은 수도에 모여 살았으므로 왕국의 각 지방에서 생산된 상품이 수도로 몰려들었다. 이 시기에 나폴리 사람들은 채소를 많이 먹었고, 특히 양배추와 브로콜리는 없어서 못 먹을 지경이라 '이파리 먹는 사람들'이라고 불리기까지 했다. 1647년 과일에 세금이 부과되자 나폴리 사람들은 거리를 메우고 시위로 응답했다. 주동자인 생선장수 톰마소 아니엘로Tommaso Aniello, 1620~1647, 일명 마사니엘로Masaniello는 봉기 직후에 암살되었지만, 봉기는 왕국의 정치에 더 큰 영향력을 행사할 기회를 엿보던 부르주아들의 지지를 받으며 농촌 지역으로 번져나갔다. 농촌의 농민들은 영주들에 맞서 반란을 일으켰다. 나폴리의 반란 세력은 공화국을 선포하고 프랑스에 도움을 청했는데…… 이뤄진 것은 없었다. 그리고 영주들은 유사한 사태의 재발을 막고자 에스파냐인 지배 세력과 더욱더 돈독한 관계를 맺었다.

사회적 긴장감은 집단 히스테리 현상으로 나타났다. 밀라노에서는 몇몇 사람들이 전염병을 퍼뜨렸다는 죄목으로 처형되었다. 당시 많은 이탈리아 도시에서 게토에 갇힌 채 살아가던 유대인들이 의심의 대상이 되었다. 유대인이 기독교인에게 마카로니나 라자냐를 판매하는 행위가 금지되었으며, 몇몇 지방에서는 유대인 공동체의 식품 소비를 제한하는 법을 제정했다. 본의 아니게 이 법은 고전적인 유대식 이탈리아 요리가 개발되게끔 하는 여건을 조성했다. 예를 들면 1661년, 로마 거주 유대인은 안초비와 정어리 외에 다른 생선은 일절 사 먹지 못하게 되었다. 그러자 유대인들은 안초비와 엔디브(꽃상추)를 층층이 쌓아서 굽는 요리를 개발했다. 바로 유대식 로마 요리 '알리초티 콘 린디비아aliciotti con l'indivia'가 탄생한 순간이다.⁴ 주요 도시에 거주하는 유대인들은 무거운 재정 압박을 지게 되자 그동안 엄격하게 지켜오던 카슈루트에 융통성을 발휘하기 시작했고, 그 결과 토끼들이 수난을 겪게 되었다.● 뱀장어와 철갑상어도 널리 애용

● 이전에 유대인들은 카슈루트를 엄격하게 지켜 돼지고기, 토끼고기, 낙타고기와 비늘 없는 생선, 갑각류, 조개류를 전혀 먹지 않았지만, 이 시기에 탄압을 받으면서 돼지고기를 제외하고는 거의 모든 식재료를 용납했다.

오페라 〈마사니엘로〉 포스터에 등장한 나폴리 어부들. 존 윌리엄 기어John William Gear 그림, 1829~1833.

되었다. 로마에 사는 유대인들은 가까운 교외에서 생산된 모차렐라 치즈를 일상적으로 먹기 시작했고, 에밀리아 지방에 사는 유대인들도 파르미자노 치즈를 꺼리지 않게 되었다.[5] 반대로 유대인이 만든 각종 디저트, 비스킷, 마지팬도 게토 바깥 사람들에게서 높은 평가를 받고, 귀족이나 영주의 식탁까지 오르기에 이르렀다.

퇴락한 명성

이탈리아의 궁정 요리 양식은 16세기 르네상스 시대의 찬란한 연회를 만들어냈던 스칼코들의 작품에 비해 어느 정도 참신함과 독창성을 잃어버렸다. 만토바의 바르톨로메오 스테파니Bartolomeo Stefani가 쓴《요리를 잘하는 법과 비전문가에게 이 자랑찬 직업을 가르치는 법》1662•에서는 르네상스 시대의 전통을 고수하는 한편 독창성 부족을 드러냈다. 시종일관 모든 조리법과 연회를 더 복잡하게, 더 과도하게 만들어놓은 이 책은 세련됨과 절제를 넘어서는 과장된 장엄함, 풍성함, 현란한 움직임과 극적 효과에 치중하는 바로크 미학을 반영한 것이다. 스테파니는 1655년 스웨덴의 크리스티나 여왕이 로마를 방문했을 때 자신이 지휘했던 연회를 설명하면서, 첫 번째로 올렸던 크레덴차 요리를 이렇게 묘사했다.

• 원제 *L'arte di ben cucinare et instruire i men periti in questa lodevole professione*.

딸기는 와인으로 헹구고, 위에 흰 설탕을 올려서 냈다. 먼저, 접시에 조가비 모양으로 만든 설탕 조각을 빙 두르고, 그 조가비에 딸기를 올린 다음, 각 조가비 앞에 마지팬으로 만든 작은 새를 배치해서 마치 새가 딸기를 쪼아 먹는 것처럼 보이도록 했다. 큰 비둘기들은 우유와 말바시아 와인으로 삶은 뒤 국물을 따라내고 식힌 다음, 말바시아에 적셔 설탕과 계피를 뿌린 에인절 케이크*로 속을 채웠다. 이 비둘기들을 장미 모양으로 벌여놓고 피스타치오 밀크를 부은 다음, 장미수에 적신 잣을 뿌렸다. 금테를 두른 접시 가장자리에는, 마지팬으로 만들어서 설탕물을 반들반들하게 입힌 꽃을 장식했다.[6]

스테파니의 책에는 지난 2세기 동안 나온 요리책들의 두드러진 특징이었던 파스타와 채소 요리가 거의 완전히 배제되어 있다. 그 이유는 아마 당시에 이러한 요리들이 너무나 평범하고 구하기 쉬운 것이 되어버려서, 상류층의 식탁에 올릴 만한 가치가 없어졌기 때문일 것이다.[7] 가뜩이나 침체된 경제 환경이 전염병, 전쟁, 사회 불안과 같은 요인으로 더욱 악화되고 있었지만, 특정한 지역에서 생산된 고급 식품들은 이탈리아 내 여러 국가의 지배층 사이에서 여전히 인기를 누리고 있었다. 1661년, 돼지고기로 만든 모르타델라 소시지를 오늘날까지 도시의 자랑거리로 삼고 있는 볼로냐에서는 가짜 모르타델라

● 달걀노른자는 쓰지 않고 흰자로 거품을 내서 만든 스펀지케이크. 도넛처럼 가운데 구멍이 난 틀에 넣고 굽는다.

에인절 케이크

베르나르도 스트로치, 〈요리사〉, 캔버스에 유화, 1625

소시지 금지령을 포고했다.[8]* 프란체스코 바셀리Francesco Vaselli가 쓴 《아피키우스, 연회의 장인》1647**을 비롯해 당시의 일부 요리책은 지역 전통의 영향을 강하게 나타낸다. 이러한 추세를 가장 명확하게 보여주는 예가 조반 바티스타 크리시Giovan Battista Crisci의 《궁정 신하의 기름등잔》1634***과 안토니오 라티니Antonio Latini가 쓴 《현대의 스칼코》1692****다. 크리시와 라티니는 둘 다 나폴리 출신이다. 크리시의 책은 아브루초, 바실리카타, 칼라브리아 같은 남부 지방의 진미와 재료를 폭넓고 상세하게 알려준다. 크리시는 도시가 아니라 농촌 지역과 시골 마을의 음식에 확연히 중점을 두었다. 이는 당시 정치 체제를 지배하던 귀족과 영주들의 수입원이 도시 밖에 있는 상황에서, 도시 문화는 크게 중시되지 않았음을 드러낸다.[9] 라티니는 책의 서문에서 나폴리에 대한 애정을 당당히 내보였다.

> 나는 나폴리에서 책을 쓰고 있으므로, 이곳에서 통용되는 말로 쓰고 여기 사람들이 이해하지 못하는 외국어는 사용하지 않기로 했다. 게다가 천명하노니 나는 나폴리 말로 쓰는 것을 좋아한다. 그렇게 함으로써 얻는 이점 때문만이 아니라 모든 사람들이 선망하는, 그 누구도 부인할 수 없는 귀한 특권 때문이기도 하다. 위대한 자연은 나폴리에 그런 특권을 주기 위해서

---

* 가짜가 나돌 만큼 볼로냐 모르타델라의 인기가 높았다는 뜻이다.
** 원제 *L'Apicio ovvero il maestro de' conviti*.
*** 원제 *La lucerna de corteggiani*.
**** 원제 *Lo scalco alla moderna*.

특별한 노력을 기울였다.[10]

라티니의 조리법들은 이탈리아 반도 남부의 지방 특산물에 각별한 관심을 나타내는데, 그중에는 이 지역에 새로이 상륙한 토마토도 포함되어 있다. 1660년대에 이탈리아를 여행한 영국인 박물학자 존 레이1627~1705의 글을 통해 알려졌듯이, 토마토는 1660년대에 이미 주방에 들어와 있었다.[11] 라티니가 소개한 토마토 조리법 중에, 끓여 만드는 요리에 쓰는 소스 조리법이 있다. 이 소스는 오늘날의 멕시코 살사소스와 아주 비슷한데, 가지 · 애호박 · 토마토로 만든 수프와 달걀 · 송아지고기 · 비둘기고기 · 닭머리를 끓인 냄비 요리에 넣으라고 한다.

라티니는 프랑스에서부터 퍼지기 시작한 새 조리법을 받아들여, 짭짤하게 먹는 요리와 달게 먹는 요리를 좀 더 명확히 구분하는 방향으로 나아갔다.[12] 요리 관습과 문화의 이런 변화는 혁신적인 의학 · 섭식 이론과 병행해서 일어난 것으로, 체액 이론에 의지하던 시대가 종말을 고하고 실험 과학에 기초해 생각하고 행동하는 시대가 열렸음을 나타낸다.

자코모 카스텔베트로Giacomo Castelvetro, 1546년경~1616년는 1614년 영국 런던에서 쓴 글 〈이탈리아에서 날것으로나 조리해서 먹는 모든 뿌리, 풀, 과일에 관한 짤막한 설명〉*에서, 이탈리아인들이 북쪽의

• 원제 *Brieve racconto di tutte le radici, di tutte l'erbe e di tutti i frutti che crudi o cotti in Italia si mangiano.*

개인 소장

펠리체 포르투나토 비지Felice Fortunato Biggi, 〈아기와 과일 장식〉, 캔버스에 유화, 1750년 경. 17세기 런던에 거주하던 작가 자코모 카스텔베트로가 관찰한 바에 따르면, 이탈리아 인은 북부 유럽인에 비해 채소를 아주 많이 소비했다.

이웃나라 사람들보다 채소를 얼마나 많이 먹고 있는지 강조한다. 그는 이렇게 썼다.

> 이렇게 맛있고 몸에도 좋은 식물들이 여기서는 아주 적은 양만 재배되고 소비되는 것을 알고 나는 놀랐다. 무지와 무관심 때문인지, 내가 보기에 이곳에서는 이런 식물을 식탁에 올리기 위해서라기보다, 자신에게 있는 이국적인 식물이나 잘 구비된 정원을 자랑하고 싶은 사람들이 남들에게 보여주기 위해서 재배하는 것 같다.[13]

그는 외국인들이 샐러드를 대하는 태도에도 경악했다.

> 채소를 어떻게 씻고 어떻게 양념해야 하는지 아는 것이 중요하다. 너무나 많은 가정주부와 외국인 요리사들이 온갖 청과류를 양동이나 물그릇 하나에 한꺼번에 쏟아 넣고 몇 번 철벅거리는 것이 고작이다. 씻은 채소는 반드시 손으로 건져내야 하는데, 그렇게 하지 않고 양동이를 기울여 채소와 물을 한꺼번에 쏟아낸다. 그렇게 하면 모래나 작은 돌멩이까지 같이 쏟아지게 마련이다. 먹다가 이런 것들이 씹히면 무척 불쾌하지 않겠는가.[14]

의학의 발전이 요리에 끼친 영향

16세기 들어서부터 제롤라모 카르다노, 알레산드로 페트로니오, 조반니 도메니코 살라 같은 저술가들이 직접 관찰한 결과를 토대로 종래의 영양 이론을 비판했다. 파라셀수스Paracelsus라는 이름으로 더 유명한 독일인 순회의사 테오프라스투스 봄바스투스 폰 호엔하임1493~1541은 화학적인 요인으로 질병의 원인을 규명하고, 각 요인에 대해 특정한 치료법을 처방했다. 파라셀수스가 세운 이론을 바탕으로, 화학자와 연금술사들은 자연 물질에 열을 가하면 대부분 다음 세 가지 물질로 분리된다고 가정했다. 휘발성이 강한 액체인 수은, 끈적거리는 물질인 황, 고체로 남는 '염鹽'. 이들 중에서 수은은 냄새를 결정하고, 황은 단맛과 습도를 정하며, 염은 음식의 맛과 식감을 좌우한다는 것이다.

화학의 논리 앞에서 체액 이론이 설득력을 잃게 되면서 소화란 천천히 요리하는 것과 유사하다는 생각은 더 이상 통용되지 않았으며, 대신 의사들은 소화 과정을 발효 과정과 같은 것으로 해석했다. 의료물리학자로 알려진 일부 의사들은 신체의 생리 전체를 물리학과 역학 법칙으로 설명하려고 했다. 베네치아공화국에서 봉직한 프리울리 출신 귀족의 아들로, 크로아티아에서 활동한 산토리오 산토리오Santorio Santorio, 1561~1636는 인간이 섭취하는 고체 및 액체의 무게와 배설물의 무게를 측정해서 비교하는 방식으로 신체를 연구했다. 이들과 달리 의료화학자로 알려진 의사들은 모든 의학적인 사실을 규명하는 데 화학만으로 충분하다는 입장을 취했다. 대표적인 사람이 벨기에의 얀 밥티스타 판 헬몬트1579~1644인데, 그는 소화와 신진대사를 포함한 많은 생리적 현상이 죽은 물질인 음식을 살아 있는 것으로 바꾸는 발효 과정으로 인해 발생한다고 주장했다. 또한 프란키스쿠스 실비우스1614~1672는 발효(물질의 분자 운동)와 '생명의 정기vital spirits'가 작용하는 과정으로서 신체의 생리를 설명하려고 했다.

의학은 서서히 식이 요법과 분리되었고, 의사들은 건강한 신체를 유지하는 일보다 질병을 식별해서 치료하는 일에 치중했다. 소화를 발효 과정으로 이해한 과학 연구와 이론은, 간접적이기는 하지만, 음식에 대한 인식이나 조리 방식에 상당한 영향을 미쳤다. 버터나 식용유가 풍부하게 들어간 소스는, 와인이나 증류주처럼 수은이나 휘발성 액체가 다량 함유된 물질과 소금을 비롯한 고형 식재료를 결합해 주는 역할을 하는 것으로 여겨졌다. 또한 신선한 채소나 과일처럼 쉽게 발효되는 식재료가 널리 인기를 끌었다.

순회 여행

이탈리아의 경제성장은 더뎠지만, 철도 여행이 가능해진 덕분에 17세기 말부터 1840년대까지 북부 유럽의 상류층 남성들에게 이탈리아는 중요한 여행지였다. 이들의 순회 여행, 일명 '그랜드 투어Grand Tour'는 젊은이들이 베네치아, 피렌체, 로마 같은 도시에서 직접 고대 유적지를 돌아보고 예술 작품을 감상하며 고전 문화의 원류를 체험한다는 교육적인 목적이 있었다. 하지만 순회 여행은 미래의 상류층 구성원이 이국적이고 때로 위험하기도 한 환경을 경험해보는 통과 의례처럼 인식되었다. 매우 부유한 집안에서만 자제들을 장기간 여행에 보낼 수 있었기 때문에, 순회 여행은 특출한 사회적 지위의 표시이기도 했다.

독일의 유명한 시인이자 지식인인 요한 볼프강 폰 괴테1749~1832도 이런 젊은 이의 한 사람으로 1786년부터 이듬해까지 순회 여행을 했다. 그는 여행의 추억을 《이탈리아 기행》1816~1817이라는 책으로 남겼다. 그는 북부 이탈리아에서 트렌토와 베로나, 그리고 당연히 볼로냐, 또 피렌체와 로마 등을 둘러보고, 남쪽으로 내려가 나폴리를 방문했다. 그곳에서 배를 타고 시칠리아로 건너가 팔레르모와 다른 도시들을 탐험했다. 음식이 주된 관심사는 아니었지만 그는 당시 이탈리아의 식사 관습, 특히 그가 교류했던 상류층의 관습을 목격하고 흥미로운 관찰 기록을 남겼다. 예를 들면 그는 1787년에 나폴리에서 필란지에리Filangieri 가문의 만찬에 참석했는데, 이 자리에서 주최 측의 한 여성은 자리에 동석한 수도사들을 계속 놀려댔다. 이 시대에 지식인 사회의 분위기가 변화했음을 보여준다고 할 수 있는 이 부분을 발췌해본다.

"식사는 훌륭할 거예요." 그녀가 나에게 말했다. "고기는 하나도 없겠지만, 다 맛있을 거예요. 뭐가 가장 좋은지, 제일 맛있는 부분을 알려드릴

게요. 하지만 그 전에 저 수사들을 조금만 괴롭힐게요. 나는 저런 사람들을 참을 수가 없어요. 저 사람들은 매일같이 우리 집에 와서 뭘 먹어요. 우리가 가진 건 모두 우리 친구들하고 나눠 먹어야 하는데 말이에요." 그 사이 수프가 나왔고, 그 베네딕토회 수사는 겸손한 태도로 먹기 시작했다. 그러자 "제발 의식을 거행하지는 마세요, 신부님" 하고 그녀가 말했다. "숟가락이 너무 작으면 더 큰 걸 가져오라고 할게요. 큰 숟가락으로 한입 가득 떠 넣는 데 익숙하시죠." …… 대화를 나누는 내내 내 옆자리의 심술궂고 오만한 부인은 그 선량한 신부들을 단 1초도 가만히 내버려두지 않았다. 특히 사순절을 지키느라 고기 대신 생선을 고기처럼 꾸민 음식이 나오자, 반종교적이고 비윤리적인 언사가 끝도 없이 이어졌다.[15]

괴테는 크리스마스 축제 기간의 풍요롭고 활기찬 나폴리 풍경도 흥미진진하게 자세히 묘사했다.

청과물 가게에서 벌여놓은 캔털루프 멜론, 건포도, 무화과를 보면 정말로 기분이 좋아진다. 온갖 먹을거리가 길을 따라 주렁주렁 매달려 있는데, 커다란 황금색 소시지 다발이 붉은 리본으로 묶여 있는 것도 볼 수 있고, 칠면조는 모두 엉덩이에 조그마한 붉은색 깃발을 꽂고 있다. 상인들은 이미 3만 마리가 팔려나갔다고 장담했다. 그것도 개인이 집에서 키워 내다 판 것은 제외한 수량이다. 셀 수 없을 만큼 많은 당나귀가 채소와 닭과 새끼염소를 싣고 도시와 시장을 돌아다닌다. 이곳저곳에 쌓여 있는 달걀 더미는 상상도 못할 만큼 크다. 이 모든 것을 먹어치워도 충분하지가 않다. 매년 관리 한 사람이 나팔수 한 사람과 함께 모든 광장과 교차로를 다니면서 나폴리 시민들이 지금까지 소와 송아지와 새끼염소와 양과 돼지를 몇 천 마리나 먹었는지 발표한다. 사람들은 귀 기울여 그 수를 듣고 환호한다. 모든 사람이 그 수를 기억하면서 만족하는데, 이것이

모르타델라 다발을 매달아 놓은 볼로냐의 한 소시지 가게

그들이 즐거움을 찾는 한 방편인 셈이다.[16]

괴테는 시칠리아의 풍경과 그곳 사람들에 대해서도 생생한 기록을 남겼다. 그런데 작가는 자연의 과실을 맛보기보다 과학적인 관점으로 주위 환경을 관찰하는 데 더 흥미를 느낀 듯하다. 예를 들어 세게스타*의 빽빽한 경작지와 밭에서 일하고 있는 농민, 카르둔**과 야생 회향을 묘사하면서도, 그 농작물들의 향이나 맛에 대해서는 일언반구도 없다. 사실 이것은 그리 놀랄 만한 일이 아니다. 귀족 여행자들이 현지 음식을 회피하는 것은 당시 일반적인 일이었다. 특히 하층민이 대접하는 음식은 깨끗하게 만들어진 것이 아니라고 의심하고, 먹으면 병에 걸릴지 모른다고 두려워했다.

● 시칠리아 섬의 서부에 있던 고대 도시.
●● 국화과의 여러해살이풀로, 지중해 연안 지역에서 오래전부터 줄기를 식용해왔다.

계몽주의 시대

지난 세기에 그랬듯이 18세기에 들어서도 이탈리아 내 여러 국가의 운명은 이탈리아인들이 아니라 엉뚱한 사람들에 의해 결정되었다. 토스카나는 합스부르크 왕가의 일족인 로렌 공이 차지했다. 에스파냐는 롬바르디아를 오스트리아에 넘겼고, 피에몬테의 사보이 왕가는 사르데냐까지 영역을 확대했다. 나폴리왕국은 에스파냐 국왕의 아들인 샤를 드 부르봉●에게 넘어가 마드리드와는 독립된 지방 왕조(이탈리아의 부르봉 왕조)로서 존재했고, 이 왕조가 1861년까지 남부 이탈리아와 시칠리아를 지배했다.

긴박한 외교와 광범위한 분쟁으로 점철된 이 기간에 가톨릭교회와 여러 이탈리아 국가의 통치자들 사이에도 긴장이 고조되었다. 각지의 통치자들은 특권층의 힘을 억제하고 행정·경제·군사를 중앙집권화하고자 했다. 1728년, 피에몬테와 사르데냐를 지배하던 사보이 왕가의 비토리오 아메데오 2세1666~1732는 '카타스토catasto'라는 제도를 시행해서 모든 토지를 당국에 등록케 함으로써 세금 수입을 확대하려고 했다. 오스트리아인들이 지배하던 롬바르디아 정부도 1749년에서 1759년 사이에 같은 조치를 취해 농민과 소작인에게는 세금 부담을 덜어주고, 교회 재산에는 세금을 부과했다. 그러자 이탈리아 내 여러 국가에서 수녀원과 수도원이 문을 닫게 되었고, 그

● 1700년, 프랑스 왕 루이 14세와 에스파냐 왕녀 마리 테레즈의 손자인 펠리페 5세가 에스파냐 왕위에 오름으로써 에스파냐에도 부르봉 왕가가 들어서게 되었다. 펠리페 5세의 아들 샤를 드 부르봉은 외가인 파르마 공작의 작위를 이어받아 파르마의 군주가 된 다음, 나폴리 왕위에 올랐다(카를로 7세, 재위 1734~1759).

들이 소유했던 토지는 각 정부에 귀속되었다. 교회가 영구 소유 토지(마노모르타)를 확대하는 것도 금지되었다. 1773년 교황은 유럽의 여러 왕조가 행사한 압력에 굴복해서 예수회를 해산하고, 예수회의 자산을 세속 권력에 넘겨주었다.

사보이 왕 비토리오 아메데오 2세 일가, 프랑스 판화, 1697

18세기에는 정치적인 격변의 와중에도 두 가지 중요한 발전이 이뤄졌다. 첫째, 유럽 전역에서 인구가 현저히 증가했다. 인구 증가세는 아메리카에서 넘어온 작물들이 확산된 덕분에 유지될 수 있었다. 둘째는 농업에 새로운 기술과 생산 체계가 도입된 것이다.

전에는 미심쩍게 여겨지던 토마토와 감자가 차츰 널리 받아들여졌다. 농학자와 정치인들은 기근의 타격을 최소한도로 줄이기 위해 농촌 지역과 하층 계급에 감자 재배를 널리 권장했다. 상류층도 별다른 거리낌 없이 감자를 받아들였다. 1801년 나폴리 국왕의 주방관리인이던 빈첸초 코라도Vincenzo Corrado가 감자에 관해 작성한 문서에 사상 처음으로 감자 뇨키* 조리법이 소개되어 있다. 이 문서는 당시 궁정에서도 감자가 받아들여졌다는 증거다.[17]

옥수수는 이탈리아 전역에서 재배되면서 급속도로 수수와 조 같은 곡물을 대체해나갔다. 옥수수는 폴렌타(과거에는 다른 곡물의 가루로 만들었다)**의 형태로 각 지역의 식생활에 스며들었다. 시골 농민들은 시장에 내다 팔려고 기르는 환금 작물과는 별도로, 자투리땅에 옥수수를 심어 값싼 에너지원으로 활용했다. 쌀은 한때 가난의 상징이자 습지처럼 건강하지 않은 환경에서 자라는 것으로 인식되었지만, 많은 지역에서 구황 작물로 이용되었다. 쌀은 나폴리의 사르투나 북부 지방의 리조토*** 같은 세련된 요리에 쓰이면서 상층 계급

● 감자나 밀가루 반죽을 경단처럼 작은 덩어리로 빚어 소스와 함께 먹는 요리. 반죽에 채소나 치즈를 섞기도 한다.
●● 곡물 가루로 끓인 걸쭉한 죽을 말하는데, 오늘날에는 거의 옥수수죽을 의미한다.
●●● 리조토(risotto)의 리조(riso)는 '쌀'을 뜻한다.

나폴리 전통 요리인 사르투 디 리조sartù di riso. 미트볼과 완두콩 등으로 속을 채운 밥 케이크다.

의 식탁에도 오르게 되었다. 그런 요리에 잘 맞는 품종이 도입된 덕분이었다.

가장 선진적인 지역의 지주들은 소유지에 투자를 단행해서 새로운 기술을 도입하고, 농민과 새로운 형태의 노사 관계를 맺었다. 이로써 전통적인 농촌 사회는 뿌리부터 흔들리기 시작했다. 롬바르디아에서는 '계몽' 군주인 오스트리아 여제 마리아 테레지아재위 1740~1780 치하에서 전통적인 소작농이 서서히 사라지고, 임대 계약에 따른 임대농이 늘고 있었다. 관개 사업과 농지 경영 방식이 개선되자 쌀 생산이 증가했고, 집약 농경과 목축이 서로를 받쳐주는 방식으로 운영되는 농장들도 연이어 성공 대열에 합류했다. 이런 경영은 사업 규모가 상당한 수준에 이르러야 가능하기 때문에, 넓은 토지를 임대해서 가축에 투자하고 곡물의 판매 경로를 구축하고 임금 노동자에게 봉급을 지불할 정도의 자금을 동원할 수 있는 농촌 사업가들에게 유리했다. 나아가 오스트리아 여제는 전통적으로 귀족들이 행사했던 조세 징수권을 박탈해 중앙정부로 일원화했다. 1776년에 그녀는 자유 무역을 용이하게 할 개혁을 단행했다. 그녀의 개혁 정책은 아들 요제프 2세재위 1765~1790의 시대에도 계속 이어졌다.●

● 1250년 프리드리히 2세가 사망한 뒤 신성로마제국 황제의 자리는 사실상 명예직에 가까웠으나, 그 이름의 무게는 남아 있었다. 15세기 중엽부터 합스부르크 왕가에서 신성로마황제 자리를 독점하다시피 했는데, 마리아 테레지아는 합스부르크 왕가의 여왕으로서 오스트리아-헝가리 제국을 지배했지만 신성로마황제가 되지는 못했다. 여성은 신성로마황제로 즉위할 수 없었기 때문이다. 그래서 대신 그녀의 남편인 프란츠 1세가 명목뿐인 신성로마황제가 되었고, 1765년 프란츠 1세가 사망하자 두 사람의 아들인 요제프 2세가 그 뒤를 이었다. 신성로마황제로서 요제프 2세는 어머니 마리아 테레지아가 사망할 때까지 합스부르크 왕가의 영토를 공동으로 통치했다.

토스카나 공작도 오스트리아의 선례를 따라 토지 거래를 용이하게 하는 법률을 제정하고, 농산물의 자유 무역을 허용했으며, 발디키아나Valdichiana와 마렘마 지방의 넓은 습지대에서 개간 사업을 시작했다. 그렇지만 토스카나 지방에서는 여전히 기존의 소작 제도가 더 보편적이었고, 로마냐·마르케·움브리아 지방도 마찬가지였다.

교회나 귀족이 대규모 토지를 소유한 지방에서는 개혁이 실질적으로 불가능해서, 생존을 위해서는 기존의 관례를 따를 수밖에 없었다. 귀족의 상속자와 교회는 소유지를 쪼개거나 파는 것이 금지되어 있어서, 토지를 팔아 자본금을 마련할 수가 없었기 때문이다.[18] 부르봉 왕가에서도 카타스토 제도를 도입해보려 했지만 영주들의 저항에 부딪혀 무산되고 말았다. 영주들은 당시 값이 계속 오르던 밀을 가장 좋은 땅에 심어 재미를 보고 있었다. 반면 가난한 농민과 농촌의 임금 노동자들은 인플레이션의 직격탄을 맞았다. 그들의 수입으로는 뛰어오르는 식품 가격을 따라잡을 수 없었기 때문이다.

그러나 밀 공급량이 크게 늘어난 것을 계기로, 나폴리 시내 주민들의 식단이 채소 위주에서 파스타 위주로 바뀌어갔다. 이때부터 나폴리 사람들은 예전의 별명 '이파리 먹는 사람들mangiafoglie' 대신 '마카로니 먹는 사람들mangiamaccheroni'로 불리기 시작했다. 압출기를 비롯한 수동식 기계가 도입되면서 파스타의 생산량이 늘고 품질도 좋아졌으며 값은 내려갔다. 나폴리 남쪽에 위치한 도시 토레 안눈치아타와 그라냐노는 제분업이 발달한 덕분에 파스타 생산의 주요 허브로 발돋움했다.

조르조 조머 Giorgio Sommer, 1834~1914, 〈마카로니 먹는 사람들〉, 알부민 인화, 1865년경

파스타 제조업자들은 3단계 건조 방식을 완성했다. 1단계로 햇볕에 자연 건조하는 인카르타멘토incartamento 과정에서 파스타의 표면에 아주 얇은 껍질이 만들어지는데, 이것을 '카르타scarta'('종이'를 뜻한다)라고 부른다. 2단계로 서늘한 장소에서 말리는 동안 파스타 안에 남아 있던 습기가 카르타에 흡수된다. 3단계는 일반적으로 직사광선을 피해 트인 공간에서 다시 한 번 말리는 과정이다. 스파게티처럼 길쭉한 파스타는 2단계와 3단계를 한 번 이상 더 거친다.[19]

그 밖에 주요한 건조 파스타 생산지는 리구리아 지방, 그중에서도 사보나와 포르토마우리치오(오늘날의 임페리아), 그리고 풀리아 지방이다. 풀리아 지방의 도시 바리에서는 베네치아와 오랫동안 교역해 온 이점을 활용해서, 생산한 파스타를 베네치아로 수출했다.

모든 식품의 생산 효율성이 좋아진 것은 아니다. 전반적으로 침체 상태에 있던 농업 분야는 자본을 가지고 자유로운 기업가 정신으로 무장한 사람들이 공략해볼 만한 대상이었다. 지식인들도 기업가들과 함께 이 분야에 뛰어들었다. 지식인들의 '계몽주의' 운동은 경제 논쟁의 진행 과정에 강력한 영향을 끼쳤고, 마침내 프랑스 대혁명으로까지 이어지는 정치적 분위기를 조성했다. 중농주의자로 알려진 경제학자들은 부의 창출이 토지에서 비롯되며, 토지에서 창출된 이익을 다른 분야에 투자할 수 있다고 주장했다. 중농주의자들은 사기업과 자본을 경제 활동의 핵심 요소로 보았다. 그래서 전통적으로 개방된 공유지처럼 사용되던 너른 땅의 사유화를 촉구하면서, 이런 공유지에서 가축 기르는 것을 금지하고 농산품의 자유 무역을 제한하는 모든 조치를 해제할 것을 주장했다.

당시 최신 경제 이론을 퍼뜨리는 중심지는 밀라노와 피렌체, 나폴리였다. 안토니오 제노베시Antonio Genovesi, 1712~1769의 '상업과 시민 경제에 관한 강의Lessons on Commerce and Civil Economy'1754가 학문의 영역에서 정치경제학의 위치를 굳혔다면, 1786년과 1794년에 출판된 주세페 마리아 갈란티Giuseppe Maria Galanti의 《양 시칠리아*에 관한 새로운 역사적·지리적 서술》은 남부 이탈리아에 깔려 있는 봉건주의의 잔재에 맹공을 퍼부었다. 1753년에 결성된 '대지를 사랑하는 사람들의 학회Accademia dei Georgofili'는 피렌체 지식인 사회의 중심이 되는 학회였는데, 이들은 농학에 중점을 두었다. 이들의 영향력은 토스카나 출신으로 프랑스에서 살았던 조반니 파브로니Giovanni Fabbroni의 저작에서도 드러난다. 파브로니의 책 《농업의 현 상태에 관한 고찰》1780은 이탈리아의 지성인들에게 중농주의의 원리를 소개했다. 이와 달리 밀라노의 지식인 모임들은 정치에 중점을 두고, 《카페Il Caffè》라는 잡지를 통해 자신들의 목소리를 내고 있었다. 《카페》지는 피에트로 베리Pietro Verri, 1728~1797와 알레산드로 베리1741~1816 형제가 1764년부터 1766년까지 발간했던 잡지다. 피에트로는 논고 〈정치경제학에 관한 사색〉1771에서 수요와 공급 개념을 탐구해 지식인 사회에 큰 영향을 끼쳤다.

• 1443년 나폴리왕국을 점령한 알폰소 1세(=아라곤 왕 알폰소 5세)는 스스로를 '양 시칠리아 왕'이라 칭했다. 이탈리아 반도 남부와 시칠리아 섬 양쪽 모두의 군주를 의미하는 이 칭호는 19세기까지 사용되었다.

이 지식인들은 식량 생산의 정치적·기술적 측면에 각자의 방식으로 기여했을 뿐만 아니라, 더 현대적이고 진보적인 것으로 여겨지는 소비 형태를 실천하기도 했다. 그들이 참고로 삼은 곳은 물론 프랑스였다. 당시 프랑스에는 살롱과 카페가 새로운 사교의 장으로 등장했다. 살롱과 카페는 합리적이고 명징한 사고를 바탕으로 자유롭고 격렬한 논쟁을 벌일 수 있는 곳으로 여겨졌다. 많은 이탈리아 부르주아들이 정치적·지적인 차원에서 계몽주의를 받아들였다. 계몽주의는 인간의 이성과 과학의 힘을 신뢰하고, 진보를 지향했다. 이러한 가치관은 정치와 경제, 그리고 국가 운영의 장에서 귀족의 특권을 물리치고 제 몫을 주장하려는 부르주아 계급에 매우 소중한 것이었다. 지식을 통한 개명은 이들에게 미신과 무지와 편견에 맞서 싸우는 데 필요한 도구를 제공해주었다. 모든 무지몽매의 원천은 종교, 구체적으로 말해서 가톨릭교회였다.

부르주아들은 나름의 특유한 식사 취향을 개발해나갔다. 음식과 식사는 문화적 일체감을 형성하고 구현하는 무대가 되어갔다. 유럽 각국의 식민지에서 들어오는 이국적이고 자극적인 것들이 새로운 추세와 유행을 불러와, 부르주아의 입맛을 결정하는 데 중요한 구실을 했다. 아메리카에서 덩어리 설탕이 들어오기 시작하면서 설탕을 구하기가 더 쉬워졌다. 커피는 지적인 예리함과 각성도를 높여주며, 만찬이나 파티에서 밤늦은 시간까지 재치 있는 대화를 할 수 있도록 해주는 것으로 여겨졌다. 커피 소비가 유행하자, 점점 늘어나는 까다로운 고객을 대상으로 해서 고객이 주문하는 대로 커피를 제공해주는 전문 상점이 생겨나기 시작했다. 커피숍의 기원은 오스만제국에 있다. 오스만제국의 남자들이 가정이나 직장이나 사원처럼 틀에 박힌 환경에서 벗어나, 편안한 분위기에서 현안을 토의하던 공공장소였다. 이탈리아의 첫 번째 커피 전문점은 1683년 베네치아에 생겼다. 그 뒤를 이어 항구 도시 리보르노와 베네치아에서 유대인들이 카페를 열었다. 이들은 지중해 동부 오스만제국 치하의 교역 중심지에 있는 유대인들과 긴밀히 교류하고 있었다.[20] 사실 커피는 이슬람 세계에서 온 것이었기 때문에, 교황 클레멘스 8세재위 1592~1605가 기독교인이 마셔도 좋다고 인정할 때까지는 왈가왈부 말이 많은 식품이었다.[21]

아메리카에서 유럽으로 들어온 원뿔형 설탕 덩어리
picturepartnerss 제공, 출처 www.shutterstock.com

베네치아 산마르코 광장의 카페. 베네치아는 17세기에 이탈리아에서는 처음으로 카페가 생긴 도시다.

초콜릿과 코코아 음료는 16세기에 에스파냐 왕실에서 처음 마시기 시작했는데, 한동안 제조 과정이 비밀에 싸여 있었다. 16세기 말엽 교황 그레고리오 13세재위 1572~1585는 초콜릿 음료를 기독교인이 마셔도 좋은 것으로 허가했지만, 금식 기간에 마시는 것은 허용하지 않았다. 예수회는 초콜릿 섭취를 허용했을 뿐만 아니라 권장하기까지 했지만, 다른 수도회에서는 탐탁지 않게 여겼다. 민간에서는 1606년에야 프란체스코 카를레티Francesco d'Antonio Carletti가 초콜릿 제조법을 입수해서 피렌체의 메디치 궁으로 가져왔다.[22] 17세기 후반 메디치 궁에서 과학자 프란체스코 레디1626~1697가 재스민을 넣은 초콜릿 제조법을 개발했다. 이 맛에 감탄한 코시모 3세 데 메디치 공1642~1723은 제조법을 국가 기밀로 정한다고 선포했다. 18세기가 되자 뜨거운 코코아 음료가 이탈리아 전역에서 유행했다. 일부 지식인들은 이 새로운 유행에 반발했다. 당시에 시인 주세페 파리니 1729~1799가 쓴 〈젊은 영주의 각성〉1765*이라는 글을 보자.

이미 나는 보았소이다, 머리를 말쑥하게 손질한 하인이 다시 들어오는 것을. 하인은 당신에게 묻지요, 가장 인기 있는 음료 중에서 오늘은 어떤 것을 귀한 잔에 담아 마시고 싶으신지. 잔이건 음료건 모두 서인도에서 온 상품이니 아무거나 마음에 드는 걸 고르시지요. 만약 오늘은 위장에 달콤한 찜질을 원하신

* 원제 *Il risveglio del Giovin Signore*.

다면, 자연스럽게 온화한 열이 올라 소화를 돕게끔 갈색 초콜릿을 고르세요. 그건 과테말라인지 카리브 해인지에서 머리에 야만스러운 깃털 장식을 둘러쓴 누군가 공물로 바친 것이지요. 만일 건강염려증에 시달리신다면, 아니면 예쁜 사지에 지방이 너무 많이 들러붙은 게 아닌지 염려되시거든 알레포나 모카에서 온 그 알갱이—수천 척의 배로도 다 받들어 모시지 못한—를 연기 나게 태워 만든 음료로 입술에 영광을 돌리소서.[23]

부르주아들은 오래된 귀족들이 즐기던 복잡하고 비용이 많이 드는 요리를 과도하고 부담스러운 것으로 여기고 경계했다. 이들은 민중의 전통에 따른 단순한 풍미를 선호했다. 하지만 이들의 취향은 더 예민한 미각을 만족시키기 위해서 나름대로 더 세련되고 정교해지는 과정을 겪게 되었다. 마늘, 양파, 양배추, 치즈 같은 것들은 상스럽고 과도한 맛이나 향을 낸다 하여 기피 식품이 되었다. 파인애플 같은 이국 식품을 구하기 쉬워진 데다 열대 식물을 키우는 온실 stufe도 많이 설치되어, 새로운 과일과 채소류 품종을 연구하고 선별하는 일에 엄청난 노력이 기울여졌다. 오렌지에이드와 레모네이드, 셔벗과 아이스크림이 식탁을 풍성하게 만들었고, 생굴과 송로버섯도 식탁에 오르기 시작했다. 위대한 음식 연구가 피에로 캄포레시 Piero Camporesi는 이렇게 시적인 글을 남겼다.

놀라운 일이다. 호화스러운 르네상스 시대와 바로크 시대의 요리가 저물어 위대한 사냥에 종말을 고했다는 것은. 허공을 쏜 살같이 가르거나 땅을 박차고 달려가던 그 모든 것, 움직이고 굽혔다 뛰어오르고 힘을 쏟으며 비, 바람, 햇빛 속에서 짐승들을 가까이하며 살아가던 그 모든 것이 몰락했다니. 이 지적인 개명의 세기, 어둠과 그림자의 적인 빛의 시대가 송장처럼 차갑고 무기력한 유기체를 물에서 낚아 올리거나, 빛을 꺼려서 거대한 가을 숲의 축축하고 음습한 땅 속 깊은 곳에서 자라는, 열매도 맺지 못할 구근을 캐내 양분으로 삼기를 좋아하다니.[24]

접대할 때 주최자들은 단순히 음식의 양으로 승부하지 않고, 다양한 음식들을 소화하기 좋고 조화롭게 배치하여 손님들에게 좋은 인상을 심어주려 했다. 음식의 색깔이나 접시와 식기의 배치 등등 보이는 것에 대단히 신경을 썼다. 비단, 목공예품, 중국산 도자기 열풍이 불었다. 음식 차림과 식탁 앞에서 적당히 절제하는 태도는 먹는 사람의 '섬세한 정신esprit de finesse'을 드러내는 것으로 여겨졌다. 프랑스 요리 기술의 걸출한 산물인 소스는, 위에 부담을 주는 너무 기름진 재료를 사용하지 않아도 먹는 사람이 농축된 맛을 즐길 수 있게 해주었다.

프랑스에서 건너온 요리 풍습은 부자들의 식탁에 유례없이 강한 영향력을 행사했다. 신선한 재료를 선호하고, 특유한 풍미를 내며, 향신료 사용을 자제하고, 달콤한 요리와 짭짤한 요리를 확실히 구분하는 프랑스식 요리법이 서서히 이탈리아 전체로 퍼져나갔다. 돈을 쓸 여유가 있는 사람들은 영국산이나 프랑스산 식품을 높이 평가한 반면, 이탈리아 전래의 식품은 촌스럽고 질이 낮은 것으로 생각했다. 저술가인 피에트로 베리는 동생 알레산드로에게 보낸 편지에서, 자신은 최고급 롬바르디아 와인보다 중간급의 오스트리아 와인—헝가리산 토커이 와인을 말하는 듯하다—을 더 좋아하는데, 헝가리 와인은 기분이 좋아지게 하지만 이탈리아 와인은 취하게 하기 때문이라고 했다.[25] 그렇지만 모든 사람이 프랑스식 요리를 찬미한 것은 아니다. 수도원장 조밤바티스타 로베르티Giovambattista Roberti는 〈18세기의 사치에 관한 글월〉1772*에서, 빈정대는 어조로 이렇게 썼다.

> 파리 사람들은 유럽 어느 곳의 사람들보다도 심한 영양실조 상태다. 그런데 일부 프랑스인의 까다로움은 도가 지나치다. 그들은 이탈리아에 와서 알프스 너머에서 보던 것과 다른 방식으로 조리한 음식을 맛보게 되면 이것은 먹을 만한 음식이 아니라고 욕한다. 이들은 무용 강사나 프랑스어 교사 등 가난한 사람들이거늘……. 이 유명한 나라의 영광이라는 것도 내게는 가소로워 보인다. 카테리나 데메디치 시절 벽난로 옆에 계시던 우리의 교수님들과 이탈리아의 크레덴차들이 프랑스로 건너가서 식사 잘하는 법을 가르쳐줬다는 사실을 그들에게 일깨워줘도 좋을 것이다.[26]

● 원제 *Lettera sopra il lusso del secolo XVIII*.

당시 주방의 전문직 종사자들은 특히 프랑스 요리의 영향을 강하게 받았다. 자산가 집안에서는 프랑스 출신 주방장을 선호했다. 프랑스의 관습과 유행을 잘 아는 프랑스인 요리사는 이탈리아인 요리사보다 높은 지위를 누렸다. 나폴리나 팔레르모의 관료 가정에 고용된 프랑스인 주방장을 '몬수monzù'라고 불렀는데, 이 말은 프랑스어 경칭 '므슈monsieur'가 와전된 것이다. 이 호칭은 남부의 귀족 사회에서 프랑스 요리가 차지하고 있던 위상을 잘 드러낸다. 첫 코스로 수프와 전채 요리가 나오고, 이어서 몇 가지 주요리로 구성된 두 번째 코스, 마지막 코스로 디저트가 나오는 이른바 프랑스식 식사가 이 무렵 대중화했다.

1693년에 명저인 라 바렌La Varenne의 《프랑스 요리사 Le Cuisinier françois》1651와 프랑수아 마시알로François Massialot의 《궁정과 부르주아의 요리사 Le Cuisinier royal et bourgeois》1691, 두 프랑스 요리 교과서가 이탈리아어로 번역되었다. 이어서 토속적인 조리법과 재료에 프랑스식 조리법을 배합한 요리책이 여럿 출판되었다. 이 중 《파리에서 완벽해진 피에몬테 요리사》1766*와 《여성 피에몬테 요리사》1771** 는 피에몬테가 어떤 식으로 이탈리아 요리와 프랑스 요리를 중재하는 역할을 했는지 보여준다. 그 밖에 로마의 프란체스코 레오나르디 Francesco Leonardi가 소시지를 비롯한 돼지고기 가공품과 온갖 지역 특산품을 섭렵하면서 여섯 권에 이르는 기념비적인 백과사전 《현대 아

● 원제 *Il cuoco piemontese perfezionato a Parigi*.
●● 원제 *La cuciniera piemontese*.

출처: François-Pierre La Varenne, *Le Vrai Cuisinier François*... (The Hague, 1721)

라 바렌, 《프랑스 요리사》 1721년판 삽화. 1651년 초판이 나온 이 책은 18세기 이탈리아 요리에 큰 영향을 끼쳤다.

피키우스*Apicio moderno*》1790를 출판했다. 저자는 양파, 마늘, 셀러리와 바질이 들어가는 토마토소스 조리법을 소개했다. 그리고 이 책에는 속을 채운 토마토 요리도 실려 있는데, 그 조리법은 오늘날의 것과 기본적으로 같다. 사실, 이 시기에 이미 토마토는 고급 상차림에 오르는 길을 찾은 상태였다. 토마토소스 조리법이 1705년에 이미 존재했다는 사실은 로마의 예수회대학 요리사였던 프란체스코 가우덴

치오 Francesco Gaudenzio의 조리법 모음서에서 알 수 있다.²⁷

나폴리 궁정에서 일하던 빈첸초 코라도는 남부 지방에서 나는 재료에 프랑스 기술을 적용한 《맛있는 크레덴치에레》1778*와 명저 《용감한 요리사》1786**를 썼다. 폴렌타, 허브, 케이퍼, 황새치, 안초비(멸치류), 파르미자노 치즈, 프로슈토, 카스트라토(거세한 양), 토마토 등등 전통 식품이 그의 조리법에 등장한다.²⁸ 이탈리아 토속 식품에 대한 그의 관심은 《나폴리왕국과 국왕 전용 사냥터의 특산품에 관한 소식》1792***에서도 빛을 발한다. 나폴리 왕의 영토에서 나는 풍요로운 산물을 들어 왕(이자 코라도 자신의 후원자)에게 경의를 표하는 것도 이 책의 목적이지만, 그의 진정한 관심사는 그가 찬탄하는 지역 특산품들에 있다. 토레 안눈치아타의 마카로니, 아베르사의 초콜릿 케이크, 카르디토의 치즈와 모차렐라 등등.²⁹ 또 다른 저서 《귀족과 지식인을 위한 피타고라스 음식》1781(피타고라스 음식이란 채식주의 식단을 가리킨다)****에서는 채소를 전면에 내세웠는데, 코라도는 채소가 건강식품이며 가장 고급스러운 식탁에도 올릴 수 있는 것이라고 설명한다.

코라도는 《맛있는 크레덴치에레》의 서문에서 요리의 역사적 진화에 관한 이론을 피력했다. 그는 사람들이 단순하게 필요에 따라서만

---

* 원제 *Il credenziere di buon gusto*.
** 원제 *Il cuoco galante*.
*** 원제 *Notiziario delle produzioni particolari del regno di Napoli e delle cacce riserbate al real divertimento*.
**** 원제 *Del cibo pitagorico ovvero erbaceo per uso de' nobili, e de' letterati*. 철학자이자 수학자인 피타고라스는 서구에서 최초로 채식주의를 설파한 사람이다.

먹었던 금욕과 절제의 시대에는 수명이 길지 못했다고 주장했다.

언제나 같은 것을 먹고 거의 같은 방식으로 요리하는 관습은 역겨움을 낳았다. 역겨움은 호기심을 유발했고, 호기심은 경험으로 이어졌다. 그리고 경험은 감수성을 불러일으켰다. 인간은 만족을 얻으려고 음미하고, 맛보고, 변화하고, 선택한다.[30]

결국 결론은 요리였다. 코라도는 고대 로마인들이 호사스럽고 섬세하고 다양하고 장대하게 완성한 요리가 단순하면서도 자연스러운 예술이라고 생각했다. 나폴리의 주방장인 그가 보기에, 이탈리아인들은 음식에 대한 로마인의 열정을 계승해서, 이를 마침내 자신들을 뛰어넘게 될 프랑스인들에게 전달해주었던 것이다.

음식을 쾌락과 유흥의 원천으로 삼아 관심을 기울인 대표적인 사람이 당대에 가장 악명 높았던 난봉꾼 조반니 자코모 카사노바 1725~1798였다. 그는 식사 자리를 재치 있는 대화와 유혹의 기회로 활용했다.[31] 요리의 고급화에 대한 반론도 만만치 않았다. 루이 드 조쿠르Louis de Jaucourt, 1704~1779●는 계몽주의 시대의 금자탑인 《백과전서》의 요리에 관한 항목에서, 과도하고 퇴폐적인 요리와 먹는 것에 집착하는 풍조는 카테리나 데메디치가 프랑스에 오면서부터 시작된 현상인데, 이것이야말로 타락의 전조라고 비판했다.[32] 많은 이탈리

● 프랑스의 계몽주의 학자 루이 드 조쿠르는 디드로와 달랑베르가 주도한 《백과전서》 편찬에 참여해 약 1만 8000개 항목을 집필했다.

프란체스코 나리치 Francesco Narici(?), 〈자코모 카사노바〉, 캔버스에 유화, 1767(?)

아인들이 지나치게 복잡한 음식을 경멸한 드 조쿠르의 태도에 동조했다. 가톨릭 보수주의자들은 음식에서 향락주의를 추구하거나 인위적인 꾸밈새를 중시하는 것은 개인의 도덕에도 바람직하지 않고 사회 풍속에도 악영향을 끼친다고 생각했다. 당시 많은 귀족이 풍성한 식단을 선호했는데, 이는 자신들의 특권과 직위가 전례 없이 위협받는 시기에 식사만은 아직까지 부와 권력을 과시하기에 적합한 수단으로 남아 있었기 때문이다.

이탈리아 내 여러 국가에서 느리게 한정된 범위로 진행되던 정치·경제 개혁은 18세기 말과 19세기 초에 프랑스를 뒤흔들었던 극적인 대사건, 곧 프랑스 대혁명으로 말미암아 가속화했다. 프랑스 국왕이 참수되고, 공화정이 세워지고, 공포정치가 등장하고, 부르주아들이 반격하고, 마침내 나폴레옹이 등장해서 시칠리아를 제외한 이탈리아의 대부분을 손에 넣었다. 시칠리아는 영국의 보호령이었다. 이탈리아 반도의 북부와 중부에 공화국들이 세워졌는데, 현지의 혁명가들이 자치를 쟁취하고자 치열하게 투쟁했지만 프랑스 군대의 지배를 면하지 못했다. 나폴레옹이 워털루에서 패배한 후 반反프랑스 동맹군은 빈에서 회의를 열고, 프랑스혁명 이전 상태로 유럽의 정치 질서를 되돌리기로 합의했다. 이와 함께 폐위되었던 이탈리아의 모든 왕조가 잃었던 영토를 되찾았다. 그렇지만 이런 상황이 오래 지속되지는 않았다.

정치적 격변의 와중에도 이탈리아는 놀랍도록 다양한 지역 문화와 경제 구조를 유지하고 있었다. 알프스 산간 지역에서는 토지 소유권이 분산되어 있어서, 소규모 자영 농민들이 공유지에서 작물을 재배하고 양치기들은 여름철에 그 땅에서 양을 먹이는 등의 전통적인 권리를 누렸다.

알프스 남쪽의 언덕땅에서는 몇몇 가족끼리 모여 살면서 '마세리아masseria'라는 대규모 농장을 공동 경작했는데, 전체 생산량의 절반은 지주의 몫으로 돌아갔다. 시간이 지나면서 이들 농장은 개별 가족이 경작하는 소규모 농지로 쪼개지게 되었고, 지주들은 여러 가족으로 이뤄진 공동 경작 집단을 상대할 때보다 훨씬 쉽게 소작농을 통제할 수 있게 되었다. 이제 농민이 소작료로 내야 하는 밀의 양이 미리 정해졌다. 이 물량을 생산하는 데 전체 농지의 절반 이상을 바쳐야 하는 경우가 많았다. 농민들은 가장 좋은 땅에 밀을 심어야만 했는데, 정작 자신들은 감자나 옥수수로 연명했다. 당연한 결과로 농민의 생활 수준은 곤두박질쳤으며, 펠라그라병이 만연했다. 펠라그라병은 설사와 피부염을 일으키고, 심해지면 치매와 죽음에까지 이르는 병이다.[33] 비타민B 결핍이 원인인데, 앞 장에서 말한 닉스타말화 과정을 거치지 않고 옥수수를 먹을 경우 활성화한 니아신(비타민B_3)을 섭취할 수 없기 때문에 발생하는 것이다. 이 때문에 옥수수는 상류층의 식단에서 배제되곤 하는, 가난을 연상케 하는 음식이 되었다.

한편 포 강 유역 평원에서는 판매를 목적으로 상업 작물을 재배하는 농업이 주를 이루었다. 지방정부가 공공사업으로 관개 시설을 갖춰놓은 덕분에 이 지역은 이탈리아에서 가장 발전한 지역이 되었다.

19세기에 옥수수는 전 이탈리아에서 재배되었으며, 주로 폴렌타로 만들어 먹었다.

법적으로 토지 매매가 용이했고, 농업과 노동집약형 목축업을 통합하는 근대 기술이 이용되었다. 이렇게 상황이 무르익자 '아피투아리오affittuario' 또는 '피타볼로fittavolo'라고 불리는 사업가들이 등장했다. 이들은 부재지주에게서 중간 규모나 대규모 농장(카시네cascine)을 임대해 경영하면서, 최대한 이윤을 내려고 했다. 이런 곳에서 농사일을 하는 사람은 대부분 일당을 받는 임금 노동자(브라찬티braccianti, 이 말은 '팔'을 뜻하는 '브라차braccia'에서 파생되었다)였다.

그러나 중부 이탈리아에서는 여전히 전통적인 소작농(메차드리아mezzadria)이 주류를 이루었다. 농지는 '포데레podere'나 '파토리아

'fattoria'라고 하는 단위로 나뉘어 있었는데, 그 안에 농민 가족이 거주하는 집과 헛간이나 마구간 같은 시설도 들어갔다. 지주가 생산량의 절반을 가져가는 소작 제도로는 투자를 활성화하기 어렵다. 게다가 농민들은 시장과 동떨어져 살기에 자급자족을 위한 생산 활동을 해야 했다. 이는 시장 판매를 목적으로 하는 환금 작물이 널리 재배되기에 좋은 환경이 아니다. 그리하여 북부에 널리 퍼진, 쉼 없는 돌려짓기 농법이 토스카나와 중부 이탈리아까지 확산되지는 않았다. 폭이 좁은 밭에 빽빽하게 심은 나무 사이사이로 포도 덩굴이 늘어져 있는 '알베라타 alberata'● 의 대지에서는 아직도 휴경 기간을 두는 경우가 많았다.

남부 이탈리아에서는 여전히 귀족과 교회가 토지 대부분을 소유하고 있었다. 극히 일부만이 프랑스군 점령 기간에 국유지가 되었다. 농촌의 빈민들은 토지를 소유하지 못했기 때문에 임금 노동자처럼 일하고 있었다. 이들은 때때로 작은 땅뙈기를 임대하기도 했지만, 그런 땅에서 거두는 것은 자급하기에도 부족한 경우가 많았다. 이들은 보통 언덕배기나 산기슭에 있는 마을에 살면서 자기가 농사짓는 땅 또는 자기가 임금을 받고 농사일을 하는 곳까지 매일 걸어 다녀야 했다. 이런 절망적인 상황에서 유일한 예외가 과일나무나 올리브나무와 포도를 함께 심은 해안 지방이었다. 그런 곳에서는 시장에서 좋은 값을 받을 수 있는 고급 상품을 생산했다.

● 포플러와 느릅나무를 기둥으로 삼아 포도를 재배하는 농법. 본래 '나무가 늘어선 것'을 가리키는 말이다.

전반적으로 보아, 이탈리아가 통일되기 전의 한 세기 동안 농업은 느리지만 분명히 멈추지 않고 자본주의적 생산 형태로 나아가고 있었다. 농촌 노동자의 삶을 규정하던 전통적인 관습을 무너뜨리는 경제적인 요인들이 작용했기 때문이다. 토지의 사유화, 새로운 계약 형태, 생산 방식의 재조직이 농민의 생활 조건을 악화시키고 있었다. 이때는 사망률이 줄어들면서 인구가 증가하기 시작한 때였다.[34]

통일 이탈리아의 탄생

앞서 서술한 대로 지역마다 다양한 풍경이 펼쳐졌던 이탈리아 반도가 1800년대 중반부터 모두 단일한 이탈리아왕국에 속하게 되었다. 빈 회의 결과 사보이 왕가가 제노바공화국까지 병합할 수 있었다.● 사보이 왕가의 기존 영토는 피에몬테와 사르데냐를 아울렀으므로, 이는 나폴레옹 시대의 종말을 의미하는 동시에 제노바의 독립에 종언을 고하는 일이었다. 나폴레옹이 베네치아를 점령한 다음 오스트

● 중세에 사보이 가는 알프스 산맥 서부 지역을 다스리던 백작 가문이었다. 아메데오 8세(재위 1391~1440) 때 피에몬테를 병합한 뒤 1416년 공작 작위를 받았다. 16세기 중반과 17세기 후반 프랑스의 지배를 받은 적도 있으나 차츰 영역을 넓히더니 1713년 비토리오 아메데오(재위 1675~1730)가 시칠리아 왕위에 오르기에 이르렀다. 비토리오 아메데오는 1718년 시칠리아를 합스부르크 왕가에 넘겨주고, 대신 에스파냐가 지배하던 사르데냐를 넘겨받았다. 이로써 사보이(오늘날엔 프랑스에 속해 있는 사부아 지방), 피에몬테와 롬바르디아의 일부, 그리고 사르데냐에 걸친 사르데냐왕국이 성립되었다. 나폴레옹 전쟁 기간(1792~1815)에는 사르데냐를 제외한 영토를 프랑스군에 빼앗겼다가, 1815년 프랑스군이 물러간 뒤 피에몬테를 되찾고 제노바까지 병합했다. 이탈리아 통일운동을 거쳐 1861년 비토리오 에마누엘레 2세(재위 1843~1878)가 이탈리아왕국의 왕이 되었고, 사보이 가는 1946년 왕정이 폐지될 때까지 이탈리아왕국의 군주 자리를 지켰다.

리아에 넘김으로써 베네치아공화국에 종말을 고했던 것과 마찬가지 상황이었다.

이탈리아 반도에서 외세를 몰아내고 절대주의 왕권을 타도하려는 정치 공작과 봉기의 나날이 흘러간 뒤 1848년에 사보이 왕은 이탈리아 북부와 중부의 광대한 지역을 합병하고자 전쟁을 개시했다. 1860년 주세페 가리발디1807~1882가 지휘하는 원정대가 시칠리아에 상륙한 다음, 다시 반도 남단으로 진군했다. 결국 시칠리아 섬과 반도 남부를 지배하던 부르봉 왕조가 몰락하고, 이듬해인 1861년 이탈리아왕국 성립이 선포되었다. 이탈리아군은 1866년 베네토를 정복하고, 1870년에는 교황령이던 로마로 진군했다. 교황에게는 바티칸 시국만 남게 되었으며, 1929년 라테란 조약으로 바티칸과 이탈리아가 공식적인 관계를 복원할 때까지 교황청은 외교적으로 이탈리아와 완전히 단절되어 있었다.

중부 지방의 농민들은 가리발디군이 진군해 와서 통일이 이뤄지면 세상이 변하리라 기대했고 남부의 농민들은 더욱 그러했지만, 환상은 곧 처참히 깨지고 말았다. 남부의 부르봉 왕조를 타도하는 데 현지인들의 도움이 절실히 필요했던 가리발디는 시칠리아 섬에 상륙하자, 필요한 사람들에게 토지를 재분배하겠다고 약속했다. 하지만 시칠리아 동부의 브론테 시에서 소요가 일어나자, 이탈리아군의 니노 빅시오Nino Bixio 장군은 봉기를 진압하면서 시위대 일부를 엄벌에 처했다. 1870년 로마가 점령된 뒤에도 귀족 소유 토지에 대해 중요한 개혁 조치가 전혀 이뤄지지 않았으며, 교회 소유지였던 땅

1837년의 이탈리아

주세페 가리발디, 명함판 사진, 1861

은 중부와 남부 지방에서 성장하던 부르주아 계급의 재산만 불려주었다. 새로 땅을 차지한 지주 대부분은 근대식 농경 기술을 도입하지 않고, 과거 지주들이 사용하던 방식을 약간 변형해 적용했을 뿐이다. 그들은 농민이 노는 땅을 이용할 수 있었던 전통적인 권리를 완전히 없애버리고, 자신들의 사업에 유리한 근대적 재산권을 주장했다.

통일된 이탈리아의 첫 정부는 농업의 주도권을 민간에 넘겨버렸다. 1863년에서 1866년 사이 피에몬테에서 전 수상 카밀로 벤소 디 카보우르Camillo Benso di Cavour, 1810~1861의 이름을 딴 운하망이 완공되었고, 1878년에는 아브루초 지방에 있는 푸치노Fucino 호수의 물 빼기 작업이 완료되었다. 1882년이 되어서야 정부는 습지 매립 사업에 한정된 예산을 투입했지만, 이것은 농업 생산 증대가 아니라 말라리아 퇴치를 목적으로 하는 사업이었다. 그나마도 너무나 비효율적으로 진행되자, 정부는 이 사업의 집행을 민간 업자들이 구성한 컨소시엄에 넘겨버렸다. 어쨌든 이 사업으로 에밀리아로마냐 지방과 로마 인근에 광활한 간척지가 생겨났고, 로마 교외의 마카레세Maccarese 마을에 중요한 민간 농기업이 설립되었다. 이 시기에 산사태를 막으려고 산비탈에 숲을 조성하기 위한 법률을 제정했는데, 산사태는 2011년 10월 친퀘 테레의 마을들을 덮친 비극에서도 알 수 있듯이 오늘날에도 이탈리아를 괴롭히고 있는 문제다.

통일 이후 수년 안에 왕국 내부의 국경과 관세가 모두 철폐되었다. 또한 철도가 건설되어 물자를 운송하기 편리해지자, 지주들은 시장에 맞춰 농작물 생산을 전문화하기 시작했다. 남부 지방에서는 감귤류와 아몬드 플랜테이션이 대규모로 조성되었고, 피에몬테와 롬바르디아에서는 쌀 생산에 집중한 지역이 많아진 반면, 베네토와 에밀리아에서는 벼농사가 거의 사라졌다. 올리브유와 와인 생산도 증가했지만 대부분은 생산지에서 소비되었다. 반대로 파스타와 치즈는 외국의 수요가 점차 많아졌다.[35]

그렇지만 이탈리아의 농업은 여전히 충분하지 못한 운송 능력, 복잡한 유통 구조, 보관 시설이 부족하고 신용거래가 잘 이뤄지지 않는 점, 이해할 수 없는 세금과 각종 부담금 등등으로 애로가 많은 상황이었다. 또한 이탈리아 농업이 점차 세계 무역 시장에 편입되면서 농촌 지역은 시장경제의 불확실성을 고스란히 겪게 되었다. 1880년대에 일어난 세계적인 공급 과잉 사태로 말미암아 농업 소득이 위축되었고, 농촌 노동자들은 어쩔 수 없이 시골 마을을 떠나 외국으로 이주해야 했다. 이들은 대부분 미국이나 캐나다, 아니면 베네수엘라, 브라질, 아르헨티나 같은 남아메리카 국가에 정착했다. 이탈리아인들이 세계 곳곳으로 흩어져 간 이민의 역사가 이때 시작되었다. 이 시기의 경제위기는 이탈리아인의 하루 평균 섭취 열량도 떨어뜨렸다. 1870년대 2647kcal였던 하루 평균 섭취 열량이 1880년대에는 2197kcal로, 1890년대에는 2119kcal로 떨어졌다.[36]

나라의 통일이 곧바로 국민의 통합으로 이어지지는 않았다. 농촌 지역의 주민 대부분과 도시 거주민 상당수가 문맹이었고, 표준 이탈리아어를 구사하지 못했다. 사회·정치 체제도 지역마다 판이했기 때문에, 정부는 여러 해 동안 행정 체계를 세우느라 분투해야 했다.

정부는 시칠리아와 남부 지방에서 특히 고전했는데, 이들 지역의 산간 지대는 산적이 장악하고 있었으며, 지역민들이 산적을 지지하는 경우가 많았다.

당시 시골 지역의 식사는 음식의 종류가 매우 한정되어 있었고 영양도 충분치 않았다. 생산된 밀은 주로 도시에 거주하는 중간 계급이 소비했고, 농촌 노동자들은 옥수수, 보리, 조, 메밀, 밤, 렌틸콩, 누에콩, 병아리콩을 먹었다. 곡물을 가루 내어 죽, 만두, 빵, 포카차로 만들어 먹고, 콩 종류와 쌀로도 얼마간 영양을 섭취했다. 시칠리아와 풀리아에서는 주로 밀을 생산했기 때문에 농민이 밀을 먹을 수 있었지만, 생활 여건은 나을 것이 없었다. 아래는 시칠리아의 카타니아 사람인 마리오 라피사르디 Mario Rapisardi가 쓴 〈수확꾼들의 노래 Il canto dei mietitori〉 1888의 일부다.

우리는 수확하는 군대
그래서 나리님들의 곡식을 거둔다네.
유월의 태양, 그 타는 듯한 태양이 우리를 반겨
우리 피를 데우고 코를 까맣게 태우고
우리 손에 쥔 낫을 붉게 달구네,
우리가 나리님들의 곡식을 거두는 동안 ……
우리 어린 자식들은 먹을 빵이 없어
모를 일이네, 내일 죽어버릴지도,
나리님네 개가 먹는 밥이 부러워.

우리는 계속 나리님들의 곡식을 거둔다네.
태양에 취해서 우리 모두가 흔들거리는데,
물과 식초, 빵 한 쪽과 양파 하나면
충분하리, 우리 갈증을 풀고 허기를 달래는 데.
어쩌면 배가 부를지도 몰라.
우리 모두 나리님들의 곡식을 거두세.[37]

노동자들이 하루 종일 포도를 수확하거나 올리브를 따서 짜거나 돼지를 도축하는 날에는 생산성이 떨어지지 않도록 많은 음식이 제공되었다.[38] 사실주의 작가 조반니 베르가1840~1922가 쓴 단편소설 〈물건 La Roba〉 1883에는 시칠리아의 포도 수확이 잘 묘사되어 있다.

포도를 수확할 때가 되면 온 마을 사람들이 떼 지어 그의 포도밭으로 몰려들었고, 어디서나 사람들이 마차로의 포도를 따면서 부르는 노랫소리가 들렸다. 밀을 거둘 때면 마차로의 수확꾼들은 마치 군대처럼 온 벌판에 쫙 퍼졌고, 그 사람들 모두를 먹이려면 돈을 몇 줌이나 내놓아야 했다. 이른 아침에 먹는 비스킷, 아침 식사로는 빵과 세비야 오렌지, 들에서 먹는 점심 도시락, 저녁 식사로는 라자냐를 준비해야 하는데, 라자냐는 세숫대야만 한 대접에다 채워줘야 했다.[39]

중앙정부는 이탈리아 노동 계급의 상황을 제대로 파악하고자 표본

조사와 민족지리학 연구에 자금을 지원했다. 그중 1881년~1886년 스테파노 야치니Stefano Jacini가 주도한, 농촌 사회 계급의 실태에 관한 조사 연구가 있다.[40] 연구 결과에 따르면 노동 계급 가계소득의 80퍼센트 정도가 식비로 사용되었고, 그 대부분이 기본적인 식료품에 쓰였다.[41] 나폴리에서 노동자들이 거주하는 동네에는 마카로니를 파는 노점이 있었으며, 많은 사람들이 거리에서 그 마카로니를 사 먹었다. 고기는 소량만 소비되고 아주 특별한 경우에만 먹었다.

반면 1892년 로마에서는 고기 수요에 맞춰 초대형 도축장이 문을 열었다. 이는 수도 로마의 지위도 있고, 새 통일 정부의 각 부처 사무실에 고용인과 관료들이 유입된 것도 한 요인이었다. 그러나 대부분의 노동 계급은 좋은 고기 부위를 손에 넣을 수 없었고 '제5쿼터quinto quarto'라는 모순된 이름으로 불리는 부위,• 곧 고기를 발라내고 남은 내장이나 사 먹을 수 있었다. 소의 꼬리, 젖먹이 송아지의 내장과 양胖(소의 위장) 같은 것이 곧바로 로마 하층민의 식단에 등장했다. 코라텔라coratella(양의 허파와 심장에 아티초크 조각을 함께 넣고 볶은 요리), 코다 알라 바치나라coda alla vaccinara(소꼬리와 허브, 라드, 잘게 썬 토마토를 함께 넣고 푹 삶은 요리. 코코아 가루나 잣을 뿌리기도 한다), 트리파 알라 로마나trippa alla romana(토마토소스와 박하를 넣은 양胖 스튜 요리로 페코리노 로마노•• 가루와 함께 먹는다) 등이 그것이다.[42]

• 서양의 도축은 사지를 기준으로 전체를 1/4로 나누는 데서 시작하기 때문에, 그렇게 나눈 각 부분을 쿼터(1/4)라고 부른다. 제5쿼터는 쓸모 있는 고기를 모두 발라내고 남은 내장, 지방, 힘줄, 잘게 부서진 자투리 등을 의미한다.
•• 양젖으로 만든 단단한 치즈. 로마 근교에서 처음 만들어졌다.

양(소의 위장)은 19세기 말 하층민에게 중요한 식재료였다.

이탈리아의 지식인과 정치인은 영양 부족 상태를 분석할 때 북부와 남부의 격차를 기본 틀로 삼기 일쑤였는데, 이에 대해서는 역사학자 캐럴 헬스토스키가 '두 식단 이야기'a tale of two diets'라고 적절하게 꼬집은 바 있다.[43] 의심할 여지 없이 계급 격차가 지리적 환경보다 더 결정적인 요인이었으며, 도시의 육체 노동자와 농촌 노동자는 다 함께 만성적인 식량 부족으로 고통을 겪고 있었다. 상황이 이러한지라 사회는 곧잘 동요했다. 정부가 방앗간세를 부활시켜 방아를 찧는 횟수에 따라 세금을 부과했던 1868년, 곡물에 소비세를 부과했던 1887년에 그러했다. 그리고 1880년대 농업 불황의 여파로 물가가 빠르게 치솟자 1898년에는 주요 도시에서 폭동이 일어났고, 급기야 밀라노에서 시위대가 학살을 당했다.[44] 사회역사학자 파올로 소르치넬리가 날카롭게 지적한 것처럼 "이탈리아인들은 먹기 위해서 시위하고 저항하는 법을 배워야 했다."[45] 고정 임금을 받는 노동자가 많았던 포 강 유역 평원에서는 노동자들이 스스로 단결해서 임금 인상을 요구하며 고용주와 협상하거나 파업을 벌였다.

19세기 말엽, 당시에는 신선한 식품, 말린 식품, 소금에 절인 식품 할 것 없이 농산품 대부분이 현지에서 소비되었는데도 산업 식품을 제조하는 기업이 등장했다.[46] 유통 인프라도 지지부진한 상태였다. 1897년 밀라노에 대규모 냉장창고가 개관했고, 이어서 비슷한 시설들이 북부 이탈리아에 들어섰다. 다른 유럽 국가들에 비해서는 한참 뒤처진 출발이었다. 이런 시설은 주로 도축한 고기를 보관하는 데만 사용되었는데, 이는 사람들이 아직 냉동식품을 미심쩍게 여겼기 때문이다. 1차 세계대전 때에야 이런 태도에 변화가 생겼는데, 전방에 나간 병사들에게는 고기를 얼리거나 통조림으로 만들어서 공급할 수밖에 없었기 때문이다.[47]

파스타는 이미 지난 세기에 기술 혁신을 거쳤기 때문에, 앞장서서 더 효율적인 유통망을 개척하고 있었다. 밀 거르는 체, 기계식 반죽기, 건조기 등 증기나 전기로 작동되는 기계들이 파스타 생산에 활용되었고, 그렇게 생산된 파스타가 전국으로 운반되고, 심지어 전 세계에 퍼져나간 이민자들의 수요까지 충족할 수 있었다. 그라냐노와 토레 안눈치아타는 여전히 파스타 생산의 중심지였으며, 아브루초(데체코 사, 코코 사), 에밀리아(바릴라 사), 토스카나(부이토니 사) 등지에서도 새로 파스타 공장이 문을 열었다. 파스타는 원래 남부의 전통 산물로 인식되었지만, 점차 국가적인 특산물로 받아들여졌다. 다만 지역마다 각기 다른 모양이나 길이로 지방색을 나타냈다. 소비자들은 세몰리나●로 만든 파스타, 보통 밀가루로 만든 파스타, 혹은 이 둘을 섞어 만든 파스타를 골라 먹을 수 있었으며, 사프란을 넣어 노란색으로 물들인 것, 토마토를 넣어 붉은색으로 물들인 것, 시금치를 넣어 녹색으로 물들인 것을 고를 수도 있었다. 파스타 알루오보 pasta all'uovo(날달걀이나 달걀가루를 첨가한 것)와 만두형 파스타 제품도 등장했으며, 제조사들은 제품을 차별화하기 위해 글루텐, 철분, 칼슘, 맥주용 효모 등등 영양가를 높이는 것으로 여겨진 각종 첨가

● 듀럼밀로 만드는 밀가루로, 일반 밀가루보다 입자가 굵고 거칠다. 마카로니와 스파게티의 원료가 된다.

물을 파스타에 넣었다.⁴⁸ 파스타를 토마토소스와 함께 먹는 것은 원래 나폴리 방식이었는데, 빠르게 북쪽으로 퍼져나갔다.⁴⁹

니콜라스 아페르1750년경~1841년˙가 그 원리를 발견해 발전하기 시작한 통조림 기술은 전통 식품 콘세르바 네라conserva nera 생산에 새로운 지평을 열었다. 콘세르바 네라는 으깬 토마토를 삶아서 햇볕에 말린 거무스름한 페이스트로, 주로 겨울철에 소스로 사용되던 식품이다. 1880년대의 경제위기 이후 곡물 값이 급락했기 때문에 농민들은 수익을 올릴 만한 작물을 찾고 있었다. 그때 남부의 나폴리와 살레르노 일대, 북부의 파르마와 피아첸차 일대에 토마토가 중심 작물로 등장했고, 때맞춰 통조림 산업이 활기차게 등장했다. 토리노를 본거지로 한 치리오 사가 토마토 통조림 사업에 뛰어들어 나폴리 인근에 공장을 열고는, 빠른 속도로 세계적인 유통망까지 갖추었다.

오늘날에도 이탈리아인들은 이 시기에 생산되기 시작된 식품 브랜드에 친숙하다. 페루자의 페루지나 초콜릿, 토리노의 카파렐 사가 만든 헤이즐넛 초콜릿 '잔두이오티Gianduiotti', 역시 토리노의 마르티니&로시와 친차노가 만든 술들, 롬바르디아 지방 사론노 마을에서 만드는 라차로니 쿠키, 트리에스테의 브랜디 위스키 스토크 등등.⁵⁰ 이들 제품은 해외에서도 명성을 떨쳤고, 이는 아직 작은 규모지만 성장하고 있던 고급 소비문화를 촉진했다. 고급 상품을 소비하는 문화를 형성한 이탈리아 전역의 상층·중층 계급에게 '브랜드'란 차츰

˙ 니콜라스 아페르(Nicolas Appert)는 프랑스인 요리사, 제과사, 증류주 제조인으로, 1804년에 병조림을 발명해 '통조림의 아버지'로 불린다.

조르조 조머, 〈나폴리의 파스타 공장〉, 1875

범람하는 불량품을 피하는 수단이었다.[51]

이 시기까지도 와인 산업은 한참 뒤처져 있었다. 생산되는 와인의 대부분은 알코올 함유량이 높은 '비니 다 탈리오vini da taglio'로, 외국에 수출되어 그 지역의 와인과 섞어 마시는 용도로 활용되고 있었다. 다양한 품종의 포도를 섞어 만든 식사용 와인 '비니 스푸시vini sfusi'는 질보다 양을 중시하는 상품이었다. 포도나무에 치명적인 질병인 포도뿌리혹벌레(필록세라)•가 1870년대 프랑스에 번진 데 이어 1880년대 말에 이탈리아로 유입되자, 포도 재배자들은 기존의 포도나무를 뽑아버리고 포도 농사를 효율적으로 재편할 수밖에 없었다. 이 재편 작업으로 생산성이 높아졌고, 생산성이 낮은 기존의 많은 품종이 밀려났다.[52] 일부 지역에서는 상업성이 확장될 조짐도 나타났다. 서부 시칠리아 토박이인 플로리오Florio 가문은 나폴레옹 점령 기간에 영국인이 처음 상품화한 와인을 인수해서 인기 있는 브랜드로 만들었다. 강화 와인••인 마르살라 와인이 그것이다.[53] 피에몬테의 베르무트•••와 함께 마르살라는 부르주아들이 선호하는 브랜드가 되었다. 피에몬테에서는 간차나 친차노 같은 기업이 베르무트를 제조해 농민의 생산 의욕을 북돋웠다.

중앙정부는 전국의 식습관을 통일하는 데 공헌했다고 할 수 있는

● 필록세라(phylloxera)는 포도나무의 진액을 빨아먹는 해충이다. 19세기 중엽에 미국 동부에서 유럽으로 전해져서 프랑스·이탈리아·독일의 포도밭을 초토화시켰다. 유럽의 농민들은 필록세라에 면역성이 있는 미국 동부의 포도나무와 유럽의 포도나무를 접붙여서 다시 포도 농업을 일구었다.
●● 일반 와인에 증류주를 첨가해서 알코올 도수를 15° 이상으로 높인 와인.
●●● 강화 와인의 일종으로 여러 가지 약초나 허브를 넣어 향을 가미한 술.

데, 이는 의무 병역 제도의 부수적인 효과였다. 젊은 남성은 5년 동안, 1875년 이후에는 3년 동안 군 복무를 위해 집을 떠나, 알아들을 수 없는 사투리를 사용하며 풍습도 낯선 타지에서 생활해야 했다.[54] 이탈리아군의 지휘관들은 이들의 생활 여건, 특히 식생활이 군의 사기를 진작하는 데 결정적인 요인이라는 사실을 잘 알고 있었다.[55] 사실 징집된 젊은이들 중 많은 이들에게 하루에 꼬박꼬박 세 끼 식사를 하는 것도 난생처음 해보는 일이었다. 군용 식품 중에서 통조림 고기 같은 것은 크게 인기가 없었지만, 커피나 토마토소스를 올린 파스타, 치즈 등은 병사들이 즐겨 먹는 일상 식품이 되었다. 의무 병역을 마친 전역 병사들은 군 복무 시절의 입맛을 고스란히 갖고 집으로 돌아왔으며, 이 통일된 입맛은 당시 여전히 국가적 과제로 남아 있던 국민적 일체감의 상징이 되었다.

당시의 정부, 문화 연구가, 자선 단체들은 주로 하층 계급의 식사와 영양 상태에 관심을 쏟았기 때문에 중간층 시민들이 먹던 식사의 양이나 질에 대해서는 알려진 바가 별로 없다. 그렇지만 당시의 신문, 잡지, 요리책 등을 통해서 그들의 요리 관습이나 식탁 예절을 알아볼 수 있고, 무엇보다도 그들이 새 나라의 시민으로서 문화적·사회적 정체성을 형성하게 된 심리적인 동인을 찾을 수 있다. 통일 전에 발간된 요리책에서는 지방색을 드러내는 조리법과 재료를 볼 수 있다. 이런 것들 중 지배층을 위한 조리법과 재료를 보여주는 책이 이폴리토 카발칸티Ippolito Cavalcanti의 《요리의 이론과 실제》1837*다. 좀 더 대중적인 책으로는 《허식 없는 요리사》1834**가 있다. 《새로운 경제적 피에몬테 요리사와 나폴리 집사》1822***라는 책에서는 서로 다른 지역 전통을 결합하고자 시도했다.

처음으로 범국가적 차원에서 이탈리아 부르주아의 음식 문화를 정립하고자 한 책이 펠레그리노 아르투시Pellegrino Artusi가 1891년에 낸 《부엌의 과학과 좋은 식사의 기술》****이다. 아르투시는 1820년 포를리 인근의 작은 마을 포를림포폴리에서 부유한 상인의 아들로 태어났다. 그는 1852년에 근거지를 피렌체로 옮겨, 1911년 죽을 때까지 그곳에서 부유하게 살면서 글쓰기와 요리에 몰두했다. 아르투시는 투자해줄 사람을 찾지 못했기 때문에 자비로 책을 출판했는데, 초판 1000부가 팔려 나가는 데 꼬박 4년이 걸렸다. 하지만 이 책은 곧 중산층 요리사들의 눈에 띄어, 아르투시가 세상을 떠날 때까지 20만 부 이상이 팔렸다. 당시 이탈리아의 문맹률을 감안하면 어마어마한 판매 부수였다. 이 책은 14판까지 발간되었고, 초판에 475개 수록되었던 조리법이 마지막 판에 가서는 거의 800개에 이르렀다. 아르투시는 토스카나, 에밀리아, 로마냐의 요리에 가장 친숙했지만 이탈리아 전역의 조리법을 수집해 실었으며, 전국 각지의 음식과 요리 관련 용어를 혼자 힘으로 정리해내려고 했다.

그가 제시한 조리법들은 다소 엉성한 경우도 있지만, 생생하고 흥미로우며 이야깃거리가 풍성하기 때문에 읽는 재미가 쏠쏠하다.

● 원제 *Cucina teorico-pratica*.
●● 원제 *Il cuoco senza pretese*.
●●● 원제 *Il nuovo economico cuoco piemontese e credenziere napoletano*.
●●●● 원제 *La scienza in cucina e l'arte di mangiar bene*.

아르투시의 요리 종목에는 밀라노의 송아지고기 커틀릿costoletta alla Milanese과 그의 고향인 로마냐의 뱀장어 요리가 있는가 하면 시칠리아의 쿠스쿠스(유대 요리로 간주된다)도 있다. 아몬드와 리코타 치즈를 곁들인 디저트도 있는데 아르투시는 이것을 '나폴리 피자'라고 생각했다. 그는 고추를 잘 쓰지 않았고 사르데냐에 대해서는 언급조차 하지 않았지만, 로스트비프(쇠고기 화덕구이)나 수플레* 등 몇 가지 외국 요리의 조리법도 다루었다. 이는 당시 이탈리아 부르주아의 부엌이 국제적인 영향을 받고 있었음을 암시한다.

  아르투시의 책에는 당시 중간 계급의 문화적·사회적 가치관만이 아니라 음식에 대한 그들의 태도와 힘을 사용하는 방식까지 담겨 있다. 살림의 요령, 위생 문제, 음주에 관한 의학적 조언, 비용 절감과 가계 관리까지 아우르는 교육적인 접근 방식을 취했기 때문이다. 저자는 가볍고 재미있는 어조로 당시의 문화를 더 잘 이해할 수 있는 정보까지 곁들여 제공해준 셈이다. 옆에 옮겨놓은 두 가지 조리법을 보면 알 수 있듯이 그는 재료의 양에 관해서는 정확하게 밝히지 않았다. 아마 대부분 여성이었을 당시의 독자들은 각 재료를 얼마만큼 써야 할지 정확하게 알고 있었기 때문일 것이다.

• 달걀흰자 거품에 치즈나 밀가루, 고기나 생선 등 여러 가지 재료를 넣고 화덕에 부풀려 구운 디저트 요리.

《부엌의 과학과 좋은 식사의 기술》 조리법 I

오징어를 곁들인 피렌체식 검은 리조토

피렌체에서는 연체동물문 두족류에 속한 오징어를 '칼라마이오calamaio'라고 하는데, 이 말은 '잉크통'이라는 뜻이다. (아름다운 토스카나어에서는 종종 비슷한 것의 이름을 따서 말을 만드니까) 아마 조그마한 주머니가 있기 때문일 것이다. 이 주머니는 자연이 준 방어 무기인데, 그 속에는 잉크로도 쓸 수 있는 액체가 들어 있다. 토스카나인들, 특히 피렌체 사람들은 채소를 너무나 좋아해서 어떤 요리에나 채소를 넣는다. 그래서 이 요리에도 비트 뿌리가 들어간다. 그렇지만 내 생각에 여기에 비트 뿌리를 넣는 것은 사도신경 문구에 빵수프pancotto를 넣는 것만큼이나 적절하지 않다. 푸성귀를 남용하면 특정한 지병이 있어 거친 식물의 자극성을 감당하지 못하는 사람에게 허약 체질을 유발하는 중대한 원인이 될뿐더러, 음식의 모양새가 늦가을 낙엽 더미 같은 몰골이 된다.

    오징어의 껍질을 벗기고 뼈와 이빨, 눈, 내장같이 불필요한 부분을 깨끗이 발라내되, 먹물주머니는 버리지 말고 한쪽에 놓아둔다. 물에 잘 씻은 다음 몸통은 네모진 모양으로 작게 썰고, 다리는 여러 개로 토막 낸다. 큰 양파 한두 개와 마늘 두 쪽을 잘게 썰어서 질 좋은 올리브유를 넉넉하게 두른 소스 냄비에 넣고 불에 올린다. 양파가 갈색을 띠면 손질한 오징어를 넣는다. 오징어가 충분히 익어 노르스름해질 때까지 기다렸다가, 미리 손질해둔 근대 600그램을 넣는다. 이때 근대의 굵은 잎맥은 버리고, 잎몸 부분만 큼직큼직하게 썰어서 사용한다. 이것들을 잘 휘저은 다음 30분 정도 익히고 나서, 쌀 600그램(익히기 전의 오징어와 같은 무게)과 앞서 남겨둔 먹물을 넣는다. 소스가 쌀에 충분히 배어들면, 뜨거운 물을 조금씩 부어가며 천천히 익힌다. 통례에 따라 쌀은 약간 설익히되 우리가 말랐다고 하는 상태,

다시 말해 접시에 올릴 때 소복하게 쌓일 만한 찰기는 있어야 한다. 여기에 항상 파르메산 치즈*로 양념하는데, 위장이 과민한 사람은 이 치즈를 사용하지 말아야 한다. 파르메산이나 그 비슷한 치즈로 조리하면 소화가 잘 되지 않기 때문이다.

  이제 이 리조토를 요리하는 또 다른 방법을 소개하겠다. 독자는 둘 중에 마음에 드는 방법을 고르면 된다. 두 번째 방법에는 근대와 먹물이 들어가지 않는다. 오징어가 노르스름한 색을 띠는 시점에 쌀을 넣고, 토마토소스나 토마토 페이스트와 함께 뜨거운 물을 조금씩 부어가며 천천히 익힌다. 여기에 우아한 풍미를 더하기 위해 버터를 조금 추가한다. 조리가 거의 끝날 무렵에 파르메산 치즈를 추가한다. 조금 더 맛을 내고 싶다면, 앞서 '잉어를 곁들인 리조토'에서 했던 것처럼 2/3쯤 조리되었을 때 완두콩을 넣는다.[56]

---

* 본래는 파르마, 레조넬에밀리아, 모데나 등지에서 생산한 파르미자노 레자노 치즈를 가리킨다. 우유를 장기 숙성시켜 단단하게 만든 치즈로 수분이 매우 적다. 용어 설명 참조.

《부엌의 과학과 좋은 식사의 기술》 조리법 II

감자 완자 크로켓

감자 300그램 • 파르메산 치즈 2큰술 수북하게 • 달걀 2개 • 육두구 약간 • 밀가루 필요한 만큼

감자를 삶아 껍질을 벗긴다. 그리고 삶은 감자를 체에 대고 곱게 갈아서, 얇게 편 밀가루 위에 떨어뜨린다. 이렇게 해서 쌓인 감자 더미에 구멍을 내서 소금을 치고, 육두구로 향을 낸 다음, 달걀, 파르메산 가루와 섞는다. 그리고 되도록 밀가루를 적게 써서 이것을 부드러운 덩어리로 만든 다음, 18등분한다. 밀가루를 묻힌 손가락으로 각 덩어리에 작은 구멍을 내고, 그 안을 다진 고기로 채운다. 밀가루를 묻힌 손으로 덩어리 겉면을 문질러서 다진 고기소를 완전히 감싼 다음, 덩어리를 공 모양으로 만들어 라드나 식용유에 넣고 튀긴다. 이것을 고기 튀김 요리의 곁들이로 식탁에 올린다. 이 요리는 호사스럽고 맛이 좋으며, 고기 대신 닭의 내장을 소로 쓰면 비용도 적게 든다. 닭 한 마리를 통째로 산 경우, 볏과 모래주머니, 닭의 뱃속에 들어 있던 알 등을 갈아서 잘게 썬 양파 조금과 버터를 넣어 익힌 다음, 햄 한 장(지방이 있는 부분이든 없는 부분이든)을 네모나게 썰어 넣고 이것을 고기 대신 사용한다. 닭도 없다면 다른 것으로 소를 만들어도 무방하다.[57]

부르주아 가정에서는 가족이 다 같이 모여 식사하는 방식을 받아 들였다. 이는 가부장 중심의 소가족 제도를 강화하는 효과가 있었다. 반면 농촌과 도시의 하층민들은 일하는 시간과 장소에 따라서 다르기는 하지만 대체로 혼자서, 검소하게 먹는 경향이 있었다(축제 때는 예외였다).[58] 역사학자 파올로 소르치넬리가 지적한 대로, 당시 노동자들의 식사 방식은 온 가족이 식탁에 둘러앉아 함께 식사하는 이상적인 전통 가정의 모습이 아니라, 오늘날 패스트푸드를 소비하는 분위기에 더 가깝다. 당시 노동자들은 빨리, 게걸스럽게, 식탁 예절에 별로 개의치 않고 먹었다.[59]

식당이나 중층·상층 계급의 가정에서 먹는 정찬이 서서히 정형화했다. 전채 요리인 안티파스토antipasto를 시작으로, 프리모primo(보통 수프나 파스타인데, 가끔 밥인 경우도 있다), 콘토르니contorni(흔히 채소로 만든 곁들이 음식)를 곁들인 세콘도secondo(고기나 생선 요리)가 이어지고, 마지막으로 디저트가 나오는 방식이다. 안티파스토를 건너뛰는 경우도 있는데, 남부 지방에서는 그럴 때도 식사 전이나 도중에 손으로 집어먹을 수 있는 올리브, 저민 살라미 조각, 치즈 조각 등이 나오는 것이 보통이었다. (오늘날에도 기본적으로 같은 식사 순서가 지켜진다. 현대 이탈리아인의 일상적인 식사는 대개 이보다 적은 코스로 이뤄지지만, 특별한 때나 일요일에 제대로 차려 먹는 식사는 이 순서를 따른다.) 이 새로운 구성 방식을 따르면, 손님을 초대한 주인은 코스의 내용과 순서를 정하면서 실례를 범하지 않고도 음식의 양을 조절할 수 있었다. 부르주아 가정에서는 일요일의 식사를 어떻게든 특별한 것, 중요한 연회의 축소판 같은 것으로 만들려고 했다. 그러나 주중의 식사는 훨씬 단순했으며, 한 번 사용하고 남은 재료를 활용할 수 있는 조리법을 선호했다.

호텔과 식당이 번창해서 부르주아를 위한 과시적인 소비의 현장이 되었다. 식탁 서비스의 관점에서 보면 '러시아식'이라고 알려진 새로운 서비스 방식이 일반적인 형태가 되었다. 이것은 모든 손님에게 동시에, 개별 접시에 올린 요리를 하나씩 차례대로 내놓는 방식으로, 여러 요리를 한꺼번에 상에 올려놓던 예전 방식과는 상반된 것이다.

격식 차린 식당에 갈 여유가 없는 사람들은 오스테리아osteria나 트라토리아trattoria* 같은 간이식당을 애용했다. 많은 도시 거주민이 일요일에 가까운 교외로 나가, 트라토리아에서 간단한 식사를 사 먹었다. 와인만 주문하면 손님이 싸 온 음식을 꺼내 먹어도 되는 트라토리아도 있었다. 이러한 장소에서 파는 와인의 품질은 가격에 따라 천차만별이었다.

더 가난한 사람들은 와인 대신 포도 지게미를 발효한 물을 마시거나, 발효에 실패해 신맛이 나는 와인vinegary wine에 물을 타서 마셨다. 1890년대 초 프랑스와 관세전쟁**이 벌어지고 나서야 이전에는 수출되던 와인이 대거 내수 시장에 풀려 와인의 값이 떨어졌고, 와

● 복수형으로 통틀어 말할 때는 오스테리에(osterie), 트라토리에(trattorie)라고 한다.
●● 관세전쟁이란 교역 상대국끼리 경쟁적으로 관세를 높여 수입을 막으려고 하는, 보호 무역의 극단적인 형태다.

Statens Museum for Kunst, Copenhagen

카를 하인리크 블로크, 〈로마의 오스테리아〉, 캔버스에 유화, 1866

인 소비가 늘어났다. 외국에서는 진보적인 의학계 인사 대부분이 알코올 의존을 치료가 필요한 상태로 보았지만, 이탈리아인들의 인식에는 양면성이 있었다. 와인을 건강에 좋고 영양가 있으며 말라리아 치료 효과도 있어 독한 술에 비해 훨씬 안전한 것으로 생각하는 한편, 지나치게 많이 마시면 패가망신을 면치 못한다고도 생각했던 것이다.[60]

도시가 아닌 지역의 소득 수준과 생활 여건은 여전히 도시의 육체노동자들보다도 뒤처졌다. 1879년 초등 교육이 의무화되었지만 문맹이 흔했다. 대체로 남성보다 여성과 어린이의 영양 결핍이 더 보편적이었는데, 남성은 생계비를 벌어 오는 존재이기 때문에 변변치 않은 음식이라도 더 많이 먹어야 한다고 여겼던 것이다.

> 여성들은 (독신이건 결혼을 했건) 부엌이나 방구석이나 재단기 위나 장작더미 위에서, 선 채로 손에 접시를 들거나 바닥에 앉아, 금속제 식기 없이 식사를 했다. 금속제 식기는 남성의 전유물이었다. 흔히 여성들은 (피에몬테의 한 여성 농민의 기억에 따르면) '그들(남자들)이 집에 없을 때' 혼자서 남은 음식으로 식사를 했다.[61]

1880년대의 농업 위기가 포 강 유역 평원에서는 농업 발전의 토대가 되었지만, 그때 이탈리아 중부와 남부에서는 농촌 노동자들의 생활 수준이 악화되었다. 성장세를 탄 북부의 산업체들은 일손이 필요한 철에 일시적으로 많은 농민을 계절노동자로 고용했고, 이 덕분에 농민 가정의 소득이 전보다 올라 좀 더 다양한 음식을 소비할 수 있게 되었다. 따라서 북부의 여러 지역에서 펠라그라병이 감소 추세로 돌아섰다.[62] 그러나 중부의 소작인들 사이에서는 오히려 펠라그라병이 확산되었다. 특히 산간 지대의 상황이 심했는데, 그곳은 이전에 펠라그라병이 희귀한 병으로 여겨지던 지역이었다. 병이 확산된 원인은 그곳 농민들이 옥수수를 주식으로 삼을 수밖에 없었기 때문이다. 환금 작물로 번 돈으로는 세금을 내고 소비재를 구매해야 했다.[63]

이탈리아 농민이 강인하고 검소한 구두쇠 노동자라는 신화는 농촌의 생활 수준을 개선하는 데 실패한 정치 지도자들과 상류층이 내세운 핑곗거리에 불과했다. 동시에 농업 노동자들은 굼뜨고 게으르며 의욕이 없는 사람들로 그려졌다. 그 원인이 영양 부족 때문이라는 사실은 무시되었다. 20세기에 들어선 시점에도 이탈리아인 절대다수는 농업에 종사했다. 산업 발전이나 경제 개발은 아직 먼 이야기였다.

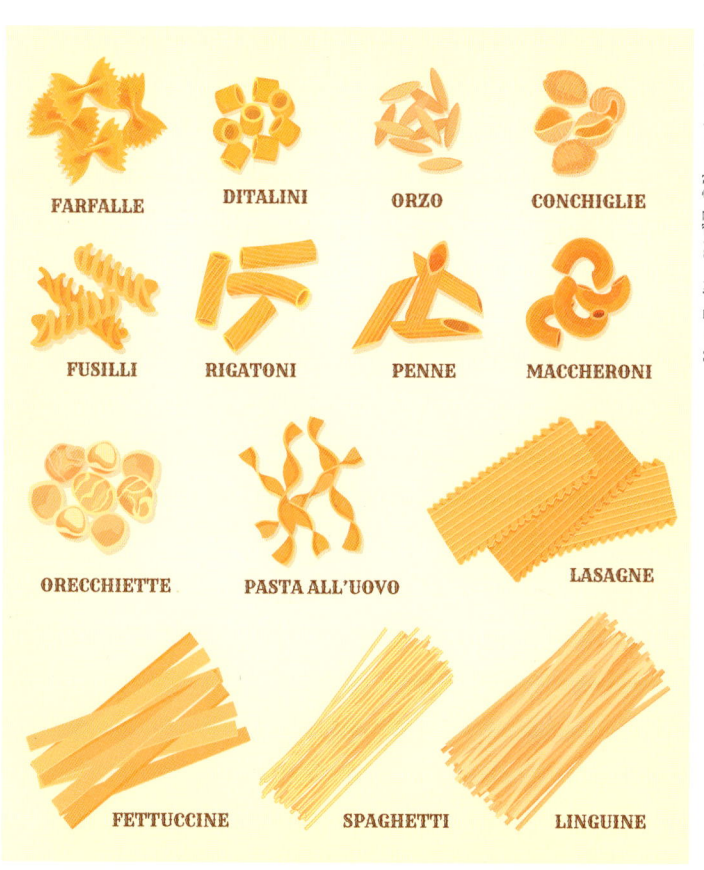

다양한 파스타

5장
전쟁을 거쳐 경제기적의 시대로

벨 에포크·

20세기 초, 세계 경제가 급성장하면서 이탈리아도 경기 호황을 누렸다. 사무직 노동자와 공무원의 임금이 오르면서 서비스업도 성장하고, 서비스직 종사자들의 생활 수준도 향상되었다. 1912년 모든 남성이 선거권을 얻었다. 해외로 일자리를 찾아 이주한 사람들이 국내 가족에게 송금하는 액수도 늘었고, 국내의 임금 수준도 높아진 덕분에 도시 노동자와 농촌 노동자 모두 생활 여건이 나아지기 시작했다. 진한 고기 육수 농축액, 즉석 초콜릿, 베이킹파우더처럼 새로 산업화한 식품들이 시장에 진입해 소비문화의 급물살을 타고 인기를

- 벨 에포크(La Belle Époque)는 프랑스어로 '좋은 시절'을 뜻한다. 프로이센-프랑스 전쟁(1870~1871)이 끝나고 나서 1차 세계대전(1914)이 일어나기 전까지 유럽이 평화와 번영을 구가하던 시대를 가리킨다.

누렸다.

바실리카타, 나폴리, 칼라브리아, 사르데냐의 산업화를 촉진하는 특별법이 제정되었지만 농업은 여전히 이 나라 경제를 끌어가는 중심 동력이었다. 농업, 특히 북부 지방의 농업에 중대한 변화가 일어났다. 기계화 영농법과 화학 비료가 도입되고 농업, 축산업, 낙농업이 유기적으로 상승효과를 낸 덕분이었다.[1]

다른 유럽 국가들에 비해 이탈리아에서는 소금에 절이거나 말린 생선이 중요한 단백질 공급원 역할을 하고, 육류는 보조적인 역할에 머물렀다. 와인 소비량은 전국적으로 증가했는데, 농촌 지역보다 도시 지역에서 더 큰 폭으로 증가했다. 밀과 파스타는 가격이 높아졌는데도 판매량이 늘어난 반면, 옥수수 소비는 감소했다. 이렇게 된 데는 곡물 수입이 급증한 까닭도 있다. 1800년대 말부터 1차 세계대전이 발발할 때까지 곡물 수입량이 두 배 넘게 뛰었다.

많은 이탈리아인들은 1915년~1918년 이탈리아가 참전한 1차 세계대전을 '네 번째 독립 전쟁'으로 생각했다. 이탈리아가 프랑스와 영국 편에 서서 독일과 오스트리아-헝가리 제국을 상대로 싸웠기 때문이다. 오스트리아-헝가리 제국은 이탈리아 반도의 북동부 지역을 지배하고 있었지만, 로마 정부는 트렌티노알토아디제 지방과 베네치아줄리아 지방을 포함한 이 지역을 이탈리아의 일부로 생각했다.

그렇지만 1차 세계대전으로 식품 생산이 침체되었다. 농촌 노동자들이 대거 징병된 탓에 농사지을 일손이 딸렸던 것이다. 게다가 비료를 비롯해 필요한 물자를 확보하기도 어려워졌다. 전쟁 중에는 정부가 모든 경제 활동을 통제했다. 군대에 징집되지 않은 남자들은 모두 군수 산업체에 고용되었고, 일손이 부족하기에 임금이 상승했다. 배급 제도가 시행되고 밀·육류·달걀·버터·설탕의 가격이 통제되었지만, 결과적으로 이탈리아인들은 더욱 건강하고 다양한 식사를 할 수 있었다. 실제로, 물가가 출렁일 때마다 폭발하곤 했던 사회 불안을 피하고자 정부가 보조금을 지원한 덕분에 빵을 사기가 더 쉬워졌다.[2] 또한 소비자들은 마가린이나 사카린, 보리와 쌀을 대체 식품으로 이용했다.[3]

전쟁 말기에 전선에 투입되는 식량이 더 많아지자 민간인들 사이에 저항의 불꽃이 튀었다. 시인이자 사서였던 올린도 구에리니Olindo Guerrini가 쓴 《남은 것을 사용하는 기술》1917●은 저자가 세상을 떠난 직후에 출판되었는데, 하위 중간 계급의 소박한 기풍을 담은 책이다. 빵을 담근 수프 같은 노동자 계급을 위한 조리법도 실려 있다.[4] 그러나 자세히 살펴보면 실제로는 비교적 넉넉한 사람들을 위한 책이라는 사실을 알 수 있다. 사냥한 고기에 한 부部, section를 할애하는가 하면, 쇠고기를 다룬 부분의 서두에 이런 구절이 나온다.

"습관적으로나 건강상의 이유로 자주, 또는 줄곧 맑은 육수broth만 먹는 가정은 평생 삶은 고기를 먹는 벌에 처한다."[5]

이탈리아의 많은 가정에서 매일 고기를 먹는 일이란 오직 꿈에서나 가능한 일이었음은 그리 어렵지 않게 짐작할 수 있다. 이 책에는

● 원제 *L'arte di utilizzare gli avanzi della mensa*.

파스타만큼이나 다양한 쌀 요리법이 실려 있는데, 이를 통해 저자가 북부 출신이라는 점과 당시 이 나라의 식단이 무척 다채로웠다는 사실을 알 수 있다.

이 나라의 방방곡곡에서 징병된 남자들은 군대에서 다 같이 '범국가적인' '이탈리아식' 식사라는 것을 하게 되었다. 이 식사는 그들이 고향에서 먹던 것이나 좋아하던 것과는 동떨어진 것이기 십상이었지만, 대개는 고향의 식사보다 훨씬 풍성했다. 병사들은 육류, 치즈, 커피, 설탕은 물론 술까지 접할 수 있었다. 농촌 출신 병사들은 더 큰 문화적 충격을 받았다. 농촌 지역의 식사는 군대에 비해 다양하지도 않고 양도 훨씬 적었기 때문이다. 전투 식량 하루분의 열량은 3650kcal에 달했고, 산지의 전장에 투입된 부대에는 추가 식량이 배급되었다.[6] 이탈리아인들은 이때 역사상 처음으로 통일된 국가로서 국제 분쟁에 참전했다. 오스트리아의 지배를 받고 있는 이탈리아 영토(트렌토와 트리에스테)를 해방한다는 목표는 국민적 일체감을 형성하는 데 크게 이바지했고, 이는 이후 수십 년 동안 이탈리아의 역사에 중요한 역할을 했다.

전후에는 부유층에 소비문화가 확산되었다. 이들은 새 상품이나 유행을 빨리 받아들였다. 맥주가 좋은 예다. 예전에도 이탈리아 맥주 브랜드 여러 개가 소비자의 주목을 끌고자 경쟁했지만, 전쟁 중에는 엿기름(맥아) 수입이 제한되는 바람에 맥주 생산이 급감했다. 그러나 전쟁이 끝나자 맥주 소비가 급증했다. 게다가 오스트리아-헝가리 제국의 영토였던 북동부 지방을 합병하면서 트리에스테의 드레허 맥주, 메라노의 포르스트(이탈리아어로는 포레스타) 맥주 등 유력한 맥주 공장이 이탈리아의 것이 되었다. 칼리아리의 이크누사Ichnusa, 비엘라의 메나브레아, 우디네의 모레티, 나폴리의 페로니, 브레시아의 뷔레르Wührer 등 곳곳에서 생산된 브랜드가 인기를 끌었다.[7]

증류주와 다른 주류 역시 신문·잡지 광고의 효과에 힘입어 판매고가 급증했다. 문맹률이 하락함에 따라 광고의 위력이 더욱 커졌다. 초기 광고는 대부분 인쇄매체를 통해 이뤄졌는데, 주로 상품의 기술과 품질을 말로 설명하는 데 치중했고, 가격과 구매할 수 있는 장소를 알려주기도 했다. 1900년대에 들어서자 글을 읽지 못하는 사람도 볼 수 있는 벽보형 광고 포스터가 등장했다. 미술가 레오네토 카피엘로Leonetto Cappiello가 이 분야의 선구자다. 그는 광고하는 상품을 소비자들이 쉽게 기억할 수 있도록 포스터를 만들었다. 대표적인 작품이 친차노Cinzano 베르무트, '녹색 옷을 입은 여자'를 등장시켜 유명해진 클라우스Klaus 초콜릿, 오렌지 껍질 안에서 요정이 나오는 비터 캄파리Bitter Campari 포스터다. 유명한 포스터 그림은 나중에 우편엽서, 게임용 카드, 달력에도 실렸고, 포스터 자체의 크기도 커져서 옥외 광고판이 만들어졌다. 마르첼로 니촐리Marcello Nizzoli와 세베로 포차티Severo Pozzati 같은 미술가들은 더 함축적으로 의미를 전달하기 위해 광고에서 아르데코Art Deco 양식●을 배제했다. 1919년에는

● 1925년 파리에서 열린 '국제 장식미술 및 현대산업 박람회'에서 유래한 이름으로, 근대 산업 디자인의 한 양식이다. 단순하고 깔끔한 형태, 기하학적 양식을 띤 장식, 다양하고 값비싼 재료를 사용하는 점 등이 특징이다. 유리·보석·금속 공예, 패션, 가구, 실내장식, 건축 등 다양한 분야에서 아르데코 디자인을 볼 수 있다.

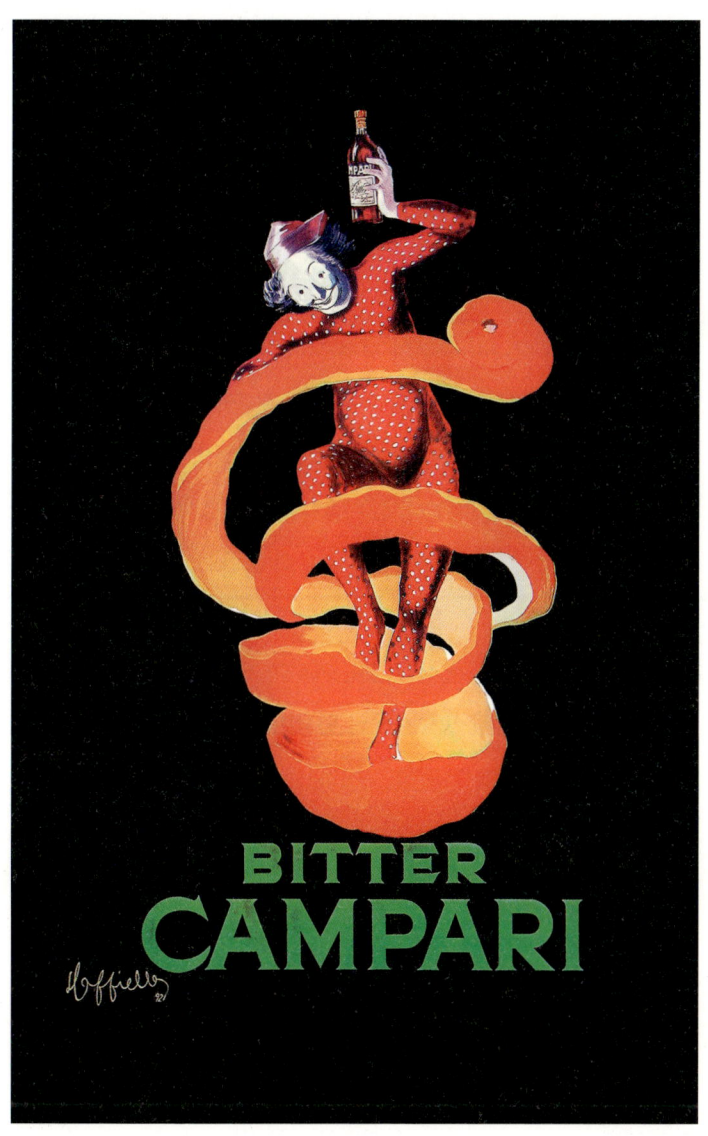

1921년 레오네토 카피엘로가 제작한 캄파리 광고 포스터

포르투나토 데페로Fortunato Depero, 1892~1960•가 광고 전문 그래픽 연구소 '미래파 미술의 집House of Futurist Art'을 설립했다. 이 연구소는 캄파리 사 광고 그림을 연작으로 발표해 유명해졌다.

파시즘 시대

1차 세계대전이 끝나자 정부의 경제 정책은 다시 자유방임주의로 돌아갔다. 이탈리아인들은 전쟁 중에 익숙해져버린 물건들을 포기하느니 비싼 값이라도 치르는 쪽을 선택했다.[8] 해외 이민자들이 보내오는 돈이 줄고, 농촌 지역에서는 증가한 인구를 감당하지 못해 불법 토지 점유 사태가 발생했다. 이는 사회 불안의 요인이 되었지만, 주요 곡물을 비롯한 농산품 가격이 완만한 상승세를 타고 있어서 농가 소득은 비교적 안정된 상태였다. 게다가 노동조합과 사회주의 정당의 활동 덕분에 공장 노동자들의 임금이 오르고 직업 안정성도 높아졌다.

그렇지만 스펙트럼의 반대쪽 끝에서는 그동안 군납 사업으로 이윤을 쌓아 성장한 기업집단들이 투자와 수직적·수평적 기업합병을 통해 거의 독점 재벌이 되어갔다. 인플레이션 추세와 지속적인 통화가치 하락으로 가장 고통 받는 사람들은 고정된 수입에 생활이 달려 있는 중·하층 부르주아들이었다. 1850년대에 시작된 소비자 협

• 이탈리아의 미래파 화가, 조각가, 작가, 그래픽 디자이너.

동조합이 이 시기에 높은 물가에 대한 반작용으로 성장했다. 소비자 협동조합은 마치 주식회사처럼 상업 자본을 끌어들여 도매로 상품을 사들이고, 구멍가게보다 싼 값에 공급했다. 협동조합이 만들어낸 매우 체계적인 유통망은 갓 피어난 이탈리아의 농산-식품 자본주의에 판로를 제공해주었다.

1919년 정부가 빵 값 안정 수단인 보조금을 폐지하려고 하자 격렬한 정치적 반응이 일었고, 그 결과 정권이 바뀌기에 이르렀다. 팽팽하던 사회적 긴장이 폭발한 것은 1920년. 공장 점거 사태와 농촌 소요가 벌어졌고, 이에 자본가와 지주들은 상공업인연합Confindustria과 지주연합Confagricoltura을 결성했으며, 바로 그다음 해에 이탈리아 공산당이 창설되었다.

이렇게 불안정한 상황을 배경으로 1922년 무솔리니와 파시스트당은 중간층에 팽배한 불만과 사회적 긴장감을 이용해서 정권을 차지했다. 이들은 권력을 장악하기 위해 폭력이나 협박과 같은 수단을 폭넓게 활용했는데, 그 대상은 주로 신문사, 정치 단체, 노동조합, 농촌 노동자 조직이었다. 파쇼 정부는 파업을 불법으로 규정하고, 노동조합을 노동자와 사용자 양쪽이 다 참가하는 '노사협의회'로 대체했다. 노사협의회를 도입한 목적은 노사 협상의 갈등 요인을 미리 제거하기 위함이었다. 무솔리니 정권은 이탈리아 통화인 리라에 대한 재평가를 단행했는데, 이 때문에 생산과 수출이 위축되면서 임금 수준이 하락하고 물가는 폭등했다. 1929년 들이닥친 세계적인 대공황으로 상황은 더욱 악화되었다. 1925년에 정부는 물가를 통제하려는 목적으로 보호무역주의를 내세워 수입 밀의 관세율을 높이고, 이른바 양곡 투쟁battaglia del grano˙을 시작해 국내의 밀 생산을 촉진하려고 했다. 그렇지만 정부가 이 정책을 도입한 시기는 세계적인 공급 과잉 사태로 밀 값이 떨어지고 있을 때였다.

무솔리니 정권은 이러한 수단으로는 필요한 곡물량을 충당할 수 없다는 사실을 깨닫고, '보니피카 인테그랄레bonifica integrale(종합 개간)'라는 습지 개발 계획을 세웠다. 정부와 민간인 지주들이 함께 참여해야 하는 정책이었다. 이 계획에 따라 진행된 로마 남쪽의 폰티노 평원 개간 사업은 성공을 거두었다. 3000개 구획에 이르는 농지가 조성되어 농민에게 분배되었다. 농지를 받은 농민 중에는 북동부 지방에서 온 사람도 많았다. 무솔리니가 이 지역에 세운 두 도시, 라티나와 사바우디아Sabaudia 인근 마을들의 이름을 보면 이곳에 정착한 사람들의 출신지를 가늠할 수 있다. 보르고 사보티노Borgo Sabotino, 보르고 피아베Borgo Piave, 보르고 카르소Borgo Carso 등은 모두 북동부 지방에 있는 지명을 딴 이름이다. 이와 함께, 경작지에 투자할 여력이 없는 지주가 더 효율적으로 농사지을 수 있는 농장에 구획 농지를 쉽게 팔아넘길 수 있도록 한 정책도 시행되었다. 밀 경작지를 늘리는 것뿐만 아니라, 농민들이 북부의 산업 도시로 빠져나가는 것을 막는 것도 이들 정책의 목표였다. 이 시기에 정부는 인구를 늘리려는 정책의 일환으로 외국으로 이민 가는 것도 금지했다. 그렇지만

˙ 이탈리아판 새마을운동이라 할 수 있는 곡물 증산 정책.

밀 생산에 치중한 탓에 축산업에 대한 정부의 투자는 부족했으며, 포도나 감귤류처럼 외국 시장에서 상업적 가치가 대단히 높은 작물에 대한 투자 역시 부진했다. 쌀 소비가 적은 중·남부 지방의 쌀 소비를 촉진할 목적으로 '국가 쌀 위원회Ente nazionale risi'가 설치되었다. 그래도 1937년에 이르기까지 국내 밀 소비량의 1/3을 여전히 수입에 의존했다.[9]

파시스트 정권은 '빵'에 역점을 두고, '양심적인 빵 소비'를 장려하는 대對국민 선전을 벌였다. 통밀빵●이 하얀 빵보다 더 건강에 좋고 보존 기한이 길며 영양가도 높다고 권장되었다. 학생들은 무솔리니가 1928년 '빵의 날'에 썼다는 짧은 시를 배웠다. 빵의 날이란 이 귀중한 음식을 기리는 날이다.

> 빵을 사랑하라, 가정의 심장, 식탁의 향내, 건강의 기쁨을. 빵을 존중하라, 이마에 맺힌 땀, 노동의 긍지, 희생의 시를. 빵을 공경하라, 들녘의 영광, 대지의 내음, 삶의 축제를. 빵을 낭비하지 마라, 모국의 부富를, 가장 달콤한 신의 선물을, 인간의 노고에 내리는 가장 신성한 상을.[10]

파시즘 선전 문구에서 볼 수 있는 전형적인 문투와 어휘다. 이러한 파시즘 선전은 대중매체에 깊숙이 파고들었다. 무솔리니는 그래

● 밀을 도정하지 않고, 껍질과 씨눈까지 통째로 빻은 가루로 만든 빵.

픽 디자인, 포스터, 라디오, 그리고 동영상의 위력을 최대한 활용했다. 당시 영화가 매우 인기 있는 대중오락으로 자리를 잡기 시작했기 때문이다. 그는 자기 사진과 영상 뉴스를 정책 홍보와 정치 선전에 활용한 세계 최초의 정치 지도자였다. 양곡 투쟁 기간에는 무솔리니가 수확기에 밀밭에 나가 웃통을 벗어젖히고 일손을 돕는 모습이 뉴스 영화에 담겼다.[11] 파쇼 정부는 일찍이 1924년에 루체 국립영화제작소 Istituto Luce를 세우고 장편·단편 영화를 제작해서 전국에 배포했다.[12] 이때 배포된 많은 다큐멘터리 영화가 농촌 노동자들의 생활과 생산 활동에 초점을 맞추고, 이들을 국가의 중추로 그려냈다.[13] 정부 선전기관의 책임자들이 설립한 치네치타 Cinecittà는 근대식 녹음 시설을 갖춘 대규모 영화 촬영소로, 1960년대에 이르면 '테베레 강변의 할리우드'가 되는 곳이다. 정권은 국립 영화 학교인 실험영화센터 Centro Sperimentale di Cinematografia도 설립했는데, 이곳에서 배출한 영화 산업 전문 인력 중 다음 세대에 유명해진 인재가 많다.

과학자들과 영양학자들은 힘 모아 파시즘 정책을 지지했다. 이탈리아인들은 다른 혈통의 민족에 비해 신진대사 속도가 평균적으로 느리기 때문에 하루에 필요한 섭취 열량도 적다는 것이 그들이 세운 이론이었다.[14] 지중해 사람들의 검소한 전통도 가난의 결과가 아니라 생리학적 차이에 기초한다고 주장했다. 무엇보다 '고대 로마인들은 검소한 미덕을 찬양했다'고 파시스트들은 선전했다. 진정한 음식을 먹고, 매일같이 일과를 통해 육체를 단련하며, 천성적으로 입맛이 단순한 농민이 도시 노동자보다 더 건강하고, 심지어 성적인 능력도 더 뛰어난 것으로 그려졌다.[15] 어쨌든 너무 많이 먹는 것보다는 적게 먹는 것이 낫다는 생각이 심어졌다.

1935년 식량 부족 사태를 해결할 실현 가능한 방책으로 에티오피아를 점령하는 방안이 떠올랐다. 무솔리니의 식민지 전략을 실현해서 이탈리아 농민에게 경작 가능한 토지를 공급하자는 계획이었다.[16] 정부는 군사 작전을 펼쳐 소말리아와 에리트레아를 점령하고, 이 지역이 '이탈리아령 동아프리카', 곧 이탈리아제국의 일부가 되었다고 선언했다. 국제 사회는 이탈리아에 경제봉쇄를 단행하는 보복 조치를 취했다. 경제봉쇄 조치는 전략 물자의 수출과 수입에 큰 영향을 끼쳤다. 이에 대응해 무솔리니는 이탈리아에서 생산되는 제품으로 자급자족하는 경제 자립 계획 '아우타르키아 autarchia'를 수립했다. 그리고 수입품에 대한 관세를 올려 외제 상품 소비를 억제하려고 했다.[17] 식량 부족 사태와 물가 상승이 뒤따랐다. 특히 육류와 유제품 품귀 현상이 빚어졌고, 국민의 불만이 팽배했다. 정권은 무료 급식소를 열고 필요한 사람들에게 식량을 배급하기 시작했지만, 이는 심각한 식량 부족을 실질적으로 해결하려는 것이 아니라 정치 선전을 위해 시늉만 낸 것이었다. 더욱이 부족한 자원을 쪼개서 아프리카의 식민지 개척자들에게 보내야만 했다. 그곳도 투자 부족과 기반 시설 미비로 말미암아 기대했던 만큼 소출이 나오지 못하고 있었다. 바나나, 카르카데 karkadé (히비스커스 꽃잎차), 땅콩 등이 이탈리아로 실려 왔지만, 이 정도로는 식민지 경영이 흑자를 낼 수 없었다.

1935년 로마에서 열린 경제봉쇄 규탄 대회

파쇼 정권 치하의 음식 문화

어쩔 수 없이 정부는 검약, 애국심, 도덕성을 앞세워 소비 절감을 선전하는 데 역점을 두었다. 이탈리아 가정의 일상에서 파시즘의 이념과 경제 정책을 실현할 임무가 가정주부들massaie에게 주어졌다.

> 전례 없는 이 위기의 순간에, 적극적이고 실질적인 정신력을 쌓은 사람이라면 누구나 희생을 향해 거침없이 나아가는 초월적 힘을 가진다. 가정주부로서 그대에게 주어진 임무가 이토록 중요했던 적이 없었으니, 그대의 소명은 우리나라의 이해가 걸린 시급한 사안에 다방면으로 연결되어 있다. 가정생활의 핵심 사안에 전심전력을 다해서, 무관심하고 무책임한 자들마저 그대를 본받아 우리 스스로 세운 절약의 규칙을 철저히 준수하도록 하라. 승리가 우리의 것이 되는 순간까지![18]

농촌 여성들도 이러한 정치 선전의 대상이었다. 농촌 주부Massaie rurali 운동으로 시골 지역의 여성들이 조직되었다. 공장에 취업한 남성이 많아지면서, 농사에 여성의 일손이 점점 더 필요해졌다. 1년 중 일부 기간만이라도 여성 노동자의 일손이 필요했다.[19]

미국에 등장한 가정경제학의 영향을 받아 가계 살림과 식습관을 더 체계적으로 개선하려는 움직임이 일어났고, 이로 말미암아 음식을 합리적·기술적으로 조리하는 방안에 대한 관심이 높아졌다. 1926년에는 '노동의 과학적 체계화를 위한 국가기관'이 설립되었다.

에티오피아 침공으로 촉발된 경제봉쇄 시기에는 《라 쿠치나 이탈리아나》 같은 요리 전문지도 정권의 선전에 동원되었다.

가정의 근대화가 설립 목적이었다. 부엌에 전기화로, 전기보일러, 알루미늄 냄비와 팬, 시계, 저울 등을 갖추는 것도 가정의 근대화에 포함되었다. 아직 냉장고를 아는 사람은 별로 없었지만, 많은 가정에서 아이스박스를 가지고 있었다. 알루미늄 가공 기술이 발전함에 따라 대량 생산된 주방 용품들이 이탈리아의 부엌을 침공하기 시작했다. 대표적인 것이 '비알레티 모카 익스프레스Bialetti Moka Express'다. 이 도구는 부엌의 화로에서 에스프레소와 비슷한 커피를 만들 수 있게 해주었다. 음식점용 에스프레소 기계는 일찍이 1901년에 루이지 베체라Luigi Bezzera가 최초로 특허를 출원했다. 식당에서 이 기계를 작동하려면 전문 훈련을 받은 직원이 있어야 했다. 나중에 프란체스코 일리Francesco Illy가 압축 공기를 사용하는 방식으로 개량했지만, 여전히 지나치게 덩치가 크고 값이 비쌌다. 그렇지만 비알레티 모카 익스프레스는 가정의 화로에 올려서 사용하는 간소한 기구로서, 집에서도 에스프레소와 비슷한 맛을 즐길 수 있기 때문에 종래의 나폴레타나napoletana를 대체해갔다. 나폴레타나는 2층 구조로 만들어진 주전자로, 아래 칸에 담은 물이 끓으면 뒤집어서, 끓은 물이 중간 거름망에 담긴 커피 가루를 통과해서 내려오도록 만든 장치다.[20]

그러나 무솔리니의 경제 자립 계획으로 커피가 귀해지자, 여성 잡지에는 커피 소비를 줄이자는 기사가 실렸다.

> 커피는 역동적이고 활발하며 기민한 우리 민족에게는 필요 없는 것이다. 우리는 흥분이나 자극을 가해줄 물질을 필요로 하지 않는다. …… 우리에게 커피는 필수가 아니라 그저 별미이며, [커피 마시는 습관은_옮긴이] 치유 효과가 있다거나 일하는 사람에게 필수적이라는 선입견에서 나온 버릇에 불과하다. 우리는 힘이 빠지고 엄혹한 상황에서도 일하기를 두려워하지 않는다. 언제나 마찬가지다. 우리는 건강한 상태로 일하기

19세기에 널리 쓰인 나폴레타나
fotogiunta 제공, 출처 www.shutterstock.com

비알레티 모카 익스프레스. 화로에 올려놓는 커피 추출기로, 오늘날에도 대부분의 이탈리아 가정에서 사용된다.

위해 굳이 에스프레소 카운터 앞에서 휴식 시간을 보낼 필요가 전혀 없다.[21]

가정주부들은 크랭크로 작동하는 파스타 기계도 무척 반겼는데, 이 기계는 반죽을 금속 원통 사이로 통과시키면서 압착해서 얇게 펴 준다. 지금도 특별한 때나 주말에 파스타를 직접 손으로 만드는 가정에서 여전히 볼 수 있는 기계다.

경제봉쇄를 당하는 상황에서는 석탄이나 가스를 절약할 수 있는 조리 기구를 발명할 필요가 있었다. 음식 냄비를 불에 올리기 전이나 다 끓은 냄비를 내려놓을 때 '카세트 디 코투라cassette di cottura(조리함)'라는 기구를 썼는데, 이것은 솜이나 옷감, 종이 따위를 속에 꽉 채워 보온이 가능하도록 만든 나무 상자였다.

파쇼 정권은 여성들이 '근대적인' 요리 습관과 새롭고 더 효율적인 조리 방식을 배워야만 한다고 강조했다.[22] 여성을 대상으로 많은 라디오 프로그램이 만들어졌다. 라디오에서는 여성들에게 소비를 줄이고 불필요한 구매를 삼가라고 권유하는 동시에 최신 브랜드─이탈리아제이긴 하나─를 광고했고, 식품회사들은 유명한 가수들이 출연하는 라디오 쇼를 후원했다.[23] 1922년 최초의 광고대행사 아크메(ACME)가 활동을 시작했다. 아크메는 짧으면서도 귀에 쏙 들어오는 어구로 광고 문구를 만들었다.

광고주들은 소비가 개인의 기분이나 욕망을 충족하는 수단일 뿐만 아니라 국가 건설의 견인차이기도 하다고 생각하며, 과학·기술

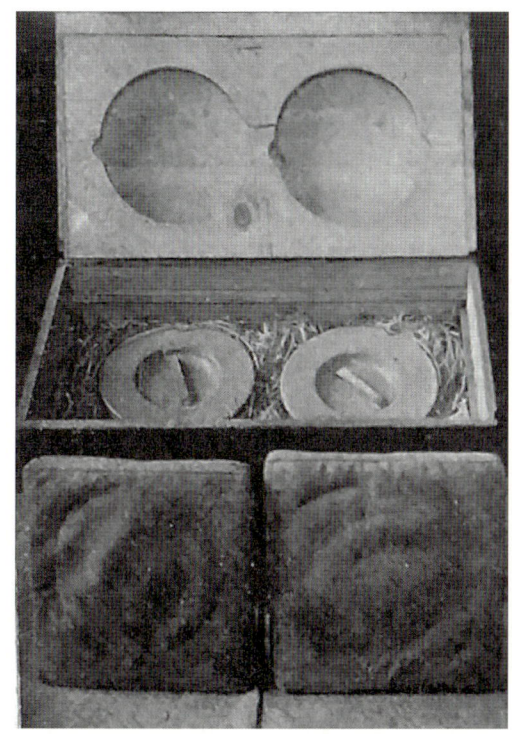

N. Ferrari, L'orto di guerra, 1917. 출처 https://guerrainfame.it

카세트 디 코투라

적으로 의미 있는 마케팅 기법을 도입했다.[24] 1934년 식품회사 부이토니-페루지나Buitoni-Perugina는 알렉상드르 뒤마의 소설 《삼총사》를 패러디한 라디오 프로그램을 후원하면서, 그 프로그램의 등장인물을 그린 수집용 카드 100종을 제작했다. 라디오 청취자가 이 카드를 모두 모으면 상품을 받고, 여러 벌 모으면 더 큰 상품이 주어졌다. 150벌을 모으면 최고의 상품으로 피아트 사의 토폴리노 자동차를

파쇼 정권 치하의 이탈리아 주부들에게 근대식 주방 기구는 사회적 신분을 상징하는 것이 되었다.

받을 수 있었다. 이탈리아인들 사이에 카드 수집 열풍이 불었고, 특히 그중에서 가장 희귀한 카드인 '사나운 살라딘Feroce Saladino'을 찾느라 난리가 났다. 1937년 결국 정부는 이런 형태의 판촉 활동을 금지했다. 확장되어가는 소비문화가 낙후한 식품 산업과 충돌한 것이다. 19세기 말 20세기 초에 출범한 브랜드들을 제외하고는 대부분 사업 규모가 작거나 영세했기 때문에 한정된 지역 유통망의 한계를 벗어나지 못했고, 기술 혁신의 성과도 지지부진했다.[25]

모든 계층의 여성을 교육하는 데 요리책과 여성 잡지가 중요한 역할을 했다. 요리책과 여성 잡지는 예의범절이나 절약 정신 같은 부르주아적 도덕을 전파하는 한편, 각 지방의 조리법과 식재료를 전국에 알렸다. 출판 산업은 파시즘의 식생활 정책이 당연하고 올바른 것처럼 인식되는 데 기여했다. 덕분에 이탈리아인들은 효율성과 근대화를 받아들였고, 더 검소한 방식으로 음식을 조리하게 되었다. 가정주부들은 정권의 애국주의 선동에 따라 식생활에 낭비를 줄이는 동시에, 빠듯한 예산으로 가족의 건강을 유지함은 물론 손님들에게 가족의 체면도 깎이지 않도록 적절한 타협점을 찾아내야만 했다. 페르난다 모밀리아노Fernanda Momigliano는 《어려운 시기에 잘 사는 법》1933*이라는 책에서, 적은 소득으로 살아가는 도시의 4인 가족을 상정해서 독자에게 살림의 요령을 조언했다.

1905년 이탈리아 채식주의자협회가 설립된 뒤, 고기를 먹지 않는

● 원제 *vivere bene in tempi difficili*.

것이 대세이자 근대화의 상징이라고 주장하는 요리책들이 발간되었다.[26] 1930년 엔리코 알리아타 디 살라파루타Enrico Alliata di Salaparuta 공작은 《채식주의 요리: 자연 미식학 안내서》*란 책을 냈는데, 이 책은 절제를 부르짖는 파시즘에 부응해서가 아니라 철학적인 근거에 따라 식단을 선택했으며, 세련된 상류층의 취향을 함축해놓았다. 1929년 월간지 《라 쿠치나 이탈리아나La cucina italiana(이탈리아 요리)》가 일간지처럼 얇게 접힌 형태로 발간되었다. 《라 쿠치나 이탈리아나》는 '가정과 식도락가 모두를 위한 미식 잡지'를 표방하면서, 상류층 소비자의 흥미와 중산층 가정주부의 요구 사이에 절충안을 제시했다. 이 잡지는 1932년 조르날레 디탈리아Giornale d'Italia 신문사에 매각되었는데, 그 후로는 파쇼 정권의 음식 관련 정책을 홍보하는 나팔수로 전락해버렸다.

1925년에 초판이 나온 아다 보니Ada Boni의 《행복의 부적》**은 이 시대에 인기가 높았던 책이다. 제목에서 알 수 있듯이, 요리할 때 이 책에 소개한 조리법을 따르는 사람들은 가정의 행복을 맛볼 것이라고 장담한 책이다. 이 책은 지금도 고전으로 꼽혀 갓 결혼한 새댁에게 주는 선물로도 자주 활용되는데, 오늘날의 책은 세월의 흐름에 따라 여러 차례 개정된 것이다. 파시즘이 몰락한 뒤에 나온 개정판에서는 애국주의를 선동하는 요소를 말끔히 걷어냈다. 로마 출신인 아다 보니는 시대의 조류와 참신한 시도에 민감했다. 일찍이 1915년

• 원제 *Cucina vegetariana: manuale di gastrosofia naturista*.
•• 원제 *Il talismano della felicità*.

에 그녀는 가사에 관한 실용적인 조언을 담은 여성 잡지 《프레치오사Preziosa》를 창간했고, 이 잡지는 경제 자립 계획이 시행되던 시대에 큰 반향을 불러일으켰다.

이 무렵 음식 관련 저술로 엄청난 명성을 얻은 여성 저술가가 또 한 명 있었다. 페트로닐라Petronilla라는 필명으로 유명한 아말리아 모레티 포자 델라 로베레Amalia Moretti Foggia della Rovere는 1929년부터 주간지 《라 도메니카 델 코리에레La domenica del corriere》에 건강과 영양에 관한 글을 쓰기 시작했다. 이탈리아에서 여성으로서는 처음으로 대학교에서 학위(생물학과 의학)를 취득한 세대에 속한 그녀는 칼럼 〈화로 앞에서Tra i fornelli〉를 연재하기 시작했을 때 밀라노에 개업한 소아과 의사였다. 그녀의 칼럼은 탄탄한 독자층을 확보했다. 친근하고 세련된 말씨로 식량 배급과 경제 자립 계획의 와중에도 예법을 지키고자 했던 가정주부들의 심금을 울렸지만, 사실 글쓴이는 어려운 살림살이를 거의 알지 못하는 사람이었다.

아다 본필리오 크라시크Ada Bonfiglio Krassich는 '경제적이고 건강한' 조리법을 권장하는 요리책을 잇따라 저술했다. 다음 쪽에 1937년판에서 발췌한 두 가지 조리법을 싣는다. 이때는 이미 경제 자립 계획의 구호가 가정주부들에게 애국심을 호소하기 시작한 때였다. 그뤼예르 치즈나 모르타델라처럼 값비싼 식품은 아주 소량만 쓰도록 한 것을 알 수 있다. 육류나 버터는 아직 구할 수 있었지만, 그 뒤로 몇 년 동안은 구하기가 무척 어려워진다.

아다 본필리오 크라시크의 알뜰 조리법

구이 팬으로 만드는 알뜰 뇨키

화로에 냄비를 올려놓고, 흰 밀가루 150그램에 달걀 2개, 우유 2리터를 넣어 섞는다. 이때 우유는 한 번에 조금씩 부어 덩어리가 생기지 않도록 잘 젓는다. 젓는 동안 잘게 깍둑썰기 한 그뤼예르 치즈 50그램을 넣고, 걸쭉해질 때까지 약한 불에 졸인다. 여기에 버터 30그램을 녹이고, 소금을 약간 친 다음 불에서 내려놓는다. 이것을 구이판에 부어서 고른 두께로 넓게 펴 식힌다. 식으면 큼직하게 깍둑썰기 해서, 버터를 두른 구이용 팬에 올린다. 여기에 작은 버터 조각과 곱게 간 파르미자노 치즈를 뿌린다. 구이용 팬을 화덕에 넣고, 뇨키가 먹음직스러운 황금색으로 변할 때까지 굽는다.[27]

알뜰 완두콩 미트로프

적당한 크기로 얇고 널찍하게 저민 쇠고기에 소금을 조금 뿌리고, 그 위에 저민 모르타델라(70그램가량)를 얹는다. 여기에 얇게 저민 그뤼예르 치즈(50그램가량)를 듬성듬성 올리고, 고기를 원통 모양으로 돌돌 말아서 실로 꼭 묶는다. 찜 냄비에 큼직한 버터 한 조각, 깍둑썰기 한 판체타 베이컨 한 장, 동그란 고리 모양으로 썬 양파 한 개를 넣고 불에 올린다. 양파가 갈색으로 변하면, 고기말이에 밀가루 옷을 입혀서 찜 냄비에 넣는다. 고기말이가 갈색으로 변할 때까지 익힌 다음, 따뜻한 물 한 컵에 토마토 페이스트 1작은술을 풀어 찜 냄비에 붓는다. 찜 냄비의 뚜껑을 덮고 약한 불에 약 한 시간 정도 끓인다. 여기에 신선한 완두콩 300그램을 추가하고, 소스가 지나치게 끈적끈적해졌다면 따뜻한 물 몇 큰술을 넣어준다. 소금, 후추를 넣고 천천히 익힌다. 무른 완두콩은 30분 정도면 다 익을 것이다. 소스가 졸아들면, 어울리는 폴렌타와 함께 식탁에 올린다.[28]

때때로 파쇼 정권의 선전 당국이 직접 나서서 《스스로 영양법 Sapersi nutrire》, 《생선 소비를 늘려야 하는 이유》1935,* 《경제제재 시기의 알뜰 요리법》1935** 같은 팸플릿을 발간하며 국민의 식생활에 간섭했다. 무솔리니가 1938년 인종법을 공포하기 전까지는, 유대식 요리책들도 유대인 공동체가 이탈리아 국민의 일부라는 사실을 입증하고자 애썼다. 이들 책에서는 보통 이탈리아 식사를 구성하는 전채 요리-프리모-세콘도-콘토르니-디저트 순으로 유대인 전통 명절의 식단을 짜놓았다.29

파시스트당은 이탈리아의 풍부한 특산물과 고유한 조리법을 강조하는 방식으로 국가적인 자부심을 표현하고 각 지방에서 생산되는 식품의 소비를 촉진하려 했다. 특히 농사와 결부된 전통 관습과 민속 문화를 강조하는 축제가 곳곳에서 조직되었다. 1931년 이탈리아 관광클럽은 《이탈리아 미식 안내서》***를 발간했다.30 특정한 지역에만 알려져 있는 향토 음식들을 전국에 알리고 확산하기 위해서 만든 책이었다.31 이런 태도는 관광객을 끌어들일 만한 '특산물'이나 '토산품'으로서 전통 생산품을 보는 새로운 사고방식을 드러낸 것이다. 기동성과 가처분 소득, 효율적인 운송 체계가 먼저 갖춰져야 가능한 태도였다. 철도 건설은 파쇼 정권이 국가 개발 계획의 우선 과제로 추진했던 사업인데, 철도역에서 그 지방의 향토 요리가 아닌 '이

• 원제 *Perché bisogna aumentare il consume del pesce*.
•• 원제 *La cucina economica in tempo di sanzioni*.
••• 원제 *Guida gastronomica d'Italia*.

탈리아' 음식을 판매하는 근대적 시설이 성공을 거둘 수 있는 환경을 제공해주었다.³² 역사학자 알베르토 카파티가 지적한 대로 《이탈리아 미식 안내서》의 숨은 의도는 운송 수단의 근대화, 농촌 개발, 식품 생산의 산업화와 맞물려 있었으며, 이 책이 발간된 직후 파쇼 정권이 주장한 자립 계획에도 부합했다.

> 경제 자립 계획의 관점에서 볼 때 식품 산업은 국가의 부에 기여하고 외국 경쟁자들에게서 소비자를 지키는 산업이며, 농촌이나 산지에 있는 소규모 생산자들을 무너뜨리지도 않는다. 수공업자, 음식 전문가, 가정주부 모두 집단적인 경제 계획에 개인적으로 공헌하는 셈이다.³³

이탈리아의 풍부한 음식 문화를 과시하고자 하는 욕망은 당시의 출판물에서도 드러난다. 언론인 파올로 모넬리Paolo Monelli가 쓴 《방황하는 탐식가》1935,• 아다 본필리오 크라시크가 가정주부를 대상으로 쓴 요리책 《향토 요리 연감》1937,•• '파시스트 전국대중시설연맹Fascist National Federation of Public Establishments'이 1939년에 발간한 식당 안내서 《이탈리아의 트리토리아》••• 등이 그런 책이다.³⁴

모든 종류의 대중음식점에서 와인과 음식을 팔았다. 오스테리아

• 원제 *Il ghiottone errante*.
•• 원제 *Almanacco della cucina regionale*.
••• 원제 *Trattorie d'Italia*.

콧수염을 기른 나의 증조부, 1933년 로마의 동네 시장에서. 이 시기에 통조림과 포장 식품이 널리 보급되었다.

1930년대의 어느 날 야외에서 간단한 음식을 즐기고 있는 나의 증조부 가족. 물자가 부족한 시기에도 도시 거주민들은 교외로 소풍을 나갔다.

에서는 양 많고 값싼 와인—품질이 낮기 일쑤였고 외상으로도 살 수 있었다—을 사 마실 수 있었는데, 음식은 손님이 집에서 싸가지고 왔다. 종종 와인과 음식을 같이 파는 오스테리아도 있었는데, 근처 튀김 가게나 빵집 등에서 사다 파는 곳도 있고, 주방을 두고 직접 조리하는 곳(오스테리아 콘 쿠치나osteria con cucina)도 있었다. 오스테리아는 시골보다 도시에서 더 흔하게 볼 수 있었으며, 남부보다는 북부에 많았다. 오스테리아는 사회주의 금주 운동가들에게 기피의 대상이 되기도 했다. 사회주의자들은 노동자들이 알코올 의존에서 벗어나 문화적·정치적으로 각성할 것을 촉구하며, '한 잔 말고 한 권libro contro litro'이라는 구호를 내세웠다. 동시에, 이들 술집은 사람들이 집에서 벗어나 친구들을 만나서 카드 게임을 하거나, 시국에 대해 토론을 벌이는 사교의 장이기도 했다. 좁지는 않다 하더라도 폐쇄된 것이나 다름없는 공간에 공장 노동자들이 모여 살던 북부 이탈리아에서는 이웃과 사귀기 위해 꼭 필요한 장소였다.[35]

남부 지방에서는 오스테리아가 남자들만을 위한 장소로 인식되었다. 여성이 직접 오스테리아 경영에 참여하는 경우에도 손님을 맞이하는 것은 남성이 맡고, 여성은 가게 안쪽이나 부엌에 머물렀다. 이러한 역할 분담을 잘 보여주는 것이 루키노 비스콘티 1906~1976●가 만든 첫 영화 〈강박관념 Ossessione〉 1943이다. 초기 신사실주의(네오리얼리즘, 이탈리아어로 네오레알리스모 neorealismo) 영화인 이 작품은 근육질에 잘생긴 남자 부랑자 한 명이 길가의 오스테리아에 들어가는 장면으로 시작한다. 그는 앞문이 아니라 뒤쪽 주방으로 불쑥 들어간다. 주방에 있던 요리사는 식당 주인의 아내였는데, 아름답고 요염한 이 부인은 깜짝 놀라면서도 그 부랑자에게 강한 호기심을 느낀다. 부랑자는 직접 냄비에서 음식을 꺼내 먹는데, 여자는 이 행위를 명백한 성적인 유혹으로 해석한다. 불륜은 두 사람의 격정적인 사랑으로 이어지고, 결국 그들은 뚱뚱하고 둔감한 남편을 살해하기에 이른다.

규모가 작고 특히 평판이 나쁜 술집을 베톨라 bettola나 타베르나 taverna라고 불렀는데, 타베르나는 세월이 흐르면서 훨씬 긍정적인 어

● 루키노 비스콘티는 세계 영화계의 거장으로 꼽히는 이탈리아 영화감독이다. 부유한 귀족 집안에서 태어났으나 공산주의자들과 교류했다. 영화뿐 아니라 연극과 오페라도 연출했다. 2차 세계대전 후 이탈리아에서 꽃핀 신사실주의 운동을 대표하는 예술가로 꼽힌다.

감을 얻게 되었다. 정찬을 전문으로 하는 음식점은 통속적인 오스테리아나 타베르나와 차별화를 시도해 스스로 '트라토리아'나 '리스토란테ristorante'라는 이름을 붙이고, 이탈리아 음식과 함께 프랑스 음식도 만들면서 서비스와 요리의 외양에 세심한 주의를 기울였다. 그렇지만 파쇼 정권이 외래어를 배제하고 이탈리아어를 보호하는 정책을 취하면서 '트라토리아'는 호응을 얻지 못하게 되었으며, '리스토란테'라는 낱말은 1941년 이탈리아 왕립학술원이 공식적으로 사전에서 지워버렸다.[36] 어찌되었건 독일 작가 한스 바르트Hans Barth는 일찍이 1921년에 펴낸 책 《오스테리아》에서 이탈리아 식당의 고급화 경향에 대해서 불평한 바 있다. 이 책은 이탈리아의 오스테리아만을 소개한 획기적인 책으로, 1908년 처음 나왔던 것을 재출간한 것이다.[37]

이탈리아 사람들이 파쇼 정권의 식량 정책에 부응하려고 애쓰던 당시는 미래주의Futurism(이탈리아어로는 푸투리스모Futurismo)라는 예술 운동이 두드러졌던 시기였다. 이 운동을 실천한 미래파 예술가들도 정권의 음식 소비 관련 정책을 받아들였다. 그러나 이들이 채택한 방식은 대단히 인습 파괴적인 것으로, 근대성·기계화·속도에 대한 심오한 환상을 표현했다. 1930년 예술가 필리포 톰마소 마리네티Filippo Tommaso Marinetti, 1876~1944와 필리아Fillia(루이지 콜롬보Luigi Colombo)는 토리노에서 발행되던 《가체타 델 포폴로Gazzetta del Popolo》지에 '미래주의 요리 선언'이라는 대담한 성명서를 발표했다. 행위예술과 과장된 선언들이 실제 음식만큼 중요했던 그들의 만찬도 성명서만큼이나 많은 논란을 불러일으켰다.[38]

'미래주의 요리 선언'(1930) 일부

우리는 이탈리아 요리에서 종교처럼 떠받드는 그 웃기는 파스타부터 없애버려야 한다. 건어물, 로스트비프, 푸딩은 영국인에게 이로울 것이고, 치즈로 조리한 쇠고기는 네덜란드인에게, 자워크라우트sauerkraut●와 라드, 훈제 소시지는 독일인에게 이로울 것이다. 그렇지만 파스타는 이탈리아인에게 전혀 도움이 되지 않는다. 예를 들면 파스타는 나폴리인의 생기발랄한 재치와 열정적이고 너그럽고 직감적인 영혼을 거스른다. 나폴리인들은 매일 엄청나게 많은 파스타를 먹어치우고 있지만, 그들은 본래 영웅적인 전사이자 영감에 찬 예술가이며 마음을 사로잡는 이야기꾼이고 재치 있는 법률가인 데다 강인한 농민이었다. 그런 사람들이 파스타를 먹으면서, 종종 그들의 열정을 갉아먹곤 하는 역설적이며 감성적인 전형적 회의주의를 전개한다. 나폴리 출신인 영리한 교수 시뇨렐리Signorelli 박사는 이렇게 썼다. "빵이나 쌀과 달리 파스타는 씹는 것이 아니라 후루룩 넘겨버리는 음식이다. 이 찰진 음식은 대부분 입안에서 침에 의해 소화되고, 췌장과 간에서 변환 과정이 이뤄진다. 이렇기 때문에 소화기관이 균형을 잃어 고장이 나는 것이다. 그 결과가 허약함, 비관주의, 감상적인 무기력증, 어정쩡한 중립주의다."

우리는 미각의 즐거움에서 평범한 일상의 습관을 없애버릴 것을 요구한다. 우리는 균형 잡힌 영양분을 통해 필요한 열량을 신체에 신속하게 공급해줄 책무를 화학에 맡길 것을 요구한다. 국가는 알부민 화합물, 합성 지방, 비타민 등을 가루나 알약 형태로 무상 제공해야 한다. 이러한 조치를 노동 시간의 상대적인 축소와 병행하면, 실질적인 생활비 감소와 임금 인하를 달성할 수 있을 것이다. 오늘날 2000킬로와트를 생산하는 데는 노동자 한 명이 필요하지만, 머지않아 쇠와 강

● 양배추를 소금에 절여 발효한 음식으로, 독일식 김치라 할 수 있다.

철과 알루미늄으로 만든 기계들이 순종적인 프롤레타리아 계급이 되어 사람들에게 봉사하면, 우리는 육체노동에서 거의 완전히 해방될 것이다. 이를 통해 노동 시간이 두세 시간 정도로 감축된다면, 우리는 사유와 예술, 그리고 완벽한 점심을 누리면서 남은 시간을 세련되고 기품 있게 보낼 수 있을 것이다. 인생의 모든 여정에 점심시간이 보장됨은 물론 매일의 영양 섭취도 완벽한 균형을 이룰 것이다.

《미래주의 요리La cucina futurista》1932라는 책은 이탈리아의 모든 전통을 배격한 요리와 메뉴를 제시한다. 이 요리책의 서문에는 다음과 같은 글이 실려 있다.

지금까지 나온 비판과 앞으로 나올 것으로 예상되는 비판에 맞서, 이 책에서 그려 보이는 미래주의 요리 혁명은 우리 인종의 먹을거리를 급진적으로 바꾸려는 드높고 고상하며 유용한 목표를 제시한다. 음식의 양과 진부한 답습과 비용이 차지하고 있는 자리를—경제적인 방법으로—지성과 경험과 창의력이 대신하는 신종 요리로써 우리 음식을 더 강건하고 역동적이며 영감이 번득이는 것으로 만들고자 한다. 수상 비행기의 엔진과 같이 고속으로 주행하는 우리의 미래주의 요리는 일부 겁에 질린 전통주의자들에게 위험천만한 미친 짓으로 보일지 모른다. 그러나 미래주의 요리의 목표는 도리어 오늘과 내일, 인간의 입맛과 삶의 조화를 창출하려는 것이다.[39]

사실, 미래주의자들이 창안한 요리 대부분은 억지스럽고 구미가 당기지도 않는다. 예를 들어 '봄날의 역설Paradosso primaverile'이란 음식은 원통형 아이스크림 위에 자두로 속을 채운 삶은 달걀과 바나나를 올린 것이다. '마음대로 하는 말Parole in libertà'은 해삼, 수박, 붉은 치커리, 정육면체 파르미자노 치즈, 공 모양 고르곤졸라 치즈, 캐비아, 무화과, 아마레토 쿠키로 구성되는데, "위대한 미래주의 화가이자 '자유로운 떠버리'인 포르투나토 데페로가 유명한 자작곡 〈야콥손 Jacopson〉을 열창하는 동안, 모든 재료를 모차렐라 치즈 덩이 위에 가지런히 올리고 눈을 꼭 감은 채 여기저기 아무 데나 움켜쥐고 먹는" 것이다.[40] 이 책에서 제시한 조리법 대부분은 '트럼펫 소리에 찢어진 생고기' 같은 문구에서 볼 수 있듯이 성적인 비유나 화장실 유머, 또는 악의 어린 암시의 집합체다.[41]

쇠고기를 정확하게 정육면체로 자른다. 전류를 흘려 지진 다음 럼주, 코냑, 투명 베르무트를 혼합한 용액에 24시간 동안 담가둔다. 건져서 고추·후추·눈snow으로 만든 받침에 얹어 낸다. 한입에 1분씩 꼭꼭 씹으면서 입에서 나는 맹렬한 트럼펫 음으로 고기를 쪼갠다.

잠에서 깬 전사들은 잘 익은 감, 석류, 블러드 오렌지●가 담긴 접시를 받는다. 이런 것들이 입속으로 사라지면 방 안에 그윽한 장미, 재스민, 인동초, 아카시아 향이 뿌려지는데, 전사들은 퇴폐적인 감상에 젖게 하는 달콤한 향기를 사납게 거부하면서 곧바로 방독면을 쓸 것이다.

떠나기 전에 그들은 스코피오인골라scoppioingola(목구멍에서 폭발하는 것), 곧 마르살라 와인에 푹 적신 작은 파르미자노 치즈 볼로 이뤄진 독주를 삼킨다.[42]

● 당귤의 일종으로 과육이 빨간색을 띠고 껍질도 불그스름하다.

무솔리니는 이렇게 사치스러운 만찬에 참여한 적은 없지만, 미래주의자들의 작업에 감사를 표했다.[43]

처참한 패전과 재건

이탈리아와 히틀러의 제3제국은 정치적·경제적 유대 관계를 맺고 있었지만, 무솔리니는 2차 세계대전 초기에 중립을 선언했다. 그러다 1940년 6월에 가서야 추축국 진영에 합류했는데, 이것은 심각한 오판이었다. 이탈리아군은 그리스 정복에 실패했고, 히틀러의 러시아 침공 작전에도 참가했지만 패배했다. 1943년 7월 이탈리아의 도시에 대대적인 폭격이 가해지고 연합군이 시칠리아에 상륙하자, 국왕 비토리오 에마누엘레 3세재위 1900~1946는 무솔리니를 해임하고 아브루초에 수감했다. 9월에는 피에트로 바돌리오1871~1956 원수가 이끄는 새 정부가 연합국과 정전협정을 체결했다. 그러자 독일군은 즉각 이탈리아 북부와 중부, 로마까지 점령했고, 연합군과 이탈리아 정부의 통치 권역은 라치오와 아브루초 이남으로 한정되었다. 무솔리니는 석방되어, 가르다 호숫가에 있는 살로를 수도 삼아서 꼭두각시 정부를 세웠다. 독일군에 점령된 지역에서 이탈리아인들은 당파를 초월하여 국가해방위원회를 결성하고, 파르티잔 민병대를 소집해서 나치와 파시스트 잔당을 상대로 게릴라전을 벌이기 시작했다.

전쟁에는 필연적으로 기아가 따른다. 농촌 노동자들이 전장에 나가고 농업 소출이 떨어지자, 먹을 수 있는 식량의 양이 급격하게 감소했다. 식품 사재기가 만연했다. 배급은 이미 1940년부터 시작했는데, 처음에는 커피와 설탕, 이어서 식용유, 쌀, 파스타, 빵도 배급 품목이 되었다. 정부에서는 기본적인 식품을 받을 수 있는 배급표를 나눠주었지만, 시스템이 제대로 작동하지 않았다. 이를테면 고기가 부족해지자 닭이나 토끼, 돼지를 키우던 사람들은 배급품으로 내놓지 않고 자기들이 직접 소비하거나, 아니면 내다 팔려고 했다. 농민들은 정부 배급망과 별도로 자기네 생산품을 도시로 보내는 유통망을 만들었다. 농민들이 민간 업자에게 물건을 넘기면, 그것을 사들인 민간 업자들은 훨씬 높은 값에 되팔았다. 가게 주인들도 때때로 배급된 식품을 감춰놓았다가 암시장에 내다 팔았다.⁴⁴ 호텔과 식당

전쟁 후 로마의 암시장

은 그럭저럭 문을 닫지 않고 있어서, 돈만 내면 누구에게라도 모든 메뉴를 제공했다. 방앗간 감시관부터 경찰, 도시경비대에 이르기까지 국가 공무원들이 식품을 뇌물로 받고 묵인해준 덕에 암시장borsa nera이 돌아갈 수 있었다.

전쟁 기간의 식량 수급 상황을 연구한 결과를 보면 암시장이 주요한 식품 조달처임을 알 수 있는데, 당시에 고정된 소득으로 생활하던 이탈리아인들이 암시장을 이용하는 데에는 한계가 있을 수밖에 없었다.[45] 정부가 배급하는 식량에만 의존할 경우 하루에 약 900kcal 정도밖에 섭취하지 못했다.[46] 시골에 가족이 있는 도시 거주민들은 도시보다는 농촌에서 식량을 구하기가 쉽고 생활 수준도 높을 것이라 희망하면서 도시를 떠났다. 나치 점령 지역의 상황은 훨씬 더 나빴다. 독일군은 자신들을 위해서 식량을 대량으로 징발했고, 남자들을 징용했다.

1944년 6월에 로마가 해방되고, 나치 점령 지역은 로마냐 지방의 리미니와 토스카나 지방의 포르테 데이 마르미를 잇는 이른바 '고딕 라인Gothic Line' 이북으로 축소되었다. 1945년 4월 25일(이탈리아에서는 국경일로 기념한다) 마침내 나치 점령에 저항하는 거국적인 봉기가 선포되었다. 독일군은 항복하고, 무솔리니는 잡혀서 처형되었다. 나치가 파르티잔 민병대 열다섯 명을 처형했던 밀라노의 한 광장에 무솔리니의 시신이 거꾸로 매달렸다. 1946년에 이탈리아는 국민투표를 통해 공화국이 되었고, 1948년에 새 헌법이 제정되었다.

미군이 남부에 상륙해서 전국에 주둔하기 시작하자 연유, 과자류,

1945년 나치 점령 종식을 기뻐하는 한 미군 병사와 어린 소녀

초콜릿, 커피 같은 식품이 불현듯 다시 나타났다. 물론 그래도 아직 구하기 귀한 식품들이었다. 유통망이 여전히 비효율적인 상태였기 때문에 소비자들 대부분은 필요한 것을 주로 암시장에서 사야 했다. 농촌에서 도시로 적법한 경로를 통해 식량이 공급되게끔 갖은 노력이 기울여졌지만 별반 소용이 없었다. 식량 공급청Alto Commissariato per l'Alimentazione과 유엔 구호재건국(UNRRA)은 어마어마한 식량 수요에 대처하느라 고전했다. 일찍이 1890년대에 생겨나 농민에게 신용 대출, 종자, 원재료 등을 공급해온 이탈리아 농업협동조합연합Federconsorzi도 주곡과 기타 작물을 배급하는 데 관여했다.47 그래도 수많은 이탈리아인이 '교황 식당Refettori del Papa'과 같이 가톨릭교회나 정당이 운영하는 무료 급식소와 구호 시설에서 끼니를 때웠다.

1945년부터 1955년까지는 재건ricostruzione의 시대로 정의된다. 냉전 기간, 강력한 공산당과 사회당이 존재했던 이탈리아는 동·서 양 진영의 틈새에 끼어 있었다. 당시 미국에게는 이탈리아가 서방 진영에 남아 있는 것이 무엇보다도 중요했다. 그 결과 이탈리아는 '마셜 플랜'이라는 유럽 회생 계획의 혜택을 받게 되었다. 실업률과 사회 불안이 심각한 문제로 발전하지 않도록 생산 시스템을 재건할 자금이 원조되었다. 산업 시스템을 재건하는 정부 주도 사업에 많은 노력이 기울여졌는데, 이탈리아의 산업은 밀라노, 토리노, 제노바를 꼭짓점으로 하는 삼각 지대에 집중해 있었다. 새로 의회를 구성하기 위해 처음 실시된 민주적 선거에서는 식량 문제를 둘러싼 논쟁이 치열했다. 가톨릭 정당인 기독교민주당은, 소비에트연방의 동맹인 공

전쟁이 끝나자 이탈리아의 식량 사정이 나아졌다.

산당과 달리 자신들은 원조와 식량 공급의 원천인 미국과 긴밀한 관계임을 강조했다.

농촌 지역, 특히 남부 지방의 정세는 폭발 직전이었다. 1949년 칼라브리아 지방의 멜리사에서 미개간지를 무단 점유한 농민을 경찰이 사살한 사건으로 위기가 고조되었다. 소수에게 집중된 토지 소유, 기술적인 퇴보, 그리고 만성적인 영양 부족에 시달리고 있는 농업 노동자들의 낮은 임금 수준 등이 주요 쟁점이었다. "일하는 자에게 토지를La terra a chi lavora"이라는 구호가 내걸렸다. 이듬해, 모든 종류의 독점 소유에 반대하는 좌파 정당들과 사유재산을 보호하면서 농촌 가정을 지원하려고 하는 기독교민주당이 긴 협상을 끝내고 개

시칠리아 남쪽 람페두사 섬의 어민들. 이탈리아의 일부 지역은 전후의 경제재건 계획에서 소외된 채 방치되었다.

혁 작업을 시작했다.[48] 토지 개혁의 대상은 사용 가능한 전체 토지의 30퍼센트에 불과했다. 너무 좁은 땅에서 너무 늦게 이뤄진 개혁이었다. 정부에게 토지를 넘긴 지주는 연리 5퍼센트짜리 공채를 받았으며, 농민은 정부에게서 30년 상환 조건으로 농지를 살 수 있었다. 약 150만 에이커에 이르는 농지가 소규모 자작농에게 넘어가는 데, 이들 대부분이 전통 방식을 답습해 이 분야의 근대화 속도를 따라가지 못했다. 하지만 해안 지방에서는 개혁이 비교적 성공을 거두었다. 정부가 남부 발전을 위한 특별 기금 '카사 델 메초조르노Cassa del Mezzogiorno'를 활용해서 공공 기반 시설을 건설했기 때문이다. 밀 값을 높게 유지하고 농촌 소득을 보장하고자 정부가 밀을 대량으로 사들였는데도 연간 농업 생산 성장률은 2.5퍼센트에 머물렀다.[49]

대부분의 이탈리아인은 훗날 '지중해 식단'으로 알려질 식습관을 유지하고 있었다. 곡물, 인근 교외에서 온 신선한 채소와 과일, 파스타와 달걀, 여기에 때때로 생선이나 치즈가 추가되는 식단이었다. 북부에서는 동물성 지방 섭취량이 더 많았다. 그래도 1950년대 초반의 1인당 평균 육류 섭취량은 전반적으로 낮은 수준에 머물렀다. 토지 개혁이 시작된 뒤 의회가 주도해서 실시한 빈곤 조사 결과에 따르면, 남부 이탈리아 가정의 50퍼센트 이상이 빈곤층으로 분류되었다.[50] 많은 가정에서 아직도 벽난로나 석탄풍로를 이용해서 조리를 했다. 조금 형편이 나은 가정에서는 '쿠치나 에코노미카cucina economica'를 구비했는데, 이것은 석탄이나 장작을 연료로 쓰는 근대식 화덕이다. 전기풍로나 가스풍로는 아직까지 사치품이었다.[51]

로베르토 로셀리니1906~1977, 비토리오 데시카1901~1974, 루키노 비스콘티1906~1976 같은 젊은 영화감독들은 이런 극빈 상황을 우울한 색조로 담아낸 불멸의 작품을 만들었다. 정치적인 이유로 이들의 작품에서는 때때로 곤궁한 현실을 과장되게 표현한다. 이들은 이전 시대의 정치 선전 방식을 거부하고, 자신들이 보는 대로 세상을 비

ChiccoDodiFC 제공, 출처 www.shutterstock.com

쿠치나 에코노미카는 '간이 부엌'이라는 뜻이다.

춰 보이고자 했다. 스튜디오가 아닌 야외에서 촬영을 했으며, 되도록 비전문 배우를 쓰려고 했다. 이들이 세운 새로운 영화 미학은 '신사실주의(네오리얼리즘)'라는 이름으로 세계적 명성을 얻었다.[52] 이들의 영화에 담긴 이야기는 노동자 계급에 속한 등장인물들의 파란만장한 삶을 드러내 보인다. 루키노 비스콘티는 〈흔들리는 대지 La terra trema〉 1948에서, 시칠리아 동부 해변에 살던 가난한 어민 일가가 자신들의 처지를 극복하고자 감행하는 처절한 시도를 그렸다. 주세페 데 산티스 Giuseppe De Santis, 1917~1997는 〈쓰디쓴 쌀 Riso amaro〉 1949에서, 벼농사를 짓는 품삯 노동자들의 삶과 농촌 노동조합의 투쟁에 초점을 맞추었다.

역설적인 일인데, 과거 파쇼 정권의 후원을 받아 제작된 영화들

영화 〈쓰디쓴 쌀〉의 주인공인 벼농사 품팔이꾼들

때문에 영화가 오락과 함께 정치적 의미를 전달하는 것에 익숙해진 사람들이 이들 신사실주의 영화의 열성적인 관객이 되어주었다.

〈자전거 도둑Ladri di biciclette〉1948은 비토리오 데시카가 만든 신사실주의 영화의 걸작이다. 2차 세계대전이 끝난 직후에 로마에서 촬영된 유명한 장면이 있다. 영화 속 아버지는 돈을 펑펑 써버리기로 작정하고, 평소 같으면 들어갈 엄두도 못 낼 고급 식당에 아들을 데려가서 점심을 사준다. 아이는 옆자리에서 거만한 상류층 사람들이 먹는 호사스러운 음식을 바라보면서, 납작한 빵 두 조각 사이에 모차렐라를 끼워서 기름에 튀긴 모차렐라 인 카로차mozzarella in carrozza를 먹는다. 아이는 아버지와 와인을 나눠 마시기도 한다. 엄마라면 절대로 허락하지 않을 행동이라는 걸 아이는 잘 안다. 익숙하지 않은 환경에 주눅이 든 아이는, 아버지가 일하는 데 필요한 자전거를 도둑맞아 집안이 극한의 곤경에 처했다는 이야기를 하자, 죄책감으로 잘 먹지도 못한다. 가장의 역할을 다하려고 애쓰지만 먹을 것도 넉넉히 구할 수 없는 가난을 마주해야만 하는 현실에 절망한 아버지를 그린 이 장면은 특히 뭉클하다. 이 밖에 이 영화는 여러 가지 요소를 통해 당시 식당의 서비스라든지 식당에서 먹을 수 있는 요리, 식량 부족 사태에 대한 사회적 담론 등 공공장소에서 하는 식사에 대한 유용한 정보를 제공한다.

데시카의 다른 작품 〈밀라노의 기적Miracolo a Milano〉1951 역시 가난에 초점을 맞추었다. 집 없는 사람들이 '진짜 닭'이 걸린 경품 추첨에 참가하지만, 결국 행운의 승자만이 배고픈 참가자들이 보는 앞에서 혼자 그 닭을 먹어치운다.

사회적인 주제를 경쾌하게 반어법적으로 다룬 데시카의 방식은 점차 이탈리아 영화의 일반적인 경향으로 받아들여졌는데, 이는 1950년대 초반에 얼마간 개선된 경제 상황을 반영한다. 루차노 엠메르Luciano Emmer 감독의 〈8월의 일요일Domenica d'agosto〉1950에서는 먹을거리를 양껏 싸 들고 해변으로 몰려가는 로마인들에게 풍자의 시선을 돌린다. 이 영화는 로마인들이 새롭게 찾은 안정감과 함께 아직 낮은 상태에 머물러 있는 교육 수준도 표현했다. 인구 대부분이 굶주림에서 벗어나게 되자, 음식과 허기는 곧바로 코미디의 소재가 되었다. 마리오 마토네Mario Mattone가 만든 영화 〈가난과 기품Miseria e nobiltà〉1954이 대표적인 예다. 나폴리에서 촬영된 가장 유명한 장면에서 배고픈 주인공 펠리체(이탈리아의 인기 코미디언 토토가 연기했다)는 토마토소스 스파게티를 받고 흥분한 나머지 맨손으로 스파게티를 게걸스럽게 집어 먹는다. 펠리체는 주머니까지 스파게티를 채우고 식탁에 올라가 춤을 춘다.

당시의 영화는 재건 기간에 미국식 식단과 외국 음식이 이탈리아인의 식생활에 스며들었다는 사실도 보여준다. 스테노Steno* 감독의 〈로마의 미국인Un americano a Roma〉1954에서는 로마의 한 젊은이가 미국인이 되기로 작정하고 미국인의 말투와 행동거지를 우스꽝스럽게 흉내 내는 모습을 그렸다. 이 영화에는 주인공이 요구르트나 겨자처

---

* 스테노는 이탈리아의 영화감독 겸 시나리오 작가 스테파노 반치나(Stefano Vanzina, 1915~1988)의 예명이다.

마리오 마토네 감독이 연출한 〈가난과 기품〉의 한 장면

럼 근사해 보이지만 먹기는 쉽지 않은 외국 음식을 스스로 즐겨 보려고 애쓰는 일련의 장면이 나오는데, 이 장면에 나온 대사를 오늘날에도 많은 이탈리아인이 그대로 인용하곤 한다. 동시에 주인공 청년은 스파게티나 와인 같은 전통 음식을 좋아하는 자신의 습성과 타협을 봐야 한다. 그는 전통 음식을 한물간 것으로 여기며 시큰둥한 척하지만, 실제로는 안도감의 원천으로서 갈망하기도 한다. "스파게티여, 네가 먼저 도발했으니, 이제 내가 너를 먹어치우겠다." 오늘날에도 이 유명한 대사는 세계적으로 인기를 끄는 최신 유행 상품으로 여겨지는 음식이 이탈리아 전통 요리만큼 만족스럽지 못한 경우에 이탈리아인들이 자주 인용하는 말이다.[53]

1950년대 중반 파스타·유제품·설탕·와인·주류 산업이 성장하면서, 식량 부족 사태는 끝났다고 여겨졌다. 리츠 크래커나 위스키, 코카콜라 같은 외국산 소비재도 범세계주의와 풍요의 상징으로 받아들여졌다. 요리책에서는 이런 정서를 반영해서 손님에게 즐거운 놀라움을 안겨줄 만한, 이국적이고 대담한 조리법을 소개했다. 그렇지만 가정의 식습관은 그리 많이 변하지 않았다. 역사학자 캐럴 헬스토스키는 다음과 같이 역설한다.

> 소비자들은 전쟁 전에 비해서 많은 식품을 구매하고 소비했지만, 그들이 일상으로 하는 식사의 내용이나 구조를 바꾸지는 않았다. 이탈리아의 식품 산업은 파스타, 올리브유, 토마토, 와인, 빵 등 지중해 식단의 성격을 띤 식품을 생산하고 판매하는

밤 페이스트 튜브처럼 전후에 새로 등장한 산업 식품이 근대화와 진보의 상징인 것처럼 이탈리아인들을 매료했다.

데 치중함으로써 기존의 식습관을 더욱 강화했다.[54]

여성들은 전형적인 중산층 가정주부 역할에서 벗어나야 한다는 사실을 깨달았다. 전통적으로 여성은 당연히 가사와 가족을 돌보는 일을 맡아야 하며, 여성에게는 갖고 싶은 소비재를 가지는 것이 자기표현이자 만족감을 얻는 방도라고 여겨졌다.[55] 그러나 경제 구조가 너무나 빠르게 변해갔기 때문에, 성별에 따른 전통적인 역할 분담 역시 그대로 유지될 수 없었다. 1960년대와 1970년대에 여성들이 대거 노동 시장에 뛰어들면서 이탈리아 사회에 획기적인 변화의 시동을 걸었다. 가정법이 개혁되고, 이혼이 합법화되었다. 사상 처음으로 여성은 자신의 몸과 성생활을 스스로 주관할 수 있게 되었다.

달콤한 인생•

국제 평화, 통화 안정, 국내의 소비재 수요 증가 덕택에 1950년대 말 이탈리아가 이른바 '경제기적'의 시대에 돌입하면서, 많은 이탈리아인의 삶이 좀 더 편해졌다. 1958년부터 1963년까지 평균 GDP 성장률은 6.3퍼센트에 달했으며 1961년에는 7.6퍼센트로 정점을 찍었다. 1963년 실업률이 2.6퍼센트까지 뚝 떨어졌다.[56] 산업이 큰 폭으로 발전했다. 1957년 이탈리아는 유럽경제공동체(EEC)에 가입했다. EEC에 가입한 모든 나라는 각 회원국의 특화 산업이 자유롭게 접근할 수 있는 시장이 되었다. 1967년 EEC가 유럽공동체(EC)로 확대 개편되고 나서 이듬해에 '공동농업정책Common Agricultural Policy'이 출범해 유럽 각국을 가로지르는 거대한 농산품 자유 시장이 열렸다. 이때 효율적인 정책 집행을 위해 유럽공동체 중앙의 결정권이 고도로

• 페데리코 펠리니 감독의 1960년 작 영화 〈달콤한 인생(La Dolce Vita)〉에서 따온 말이다.

강화되었다. 공동농업정책은 이탈리아의 토지 개혁과는 상반된 방향에 중점을 두었다. 유럽공동체의 가격 지원은 주로 이탈리아 북부의 평원 지대에서 생산되는 곡물, 우유, 치즈, 육류에 치중했고, 남부에서 생산되는 올리브유나 와인은 거의 무시되었다.

1961년과 1965년 두 차례에 걸쳐 이탈리아 정부는 '녹색 계획piano verde'을 통과시켰다. 이 계획은 기술, 기계화, 비료, 농약, 건설 사업에 중점을 두었다. 이 정책으로 공장에서 생산한 비료나 농약, 농기계 같은 영농 자재에 대한 농촌의 수요가 늘었는데, 정부가 지원하는 영농 자재는 대부분 대규모 영농 기업으로 흘러들었다. 새 유럽 체제와 이탈리아 정부에서 채택한 정책들은 소규모 자영 농민의 생활 수준을 그리 높여주지 못했기에, 많은 농민이 소유지를 대지주에게 팔아넘기는 것으로 사업을 마감했다.

1957년 남부 지방에 산업 투자 지역을 조성하는 법률이 통과되었지만, 밀라노·토리노·제노바의 산업 삼각지대가 워낙 급성장했기에 남부에서 북부로 국내 이주의 물결이 크게 몰아쳤다. 통일 이후 꾸준히 내륙에서 해안으로, 농촌에서 도시로 향하던 장기적인 인구 이동과 이번의 급속한 인구 이동이 마침 맞물렸다. 1880년대부터 10년에 약 100만 명씩 농촌에서 도시 지역으로 꾸준하게 이동하고 있었는데, 파쇼 정권이 제정했던 국내 이주 제한법이 폐지된 직후인 1951년~1961년에는 그 수가 320만 명에 이르렀다. 그다음 10년 동안에는 230만 명이 농촌에서 도시로 이주했다.[57] 1955년부터 1971년까지 거주지를 옮긴 사람의 수를 다 합치면 약 900만 명에 이른다.[58]

1950년대부터 이탈리아는 농업 생산 시스템을 재건하고 산업화 정책을 추진했다.

총 노동 인구 중 농업 종사자가 차지하는 비중은 1951년 44퍼센트에서 1961년 29퍼센트로 떨어졌다. 그러나 농촌의 생산성은 오히려 높아져서, 성장하는 소비 시장에 차질 없이 물량을 공급했다. 이러한 추세는 '기적'이 막을 내린 뒤에도 이어져서, 1981년 이탈리아 전체 일자리에서 농업이 차지하는 비중은 14.1퍼센트에 불과했다.[59]

영화에서도 이 시기의 역사적인 인구 이동을 조명했다. 향수 어린 음식, 이주자들과 기존 주민의 간극, 고향을 떠나 익숙하지 않은 곳으로 가면서 겪는 두려움과 갈등이 영화의 소재가 되었다. 루키노 비스콘티의 〈로코와 그의 형제들Rocco e i suoi fratelli〉1960은 바실리카타에서 밀라노로 이주한 일가의 극적인 이야기를 담았다.[60] 이보다 약간 가벼운 희극으로 만들어진 영화가 카밀로 마스트로친퀘Camillo Mastrocinque 감독의 〈토토, 페피노와 나쁜 여자Totò, Peppino e la malafemmina〉1956다. 주인공은 북부 지방이 얼마나 추울지 몰라 두려워서 두꺼운 코트를 입고 모피 모자를 쓴 채, 남부 음식을 바리바리 싸가지고 나폴리에서 밀라노로 간다. 마리오 모니첼리1915~2010의 〈마돈나 거리에서 한탕I soliti ignoti〉1958은 로마에 모여든 어중이떠중이 초보 도둑들의 이야기인데, 이 초보 도둑 대부분이 이주자였다.

대규모 국내 이주는 사회에 심대한 변화를 일으켰다. 종래의 가족 구조와 그것을 떠받치고 있던 전통적인 가치관에 큰 균열이 생겼다. 수많은 농업 노동자들이 농장을 떠나, 상당한 소득이 안정되게 보장되는 공장으로 옮겼다. 농업 노동력이 갑자기 부족해지자, 지나치게 노동집약적이면서 수익성이 낮은 작물은 재배하지 않게 되었다. 그 결과 생물다양성이 전례 없는 타격을 입었고, 많은 재배 기술과 농사꾼의 지혜가 이 시기에 사라져버렸다.

산업화한 북부로 터전을 옮긴 이주자들은 개인적인 상황, 가족사, 현지 사회의 포용 수준, 경제적인 제약 등의 요인으로 인해 종종 자신들의 음식 문화에 이중적인 태도를 취했다. 어떤 사람들은 어서 과거를 잊고 새로운 환경에 섞여 들어가려고 했다. 이런 사람들 대부분은 자신이 먹고 자란 음식이 가난을 드러내는 너절한 것까지는 아니더라도 시대에 뒤떨어진 것이라고 생각했다. 반대로 자신들이 물려받은 식습관을 찬양하며 고수하는 사람들도 있었다. 이들은 필요한 재료를 구하러 아주 멀리까지 가는 일도 마다하지 않았다. 명절에 이주자들끼리 고향의 전통 요리를 만들어 나눠 먹으면서 자신들의 문화적 정체성을 되새기는 것은 매우 흔한 일이었다.

그렇지만 이런 음식의 조리법은 가족이나 친지처럼 가까운 사이에만 통용되었다. 이주자들의 재정 형편이 나아지면서 고향의 전통 요리는 점차 상징적인 위상을 차지하는 데 그치게 되었고, 특별한 날에나 만들 뿐 평소에는 거의 먹지 않는 음식이 되었다. 과거에는 요리를 떠맡았던 여성들이 이제는 가정을 떠나 일자리를 얻는 경우가 많아지면서, 점차 식사 준비에 더 적은 시간을 할애하게 되었다. 게다가 여성 차별에 반대하는 정치의식이 높아짐에 따라 많은 여성이 착취의 현장인 부엌을 벗어나고자 했다.

그렇다 해도 인구의 절대 다수가 재배치된 결과, 지방색이 강했던 향토 음식들이 전국 각지에 알려지게 되었다. 과거에 이렇게 요리가 지역을 넘나드는 현상은 오직 상류층에 국한되었고, 농민이나 수공업자들은 대체로 주위에서 쉽게 구할 수 있는 익숙한 것들만 먹었다. 그런데 이제는 북부에 자리 잡은 남부 출신자 집단이 지중해 연안에서 나는 식품을 찾게 되었다. 이러한 상황이 아니었으면 이동하지 않았을 식품에 대한 상업적인 수요가 생겨났다. 물소 젖으로 만든 모차렐라 치즈, 햇볕에 말린 토마토, 올리브유 등이 그런 식품이었다. 많은 이주자들이 길거리에서 (흔히 불법으로) 물건을 파는 일을 첫 번째 직업으로 삼았다가, 차츰 가판대나 상점을 운영하거나 소유하는 데까지 신분이 상승했다.[61] 그러자 시장은 새로 온 이주자들이 직업을 구할 수 있는 장소가 되었고, 같은 마을이나 지방 출신자들을 한데 모으는 기능을 했다. 이 사람들은 같은 사투리를 쓰고 일요일에는 함께 어울려 다녔는데, 북부 사람들은 이들을 수상쩍게 여기거나 대놓고 힐난하기도 했다.[62] 시간이 흐르자, 남부의 기업가들이 번듯한 상점, 식당, 빵집, 페이스트리 가게를 열고 동향 사람들에게 고향의 음식을 제공하기에 이르렀다. 이들은 북부 사람들에게도 전에 들어보지 못한 별미와 조리법을 알리는 중요한 문화 중개자 구실을 했다.

지속적인 경제 발전 덕분에 단백질 식품 소비량이 유례없는 속도로 치솟았다. 이주민들의 경우에도 마찬가지였다. 유럽공동체의 정책에 따라 우유, 치즈, 고기 값이 인위적으로 높은 수준을 유지하고 있었는데도, 이탈리아인의 식단에서 그것들이 차지하는 비중이 이전과는 비교도 되지 않을 정도로 높아졌다. 특히 육류 소비가 가파르게 상승했는데, 양적인 측면뿐만 아니라 질적인 면과 소비하는 부위도 변했다. 1881년 1인당 평균 육류 섭취량은 1년에 11.25킬로그램에 불과했는데, 1974년에는 45킬로그램으로 뛰었다.[63] 스테이크나 페티네fettine(송아지고기나 쇠고기를 얇게 저민 조각)를 살 수 있다는 것은 안정된 소득과 안락한 생활의 상징으로 받아들여졌고, 전통적으로 소비되던 부위는 질기거나 육즙이 변변치 않은 것으로 인식되었

요리 전문지 《라 쿠치나 이탈리아나》 1953년 10월호 표지. 육류 소비가 증가한 것은 전후 새롭게 맞이한 풍요를 상징한다.

다. 시장에는 모타Motta나 알지다Algida 같은 포장 아이스크림, 파베시 Pavesi 크래커, 누텔라Nutella 초콜릿 스프레드처럼 새로 등장한 소비재 상품이 넘쳐흘렀다. 그렇지만 농업 생산성의 한계가 식품 산업의 성장에도 걸림돌이 되었다. 예외로 성장 발전을 거듭한 몇 안 되는 식품기업이 바릴라, 부이토니, 페레로, 치리오 등이다.

가전제품의 상황은 훨씬 더 좋았다. 가스레인지가 보편적으로 사용되었고, 집집마다 냉장고도 들어섰다. 특히 냉장고에 딸린 작은 냉동실은 냉동식품의 확산을 가능케 했다. 처음에는 냉동 생선이 주를 이루더니 나중에는 채소류까지 확대되었다.[64] 이탈리아인들은 안정된 살림살이를 누리고 있다는 징표로 자동차를 구입해서 주말여행을 가고, 긴 휴가를 즐기기 시작했다. 한 달 내내 집을 비우는 경우도 흔했다. 8월에는 전국의 직장이 사실상 문을 닫고, 수많은 이주민이 고향을 찾아갔다. 이리하여 관광이 보편적인 여가 활동으로 자리를 잡았다.

1954년 12월에 공영 TV 방송이 시작되면서 소비문화 역시 새 시대로 접어들었다. 1957년 저녁 뉴스가 끝난 직후 주요 오락 프로그램이 시작하기 직전에 〈카로셀로Carosello〉라는 10분짜리 프로그램이 방영되기 시작했다. 〈카로셀로〉는 몇 초짜리 광고 영상(실제 배우가 출연한 것도 있고 만화로 된 광고도 있었다)을 모아 방송하는 프로그램이었다. 이 황금 시간대의 광고를 위해서 광고주들은 사연이 있고 모험담이 있는 캐릭터들을 만들어냈다. 이들 캐릭터가 곧 대중문화의 한 부분이 되어, 시장에서 광고하는 상품의 입지를 다져주었다. 어린이들은 보통 〈카로셀로〉가 끝난 다음에 잠자리에 들었기 때문에, 이 재미있는 프로그램이 시작되기 전에 잠자리로 보내지는 것은 어린이에게 벌이 되었다. 이 프로그램은 1977년에 막을 내렸다. 긴 광고 영상을 제작하고 방영하는 비용이 너무 높아진 데다, 더 직접적인 판촉 수단이 도입되었기 때문이다.[65]

높은 소득을 즐기는 한편 광고에 자극을 받은 이탈리아인들은 미국인의 발명품인 슈퍼마켓에 익숙해지기 시작했다. 미국의 대부호 넬슨 록펠러가 창설한 '국제기본경제주식회사International Basic Economy Corporation'(IBEC)의 투자로 1957년 밀라노에 처음 슈퍼마켓이 들어섰다.[66] 고급 백화점 리나센테Rinascente는 일찍이 1917년에 영업을 시작했고, 이보다 약간 대중적인 백화점 우핌UPIM과 스탄다Standa도 파시즘 시대에 이미 문을 열었다. 그러나 새로 생긴 식품 전문 슈퍼마켓은 이탈리아인들에게 익숙한 그동안의 쇼핑 방식에 변화를 요구했다. 먼저 손님이 진열대에서 직접 상품을 꺼내야 했는데, 종래의 식료품점에서 이런 일은 점원의 몫이었다. 구비된 상품의 수량도 슈퍼마켓 쪽이 더 많았다. 식품 포장 방식에도 적응해야만 했다. 이탈리아의 식품회사들은 훨씬 소량으로 포장했기 때문이다. 그리고 농업 부문이 전반적으로 뒤처져 있었기에, 슈퍼마켓에서는 많은 식품을 수입하는가 하면 빵, 커피, 소시지, 치즈 등을 자체 브랜드로 직접 제조하기까지 했다. 소규모 식료품점들은 콘프콤메르초Confcommercio라는 단체를 조직해서 슈퍼마켓에 대항했다. 그들은 가격 인하 압박을 고발하고, 슈퍼마켓이 지역 경제를 망치고 있다며 지역 정치인들에게 압력을 가했다.

  소비자 협동조합도 활동 영역을 확대해서 민간 재벌들과 경쟁하는 수준까지 힘을 키웠다. 1886년에 설립된 협동조합연맹은 수많은 가맹점을 거느리고 상당한 구매력을 행사하면서, 좌파 정당들과 소비자 사이의 중요한 연결고리 구실을 해왔다. 지난 수십 년 동안 협동조합연맹과 민간 기업의 긴장 관계는 서로 고발을 거듭하고 법정 투쟁을 벌이면서 정치적인 갈등으로 변질되고 말았다.[67] 1962년에 소규모 상점들도 협동조합 코나드(CONAD)를 세웠고, 얼마 지나지 않아 코나드는 슈퍼마켓 업계의 강자로 성장했다.

  경제기적 시기를 거치면서 오스테리아와 트라토리아는 거의 사라졌다. 대신 바bar 같은 새로운 소비 장소가 나타났는데, 미국식 바를 더 현대적이고 재미있는 장소로 생각한 젊은이들이 많이 모여들었다. 이탈리아에 미국식 바가 처음 생겨난 것은 1890년대 말인데, 이때 바에서는 바리스타가 에스프레소 기계에서 커피를 뽑아 손님에게 내주었다.[68] 손님들은 카운터 앞에 선 채로, 혹은 친구들과 함께 앉아서 커피를 마셨다. 1960년대 들어 바는 리놀륨, 포마이카, 강철 같은 소재로 매끈하게 디자인되어 다시 한 번 현대성이 발현되는 현장으로 변신했다. 주크박스에서 인기 있는 대중음악이 터져 나오고, 축구 게임기는 싼 값에 즐길 수 있는 오락 도구로 자리 잡았다. 맥주, 증류주, 아마로,* 그리고 드물게는 혼합 음료 등 대량 생산된 탄산음료나 알코올음료가 와인을 대체했다. 전래의 오스테리아가 사라지면서 '오스타리아hostaria'라는 이름이 붙은 대중 식당이 새롭게

1960년대의 어느 날 내 할아버지 가족의 식사 장면. 경제기적은 이탈리아인의 식탁을 풍성하게 했다.

나타났는데, 맨 앞의 철자 'h'는 역사나 전통을 의미하는 것으로 생각된다. 한때 인기 있었던 옛것의 친숙함과 추억을 불러일으키려는 뜻일 것이다. 이탈리아인이 음식을 경험할 때 전통과 혁신, 지역 정체성에 대한 애착과 세계화라는 현실에 양다리를 걸치는 태도는 1960년대부터 지금까지 이어져왔다고 할 수 있다.

● 아마로는 포도가 아닌 수십 가지 식물을 숙성시켜 만드는 술로, 이탈리아에서 생산되어 대부분 이탈리아에서 소비된다. '아마로(amaro)'는 본래 쓴맛을 뜻하는 형용사로, 와인의 맛이 달지 않고 쌉쌀한 경우를 가리키는 말로도 쓰인다.

6장

오늘과 내일의
이탈리아 음식

이탈리아가 변화하는 사이 식단의 풍, 식사 예절, 관례, 절차와 용어도 급격하게 달라졌다. 식사 시간과 장소, 식사 주기와 간격, 조리 시간과 기술도 새로워졌다. 부엌에서 일하는 사람의 손과 입맛도 변했다. 농업 국가에서 공업 국가로 급격하게 전환하면서 농업도 구식에서 현대식으로 탈바꿈했으며, 따라서 논밭과 과수원, 시장과 가정의 부엌이 이루었던 전통적인 균형 관계도 근본적으로 조정되었다.[1]

위 글은 역사학자 피에로 캄포레시가 최근 수십 년 동안 이탈리아의 식품 체계를 뒤흔든 급속한 변화를 특유의 서정적인 문체로 표현한 것이다. 그렇지만 과거는 아직도 현재에 강한 영향을 미치고 있으며, 많은 소비자들이 전통과 지역 정체성에 애착을 가지면서도 동시에 범세계적인 형태의 현대화와 진보를 받아들이는 이중적인 태도를 취하고 있다.

새천년이 시작될 무렵

'경제기적'이라는 획기적인 변화는 이탈리아 사회에 깊숙한 흔적을 남겼다. 1964년부터 1973년까지 평균 GDP 성장률은 이전의 고속 성장에 비해 소폭 감소한 4.8퍼센트를 기록했다. 사회적 긴장감이 무르익어 1969년의 '뜨거운 가을autunno caldo', 노조의 봉기와 파업으로 이어졌다. 일부 우파 세력은 물리적인 공격, 살인 등 테러 활동을 기본으로 하는 이른바 '긴장 전략strategia della tensione'을 택했고, 이들의 활동은 밀라노의 광장에서 폭탄을 터뜨려 열일곱 명을 살해한 사건으로 정점을 찍었다. 스위스, 프랑스, 벨기에, 독일의 광산이나 공장에 취업했던 사람들이 귀국하면서 실업률이 높아졌다. 이러한 상황에서 정부는 노동자들에게 퇴직 연금, 공공 의료 서비스 같은 혜택을 보장하는 공공복지 대책을 마련했고, 많은 사람들이 종신 고용 혜택을 누렸다. 이러한 복지 제도는 2010년대 초반 경제위기를 맞아 설 자리를 잃게 되었다. 공공 부채가 가파르게 늘고 유로존Eurozone에 속한 나라들 사이에 재정 대책에 대한 갈등이 고조되던 당시, 정

● 유로를 공통 화폐로 사용하는 지역. 2010년 당시 유로존에 속한 나라는 오스트리아 · 벨기에 · 키프로스 · 핀란드 · 프랑스 · 독일 · 그리스 · 슬로바키아 · 아일랜드 · 이탈리아 · 룩셈부르크 · 몰타 · 네덜란드 · 포르투갈 · 슬로베니아 · 에스파냐 등 총 16개국이었고, 2011년 이후 에스토니아 · 라트비아 · 리투아니아가 가입해서 총 19개국이 되었다.

부는 복지 혜택의 대상 범위를 대폭 축소하는 일련의 인기 없는 정책을 시행했다.

1973년 1차 석유 파동이 발생한 탓에 1974년부터 1982년까지 생산이 침체하고 물가가 치솟았으며, 이는 노조의 저항 운동을 불렀다. 1975년 GDP 성장률은 3.6퍼센트 하락했다.[2] 1976년 실시된 국회의원 총선거에서 공산당이 전체 의석의 1/3 이상을 확보하자, 팽팽하던 긴장이 폭발했다. 극좌와 극우 양쪽에서 테러리스트들이 등장해 국내 테러를 감행했다. 무시무시했던 이 시기를 이탈리아 사람들은 '납의 시대gli anni di piombo'(납으로 총탄을 만드는 데 연유한다)라고 부른다.

1983년은 사회당의 베티노 크락시Bettino Craxi가 이끈 중도좌파 정부가 들어서고, '영광의 80년대'가 시작된 해로 기억된다. 이 시기에는 낮은 물가 상승률과 GDP의 완만한 성장, 민간의 소비 증가가 정치 안정을 뒷받침했다. 모든 것이 공적公的이고 정치적이었던 이전 시대와 달리 사생활과 개인적인 성공, 소득 안정을 대단히 중시하는 이른바 '역류riflusso' 풍조가 나타났다. 이 시대를 풍미한 여피족은 개인주의와 쾌락주의를 받아들여 로마와 밀라노의 우아하고 흥미진진한 밤 문화를 향유했다. 당시 외무장관 잔니 데 미켈리스Gianni De Michelis가 악명 높은 식탐과 끝없는 만찬으로 구설수에 올랐다. 명사들에게는 멋진 식사와 그 식사를 과시하는 것이 중요한 일이었다. 유행의 첨단을 걷는 식당에서는 실내 디자인과 분위기가 상차림과 요리보다도 중요했다. 멋진 실내를 즐기면서 그런 곳에 있는 자신의 모습을 남들에게 보이고 싶어 하는 부유한 고객을 끌어들여야 하기 때문이다.

외국 음식에 대한 관심도 점차 높아지면서 이탈리아인들의 식탁이 현대식 프랑스 요리 누벨 퀴진nouvelle cuisine*의 영향을 받게 되었다. 요리사와 주부들은 열심히 새롭고 용감해 보이는 시도를 했지만 곧잘 의문스러운 결과를 낳았다. 파스타에 신선한 크림과 연어를 곁들여 먹고, 정찬 코스 사이에 레몬 셔벗이 나오는 것이 유행했다. 내가 어릴 적인 1980년대에 크게 유행했던 조리법을 다음 쪽에 소개한다. 미식가들에게는 이미 1970년대에 익숙했던 요리인데, 그로부터 몇 년 뒤에 좀 더 대중화한 것이다. 당시 어머니가 주로 해주시던 전통 요리보다 이런 요리를 멋지고 세련된 것으로 생각하던 기억이 난다. 이런 요리의 재료들도, 이런 요리에 두루 쓰이던 생크림을 비롯해서, 아주 이국적인 것으로 여겨졌다. 당시에는 아직 콜레스테롤을 그리 우려하지 않았다.

---

* 화려하고 묵직했던 전통 프랑스 요리에 대한 대안으로서 1960년대~1970년대에 개발된 요리법. 지방·설탕·정제 전분·소금 사용을 줄이고, 신선한 제철 식품을 잘 골라서 재료 본연의 식감과 풍미를 살리는 데 주안점을 둔다.

관 모양 파스타의 한 종류, 펜네테
wavebreakmedia 제공, 출처 www.shutterstock.com

+Recipe

연어와 보드카를 곁들인 펜네테
Pennette with Salmon and vodka

4인분
중간 크기 샬롯 1개 • 버터 100그램(1개 반 토막) • 훈제 연어 100그램(4온스) • 보드카 150밀리리터 • 방울토마토 175그램(1컵) • 토마토 페이스트 1큰술 • 생크림 130밀리리터(반 컵) • 잘게 썬 골파 1큰술 • 펜네테 파스타 450그램(1파운드)

샬롯을 아주 잘게 썰어, 물러질 때까지 버터에 볶는다. 여기에 훈제 연어를 결대로 썰어 넣은 다음, 팬 전체에 보드카를 충분히 두르고 증발시킨다. 방울토마토를 각각 네 조각으로 잘라서 훈제 연어와 함께 잠시 동안 볶은 뒤, 토마토 페이스트 1큰술을 넣고, 마지막으로 생크림을 추가한다. 몇 분 뒤에 불을 끄고, 그 위에 잘게 썬 골파를 뿌린다. 조리를 하는 동안 소금물에 파스타를 알덴테로 삶아서 물을 모두 따라낸 다음, 연어와 방울토마토를 조리한 팬에 얹고 재빨리 섞어서 뜨거울 때 식탁에 올린다.

+Recipe

토르텔리니 알라 보스카이올라
Tortellini alla Boscaiola

4인분

토르텔리니 파스타 450그램(1파운드) • 프로슈토 코토● 100그램(4온스, 조리된 햄으로 대체할 수 있음) • 양송이버섯 250그램(10온스) • 껍질 깐 완두콩 200그램(7온스) • 생크림 130밀리리터(반 컵) • 소금, 후춧가루 • 파르메산 치즈 가루

큰 냄비에 소금물을 끓이고, 그 물에 토르텔리니를 삶는다. 그동안 깍둑썰기 한 햄과 얇게 저민 버섯을 완두콩과 함께 바닥이 두툼한 팬에 넣고, 갈색을 띨 때까지 익힌다. 재료가 팬 바닥에 들러붙으면 파스타 삶는 물을 조금 떠서 부어준다. 10분쯤 지나서 생크림을 추가하고, 소금과 후추로 간한다. 이것을 3~4분 더 조리한다. 토르텔리니가 다 익으면 물을 따라 버리고, 크림소스를 만든 팬에 얹는다. 잘 섞고 나서 파르메산 치즈 가루를 뿌리고, 뜨거울 때 식탁에 올린다.

● '익힌 햄'을 뜻한다. 돼지 뒷다리를 향신료에 절여 증기로 쩌서 만든다.

© Nerodiseppia

만두 모양 파스타의 한 종류인 토르텔리니는 일반적으로 에밀리아로마냐 지방 특산품으로 인식된다.

1980년대에 다논Danone, 네슬레, 유니레버, 크래프트 같은 외국 식품회사들이 이탈리아 시장을 공략하기 시작했다. 이때 유서 깊은 몇몇 브랜드가 독립성을 잃었다. 갈바니 치즈와 페로니 맥주가 다논 사에 인수되고, 마르티니&로시는 바카르디 사에 합병되었다. 1985년에 미국 맥도널드 햄버거가 이탈리아에 진출해서 볼차노에 1호점을 열었다. 맥도널드의 등장은 이탈리아의 전통과 생활 방식에 대한 모욕이자 노동 단체, 지방의 식품 생산자들, 요식업계에 대한 공격으로 인식되었다. 이런 반발을 무마하고자 이 미국 회사는 이탈리

밀라노의 맥도널드 가게. 유서 깊은 '갈레리아 비토리오 에마누엘레 II' 쇼핑몰에 있다.

아 반도 전체에 영업망을 가지고 있던 토착 패스트푸드 체인 부르기Burghy를 인수하고, 다른 이탈리아 체인에도 납품하고 있던 모데나 소재 크레모니니Cremonini 그룹한테서 필요한 육류 전량을 사들였다.

1980년대 호경기의 그늘에서 공공 채무는 하늘을 찌를 듯 치솟고 사회 불평등의 골도 깊어지고 있었다. 북부와 남부의 생산성 격차는 2차 세계대전 직후보다도 오히려 더 크게 벌어졌다.[3] 가장 규모가 큰 공영 식품 복합기업 SME가 민영화되었고, 이 일은 전문 경영인 카를로 데 베네데티Carlo De Benedetti, 1934~와 언론계의 거물인 사업가 실비오 베를루스코니1936~의 기나긴 법정 다툼으로 이어졌다. 유럽공동체의 정책 효과는 피부에 강하게 와 닿았다. 잉여 농산물을 폐기해서 농산물 가격을 인위적으로 떠받치는 정책은 막대한 비용이 들었고, 시민들에게 크나큰 당혹감을 안겨주었다. 결국 유럽공동체는 1984년 공동농업정책을 개정하면서 회원국들의 우유 생산량을 일정한 한도 이내로 제한했다. 1991년에는 농업 소출과 보조금을 분리해서, 영세 농민에게 직접 보조금을 지원하는 정책이 채택되었다. 한편 이탈리아의 음식 섭취 양상이 너무나 빨리 바뀌었기 때문에, 건강과 비만 문제를 우려하는 영양학자들의 목소리가 커졌다. 특히 아동 비만 문제가 심각한 쟁점으로 떠올랐다.[4]

장관들과 국회의원들까지 얽힌 정치·재정 부패가 횡행하면서, 효율적인 뇌물 공여 구조가 발달했다. 불법으로 정치 자금을 후원하는 '탄젠토폴리Tangentopoli'(리베이트를 뜻하는 탄젠테tangente에서 온 말)가 그것이다. 1992년 밀라노의 젊은 검사들이 수사를 시작했다. 이렇게 촉발된 이른바 '마니 풀리테Mani Pulite'('깨끗한 손'이라는 뜻)로 말미암아 기성 정당들이 몰락했고, 많은 사람들이 이를 제2공화국의 출범으로 여겨 두 손 들고 (너무 성급하게) 환영했다. 1994년 사업가였던 실비오 베를루스코니는 직접 정치에 뛰어들기로 작정하고 '포르차 이탈리아Forza Italia(힘내라 이탈리아!)'라는 정당을 창당했다. 그는 그해의 선거에서 승리를 거두었지만, 불과 8개월 만에 동맹 세력과 분열하며 실각했다. 베를루스코니는 2001년 다시 총리가 되어 2006년까지 재임했으며, 2008년~2011년 세 번째로 집권했다.

2008년 세계 금융위기의 여파를 분석하기는 아직 어렵다. 마리오 몬티 총리재임 2011.11~2012.12는 엄격한 긴축 정책을 실시했고, 그의 후임 엔리코 레타 총리2013.4~2014.2는 약간 긴축을 완화했으나 이탈리아의 식품 생산·유통·소비는 침체했다. 늘어가는 국가 채무와 상승하는 실업률(국립통계원ISTAT에 따르면 2012년 9.7퍼센트를 기록했는데 15~24세의 실업률은 무려 32.6퍼센트에 달했다), 고비를 맞은 복지 제도, 공공기관과 정치인에 대한 대중의 환멸감은 미래에 대한 전망을 어둡게 한다.[5] 식품 소비 측면에서 보면 그 결과는 명확하다. 이탈리아인들은 낭비를 줄이고 알뜰하게 소비하고 있다. 예전보다 자주 장을 보되 남겨서 버리는 것이 없도록 적은 양을 산다. 쇠고기는 덜 사고, 달걀이나 콩 등 저렴한 단백질 식품을 전보다 많이 구매한다. 더 값싼 식품을 찾는 사람들은 할인율이 높은 슈퍼마켓 할인 행사를 특히 선호한다. 2012년 시점에서 물가 상승률은 2.2퍼센트 정도에 불과해 매우 안정되어 있다고 할 수 있지만, 앞으로도 세금으로 국가 채무를 감당해야 하기 때문에 위기에서 회복되는 데는 더 오랜 시간이 걸릴 것으로 보인다.

이탈리아 사회의 불평등 심화는 식습관의 양극화로 나타나고 있다. 이탈리아의 '농식품 시장 진흥원Institute of Services for the Agricultural Food Markets'(ISMEA)이 2011년 발표한 자료에 따르면, 식품 관련 분야 전반이 침체하기 시작한 2009년~2010년 고급 제품의 판매는 도리어 13.75퍼센트 늘었다.[6] 경제적으로 여유로운 소수는 식탁에서 소비를 즐기고 있는 한편, 다수 이탈리아인은 소박한 지중해 식단으로 돌아가고 있는 셈이다. 경제성장 시대에 우리 부모와 조부모 세대가 가난과 후진성의 상징으로 여겨 던져버렸던 식단이다.

어디에서 무엇을 살 것인가

이탈리아의 식품 체계에서 가장 눈에 띄는 변화는 다양한 유통망이 (종종 서로 경쟁하며) 발전하고 있다는 사실이다. 도시 농촌 할 것 없이 슈퍼마켓과 셀프서비스형 대형 마트, 저가 할인점, 쇼핑센터centri commerciali 등이 전통적인 옥외 재래시장이나 가족이 운영하는 길모퉁이 구멍가게를 밀어내고 있다. 전국 판매망을 갖춘 대형 유통 조직Grande Distribuzione Organizzata이 이윤을 내는 것은 집중적인 대량 구매를 통해서다. 여러 유통업체가 공동으로 구성한 구매 본부centrali d'acquisto를 통해 생산자에게서 상품을 대량으로 사들이면 구매 가격을 대폭 낮출 수 있다.[7] 덩치가 큰 기업들은 상품 공급과 운영을 능률적으로 체계화해서 몸집을 더욱 크게 불리고 있다. 그들은 이런 식으로 이윤을 확대하는 동시에 독과점의 폐해를 낳고, 이는 소비자들에게 부담을 안겨준다. 이들 대형 유통 체인은 좀 더 비싸고 광고를 많이 하는 유명 브랜드보다 입지가 작은 업체의 상품에 자체 상표를 붙여서 싼 값에 판매함으로써 가격을 억제할 수도 있다.[8] 게다가 대형 마트 업계는 독일의 메트로, 프랑스의 오샹, 카르푸 같은 외국계 기업들이 지배하고 있다. 이들 대형 마트는 보통 대도시 외곽에 있는데, 그런 곳이라야 땅값이 싸서 넓은 주차장을 지을 수 있기 때문이다. 소비자들은 대형 마트에 차를 몰고 와서 대량으로 상품을 사 간다.[9] 한편 독일의 체인점 '리들Lidl's'이 1992년 이탈리아에 상륙한 것을 필두로 해서 전국에 저가 할인점이 문을 열었다. 저가 할인점은 보통 시 경계 안쪽에 있는데, 비교적 작은 매장에서 이름 없는 브랜드의 상품들을 싼 값에 팔고 있다.

이탈리아인들 대부분은 이제 매일 장을 보지 않고, 시간과 연료를 절약하느라 이따금 한 번씩 슈퍼마켓, 특히 도시 외곽에 있는 대형 마트에 간다. 편리성, 적절한 가격, 실용성이 식품 산업의 새 지향점이 되었는데, 이는 이탈리아인의 생활이 점점 더 빠르게 돌아가고 있으며 남아도는 시간이란 없다는 관념에 따른 반응인 동시에 그런 관념을 더욱 강화하는 요소가 된다. 냉장고의 보급도 이러한 경향을 뒷받침한다. 더욱이 생산 방식의 공업화로 지역의 특산품을 전국 어디에서나 구할 수 있게 되었다. 북부의 로비올라, 스트라키노 stracchino나 남부의 스카모르체scamorze, 모차렐라 같은 연질 치즈를 어느 지역에서든 쉽게 찾아 볼 수 있으며, 어지러울 정도로 다양한 살라미, 프로슈토, 소시지 역시 마찬가지다.

기존의 유통 경로도 여전히 소비자에게 유용하기 때문에 완전히 사라지지는 않았다. 가까워서 걸어가기도 편한 동네 가게의 주인은 손님 한 사람 한 사람을 잘 알고 그 손님이 뭘 좋아하는지도 안다. 이런 가게는 당장 쓸 만한 몇몇 가지 품목을 바로바로 사기에 좋다. 또 이민자들이 운영하는 길모퉁이 구멍가게는 밤늦은 시간이나 주말에도 문을 열고, 아주 적은 이윤만을 붙이기 때문에 물건 값이 싸다. 체인에 속하지 않은 독립 상점으로서 번화한 도심에 있는 가게 중에서는 아는 것이 많고 까다로운 고소득층 고객들이 좋아하는 고품질·고품격·고부가가치 품목들을 주로 다룸으로써 미식가들의 성지가 되는 곳도 있다.

시내 소매점은 대부분 종래의 동네 가게와 같은 규모이지만, 이탈리Eataly는 매장 규모가 조금 큰 소매점 체인이다. 토리노의 1호점에서 시작해 지난 몇 년 사이에 로마의 옛 기차 역사를 포함해서 전국에 점포를 늘려가더니 도쿄와 뉴욕에까지 지점을 냈다. 이탈리는 슈퍼마켓의 구조와 조직에 엄선한 고품질 상품을 결합한 형태다. 현지의 장인이나 준장인이 생산한 고급 식품을 판매하는 한편, 매장 내부에 다양한 음식점을 들임으로써 그 자체로 사람들의 발길을 끄는 유흥의 장소가 되었다. 이탈리는 감각적인 환경, 쇼핑을 경험하는 일, 왁자지껄했던 시장의 분위기 등을 새롭게 해석해 제공하고자 하는데, 그런 요소들이 여전히 이탈리아인들의 쇼핑 습관에 중요한 위

Doran Ricks 제공

이탈리 로마점

치를 차지하기 때문이다.

도심 지역에서는 지역 당국이 옥외에 있던 많은 전통 시장을 더 위생적·능률적으로 여겨지는 장소, 곧 새로 지은 건물 안으로 들여보냈다. 시장 이전 과정에서 충돌이 벌어지지 않은 경우는 거의 없다. 상인들은 시장 건물을 새로 짓는 긴 공사 기간에 손님들이 떨어져 나갈까 봐 두려워했고, 시설이 현대화하면 임대료나 유지비가 오를 것을 염려했다. 그렇지만 장을 보러 온 사람들은 잘 정비되어 다니기가 수월해진 실내 시장을 더 좋아하는 듯하다. 실내 시장에는 식품 외에 다른 상품도 들어올 수 있다.

작은 도시에서는 아직도 옥외 시장이 일반적이다. 매일 여는 시장도 있고, 일주일이나 한 달에 한 번 여는 시장도 있다. 몇몇 옥외 시장은 전통적이고 다소 진기한 풍경으로 관광객들을 끌어들이는데, 특히 대도시에 있는 옥외 시장이 그러하다. 부유층 주거 지구에 있는 시장들은 고급품 전문 시장으로 특화하기도 한다. 이민자 인구가 많은 도시에서는 새로 온 이민자에게 가판대를 임대해주는데, 이들은 종종 이탈리아인들에게 그리 친숙하지 않은 상품들을 취급한다. 이민자들이 기존 사회에 진입하는 첫 걸음으로 시장에서 일자리를 찾는 것은 흔한 일이다.[10] 자기네 동포를 상대로 장사하는 이민자들도 있는데, 이들의 존재는 전통 이탈리아 음식의 본거지였던 시장에 범세계적이고 다문화적인 분위기를 더해준다.

시장에 나오는 식품들은 일반적으로 도매 유통 업체들이 이탈리아 전국과 해외에서 사들인 것이다. 그런데 인근 지역 농민이 생산

시장에서는 다른 곳에서 구하기 어려운 달팽이 같은 식품도 살 수 있다.

해 직접 판매하는 '0킬로미터chilometro zero' 식품을 선호하는 사람들도 있다. 이들은 '메르카티 콘타디니mercati contadini(농민 장터)'를 애용한다. 농민 장터는 2007년 제정된 법에 따라 공식 설립되었다.[11] 농민 장터에서는 도매 센터에 공급할 만큼 많은 물량을 생산할 수 없는 소규모 생산자나 유기농법agricoltura biologica으로 농사짓는 사람들이 소비자와 직거래를 한다. 이곳에 오는 소비자들은 지역경제를 지키고자, 또는 각종 상품이 장거리 운송되는 데 따른 환경 문제를 최소화하고자, 아니면 지역 전통을 지키고 인근 농촌 사회와 문화·사회적 유대를 강화하고자 기꺼이 더 비싼 값을 치르려 한다.

장을 보는 사람들과 식품을 파는 사람들이 직접 대면하는 것은 중요한 일이다. 이에 많은 슈퍼마켓에서, 예전의 동네 가게나 옥외 시장에서처럼 상품의 맛을 보고 흥정하고 사람들과 어울릴 수도 있는 판매대를 도입하기 시작했다. 손님들이 (물론 비닐장갑을 끼고) 직접 식품을 만져보고 고를 수 있는 진열대도 만들어졌다. 이는 과거 옥외 가판대의 추억을 떠올리는 감각적인 경험을 제공한다.

이탈리아인들은 다양한 유통 제도들의 틈새에서, 개인적·경제적·정치적 동기에 따라서 때에 따라 다른 상품을 산다. 나름의 사회의식이나 민족의식을 가지고 '공동 구매 모임gruppo d'acquisto solidale' (지역사회 기반 농업을 지지하는 소비자 공동체)을 이용함으로써 자신들이 중시하는 가치관을 표현하는 사람들도 있다. 이들은 '사회적 농장'의 생산품을 공동 구매하는데, 사회적 농장이란 각종 중독으로 고통 받는 사람들이나 전과자, 어떤 위기에 처한 사람들이 함께 농사를 지으며 재활과 사회 복귀를 도모하는 곳이다. 이런 농장 중에는 마피아에게서 몰수한 땅에 세워진 것도 있다.[12] 또한 공정 무역 네트워크commercio equo e solidale도 대도시에 가게를 열고, 개발도상국에서 수입한 초콜릿, 커피, 차 등을 판매하고 있다.

먹을거리 정치

와인과 음식에 대한 관심이 다시 높아지면서 전통 요리와 지역 특산품이 상종가를 치고 있다. 때맞춰 유럽연합은 27개 회원국의 행정뿐만 아니라 경제·재정까지 더 높은 수준으로 통합하는 것을 목표로 중요한 정치적 변화를 모색하고 있다. 이 과정이 순조롭지만은 않은데, 관련된 협상의 의제로 식품도 빠지지 않는다.

1990년대 후반 광우병(BSE) 위기 사태가 터지자, 유럽 시민들은 자신들의 식탁에 오르는 것들이 어디서 어떻게 왔는지 알아야 한다는 자각을 널리 공유하게 되었다. 2000년, 유럽연합의 행정부인 '유럽연합 집행위원회'는 위기에 대처하기 위한 우선 과제를 집중 조명한 백서를 발간했다. 식품 안전성과 소비자의 알 권리는 중요한 과제다. 이에 따라 유럽연합은 말 그대로 '농장에서 식탁까지' 식품 안전성을 보장하기 위해 일련의 규제 조치를 시행했다. 유럽연합에서 제정한 규칙 178/2002호에서는 모든 식품류, 동물 사료 및 사료의 재료에 대해 먹이사슬 전체에 걸쳐 이력을 추적하도록 했다. 추적이 가능하도록 식품 생산에 관여하는 모든 업체는 이른바 '한 걸음 뒤부터 한 걸음 앞까지 one-step-backward, one-step-forward' 아우르는 방식에 따라 앞 단계의 공급자와 뒷단계의 구매자를 명확하게 밝혀야 한다. 특히 대형 슈퍼마켓 체인들은 안전성에 대한 소비자의 우려를 누그러뜨리기 위해서 식품의 이력을 정확히 밝힐 수단을 강구했다. 이들은 유사시 책임 소재를 분명히 가려낼 수 있도록 생산·가공·포장 업체에 지켜야 할 기준을 부과했다. 이들 기준 중에서 가장 널리 활용된 것이 글로벌갭GlobalGap(이전에는 유렙갭EurepGap으로 알려졌다)이다. 글로벌갭은 유럽의 슈퍼마켓에 농산물을 납품하는 전 세계 농민에게 익숙한 기준이다. 농산물이 아닌 상품에도 영국소매점협회

British Retail Consortium(BRC)나 국제식품규격International Food Standard(IFS)의 기준이 적용된다. 이력 추적제는 부가가치를 높이는 구실도 했다. 대규모 유통업자들이 상업망에 대한 통제권을 강화하면서 가격을 높게 책정했기 때문이다. 이력 추적제가 유통 단계에서 효과적인 방식은 아니다. 대형 체인들은 상품이 어디에서 오는지 알기 쉬워졌지만, 어디에서 어떤 물건이 팔리는지 정확하게 짚어내기란 훨씬 복잡한 일이기 때문이다.[13]

2002년 유럽연합은 위험 요소를 평가하는 독립 기관으로 유럽식품안전청(EFSA)을 세웠다. 파르마에 본부를 둔 이 기관에는 과학적 논란이 이는 문제에 대해서 공식 견해를 표명하고, 유럽연합 차원의 위기 상황에 관여할 권한이 부여되었다. EFSA는 특정한 조치를 강제 집행할 권한은 없고, 유럽연합 집행위원회에 권고만 할 수 있다. 그렇지만 상당한 자율권이 부여되어 있어서, 집행위원회나 회원국과 사전 협의를 거쳐야 하는 비상사태가 아니면 필요한 정보를 대중에 직접 알릴 수 있다. 유럽연합은 식품 관련 위험에 대처하기 위해서 '사전 예방'을 원칙으로 하기로 결정했다. 이는 위험 소지가 있다고 의심할 만한 합리적 근거가 있을 경우, 유럽연합 집행위원회에서 위험을 최소화하는 조치를 취할 수 있다는 원칙이다. 이 원칙에 따라 일찍이 1980년대 초반에 유럽연합은 소에 성장 호르몬을 투여하지 못하도록 금지했다. 2002년 제정되어 2005년 발효된 식품기본법(EC규칙 178/2002)에 따라 식품안전법이 개정되었고, 식품위생법(EC규칙 852/853/854/2004)도 2006년부터 시행되었다. 그래도 이탈리아의 소비자들은 여전히 자신들이 먹는 것에 대한 의혹을 거두지 않고 있다. 이는 정부 기관과 정치인에 대한 오랜 불신에 기인한다. 정부 인사나 정치인들은 다 연줄로 얽혀 있고 무능하며 대부분 부패했다고 생각하는 것이다. 정부가 아니라 기업의 마케팅 담당자나 소매점이 소비자를 안심시킬 책무를 떠맡는 경우가 빈번한데, 사실 대부분의 논란은 안전성이 아니라 품질에 관한 것이다.[14]

유전자변형작물(GMO)에 관해서도 인체에 해롭지 않다고 단정할 수 있는 증거는 없기 때문에, 유럽연합은 사전 예방 원칙에 따라 GMO가 영내에 진입하지 못하도록 통제해왔다. 유전자 조작의 잠재적 위험성을 우려한 대부분의 유럽 시민들이 이 조치를 지지했다. 1999년 유럽연합은 GMO 제품의 유통에 대한 허가를 유보하기로 결정함으로써 사실상 GMO 유통 금지 조치를 취했다. 2001년에는 기존 작물과 유기농산물이 GMO에 오염되는 일이 없도록 야외에서 실험용 GMO 재배를 하지 못하게 규제했다. 2003년에는 식품이나 사료에 유전자변형작물이 들어간 경우, 그 사실을 라벨에 표기하도록 한 법률을 제정했다. 이에 따라 식품이나 사료 속 GMO의 함량이 0.9퍼센트를 넘는 경우에는 이 사실을 소비자가 알 수 있도록 라벨에 표기해야 한다. 0.9퍼센트 이하인 경우는 라벨에 표기할 의무가 없는데, 그 정도는 '우연히' 포함될 수도 있는 수준이라고 간주되기 때문이다. 그런데 유전자변형 곡물을 먹고 자란 동물의 고기에 대해서는 이를 표기할 의무가 없다. 미국은 유럽연합의 유전공학 작물 규제가 국제무역협정 위반이라고 세계무역기구(WTO)에 제소했다. WTO의 압박을 받은 유럽연합은 2004년 유보 조치를 해제하고, GMO 실험과 도입에 관한 규칙을 통과시켰다.

이 결정으로 유전자변형 옥수수·면화·유채·감자·콩·사탕무 도입이 허가되었으며 GMO 사료 역시 허용되었다. 그러나 오스트리아, 프랑스, 그리스, 헝가리, 독일, 룩셈부르크는 유럽연합의 2001년 지침에 들어 있는 이른바 '안전 조항'을 근거로 GMO가 자국 영토에 들어오지 못하도록 금지했다.● GMO를 금지한 이들 나라의 지방정부들과 함께 에스파냐, 이탈리아, 영국, 벨기에의 몇몇 지방정부도 법적인 지위에 얽매이지 않고 정치적인 합의를 바탕으로 네트워크를 결성해서, GMO 도입을 금지하는 농업 정책을 밀고 나갔다.[15] 이탈리아에서는 12개 지방정부와 볼차노 자치정부가 이 네트워크에 참여했다. 이탈리아 정부도 농민이 GMO 작물을 재배하려면 사전에 허가를 받도록 하고 있다. 유럽연합의 허가를 받은 GMO 품종을 재배하는 경우에도 마찬가지다.

재래 농민, 특히 소규모 자작농은 기업농에 적합한 고수익 GMO를 자신들이 재배한들 기대할 수 있는 이점이 거의 없다는 사실을 잘 알기에, 대부분 부가가치가 높은 지역 특산품이나 고유 품종 재배를 고수한다. 이들 특산품은 일반 소비재 시장 외에도 판매처가

● GMO를 자연 환경에 방출하는 문제에 관한 유럽의회의 2001년 지침 'Directive 2001/18/EC' 제23조에서는, 이 지침에 따라 허가된 GMO(또는 GMO로 만든 제품)라 하더라도 인체나 환경에 위해가 된다는 과학적 근거가 새로 제기된다면 회원국이 자국 영토에서 그 GMO(제품)의 사용·판매를 제한하거나 금지할 수 있다고 되어 있다. 단, 그런 조치를 취한 회원국은 즉시 EU 집행위원회와 다른 회원국에 그 이유와 타당한 근거를 밝혀야 한다.

있고, 때로는 생산지의 명성 덕분에 높은 가격이 매겨진다.[16] 또한 소규모나 중간 규모 농장들은 연구 기관과 제휴해서 기술 혁신을 시도하기 어렵기 때문에 실용적인 전략을 취하는 경우가 많다. 규모와 종류가 각기 다른 생산 방식과 판매 방식을 혼용해서 성공 가능성을 최대한 높이는 것이다.[17] 그러나 품목과 상표를 다변화하면 소비자들이 헷갈릴 가능성이 높다. 사실 모든 소비자가 복잡다단한 생산 절차나 규정을 다 알고 신경 쓰지는 않기 때문이다.[18]

유기농법은 지속 가능한 농업으로 나아가고자 하는 노력의 일환으로 간주되어, 유럽연합 차원에서 중요시하는 사안이다. 2009년 유럽연합은 유기농 생산의 규준과 원칙을 정의한 새 규칙을 제정했다. 가공된 식품인 경우 재료 전체의 95퍼센트 이상이 유기농으로 생산된 것이어야만 '유기농' 식품으로 표기할 수 있다. 유기농 포장 식품의 생산자는 반드시 EU 유기농 로고를 붙여야 하는데, 수입한 식품도 유럽연합의 유기농 기준과 같거나 상응한 조건에서 생산·관리된 경우 마찬가지로 EU 유기농 로고를 쓸 수 있다. 이탈리아 유기농업이 순탄한 발전 과정을 거쳐온 것은 아니다. 유기농에 대한 소비자들의 관심이 높아지고 유럽연합에서도 유기농법을 채택한 생산자에게 보조금을 지급하자, 1990년~2000년 이탈리아의 유기농장 수는 1300개소에서 5만 6000개소로 늘어났다. 하지만 2002년~2004년, 3년의 전환 기간 내에 유기농산물을 생산하는 데 실패한 농장을 보조금 지급 대상에서 제외해버리자, 유기농 재배 면적이 급격하게 위축되었다.[19] 그렇지만 이탈리아에서는 100만여 헥타르(약 270만 에이

커)에 달하는 면적에서 여전히 유기농 재배가 이뤄지고 있고, 2001년 ~2009년 유기농산물 소비는 8.7퍼센트 증가했다.[20] 이탈리아의 유기농 식품 관련 자료를 수집·보관하는 바이오 뱅크Bio Bank가 2012년 발표한 자료에 따르면, 이탈리아에서 유기농법이 가장 활발하게 이뤄지는 주는 롬바르디아, 에밀리아로마냐, 토스카나다.

2009년~2011년에는 유기농 식품 소비가 다방면으로 증가세를 보였다. 지속 가능한 지역 농업을 지지하는 공동체라 할 수 있는 공동 구매 모임의 44퍼센트 이상이 유기농 식품 구매에 중점을 두었으며, 유기농산물의 전자 상거래가 27퍼센트 증가했다. 유기농 재료를 쓰는 음식점도 크게 늘고(17퍼센트 상승), 농장 직거래(약 16퍼센트 상승)와 농촌 관광agriturismo(10퍼센트 상승)도 증가했다. 특히 학교의 유기농산물 소비가 33퍼센트 증가했다는 사실이 중요하다.[21] 1999년, 세부 사항과 양을 규정하지는 않았지만 학교 급식에 유기농산물과 PDO/PGI 식품*을 사용할 것을 의무화한 법이 통과되었다.[22] 이 법이 널리 지지를 받는 이유는 부모들이 자녀가 먹는 음식에 신경을 쓰기 때문이다. 많은 젊은 엄마들이 환경 문제보다는 자녀의 건강을 걱정하는 마음에, 비싼 값을 치르더라도 유기농 식품을 선호한다. 2009년 이탈리아 정부는 초등학교부터 고등학교까지 의무교육 과정

● PDO와 PGI 인증은 유럽연합에서 지역 특산품을 인증하는 제도로, PDO(Protected Designations of Origin : 원산지 명칭 보호) 제품은 생산-가공-포장에 이르는 전체 공정이 모두 특정한 지역에서 이뤄진 식품을 의미하며, PGI(Protected Geographical Indication : 지명 표시 보호) 제품은 생산이나 가공, 포장 중 적어도 한 가지가 해당 지역에서 이뤄진 식품을 의미한다.

로비올라 디 로카베라노 DOP. 지역 특산물이지만 이제는 이탈리아 전국에서 구할 수 있다.

- DOP(Denominazione di origine protetta)란 PDO의 이탈리아식 표기로, 이탈리아의 원산지 명칭 보호 제품에 붙는 표시다.

에 식품 교육을 위한 '학교와 음식Scuola and Cibo' 사업을 시행하기 시작했다. 이 사업은 학교 구내식당에서 과일 소비를 늘리고자 하는 '학교 안 과일Frutta nelle Scuole', 어린 시절에 만성 질환이 시작되는 것을 막으려는 '건강 확보Guadagnare Salute' 같은 구체적인 실행 계획에 따라 진행되고 있다.

유기농법과 관행 농법을 절충하고자 하는 흥미로운 시도로서 이탈리아는 '통합 농법agricoltura integrata'이라는 실험을 했다. 이 프로그램은 관행 농업에 쓰이는 수단, 특히 비료와 농약을 자연에서 구할 수 있는 것으로 대체하는 방안을 개발하되, 환경·건강·경제성을 모두 고려할 때 최선의 대안이라고 생각되는 경우에만 대체 방안을 사용하는 것이다. 이 통합 농법은 지방정부 차원에서 추진해오다가 2011년 '전국 통합농업 품질 관리 제도Sistema di qualità nazionale di produzione integrata'(SQNPI)가 수립되면서 국가사업으로 격상되었다.

소비문화, 젠더와 몸

제조 기술, 쇼핑의 새로운 양상, 상품의 상업적 표준, 국내외에서 제기된 정치적 논쟁으로 말미암아 이탈리아의 소비문화는 근본적인 변화를 겪었다. 장기적으로 진행된 사회 변화도 중대한 요인이 되었다. 가부장제 가족의 해체가 느리지만 꾸준히 진행되는 현상이 두드러졌다. 여성들이 취업 시장에 진입하고 페미니즘의 영향력이 커진 것이 큰 요인으로 꼽힌다. 더욱이 취업난이 심각해지면서 젊은이들은 결혼하기도 어려워졌다. 마지막으로 대단히 중요한 요인은, 어떤 이유에서건 혼자 살기로 작정한 사람들의 수가 늘어났다는 것이다. 이러한 이유로 식품회사들은 즉석에서 데워 먹을 수 있는 파스타나 냉동 수프 같은 1인용 포장 식품을 판매하기 시작했다.

아직도 나이 든 세대의 남성들은 맞벌이를 하는 경우에도 부인이 장을 보고 요리해주길 바란다. 하지만 그와 달리 젊은 부부들은 요리에 관한 역할을 분담하는 경향이 있다. 과거의 가부장제 사회에서는 여성들이 요리에 관한 지식과 경험을 다음 세대의 여성 가족 구성원에게 전달하는 책임을 짊어졌다. 그 시절에는 자원이 제한되어 있었고 현대적인 유통 체계가 갖춰지지 않았으므로, 혁신적인 조리법에 대한 욕구가 거의 없었다. 조리법과 요리 기술은 입에서 입으로, 그리고 실제로 요리를 하는 과정을 통해 전해졌다. 어린 소녀들이 부엌에 들어가 엄마를 돕는 것은 당연한 일로 여겨졌다. 소녀들은 가장 쉽고 위험하지 않은 일부터 시작해서 갈수록 복잡한 임무를 맡게 되었다. 여성들은 부엌살림의 요령을 전수받는 과정에서 가부장제 사회를 유지하는 여성의 역할도 물려받았고, 결혼할 시기가 되면 당연히 부엌을 제대로 관리할 수 있는 능력을 갖추어야 했다. 부엌일을 제대로 할 줄 모르는 여성은 딱하게 여겨지거나 빈축을 샀다.

1960년대에 여성들이 취업 시장에 진입했을 때도 부엌일은 여성이 맡아야 한다고 여겨졌고, 요리를 잘해야 존경과 칭송을 받았다. 그러나 많은 여성이 매일의 식사 준비를 번거로운 일로 생각하기 시작했고, 자신의 딸은 이런 부담을 짊어지지 않기 바랐다. 젊은 여성들도 자신의 어머니를 여전히 부엌으로 몰아넣는 가부장제 사회가 영속하지 않기를 바라면서 학업과 직업에 열과 성을 다했다.[23] 나의 어머니는 고등학교 교사라는 정규 직업을 가지고서도 매 끼니 식사 준비를 했지만, 누이들뿐만 아니라 나에게도 요리하는 법을 배우도록 하셨다. 손님이 많이 오는 날은(그런 날이 정말 잦았다) 우리 남매 모두에게 식사 준비를 거들라고 하셨고, 나이가 들자 더 복잡한 일을 맡기셨다. 그렇지만 아버지를 포함해서 어머니 세대의 남자 가족은 아무도 부엌일을 도우라는 소리를 듣지 않았다. 어머니는 그들에게 기껏해야 몇 가지 물건을 사다 달라는 부탁 정도만 했는데, 그때도 어디에서 어떤 것을 사야 한다고 상세히 일러주셨다.

내 경험은 그리 일반적인 것이 아니다. 1970년대~1980년대에 특히 도시에서 자란 젊은이들은 요리하는 법을 배우지 않았다. 전통적인 요리법 전승 체계는 회복이 불가능할 정도로 깨지고 말았다. 게다가 값싸고 편리하게 이용할 수 있게끔 공장에서 만들어진 식품들이 쏟아져 나온 탓에 조리 방법이나 음식에 대한 선호도 역시 변했다. 운송 체계가 발달한 덕분에 전에는 친숙하지 않았던, 품질 좋고 값도 싼 식품을 쉽게 구할 수 있다. 예를 들면 바다에서 멀리 떨어져 있는 북부 지방 사람들이 예전에는 민물에서 나는 생선만 먹었지만, 요즈음 밀라노 수산 시장에서는 전국에서 가장 많은 해산물을 볼 수 있다. 이탈리아에서는 부패할 가능성이 있는 식품 대부분이 트럭으로 운송되며, 철도 이용은 매우 한정되어 있다. 또한 냉장·냉동 기술, 온실 재배, 식품 생산의 탈지역화, 교역의 세계화 등으로 1년 내

내 같은 식품을 구할 수 있게 되었기 때문에, 많은 소비자들이 음식에 대한 계절 감각을 잃어버렸다. 21세기 이탈리아인들은 새로운 음식뿐 아니라 익숙한 음식을 만드는 법도 잡지나 TV 쇼, 요리학원에서 배우고, 요리 기술도 그렇게 익힌다. 또한 소비자가 옥외 시장이나 슈퍼마켓에서 식품을 파는 사람에게 조리의 기본 요령을 묻는 것도 드문 일이 아니다.

문화의 변천으로, 몸매를 생각해서 음식에 신경을 쓰는 경향도 강해졌다. 주로 여성들이 신경을 많이 쓰지만 남성들의 관심도 점차 커지고 있다. 더 날씬하고 균형 잡힌 몸매를 바라는 마음이 식사량과 '가벼운' 음식에 대한 취향을 결정한다. '가벼운' 음식이란 꼭 무지방·무설탕 식품을 말하는 게 아니라, 소화는 잘 되고 지방 축적은 덜 된다고 알려진 음식을 가리킨다. 예를 들면 모차렐라 치즈가 이 범주에 들어간다. 프로슈토 코토(익혀 만든 햄)와 로비올라 같은 연질 치즈도 이에 속한다. 건강에 대한 관심이 높아지고 요리에 관한 의학적 담론도 발전하면서 콜레스테롤, 당뇨, 비만에 대한 경계심이 널리 퍼졌다. 따라서 이탈리아 음식은 원래 건강에 좋다는 뿌리 깊은 생각이 근본적으로 흔들리고 있다.

그리고 '농민 장터'가 확산되고 유기농 식품에 대한 관심이 높아지는 것은 안전하고 순수한 식품을 바라는 마음의 발현이다. 유기농 식품을 이탈리아어로 '비올로지코biologico'라고 하는데, 이 말은 유기농이라는 농사법을 가리키기보다는 개인의 건강과 환경에 좋다는 의미로 더 많이 쓰인다.

요리라는 전문 직업

집안의 부엌에서는 언제나 여성이 주요 역할을 해왔지만, 존경받는 직업이 되는 전문 요리사의 세계에서는 이야기가 달라진다. 이탈리아에서 성공한 식당은 둘 중의 하나인데, 하나는 기업으로 대를 이어 경영하는 경우다. 또 하나는 비교적 최근의 경향으로 밑바닥부터 시작한 경우. 심지어는 정식 훈련을 거치지 않고 다른 직업을 전전하다 전향한 요리사가 성공을 거두기도 한다. 전자의 경우, 종종 여성이 각광받는 주인공으로 떠오른다. 롬바르디아의 작은 도시 칸네토 술롤리오에 위치한 식당 '달 페스카토레Dal Pescatore'의 나디아 산티니Nadia Santini와 토스카나 남부의 몬테메라노에 있는 식당 '카이노Caino'의 발레리아 피치니Valeria Piccini가 대표적인 인물이다. 그렇지만 새롭게 문을 연 식당에서 성공한 여성 주방장은 극히 드물다. 영원히 계속될 것만 같은 전형적인 주방의 모습을 그려보면 창조적인 재능이 뛰어난 우두머리는 언제나 남성이고, 여성들과 젊은 남성 수련생의 몫은 언제나 허드렛일이다. 19세기부터 호화스러운 식당이나 호텔의 주방장은 늘 전문적인 훈련 과정을 거친 남성이었다. 반대로 그 시대에 주로 가족이 경영하던 트라토리아나 오스트리아의 요리사는 대개 여성이었고, 그 여성들의 남편이 주방 밖에서 손님을 맞았다.

과거에 전문 요리사 교육은 거의 특수한 직업학교scuola alberghiera에서만 이뤄졌는데, 차츰 이런 학교에서 전수되는 양식과 기술이 구태의연하고 고리타분한 것으로 여겨졌다. 이들 직업학교 졸업생은 시중의 식당에서 일하기에는 경험이 너무 부족한데, 병원이나 학교, 기업의 구내식당 같은 시설에서 일하기에는 지나치게 고급 인력이다. 구내식당에서는 훈련이 덜 되었어도 낮은 임금에 고용할 수 있는 직원을 선호한다. 그래서 요리 직업학교 졸업생은 흔히 호텔이나 유람선 등 관광

시설에 취업하는데, 이런 경우에는 명성을 얻기가 어렵다. 이제 업계 전체가 중대한 변화를 겪고 있는 가운데 고등학교 졸업생이 곧바로 입학할 수 있는 사립 전문학교들이 주목을 받고 있다. 이런 학교에서는 이름난 셰프에게 최첨단 방식의 흥미진진한 훈련을 받을 수도 있고, 고급 식당에서 수련하거나 업계에 인맥을 쌓을 기회를 얻을 수도 있다. 이런 학교들이 전문 요리사의 세계로 들어가는 더 좋은 관문이 되어주면서 TV의 리얼리티 요리 프로그램이나 요리 잡지, 또 대중매체에 등장한 유명 셰프들을 통해 요리를 접한 젊은이들의 기대에 부응하고 있는 셈이다.

새로운 음식 문화 현장

건강에 좋고 안전한 식품이 높이 평가되고, 전통 음식이 문화적 정체성의 표현으로서 새로이 각광받는 분위기가 조성되었다. 이에 많은 이탈리아인들은 시골에서 삶의 질, 휴식, 느긋한 생활 리듬과 건강한 먹을거리를 새롭게 발견하고 있다. 유럽연합 차원에서 새 '공동 농업정책'을 채택함에 따라 정부가 시행한 정책들은 이런 추세를 더욱 강화하고 있다. 이들 정책은 시골의 모습과 환경을 보존하고 농촌의 품질 좋은 생산품과 다양한 활동을 지킬 때 얻어지는 문화적 가치와 경제적 이익을 중시한다. 음식과 와인을 통해 지역 문화와 전통을 체험하는 새로운 형태의 관광 사업이 지난 20년 동안 꾸준히 성장해왔다. '농업 관광'이라는 뜻인 '아그리투리스모 agriturismo'(농가 민박)는 농장에서 관광객에게 식사와 숙소를 제공하는 사업이다. 관광객은 농장에 묵으면서 그 농장에서 생산한 식품을 먹고, 놀이나 문화 활동에 참가하기도 한다. 중앙정부와 지방정부는 농민이 자기 땅을 지키고 살면서 풍광을 잘 가꾸도록 이 사업을 지원하고 있다.

관련 법률에 따르면 민박 농가에서는 영농과 목축을 주된 경제 활동으로 삼아야 하며, 관광은 부업이어야 한다. 따라서 실제로 그 땅에서 농사를 짓거나 가축을 기르는 농민만이 민박 사업을 시작할 수 있다. 그저 시골 어디에 농장이나 토지를 소유한 것만으로는 충분하지 않고, 그 토지가 경작되고 있어야만 하는 것이다. 게다가 이미 있었던 건물만 새로 단장해서 관광객 숙소로 활용할 수 있다. 지방정부의 조례에 따라 몇 가지 예외가 있지만, 새로 숙박용 건물을 짓

칼라브리아의 올리브나무들. 유럽연합의 새 공동농업정책으로 농업보조금 체계가 바뀌고 있다.

는 것은 허용되지 않는다. 경작지가 아닌 땅은 한정된 규모로 정해진 수만큼만 텐트를 칠 수 있는 야영장으로 활용할 수 있다. 농가 민박 사업의 성과는 바로 나타났다. 농가에서는 아주 편한 가격에 숙소와 식사를 제공하고, 생산품을 관광객에게 팔기도 한다. 아그리투리스모는 도시에 사는 사람들을 시골로 끌어들이는 데 대단히 중요한 역할을 하고 있으며, 이런 제도가 없었다면 관광객의 발길이 전혀 닿지 않았을 외딴 지역에까지 사람들을 불러들이고 있다. 시행된 지 얼마 지나지 않아 아그리투리스모가 좋은 투자 사업이라는 사실이 분명해졌다. 그러자 시골 생활이나 전통과는 아무런 관련이 없는 투자 집단들이 버려진 농지를 사들여서, 수십 년 전에 명맥이 끊어져버린 농장을 소생시키기도 했다. 많은 농장이 지방 조례의 허점을 교묘하게 이용해서 관광을 사실상 본업으로 삼고 있다. 상류층을 대상으로 하는 시설이 곳곳에 우후죽순처럼 생겨났다. 이런 곳에서는 거품 욕조나 수영장을 설치하고 고급스러운 식사를 제공하며 허울만 좋은 시골의 매력을 선사한다. 일부 농장에서는 자기네가 먹을 양도 채우지 못할 만큼 생산량이 적기 때문에, 주방에서 사용할 재료를 이웃 농장에서 사들이기도 한다. 그렇지만 아그리투리스모의 역할이 농촌 지역에 새로운 활기를 불어넣고 향토 음식의 매력을 북돋우는 것이라면, 모두가 이기는 게임이 된 셈이다.

1987년에 이해관계를 같이하는 39개 도시의 시장이 모여 '와인 도시Citta del Vino'를 결성했다. 지금은 500개가 넘는 마을, 도시, 자연공원, 지역사회 등이 참여하고 있다. 이들 대부분은 포도밭과 포도 재배에 얽힌 역사와 전통, 문화가 있는 곳이다. '와인 관광 운동 Movimento Turismo del Vino'은 1993년에 시작되었다. 900여 와인 생산자가 양조장에 관광객을 맞아들였다. 곧 지방정부, 와인과 식품 생산자들, 호텔과 아그리투리스모 농가들은 각 고장의 문화, 전통, 훌륭한 음식을 특색 있게 조합해서 고급 소비자를 끌어들일 매력적인 방안이나 패키지 상품을 만들기 위해 협력하기 시작했다.[24] 1999년에는 이러한 활동을 규정하는 국가 차원의 법률이 제정되었다. 이 법에서는 이른바 '와인의 길 Strade del Vino'을 이렇게 정의한다. "자연·문화·환경의 명소들, 일반인의 방문을 허용하는 포도밭과 와인 양조장을 표시한 경로."

이런 와인 관광 사업의 성장은 전문가와 일반인들 사이에 새롭게 와인 열풍이 일어난 덕분에 가능했고, 이런 추세는 지역 특산물의 재발견을 앞장서서 이끌었다. 이제는 대부분의 식품점과 심지어 슈퍼마켓에서도 고급 와인을 골라 살 수 있다. '에노테카 enoteca'라고 불리는 와인 전문 상점은 점점 늘어가는 호기심 많은 소비자들에게, 불과 몇 년 전만 하더라도 소수 애호가와 전문가들만 즐기던 맛과 지식을 제공하고 있다. 에노테카는 과거에 와인을 통째로 들여놓고 손님이 가져온 병에 따라주던 병술집의 직계 후손이라 할 수 있다. 에노테카라는 이름은 1934년 잡지 《에노트리아 Enotria》에 처음 등장했다. 지금의 에노테카에서는 대개 병에 담은 와인과 미식가들을 위한 잼, 보존 식품, 꿀, 포장된 별미 식품 등을 판매한다. 영어식으로 '와인 바'라고 불리는 가게는 보통 와인과 함께 음식을 주문할 수 있는 식당을 가리킨다. 와인 바를 병행하는 에노테카가 많다. 각기 다른 사업자로 등록되어 있지만 같은 공간에서 음식을 먹을 수 있다. 또한 일부 에노테카나 와인 바는 고객의 열렬한 요구에 부응하는 한편 더욱 뜨거운 관심을 불러일으키기 위해 시음회를 열고 시음 교실을 운영한다. 와인 바에서 이러한 행사가 열릴 때에는 안주도 약간 제공되는데, 이런 안주를 맛보면서 고객들은 가정에서 와인과 함께 먹으면 좋을 음식을 배우게 된다.

농촌의 장인이 생산한 고급 식품, 지방의 전통과 몸에 좋은 음식을 앞세운 사업이 성공을 거두었다 해서, 다른 형태의 식품 소비문화에 대한 관심이 사그라지지는 않았다. 맥도널드에 이어 버거킹, 서브웨이 같은 국제 기업들이 이탈리아 곳곳의 도시에 프랜차이즈 점포를 열었다. 스피치코Spizzico 피자, 미스터 포카차Mr Focaccia, 세디치 피아디나Sedici Piadina 같은 국내 프랜차이즈 기업은 이탈리아 고유 음식에 패스트푸드 방식을 적용해, 비교적 낮은 가격으로 음식을 제공하고 있다.

다양한 형태의 대중음식점이 특히 젊은 세대에 인기를 얻고 있다. 피체리아pizzeria(피자 전문점)는 편안한 분위기에서 전통 요리를 저렴하게 즐길 수 있는 곳이다. '나폴레타나napoletana'나 '마르게리타margherita' 같은 고전적 피자가 여전히 높은 인기를 누리고 있지만, 피자 만드는 사람들은 독창성을 발휘하고픈 열망과 모험심에서 새우부터 루콜라까지 갖가지 새로운 토핑을 실험하고 있다. 최근 새로운 풍조가 피자 업계를 휩쓸고 있다. 젊은 셰프들이 여러 가지 밀가루

시에나 몬테 올리베토 마죠레 수도원의 와인 저장고. 와인 관광이 성장세다.

와 이스트 품종, 제철 음식에서 영감을 얻은 고급 토핑을 사용해 다양한 실험을 하는 중이다. 또한 반죽 숙성 시간을 48시간에서 72시간으로 늘려서 피자를 더 가볍고 소화하기 쉽게 만드는 것이 최근의 추세다. 포장·배달을 전문으로 하는 피자 가게에서는 무게를 달아서, 또는 조각으로 피자를 판매한다.

이제는 편리함이 영업의 중요한 요소가 되었다. 일부 식품점이나 슈퍼마켓에서도 즉석 음식을 포장 판매한다(집까지 배달하는 경우는 아직 극히 드물다). '타볼라 칼다Tavola calda'에서는 뜨거운 요리를 좌석에 앉아 먹을 수도 있고, 포장해 갈 수도 있다. '로스티체리아Rosticceria'는 집에서 만들어 먹기에 너무 복잡하고 시간도 많이 드는, 튀기거나 굽는 요리를 전문으로 한다. 이민자들이 나름의 사회를 이루고 있는 대도시에는 민족 음식점이 점점 흔해지고 있는데, 특히 중국 음식점과 케밥 전문점이 늘고 있다.

맥주 애호가가 많아지면서 수제 맥주를 생산하는 소형 양조장이 크게 늘었는데, 이런 곳에서는 젊은 사업가들이 새로운 기술이나 재료, 그리고 흥미로운 마케팅 기법을 시험하고 있다. 맥주는 영어식으로 퍼브pub, 아니면 비레리아birreria라고 하는 술집의 주 종목이다. 퍼브나 비레리아의 실내장식은 다른 식당과 다른 것이 보통이다. 통나무 의자와 식탁보를 깔지 않은 탁자를 놓고, 서비스도 기본적인 것으로 한정된다. 음식은 자워크라우트를 곁들인 비엔나소시지, 핫도그, 프렌치프라이를 곁들인 햄버거나 칠리콘카르네chili con carne 같은, 외국에서 기원한 요리를 제공한다. 물론 다양한 손님의 취향에 맞추기 위해 샐러드나 파스타도 만들어 팔고, 무엇보다 이탈리아식 샌드위치인 파니니panini는 빠뜨리지 않는다.

파니네리아panineria라고 불리는 음식점은 독창적인 재료를 사용해 만든 샌드위치를 전문으로 하는데, 따뜻하게 데워져서 나오는 경우가 많다. 피아디나piadina나 티젤라tigella(크레센티나crescentina라고도 한다)를 전문으로 하는 음식점도 있다. 피아디나는 원래 로마냐 지방 음식으로, 빵반죽에 라드나 올리브유를 넣고 이스트는 넣지 않은 납작한 빵이다. 티젤라는 에밀리아 지방의 납작한 빵이다. 피아디나와

프로슈토를 끼운 파니니

티젤라는 치즈와 냉육을 곁들여 먹는다. 길거리 음식인 튀김을 전문으로 하는 가게들도 등장했는데, 로마식 대구튀김부터 시칠리아 음식인 아란치네arancine(밥을 조그마한 공처럼 빚어 튀긴 것), 아스콜리 음식인 고기소를 넣은 올리브까지 그 종류가 다양하다.

슬로푸드 운동

최근에 재발견되어 소비자의 사랑을 받고 있는 이탈리아 전통 음식들의 상업화는 소비자의 호기심이나 무언가 특이한 것을 찾는 욕망에 부응한 것이지, 옛 이탈리아 요리에 대한 관심이 유난히 높아진 때문이 아니다. 사실, 1960년대의 급격한 경제 발전 이후 수백 년을 이어 내려온 전통 따위는 농업이나 목축업에 별로 남아 있지 않다. 1970년대와 1980년대에는 소비자들이 가격과 편리함, 그리고 때로는 유행을 무엇보다도 중요하게 생각했다. 그렇지만 예기치 않게 1980년대 말부터 상황이 급변해서, 음식이 과시적인 소비의 대상이 아니라 문화적·정치적인 관점에 따른 관심의 대상으로 떠올랐다.[25] 현대화 과정이 지나치게 빨리 진행되면서 대량 생산과 세계화로 인해 지역의 전통적인 음식 문화와 정체성이 위협받을 뿐 아니라 좋은 품질과 안전성도 보장할 수 없게 되었다는 생각을 공유하는 지식인, 활동가, 전문가가 소수이지만 계속 늘고 있다. 이런 우려를 표출하고 그것을 일관된 흐름으로 만들어낸 것이 슬로푸드 운동이다.

슬로푸드 운동은 1986년 피에몬테 지방의 와인 생산지 랑게에 있는 소도시 브라Bra에서 '아르치골라ArciGola'라는 이름으로 시작되었다. 아르치ARCI는 '이탈리아 여가문화협회Associazione Ricreativa e Culturale Italiana'의 머리글자를 딴 것이고, 골라gola는 이탈리아어로 음식과 탐식을 모두 의미하는데 일반적으로 '먹는 즐거움'을 가리키는 말이다. 아르치골라를 창설한 사람은 카를로 페트리니Carlo Petrini라는 그 지역의 노동운동 투사였다. 아르치골라는 역시 1986년에 창간된 좌파 일간지 《마니페스토Manifesto》가 매달 발행하는 부록 《감베로 로소 Gambero Rosso》를 통해 처음 대중에 알려지기 시작했다. 아르치골라와 《감베로 로소》는 주류 좌파 조직들을 아연실색하게 만들었다. 모여서 질 좋은 음식을 소비하는 즐거움의 사회·문화적 가치를 긍정적으로 평가했기 때문이다.[26]

1989년 로마의 중심지인 에스파냐 계단 근처에 맥도널드가 지점을 연 데 자극받은 아르치골라는 같은 해 11월 9일, 파리에 있는 오페라 코미크 극장에서 창립 대회를 열고 조직의 이름을 '슬로푸드Slow Food'로 바꿨다. 이때에 세계 각국에서 참가한 대표들이 창립 선언문에 서명했다. 이 선언문은 오직 물질적 쾌락에 대한 자제심을 굳게 지키면서 음식을 오랫동안 천천히 즐기는 것만이, 생명력이 없고 건강에 해로우며 사회파괴적인 음식을 강요하는 '빠른 생활'에 해독제 역할을 할 수 있다고 말한다. 슬로푸드 지지자들은 식탁에 1차 방어선을 쳐야 한다고 주장했다. 소비자들이 향토 음식과 장인들의 지혜와 환경에 감사하고 이를 지켜나가기 위해 입맛을 발전시켜야 한다는 것이다.[27] 열린 광장에 참여하는 것을 회피하며 순수한 쾌

슬로푸드 운동을 주창한 카를로 페트리니

락주의로 회귀하는 것과는 영 다르게, 먹는 즐거움을 지키자는 것이 시민들을 다시 사회·정치적 활동으로 끌어들이는 무기가 되었다.[28] 슬로푸드 운동은 곧바로 작은 달팽이를 휘장으로 채택했다.

　1994년, 이탈리아 밖에도 운동의 취지에 호응하는 움직임이 있다는 사실을 알게 된 슬로푸드는 투표를 통해 국제슬로푸드협회slow

Food International 결성을 결의했다. 그리고 같은 해에 '라보라토리 델 구스토Laboratori del Gusto(맛 연수회)'를 편성했는데, 이는 특정 식품이나 와인 애호가들을 교육하는 연수 프로그램으로 점차 참가자가 늘어났다. 이들은 1996년 토리노에서 첫 번째 '살로네 델 구스토Salone del Gusto(맛 전시회)'를 개최했다. 이 대규모 음식·와인 행사의 목적은 소규모 생산자와 전통 식품에 대한 대중의 인식을 증진하는 것이었다. 살로네 델 구스토의 문화 마케팅은 큰 성공을 거두었고 순 상업적인 식품 행사보다 훨씬 효과적이었기 때문에, 슬로푸드는 이 행사를 2년에 한 번씩 개최하기로 결정했다. 《감베로 로소》와 슬로푸드는 음식이 유행이나 시장의 동력, 경제라는 범주뿐 아니라 공동의 즐거움, 나눔, 공동체를 중시하는 인식 틀에도 들어맞는다고 생각하는 문화적 시각을 정립하는 데 큰 공헌을 했다.[29] 그런 시각에서 볼 때 음식은 여러 개인이 한데 모여, 불가결한 전통으로 서로가 연결되어 있음을 재발견하고, 점점 더 빠르게 돌아가는 세계에서 스스로를 위한 시간을 보내도록 해주는 것이다.[30]

슬로푸드는 사라져가는 음식들에 관심을 기울여 1997년 〈맛의 방주에 관한 선언Manifesto of the Ark of Taste〉을 발표했다. 여기서는 사라질 위기에 처한 식품과 작물을 알아보는 방법론과 그 식품과 작물을 보호하는 방책을 제시했다. 1999년 슬로푸드 과학위원회는 방주에 담을 식품을 선별하는 원칙을 결정했다. 수준 높은 품질, 특정한 지역이나 주민의 문화 관습과 연관이 있는지, 소수 생산자들이 한정된 수량을 생산하고 있는지, 잠재적이거나 실질적인 소멸 위기에 처해 있는지 등이 판단 기준으로 제시되었다. 미국의 예를 들면 루이지애나 주의 로먼 태피 캔디Roman Taffy Candy, 워싱턴 주의 천연 올림피아 굴Olympia oyster, 캘리포니아 주의 크레인 멜론Crane Melon이 맛의 방주에 이름을 올렸다. 2000년에는 생물다양성지킴이 상Award for the Defense of Biodiversity을 제정했고, 소규모 수공업 생산자들을 지원하는 소규모 프로젝트 '프레시디아presidia'가 출범했다.

2004년은 슬로푸드에 가장 중요한 해였다. 이해에 유엔 식량농업기구는 슬로푸드를 비영리 기구로 공식 인정했다. 또한 슬로푸드는 맛의 방주와 프레시디아, 생물다양성지킴이 상을 지속하기 위해서 슬로푸드 생물다양성재단을 설립했다. 그해 말에는 브라의 슬로푸드 본부와 멀지 않은 폴렌초에 미식학대학교University of Gastronomic Studies가 문을 열었다. 제5회 살로네 델 구스토에서 세계 음식공동체 회의라고 할 수 있는 '테라 마드레Terra Madre'('어머니 대지'라는 뜻)가 처음으로 개최되었다. 농민 수천 명이 각종 전문가와 요리사, 문화 기관과 만나서, 환경을 보호하고 지역사회의 건강과 문화를 보존하면서 생물다양성을 보장하는 농업 방식의 진흥에 관해 토론을 벌였다.

그동안 시급한 현안에 대한 문제 제기와 대중매체를 통한 홍보 활동을 펼쳐온 슬로푸드는 식품을 다시 사회·정치적 의제로 끌어올린 당사자로서 널리 그 이름을 알렸다. 그러나 많은 비판자들이 슬로푸드 운동의 '엘리트주의'를 공격한다. 슬로푸드 회원은 대부분 사회의 중산층 내지 중상위층에 속한 사람들이고, 이들이 펼치는 사업이나 활동에는 상당한 비용이 든다. 프레시디아의 보호와 지원을 받는 제품은 가격이 높은 경우가 많다.³¹ 또 슬로푸드를 '주방의 러다이트 운동culinary luddism'*이라고 비판하는 이들도 있다. 이들은 슬로푸드가 결코 무너지거나 위태로워지지 않을 '시대의 이념적 신화'를 기반으로 해서, 민족의 전통 음식과 식품을 보호한다는 명목으로 세계 식품 가공 산업의 발전에 제동을 걸려 한다고 주장한다.³²

이 문제에 관해 슬로푸드는 명쾌하게 입장을 밝힌 적이 없지만, 실제로 다른 단체들이 전통과 수공업을 보호한다는 명분을 내세워 이탈리아에 정착한 수백만 이민자들의 음식과 문화를 백안시한 경우는 비일비재하다. 슬로푸드를 포함해서 갖가지 사회 문제에 진보적인 입장을 취하는 사람 누구에게나 통탄할 일이지만, 불행하게도 그것이 현실이다. 다음 장에서는 세계화의 영향을 평가하려고 한다. 점차 커가는 이민자 사회의 존재와 이탈리아 음식이 전 세계에 확산된 상황, 양쪽 측면을 다 살펴볼 것이다.

● 러다이트 운동(러디즘)은 1811년부터 1816년까지 영국을 휩쓸었던 '기계 파괴 운동'을 의미한다. 기계 때문에 인간의 노동이 줄거나 편해진 게 아니라 도리어 노동 시간이 늘고 임금은 낮아졌다는 인식을 바탕으로, 기계를 통한 자본의 노동 착취에 저항하려 한 운동이다.

7장

세계화한, 또는 세계화된 이탈리아 음식

우리의 이탈리아 음식 탐험은 전통과 지역성에 대한 새로운 관심에서 출발했다. 우리는 지역 전통이란 것과 그것을 실행하는 관습들이 고정되어 있는 게 아니며, 생각보다 오래된 것도 아니라는 사실을 알게 되었다. 오늘날 많은 이탈리아인들이 식품과 생산지를 결부해서 생각하는데, 특정한 식품의 고유한 생산지를 가리키는 '테리토리오territorio(산지)' 개념도 사실 프랑스에서 와인 산지를 뜻하는 '테루아terroir' 개념의 영향을 받은 것이다. 유럽연합 회원국의 시민으로서 건강과 안전한 식품, 지속 가능한 농업에 관한 이탈리아인들의 고민과 실천은 국제적 차원에서 이뤄지는 논의와 밀접한 관련을 맺고 있다.

우리는 과거 역사를 돌아보면서 선사 시대부터 음식의 재료와 소재, 관련 기술이 어떻게 전래되었는지 살펴보았다. 그 오랜 세월 동안 다양한 지리 환경, 천연자원, 기술적 요인에 따라 인구의 이주,

문화 교류와 교역이 이뤄졌다. 그리스의 식민지가 되고, 로마제국이 팽창하고, 게르만 민족이 옮겨 와 자리 잡고, 이슬람 문화권에 편입되면서 이탈리아의 음식 문화와 산물은 더 큰 문화·경제·정치적 네트워크의 일부가 되었다. 이것은 이탈리아의 음식 문화를 지금과 같은 모습으로 이끌어 온 요인들 중 일부일 뿐이다. 변화의 동력은 반대 방향으로도 작용했다. 르네상스 시대 이후 이탈리아인 셰프와 식품 수공업자들이 세계 곳곳으로 이동했다. 다르게 표현하면, 이탈리아 음식은 오늘날 우리가 세계화라고 말하는 바로 그 복잡한 과정을 오랜 시간 동안 거쳐서 만들어진 결과다.

하지만 아직 결론으로 넘어가기엔 이르다. 과거와 현재에는 본질적인 차이점이 있다. 식품 산업의 생산·운송·소통 영역에서 기술 진보의 속도가 갈수록 빨라지는 데서 알 수 있듯이, 오늘날 변화의 속도나 강도는 과거와 비교할 수조차 없다. 역사학자 제프리 필처의 표현에 따르면, "20세기 들어 '세계적 미각'이 대두한 상황은 과거와의 극적인 단절을 의미하는 것이 아니라 기존의 문화 교류 관계가 더욱 강화되었음을 의미한다."[1]

이탈리아 음식의 경우, 국제적인 이동과 교류에 급가속이 붙은 이유는 19세기의 마지막 10년 동안 이탈리아인들이 다른 나라, 특히 북아메리카와 남아메리카로 대거 이주했기 때문이다. 고향을 멀리 떠나와 삶의 터전을 일군 이민자들은 자신들의 뿌리를 굳건히 지키면서도 바뀐 환경의 영향을 받아 새로운 음식 문화를 만들어냈다. 이와 동시에 이탈리아의 식재료와 요리들이 세계 곳곳에서 받아들

토스카나의 유명한 포도주 산지, 키안티 클라시코의 포도밭

여기고 변형되었다. 사실, 세계화라는 것은 여러 방향으로 작용하는 것이다. 이탈리아로 이민 와서 식품 사업에 뛰어들거나 식당을 연 이주자도 점점 많아졌고, 덕분에 이탈리아인들은 익숙하지 않은 관습, 음식, 재료를 접하고 있다. 과거에도 그랬듯이 요리의 정체성이란, 각기 동떨어져서 전혀 상관이 없어 보이는 세계 사이를 눈에 보이거나 보이지 않게 오가는 상호작용에 의해 결정되는 법이다.

디아스포라

1880년대부터 2차 세계대전 이전까지 900만 명에 이르는 이탈리아인이 조국을 떠났다. 이 수치는 당시 이탈리아 전체 인구의 1/4에 해당한다. 그중 대부분이 1890년대~1920년대에 이민 길에 올랐다.[2] 1908년 미국 거주 이탈리아 이민자의 수는 120만 명에 이르렀다. 그들 중 67퍼센트가 농촌 출신이었지만, 6.6퍼센트만이 농사일을 했다. 이는 그들이 더 현대적인 일자리를 찾아서 이주했음을 알려준다. 그런데 이 시기에 남아메리카에 정착한, 약 100만 명에 이르는 이탈리아인 이민자의 60퍼센트는 농촌에서 일자리를 구했다.[3] 1900년대 초 미국의 학자 알베르토 페코리니는, 이탈리아 이민자들의 미래는 농업에 있다고 단언했다.

이탈리아인들이 대규모 영농보다 집약 농경에 훨씬 능숙하다는 사실은 논쟁을 벌일 찰나의 여지도 없다. …… 그들은 땅

베네수엘라로 이민을 떠나는 시칠리아인들

을 사랑하고, 오직 손으로만 할 수 있고 엄청난 인내심이 필요한 작업에 매우 뛰어나며, 물 대는 법도 잘 안다. 또한 그들은 외딴 곳에 동떨어져 사는 것보다 다른 사람들과 가까이 모여 사는 것을 선호하며, 가능한 한 빨리 작은 땅뙈기라도 소유하기를 간절히 바란다.[4]

루이지애나 주에서는 주로 시칠리아에서 온 이탈리아인들이 사탕수수나 면화 플랜테이션 농장에서 많이 일했다. 도시에서 벽돌을 쌓거나 제련 공장에서 일하는 이탈리아인들도 있었다.[5] 뉴올리언스 인근 탠지파호아 패리시에서처럼 딸기 사업 같은 영농 기업을 시작한 이들도 있고, 가게나 식당을 열고 아이스크림을 만들어 팔면서 고유한 요리 방식을 발전시킨 이들도 있었다. 뉴올리언스 전통 음식인 무풀레타muffuletta―참깨 박힌 둥근 빵 사이에 소시지와 슬라이스 치즈, 올리브 샐러드를 끼운 샌드위치―가 이 시기에 생겨났다.[6]

캘리포니아 주에서는 골드러시 시절에 처음으로 제노바와 피에몬테 출신 이탈리아인들이 와서 포도나 과수 재배, 와인 양조에 종사했다.[7] 캘리포니아 해안 지대에 정착한 이탈리아인들은 어업이나 통조림 산업에 종사하면서 초피노cioppino 같은 요리를 도입했다. 초피노는 이탈리아의 생선 수프와 스튜가 캘리포니아에 맞게 변형된 음식이다.

무풀레타 샌드위치는 뉴올리언스로 이주한 이탈리아인들이 만든 음식이다.

Library of Congress, Washington, DC.

1906년 뉴올리언스 매디슨 가의 풍경. 이 시절 시칠리아 출신 이민자들이 이 근처에 많이 살았다.

대개 남자들이 먼저 홀로 이민을 왔다. 그들은 돈을 벌어서 고향으로 돌아가거나, 아니면 탄탄한 직업과 가정을 마련한 뒤에 가족을 불러들이려고 생각했다. 고향 집에 돈을 보내기 위해 많은 이탈리아인 이민자들은 먹는 데도 돈을 아꼈고, 일터에 딸린 기숙사에서 다른 이탈리아인들과 함께 방을 썼다. 숙소를 제공하는 고용주도 같은 고향 출신 이탈리아인인 경우가 많았다. 이제 막 배에서 내린 이민자들은 '파드로네padrone(주인)'라고 불린 동향인 사업가들에게 착취당하기 일쑤였다.

여성과 어린이가 합류하면서 이탈리아인 이민 사회가 크고 복잡해지자, 이탈리아 특산 식품에 대한 수요도 늘었다. 이탈리아인 이민자들은 특히 올리브유, 경질 치즈, 건조 파스타, 통조림 토마토를 많이 찾았다.[8] 이렇게 해외에 시장이 열리자, 그동안 국내 시장의 제한된 규모 때문에 정체했던 이탈리아의 식품 생산이 새로운 활기를 띠었다. 1920년대 초반 이탈리아의 토마토 가공업자들이 페이스트가 아니라 펠라티pelati를 생산하는 것으로 방향을 전환한 데는, 미국의 이탈리아인 이민자들이 펠라티를 선호한 까닭도 있었다. 펠라티는 토마토를 껍질만 벗겨 과즙과 함께 통째로 담은 통조림이다. 펠라티를 만들기에 적합한 교배종 토마토도 개발되었다. 그중 하나가 원산지 명칭 보호(PDO) 품목으로 유명한 산마르차노 토마토다.[9]

이민자들은 종종 출신지와 돈독한 유대 관계를 유지했고, 많은 이들이 아메리카와 유럽을 왔다 갔다 했다. 1차 세계대전 직후에는 이탈리아의 제대 군인들을 도울 기금을 모으기 위해 《모든 이탈리아

군인 가족을 돕기 위해 판매하는 미국의 주방을 위한 실용적인 이탈리아 요리법》같은 소책자들이 발간되었다. 시련을 겪고 있는 모국에 대한 이민자들의 정서적 유대감이 드러나는 한편, 전쟁 기간과 종전 직후에 구할 수 있는 식품을 최대한 활용하려는 집념도 읽을 수 있다.[10] 다음 쪽에 소개하는 조리법은 먹고 남은 고기를 활용하기 위한 것이다.

이질적인 이민자들이 여러 지방의 언어와 다양한 식습관이 뒤섞인 공간에서 같이 생활하면서 전인미답의 사회적 유대 관계를 형성했다. 미국인들은 모든 이탈리아인을 명확하게 식별 가능한 특성을 지닌 단일한 민족 집단으로 간주하는 경향이 있었다. 이 새로운 이주민들은 자신들의 전통 요리나 식습관에 강한 애착을 보이면서 수입 식품을 계속 사들이고, 필요하면 직접 생산하기까지 했다. 이민자들이 지하실에서 닭이나 돼지를 키우는 것은 드문 일이 아니었다.[11] 이들은 공원이나 공터에서 버섯이나 나물을 캐기도 했다.[12] 부동산을 장만하면 무화과, 복숭아, 양벚나무 등 그들에게 친숙한 식물을 심어 정원을 꾸미고, 먹을 수 있는 허브나 채소류도 심었다.[13] 미국의 사회복지사들은 이탈리아인 이민자들이 고기나 유제품을 충분히 섭취하지 않는 것이 문제라고 지적했다. 힘든 육체노동을 하는 사람들에게 가장 좋은 영양 식품은 고기와 유제품이라고 여겼기 때문이다.[14] 이탈리아인의 관습은 농담거리가 되었고, 그들에 대한 고정관념과 편견의 발원지가 되었다.[15]

1차 세계대전 직후 미국의 이탈리아 요리

고기 수플레 Flan di Carne Avanzata

버터 25그램(1온스) • 밀가루 1큰술 • 우유 570밀리리터(1파인트) • 삶거나 구워서 먹고 남은 고기 다진 것 1컵 • 달걀 2개 • 맛 내기용 치즈 가루 • 소금, 후추

버터, 밀가루, 우유로 화이트소스를 만든다. 먼저 버터를 녹이고 밀가루를 넣는다. 거품이 나면서 갈색으로 변할 때까지 가열한 다음, 우유를 붓는다. 밀가루가 응어리 진 데 없이 다 풀어질 때까지 조리한다. 이것을 식힌다. 냄비에 기름을 조금 두르고, 다진 고기에 소금과 후추를 뿌려서 갈색이 될 때까지 가열한다. 다진 고기를 불에서 내린 다음, 화이트소스와 달걀을 붓고 잘 두드린다. 치즈 가루와 소금, 후추로 간을 한다. 틀 안에 버터를 바르고 빵가루를 뿌린 다음, 다진 고기를 채워서 한 시간 동안 커스터드처럼 찌거나 굽는다. 질 좋은 미트소스나 토마토소스와 함께 낸다.

1900년대 초반, 뉴욕 멀베리 가의 '리틀 이탈리아' 풍경

450 알덴테

1900년경 뉴욕 멀베리 가의 이탈리아 시장

1900년경 뉴욕 멀베리 가의 이탈리아인 빵 행상

이탈리아인 이민자들은 소득이 늘어 소비할 여유가 생겨도 현지의 문화에 맞춰 자신들의 관습을 버리지 않고, 값비싼 이탈리아산 수입품까지 사들이며 자신들에게 친숙한 식품을 더 많이 소비했다. 특별한 날에나 먹던 요리가 점차 일상 음식이 되면서 이탈리아 식당의 차림표에도 등장했고, 특히 육류 소비가 늘었다.

　이민자들은 이탈리아 음식 문화를 굳건히 고수하면서도 새 삶의 터전에서 쉽게 구할 수 있는 식품의 이점을 누렸다. 아메리카 대륙의 고기는 크기가 컸는데, 고향에서는 거의 먹어볼 수 없는 것이므로 곧 부와 성공의 상징이 되었다. 남부 브라질이나 아르헨티나의 이탈리아인들은 자신들이 슈하스코●나 아사도●●를 먹는 사진을 친지들에게 보냈고, 심지어 쇠고기를 너무 많이 먹고 있다고 투덜거리는 내용을 편지에 써 보낸 사람들도 있었다.[16] 미국에 간 이민자들이 전하는 이야기에 따르면 스테이크를 먹는 일이 워낙 일상다반사여서, 남부 이탈리아의 지주들은 이런 이야기를 듣고 더 많은 노동자들이 이민을 결심할까 봐 염려했다.[17]

　이민자들은 몇 가지 재료를 아메리카에서 구할 수 있는 것으로 대체할 수밖에 없었는데, 그 결과가 나쁘지 않았기 때문에 구세계와 신세계의 요소들이 뒤섞여 독창적이고 생명력 있는 요리가 탄생했다.[18] 마늘 같은 향신료와 커피를 즐기는 등 지킬 수 있는 관습은 유지되었다.[19]

● 고기와 채소, 파인애플 등 여러 가지 재료를 꼬챙이에 끼워 숯불에 구운 브라질 전통 요리.
●● 쇠갈비를 통째로 숯불에 구운 아르헨티나 전통 요리.

음식은 이탈리아 이민자들의 문화 정체성을 정의하는 가장 중요한 특성으로 꼽히게 되었다.[20] 일요일 저녁 식사는 이탈리아 이민자들의 민족 정체성을 상징하는 것이 되었다. 고국에서 가족 친지가 한데 어울려 풍성하고 여유로운 식사를 하는 것은 일부 부유한 사람들만이 누릴 수 있는 특권이었지만……. 미국에서는 이탈리아인 이민자들이 가족이 살 집을 지을 때 부엌을 두 군데 설치하는 경우가 드물지 않았다. 일상적인 식사 준비는 아래층 부엌에서 하고, 위층의 부엌은 특별한 때나 손님들이 방문한 경우에만 사용한다. 두 부엌은 이민자들이 자신들의 전통 관습을 지키는 더 사적인 공간과, 현지 사회와 문화적으로 타협한 비교적 공적인 공간의 구분을 명확하게 드러낸다고 할 수 있다.[21]

일부 이민자들이 현지 사회에 진입하는 수단으로 식품 사업을 선택했기 때문에, 새로운 음식 문화는 가정의 울타리 안에만 머무르지 않았다. 처음에 그들은 주로 이웃에 과일이나 채소를 공급하면서 식품 유통망에 끼어들었다. 자본이 좀 더 쌓이자 식품점이나 특산품 가게, 동포 이민자들을 상대로 한 작은 식당을 열었다. 이곳들은 나중에 이민 온 이탈리아인들에게 동포를 만나는 장소가 되었을뿐더러 이국적인 요리, 느긋한 분위기, 저렴한 가격으로 현지인들까지 끌어들였다.

이탈리아에 들어선 파시스트 정권의 규제로 이민 행렬은 한동안 소강상태에 머물다가, 2차 세계대전 직후에 다시 한 번 정점을 찍었다. 이때의 이민은 독일, 스위스, 프랑스, 벨기에 같은 유럽 국가들

1876년 필라델피아에서 열린 미국 독립 100주년 기념 박람회 농업관에 설치된 이탈리아 전시장, 알부민 인화

로 향한 경우가 많았는데, 이들 나라에서 전쟁의 폐허로부터 도약하기 위해 값싼 노동력을 필요로 했기 때문이다. 이탈리아는 노동자들을 파견하고, 대신 이들 나라는 이탈리아 재건 사업에 필요한 석탄 등 천연자원을 제공하기로 하는 협정이 체결되었다.[22] 이민의 물결은 1956년 벨기에 마르시넬에서 일어난 광산 사고로 이탈리아인 136명이 사망했을 때 잠시 주춤했지만, 1973년 석유 파동의 충격으로 북부 유럽의 산업이 크게 위축되었던 1970년대 중반까지 끊임없이 이어졌다. 1950년대~1960년대 독일에서 이탈리아식 아이스크림 가게 젤라테리아gelateria는 친숙한 도시 풍경의 일부였다. 덕분에 이탈리아 식당과 피자 가게의 독일 진출이 수월해졌다.[23] 영국에서는 1960년

대에 인기를 얻었던 이탈리아식 커피바가 1990년대 중반에 다시 유행을 타고 돌아왔다.[24]

세계 속의 이탈리아 음식

1장에서 이야기했듯이 이제 이탈리아 음식은 전 세계에서 인기를 얻고 있다. 이탈리아 식품이 전 세계에 수출되고, 젊은 이탈리아인 셰프들이 외국에서 두각을 나타내고 있다. 멀리 일본이나 한국 같은 나라에서도 견습생들이 와서 현지 전문가에게 요리하는 방법을 배우고 자기 나라에 가서 이탈리아 식당을 연다. 예를 들면, 일본에서 이탈리아 음식은 프랑스 요리를 밀어내고 소비자들이 가장 선호하는 음식으로 자리 잡았으며, 일본에서 활동하는 피자이올로 pizzaiolo(피자 전문 요리사) 중에는 이탈리아인도 있고 일본인도 있다.[25] 이탈리아 음식을 사랑하는 일본인 요리사들의 이야기를 담은 《밤비노!》라는 만화가 있는데, 이 만화는 2005년~2008년 도쿄에 있는 가상의 이탈리아 식당에 견습생으로 들어간 한 젊은이가 우여곡절을 겪으며 이탈리아 요리를 배워나가는 이야기다. 일본인들은 '와후 파스타'라는 일본식 이탈리아 요리를 만들어냈다. 와후 파스타는 식당뿐만 아니라 가정에서도 만들어 먹는 요리다. 다음 쪽에 실은 조리법의 예에서 보듯이 된장, 참기름, 다시마, 각종 절임 같은 일본의 재료와 양념으로 파스타의 맛을 낸다.[26]

+Recipe

유자후추 소스를 얹은 와후 파스타
Wafu Pasta with Yuzukosho Sauce

날치알과 김을 얹은 와후 파스타, 《구르메 트래블러*Gourmet Traveller*》지 88호, 2010년

4인분

스파게티 225그램(1/2파운드, 일본식 분량은 다른 나라보다 작다) • 가지 225그램(1/2파운드) • 땅찌만가닥버섯● 110그램(1/4파운드, 동아시아 특산으로 감칠맛이 난다) • 마늘 1쪽(다진 것) • 올리브유 2큰술 • 유자후추 1작은술(고추와 유자 껍질에 소금을 쳐서 발효시킨 것) • 사케 4큰술 • 간장 2큰술 • 버터 30그램(1/4조각) • 들깻잎 5~6장

가지를 1/2인치 두께로 저며 소금물에 약 5분 정도 담가서 쓴맛을 뺀다. 저민 조각을 하나씩 꼭 짜서 소금물을 완전히 빼준다.
올리브유 2큰술을 팬에 두르고 마늘을 넣은 후 약한 불에 올려, 마늘이 약간 갈색을 띨 때까지 볶는다. 여기에 저민 가지를 넣고 갈색을 띠면서 말랑해질 때까지 계속 볶는다. 여기에 땅찌만가닥버섯을 추가해 1분 동안 더 볶고 나서, 사케 4큰술을 가지와 버섯에 뿌린다. 알코올이 증발할 때까지 약한 불로 가열한다.
그동안 커다란 냄비에 소금물을 끓여 스파게티를 삶는다.
들깻잎을 씻어서 키친타월로 두드려 물기를 빼고, 돌돌 말아 채로 썬다. 이 들깻잎은 고명으로 쓴다.
스파게티가 거의 알덴테로 익으면 스파게티 삶는 물을 2큰술 떠서 소스 팬에 넣고, 여기에 간장 2큰술과 유자후추 1작은술을 추가한 다음 불을 끈다. 스파게티 삶은 냄비에서 물을 따라내고, 스파게티를 소스 팬에 얹는다. 여기에 버터를 넣고 잘 섞어준다. 채 썰어놓은 들깻잎을 고명으로 얹어 식탁에 올린다.[27]

● 일본 이름으로는 '시메지(shimeji)'라고 한다.

이탈리아의 식품업계는 이탈리아 요리에 대한 호평이 높아지는 상황을 적극 활용하려고 한다. 바릴라, 페레로, 부이토니처럼 규모가 큰 식품회사들은 이미 외국 시장에 입지를 세우는 데 성공했다. 소규모나 중간 규모 식품회사와 와인 제조사들은 수출량을 늘리고자 대단히 애쓰고 있지만, 아직은 절반의 성공에 머무르고 있다. 이탈리아의 식품기업들이 흔히 구사하는 마케팅 전략은 품질 좋고 원산지가 확실한 진품이라는 점을 강조하는 데 그치지 않고, 자신들의 상품이 어떤 삶의 방식 전체를 상징한다는 의미를 부여하는 것이다.[28]

해외에서 이탈리아 식품의 가장 큰 경쟁 상대는 파스타, 토마토 통조림, 치즈 같은 이탈리아 특산품을 현지화해서 생산하는 업체들이다. 이들 업체의 상품은 바다를 건너오는 것들보다 가격이 낮게 마련이다. 이러한 현상은 20세기 전반부에 이탈리아 이민자들이 현지에 식품회사를 설립하면서부터 시작되었다. 미국에서 그 흥미로운 예를 볼 수 있고, 미국뿐만 아니라 캐나다, 오스트레일리아, 그리고 대규모 이탈리아인 이민자 사회가 존재하는 나라라면 어디나 비슷한 사례가 있다. 1920년대 후반 클리블랜드에서 식당을 운영하던 에토레 보이아르디 디 피아첸차Ettore Boiardi di Piacenza는 파스타, 토마토소스, 치즈 가루를 한 꾸러미로 묶어 팔았고, 나중에는 스파게티 통조림을 만들어서 '셰프 보야르디Chef Boyardee'라는 상표를 붙였다.[29] '라콘타디나La Contadina 토마토'나 '론초니Ronzoni 파스타'도 이 시대에 설립되어 지금도 영업 중인 회사다. 이러한 현지 기업들은 관세를 물지 않을 뿐만 아니라 현대 기술을 적극 활용하고, 시장 규모가 훨

뉴욕 브루클린에서 만들어진 산업용 파스타 반죽기, 1914년

씬 크다는 이점까지 누렸기 때문에 가격을 낮출 수 있었다.

1935년 국제연맹이 이탈리아 제품의 수출을 막고, 그 후 2차 세계대전을 겪으며 이탈리아의 생산 구조가 근본적으로 붕괴되자, 이탈리아 밖의 이탈리아 음식 제조업체들이 우위에 서기 시작했다. 피자가 바로 그런 경우다. 미국에 처음 등장한 피자 전문점으로 기록된 것은 '롬바르디Lombardi's'로, 1905년 뉴욕에 첫 점포를 열었다. 1943년 시카고의 '피체리아 우노Pizzeria Uno'에서 두툼한 시카고식 피자를 만들어냈고, 이 가게는 오늘날까지 프랜차이즈 사업을 잘 운영하고 있다.[30] 냉동 피자는 1950년대에 미국에서 대량 생산이 시작되어, 1960년대에 세계 곳곳으로 퍼져나갔다.

'이탈리아' 식품으로 인정받는다는 것은 민감한 문제다. 외국 기업들이 외국산 원재료로 만든 식품에 '이탈리안'이라는 명칭을 붙이고 있는 실정이다. 이탈리아 정부는 '메이드 인 이탈리아' 식품의 판매를 촉진하는 활동을 지원하고 있지만, 상표를 보호하는 일이란 힘겨운 고지전이다. 우선, 저작권이나 상표권에 대한 입장이 나라마다 제각각이다. 게다가 이탈리아의 작은 기업들이 세계의 유통망을 제대로 파악해서 효과적인 마케팅 전략을 구사하는 경우는 흔하지 않기 때문에, 외국 현지의 경쟁자들이 값비싼 이탈리아 수입품에 비해 유리한 입지를 차지하기 쉽다. 중국의 경우를 보면, 이탈리아산 식품을 높이 치는 분위기가 널리 퍼져 있는데도 이탈리아 기업들이 복잡한 중국 시장을 뚫고 들어가는 데 성공한 예는 드문 편이다.[31]

한편, 이탈리아풍으로 꾸민 식당이 세계 곳곳에 들어서고 있다. 이들은 이탈리아 문화의 몇몇 특색 있는 요소들을 가져다가 알아보기 쉬운 브랜드로 만들어서, 상업적으로 간편하게 규격화한 식사를 홍보하고 있다. 세계적인 이탈리아풍 식당 체인들은 자기네 요리가 일괄적으로 대량 생산되는 것이라는 인식을 무마하고 긍정적인 인상을 심으려고 애쓰고 있다. 이들은 이탈리아인들이 가정과 전통을 중시하고, 따뜻하고 활기차며, 식사는 여럿이 함께한다는 고정관념을 바탕으로 체인의 이미지를 만들어낸다.[32] 이런 기업형 식당에서는 자신들이 제공하는 식사가 진부하고 개성 없는 음식을 탈피한 것이라고 강조한다(사실 그 진부하고 개성 없는 음식이야말로 애초에 기업이 만들어낸 것이지만). 이들은 신선함, 정통성, 장인의 기술을 내세워 향수를 불러일으키며, 때로 과거의 좋았던 시절을 떠올리게 한다.

　세계 곳곳에서 일하고 있는 이탈리아인 셰프들은 이러한 기업형 식당 사업에 반발했다. 2010년 이탈리아인 셰프들의 모임인 GVCI(Virtual Group of Italian Chefs)는 이탈리아 요리의 정체성을 지키고 이탈리아 요리 전문가가 하는 일을 알리려는 뜻에서, 1월 17일을 '국제 이탈리아 요리의 날'International Day of Italian Cuisines'(요리를 굳이 cuisines라고 복수형으로 쓴 까닭은 이탈리아 음식 본연의 다양성을 암시하고자 함이다)로 선포했다. GVCI는 "세계적으로 범람하고 있는 가짜, 모조 이탈리아 음식에 맞서 우수한 진짜 이탈리아 요리를 지지하고자 전 세계에 '탈리아텔레 알 라구 볼로녜세tagliatelle al ragù bolognese'● 의 거센 파도"를 일으켰다.[33] 같은 해 GVCI는 '제1차 이탈리아 요리 세계정상회담Italian Cuisine World Summit'을 주최해서 전 세계의 셰프들을 불러 모았다.

　이탈리아 특산품이 전 세계에서 인기를 얻으며 상업적인 가치도 높아지자, 이탈리아의 생산자들은 모방품·위조품에 대처하느라 분투를 벌이고 있다. 모든 나라에서 유럽연합처럼 특별법에 기초한 원산지 명칭 보호 제도를 실시하지는 않는다. 시장 규모가 큰 미국, 캐나다, 남아프리카공화국, 오스트레일리아 같은 국가들은 기업의 자

● 탈리아텔레(길고 납작한 생파스타 면)에 다진 고기·채소·와인·토마토 등을 오래 끓여 만든 소스 '알 라구 볼로녜세'를 부은 볼로냐식 스파게티 요리. 알 라구 볼로녜세를 흔히 영어로 '볼로네즈 소스'라 한다.

키안티 클라시코 와인의 로고 '갈로 네로'

유, 투자와 창의성을 보호하는 차원에서 상표권의 사적 소유를 제도적으로 보장하고 있다.

미국에서는 외국 기관의 단체 표장과 인증 마크 소유를 인정한다. 이런 상표권 보호 제도는 유럽연합의 원산지 명칭 보호 제도가 적용되지 않는 지역에서 이탈리아의 생산자들이 가장 많이 이용하는 법적 수단이다. 예를 들면 키안티 클라시코●의 생산자들은 '키안티 클라시코 와인 조합'이라는 문구와 함께 검은 수탉 그림이 들어간 로고를 미국 특허청에 단체 표장으로 등록했다. 하지만 검은 수탉을 뜻하는 '갈로 네로Gallo Nero'(전통적인 이탈리아의 상징이다)라는 문구를 표장에 넣는 것은 불허되었다. 미국의 와인 생산업체 갈로Gallo 와이너리에서 소송을 걸었기 때문이다. 파르마의 프로슈토 생산자 단체는 '프로슈토 디 파르마Prosciutto di Parma', 치즈 생산자 단체는 '파르미자노 레자노Parmigiano Reggiano'라는 단체 표장을 미국 특허청에 등록했다.

● 이탈리아 토스카나 지방에서 생산되는 대표적인 와인. 토스카나 지방에는 역사가 15세기까지 거슬러 올라가는 이름 높은 양조장이 여럿 있다.

세계 시장에서 벌어지는 식품 전쟁의 무기

미국을 비롯한 주요 산업 국가들이 채택하고 있는 상표권 제도에서 농산품을 보호하기 위해 일반적으로 사용하는 표지는 크게 세 가지다.

첫째는 '상표 trademark'다. 특정한 제품의 정당한 '발명자'에게 사적인 소유권이 보장되며, 다른 업무용 자산과 마찬가지로 사고팔 수 있다. 상표는 종종 '코카콜라'처럼 브랜드의 이름을 보호할 용도로 사용되는데, 통상 기본적인 먹을거리에는 적용되지 않는다. 예로부터 널리 먹어온 음식은 특정한 사람에게 소유권이 있다고 볼 수 없기 때문이다.

'단체 표장 Collective Mark'은 지역 특산물의 원산지를 증명하는 용도로 사용된다. 미국의 경우, 해당 상품의 생산 과정과 품질을 관리·감독하는 위원회나 단체의 명의로 특허청(USPTO)에 단체 표장을 등록할 수 있다. 단체 표장은 상표와 달리 개인이나 기업이 독점 소유권을 행사할 수 없다.

마지막으로 '인증 마크 Certification Mark'는 생산자가 아니라 인증을 맡은 기관이 모든 권리를 소유한다. 인증 기관은 사용자가 지켜야 할 인증 기준을 제시한다. 상품의 특성이 해당 기준을 충족하는 한, 인증 마크를 붙이지 못하는 경우는 있을 수 없다. 인증 마크의 예로 플로리다 주 감귤국이 소유한 '플로리다 감귤'과 조지아 주 농무국이 소유한 '비데일리아 양파' 등이 있다.

'지명 표기 Geographical Indications'(GIs)는 세계무역기구(WTO)의 '지식 재산권에 관한 무역협정'(TRIPs) 제22조로써 보호된다. 와인과 주류는 같은 협정 제23조에 의해서 더 강력한 보호를 받는다. 예를 들면 지명 표기는 '종류 kind', '-식 type', '-풍/스타일 style', '모방 imitation' 같은 용어와 함께 쓰여서는 안 된다. 따라서 '폰티나식 치즈'라는 표현은 용인되지만, 와인의 상표에 '키안티 클라시코 스타일' 같은 문구는 쓸 수 없다. 유럽에서는 '폰티나식 치즈'라는 표현도 불법으로 규정한다. 영국이나 독일의 치즈 생산자들은 '파르미자노'나 '파르미자노식'이라는 말을 붙일 수 없고 '파르메산'이라는 명칭도 사용할 수 없다. 파르미자노 또는 파르메산은 에밀리아로마냐 지방에서 고유한 방식으로 생산해온 치즈만을 지칭하는 것으로 이미 오래전부터 간주되었기 때문이다.

이탈리아산 치즈 중에서 가장 모방 상품이 많은 폰티나 치즈

음식에 관한 이데올로기

지역 전통을 보호하는 정책은 세계화의 충격을 완화하고 다양성을 보장하는 기능을 할 수 있지만, 동시에 인종 혐오에 악용될 소지도 있다. 음식은 사람과 문화를 어우러지게 할 수 있지만, 동시에 차별을 조장할 수도 있다. 그렇기 때문에 때로 음식을 통해서 인종차별주의가 지역 정치에 침입하기도 한다. 1989년 북부연맹Lega Nord이 출범한 뒤로 이탈리아 남부와 북부의 갈등이 새롭게 표면으로 떠올랐다. 북부연맹은 재정 연방주의와 지역 자치권을 존립 기반으로 하는 정당이다. 북부 이탈리아의 분리 독립을 지향하는 여러 지역단체가 연합해서 탄생한 이 정당은 현재 많은 유권자를 확보하고 있다.[34] 이들은 중앙정부가 무능하고 뇌물만 밝히면서 북부의 기업가 정신과 근면성, 경제력을 망치고 있다고 비난한다. 그들이 악의를 담아 '대도大盜 로마Roma Ladrona'라고 부르는 수도는 부패하고 근시안적이며 경멸스러운 국가사업을 상징하는 존재가 되었다. 또한 이 정당은 과거에 켈트인들이 거주했던 포 강 유역 일대의 이른바 '파다니아Padania' 지역과 역사적으로 로마의 영향권에 속했던 나머지 이탈리아 지역 사이에는 문화적 차이가 존재한다고 주장한다. 그러나 켈트 역사 전문가인 노라 채드윅은 이렇게 썼다.

> 켈트 신화는 20세기에도 창조되고 있다. …… '켈트'는 갑자기 유럽인 전체에 대한 은유가 되어 정치인들과 다국적 기업에 의해 남용되고 있다. 이 서문은 절망적인 외침과는 무관하다.

역사란 원래 보는 사람의 눈에 달려 있는 것이니까, 켈트라는 말은 시대에 따라서 해석이 달라졌으므로 또다시 한 겹 환상이 실재에 덧붙여졌을 뿐이다. 단지 우리가 그 실재에 얼마나 가까이 다가갈 수 있느냐 하는 데 논쟁의 여지가 있다.[35]

인류학자 마이클 디틀러가 보기에, 켈트 문화의 유산을 재발견하는 일은 유럽의 여러 지역에서 이데올로기적인 역할을 하고 있다. 감정을 담아 켈트 정체성을 말하는 목소리가 때로는 '유럽 공동체(EC)가 범유럽 단일체로 진화할 것'을 촉구하는가 하면 어디서는 반대로 '그 공동체 회원국 각국의 국가주의'를 주창하는 목소리가 되고, 어디서는 '국가주의의 주도권에 대한 지방의 저항'을 나타내는 의미로 이용된다.[36]

북부연맹은 대규모 이민자 집단, 특히 미등록 이주자들을 위험한 존재로 치부한다. 이탈리아의 문화 담론에서 음식이 지닌 중요성을 생각해보면, 매우 구체적인 음식이 사회 현상의 중심에 떠오르는 것도 그리 놀라운 일은 아니다. 2004년 북부연맹 당원들은 롬바르디아 주 코모 시에서 조직적으로 시위를 벌이면서, 지역에서 생산된 치즈와 버터를 넣은 폴렌타(옥수숫가루로 만든 죽) 36킬로그램(80파운드)을 지나가는 사람들에게 나눠주었다. 과거 가난한 사람들의 기본 주식이었던 전통 음식의 정서적·문화적 가치를 부각해서 그들의 뿌리를 상기시키려 했던 것이다.[37] 지역의 식당에서 제 고장 산물이 아닌 재료를 사용하고 있을지 모른다는 작은 의심이 뉴스거리가 되기도

하는데.[38] 폴렌타는 외부 요소의 침공에 맞서 저항하는 전통 음식의 상징 비슷한 존재가 되었다.

이러한 상징성과 별개로, 도시 정책의 영역에서 음식 문제가 논란의 중심이 되기도 한다. 2009년 봄 토스카나 주 루카 시의 의회는 도시 중심부의 유서 깊은 구역에서 케밥과 패스트푸드 등 전통 이탈리아 음식이 아닌 것을 판매 금지하는 규제 조례를 통과시켰다. 《블룸버그 통신》 플라비아 크라우저잭슨 기자의 직설적인 보도에 따르면 "전통 요리와 전통 구조·건축·역사·문화의 순수성을 보호한다는 견지에서, 다른 민족 문화에 뿌리를 둔 사업을 하는 시설은 이제 영업을 할 수 없게 되었다."[39] 지역 정치인들은 방문객들이 수백 년 된 도시에서 보고 냄새 맡고 맛보기를 기대하는 것만을 실제로 보고 냄새 맡고 맛볼 수 있게 하고 싶었던 것이다. 관광객들에게 안전하게 통제된 '이탈리아적인 것'을 경험할 기회를 제공해야지, 세계 곳곳에서 얼마든지 접할 수 있는 음식이나 포스트모던 요리를 여기서 먹게 할 필요는 없다는 것이다.

2009년 롬바르디아에서도 비슷한 일이 일어났다. 롬바르디아 지방정부는 새벽 1시 이후 공식적인 식당이 아닌 곳에서 음식 판매하는 것을 일절 금지했다. 케밥은 물론 피자나 아이스크림 판매도 금지되었다. 명분은 치안 유지를 위해 심야에 길거리를 어슬렁거릴 일이 없도록 하려는 것이라 했다. 물론 야당은 이에 대해 외국인이 소유한 요식업체에 타격을 가하려는 북부연맹의 원대한 구상이 첫걸음을 뗀 것이라고 보았다.[40]

베를루스코니 행정부의 농무장관이었으며 2015년 베네토 주지사에 재선된 북부연맹 소속 루카 차이아Luca Zaia는 음식 관련 정치 논란의 주요 당사자다. 차이아가 맥도널드와 제휴해 이탈리아의 빵과 고기, 아티초크 스프레드, 베네토 특산물 아시아고 치즈로 만든 맥이탈리McItaly 샌드위치를 생산하겠다고 발표하자, 열띤 논쟁이 벌어졌다. 이 새로운 음식을 개발하는 취지는 한편으로 패스트푸드를 선호하는 젊은이들에게 이탈리아의 맛을 알리고, 다른 한편으로는 맥도널드에서 이탈리아 식재료를 구매하도록 만든다는 것이었다. 국제 언론도 이 제휴 사업을 다루었다. 영국 《가디언》 지가 운영하는 블로그 〈입소문 Word of Mouth〉의 필자 매슈 포트는, 차이아가 지나친 낙관주의에 빠져 있으며 자신이 지키자고 주장하는 바로 그 전통을 존중하지 않는다고 통렬하게 비난하는 글을 올렸다.[41] 이튿날 차이아 장관은 반박 서한을 발표했다. 여기서 그는 자신을 따르는 이들과 함께 '현대판 예수회'가 되어, 이 분야에서 손에 흙을 묻혀가며 일해본 적이 한 번도 없는 좌파 '이단을 개종시키겠노라'고 천명했다.

"그들은 호사스러운 고급 소비자가 아니라 모든 사람이 정당한 품질을 누릴 수 있도록 노력하는 나와 같은 사람들에게 일장 훈계를 늘어놓으며, 두툼한 지갑과 가벼운 양심을 가지고 슈퍼마켓의 '유기농산물' 코너로 달려가는 사람들과 같은 부류다."[42]

슬로푸드 창설자 카를로 페트리니에게 이것은 너무 심한 말이었다. 사실 그때까지 페트리니는 세계화, 표준화, 유전자변형작물을 반대하고 이탈리아 음식을 지키자는 공동 방어 전선에서 차이아와

화기애애한 관계를 유지하고 있었다. 차이아의 서한이 발표되고 며칠 지나서, 페트리니는《레푸블리카》지의 독자 기고란을 통해 차이아가 펼친 논리의 취약점 몇 가지를 지적했다. 그는 비록 슈퍼마켓에 이탈리아의 원산지 명칭 보호 품목들이 진열되어 있다고 해도, 그것이 곧 그 식품의 생산자가 정당한 가격을 보장받고 있다는 의미는 아니라고 꼬집었다. 게다가 문화 정체성의 측면에서, 이탈리아의 입맛을 '세계화'하겠다는 발상은 현실에서는 결국 국제적인 상표의 위력에 흡수되어 장기적으로는 소멸되고 말 위험성이 있다고 페트리니는 지적했다. 슬로푸드 창설자는 북부연맹 당원들이 가장 소중하게 생각하는 것을 겨냥해 논쟁의 방향을 돌렸다.

> 입맛이란 '정체성'과 마찬가지로 다른 것과 차이가 있을 때에만 가치가 있다. 왜냐하면 그 가치란 바로 차이점이 만들어내는 기능이기 때문이다. 입맛의 차원에서 이탈리아의 정체성은 사실상 존재하지 않는다고 단언할 수 있다.—그러니 맥이탈리 개발자들이여, 안심하시라.—왜냐하면 각기 다른 이탈리아의 정체성이 수백수천 가지 존재하기 때문이다.[43]

맥이탈리 논란 이후에도 맥도널드는 다시 이탈리아의 전통을 이용하려는 시도를 했다. 2011년 10월, 이 회사는 현대 고급 이탈리아 요리의 아버지들 중 한 사람으로 추앙받는 유명한 셰프 구알티에로 마르케시Gualtiero Marchesi와 공동으로 새로운 샌드위치 두 종류를 개발하고, 클래식 음악 용어를 차용해서 '아다지오'와 '비바체'라는 이름을 붙였다. 아다지오는 가지 무스, 저민 토마토 조각, 새콤달콤한 가지, 쇠고기 패티, 리코타 살라타*로 만든다. 비바체에는 베이컨, 삶은 시금치, 마리네이드**에 담근 양파, 쇠고기 패티, 통겨자 마요네즈 소스가 들어간다. 이들 신제품 출시를 알리는 보도자료에서, 마르케시는 이렇게 말했다.

> 인생이 그렇듯이 요리도 불규칙적으로 발전한다. 전과 후를 비교해보면, 변화가 무척 빠르다는 사실을 알 수 있다. 세상은 이미 달라져 있다. 내가 처음 누벨 퀴진을 이탈리아에 소개했을 때도, 최근에 아무런 편견 없이 젊은이들을 관찰하기 시작했을 때도 마찬가지였다. 그들은 어디에서 먹을까? 무엇을 먹을까? 맥도널드와 함께 일하기로 결심하기 전에 내가 품었던 것은 이런 단순한 의문이었다.⁴⁴

북부연맹과 슬로푸드 양쪽 모두 고장의 식품 생산을 포함해 지역 정체성과 전통을 보호, 발전시키는 문제를 중요한 정치적 안건으로 삼았다. 그러나 슬로푸드가 다문화주의와 다양성 보호를 중시하는

---

* 리코타는 치즈를 만들고 남은 유청으로 만든 음식인데, 정확히 말해서 치즈는 아니지만 치즈로 통용된다. 리코타 살라타는 소금을 가미해 일반 리코타보다 짭짤한 맛이 특징인 시칠리아 특산물이다.
** 식초나 와인, 기름, 향신료 등을 배합한 양념장.

관점에서 이 문제를 다루는 데 반해, 북부연맹은 지역의 특권 옹호, 외부인 배척, 정치적인 자치권 확보를 중시하는 담론에 이 문제를 이용한다. 차이아는 북부연맹에 합류한 뒤 저서 《기아를 막기 위해 지구 입양하기》 2010•를 통해 북부연맹의 입장에 좀 더 온건한 색채를 부여했다. 그는 '유구한 역사에 뚜렷이 각인된' 이탈리아 농업을 '맹목적 · 이념적인 세계화'로부터 보호함은 물론, 경쟁 대상인 '불가리아 · 루마니아 농민'으로부터도 보호할 필요가 있다고 강조했다.[45] 그의 주장에 따르면 이러한 입장은 인종차별주의의 산물이 아니라, '수백 년에 걸친 땀과 노고, 연구, 투자, 끊임없이 바뀌는 규제에 대한 인내'로 말미암아 남유럽의 농업이 다른 지역의 농업과 구별된다는 엄연한 사실에 근거한 것이다.[46] 그의 입장에 따르면 북부연맹이 주장하고 있는 재정 연방주의는 '차이를 인정하며 우애를 다지려는 문화적 성향'이다.[47] 그는 지역의 기후와 토양을 바탕으로 하는 농업, '고유한 역사와 떨어질 수 없는 정체성에 기반을 둔 농업'을 설파하면서, 2008년에 벌어진 이른바 '파인애플 파업 pineapple strike'―크리스마스에 파인애플과 칠레산 체리를 사지 말자는 운동―을 지지했다. 전직 장관의 줄타기 행보는 먹을거리에 관한 논쟁이 불러일으키는 극단의 대립과 함께, 그것이 이탈리아 시민 사회에 발휘하는 정치적인 위력을 드러낸다.

• 원제 *Adottare la terra per non morire di fame*.

나폴리 피자의 흥미로운 사례

이탈리아 전통 식품들이 갈팡질팡하는 가운데 피자는 최근 들어 대단한 주목을 받게 되었는데, 이는 피자의 상징적인 지위 때문일 것이다. 세계의 많은 지역에서 본래의 이탈리아 피자는 오리무중이 되어버리고, 이제 피자는 수많은 지역 변종을 거느린 진정한 세계 음식으로 여겨진다.[48] 세계 곳곳에서 만들어지는 피자의 토핑, 반죽, 두께, 조리 방식 등은 다종다양하다. 그렇게 된 데는 성업 중인 패스트푸드 피자 체인들도 한몫했을 것이다.

이러한 상황에 대응해서 나폴리의 피자 생산자들은 세계의 주목을 끌고 이탈리아 피자 산업의 탁월함을 다시 한 번 각인시키기 위해서 로비를 벌였다. 2010년 2월, '진정한 나폴리 피자 협회Associazione Verace Pizza Napoletana'와 '나폴리 피자 요리사협회Associazione Pizzaiuoli Napoletani'라는 두 단체가 유럽연합에서 나폴리 피자에 대한 '전통 특산품 보증Traditional Specialty Guaranteed'(TSG)을 받아냈다. 관련 규정에 따르면 오직 세 가지 피자만이 진정한 나폴리 피자로 인정된다. 마리나라(토마토·오레가노·마늘·올리브유), 마르게리타(토마토·모차렐라·바질·올리브유), 마르게리타 엑스트라(신선한 방울토마토 추가)가 그것이다. 재료, 기술뿐만 아니라 요리의 감각적인 요소까지 세세하게 명문화되었다.

'나폴리 피자' TSG는 부풀어 오른 테두리도 독특한데, 오븐에서 구운 음식의 특징인 금빛을 띠고, 만지거나 맛볼 때 부드럽다. 가운데 토핑은 토마토의 붉은색으로 뒤덮여야 하고, 올리브유와 완벽하

마르게리타 피자

게 배합되어야 하며, 사용한 재료에 따라 오레가노의 녹색이나 마늘의 하얀색이 드러나야 한다. 흰색 모차렐라 조각들은 가까이 모여 있든지 뚝뚝 떨어져 있고, 바질 잎의 녹색은 구운 정도에 따라 진해지기도 하고 연한 빛을 띠기도 하는데…… 굽는 과정의 마지막 단계에서 피자는 특유의 향긋하고 맛있는 냄새를 발산해야 한다. 토마토는 과도한 수분만 날아가고 탱탱한 형체를 유지해야 하며, 모차렐라 치즈('모차렐라 디 부팔라 캄파나 DOP' 아니면 '모차렐라 STG')가 피자의 표면에 녹아 있어야 한다. 바질, 마늘, 오레가노는 진한 향을 풍겨야 하고, 탄 것처럼 보여서는 안 된다.[49]

이론상 전 세계의 피자 생산자는 TSG의 규정을 그대로 따랐을 때에만 '나폴리 피자(피자 나폴레타나)'라는 명칭을 적법하게 사용할 수 있다. 그렇지만 두 협회나 이탈리아 정부, 유럽연합이 많은 비용을 들여가며 전 세계의 위반 사례를 조사하고 철저히 단속할 가능성은 없어 보인다. 이들 협회가 전통 특산품 보증을 얻고자 노력을 기울인 데는 피자를 만들 때 '모차렐라 디 부팔라 캄파나Mozzarella di Bufala Campana DOP'나 '모차렐라 STG' 같은 이탈리아산 재료를 사용하도록 촉구하려는 이유도 있었다. 그렇지만 TSG 규정은 대개 재료의 원산지를 정해놓지 않고, 주로 조리 과정과 최종 결과물에 중점을 둔다. 따라서 이들 협회의 또 다른 목표는 세계화된 입맛에 대항해 애국심에 호소해서, 나폴리 방식으로 훈련받은 피자 생산자들의 문화적 역할과 전통 기술을 드높이는 것이다.

TSG 지위를 획득한 피자는 이탈리아 식품을 대표하는 음식으로 홍보될 수 있을 것이다. 그러나 이러한 인식 때문에 피자 생산에서 세계화된 측면이 지워지거나, 최소한 가려질 위험이 있다. 이탈리아에 있는 수많은 피자 가게에서 이민자들이 피자를 만들고 있으며, 이는 요식업계 전체에 외국인 종업원의 비중이 대단히 크다는 사실을 반영한다. 2008년 《뉴욕 타임스》지는 이탈리아에서 가장 성공한 고급 식당 여러 곳이 인도, 튀니지, 요르단 등에서 온 셰프들을 고용하고 있는데, 이들 식당은 외국인 직원도 이탈리아 음식과 조리 기술을 받아들인다면 문제가 없다는 입장이라고 밝혔다.[50] 사진작가 마르코 델로구와 미켈레 데 안드레이스는 이탈리아에서 일하는 외국인 요리사들에게 헌정하는 사진 전시회를 열었다. 이들의 사진은 직업 요리사들이 일하는 주방에서 이민자들이 설거지나 청소만 하는 것이 아니라 실제로 요리를 하고 있다는 사실을 보여주었다. 이 사진들은 알바니아, 모로코, 방글라데시에서 온 남녀 요리사들을 이탈리아 음식의 새 얼굴로 기리고 있다. 논쟁을 유발할 목적임이 명확해 보인다.[51] 델로구가 작품을 통해 시민의식을 표출한 경우는 이번이 처음이 아니다. 그는 이전에도 모차렐라 디 부팔라(물소젖 모차렐라)의 주요 생산지인 로마 남쪽 평원의 마렘마와 아그로폰티노에서 일하는 이주민 목동들의 사진을 연작으로 찍은 바 있다. 이 사진 연작은 2007년 전시회에서 공개되고 2009년 책으로 출간되었다.[52] 이탈리아의 식도락가들도 이탈리아 전통 요리에 두각을 나타낸 외국인 요리사들을 잘 알고 있으며, 때로는 이들을 칭송하기도 한다. 권위 있는 이탈리아 음식 전문지 《감베로 로소》지에서 로마의 피녜토 Pigneto라는 동네를 다룬 적이 있는데, 피네토는 얼마 전만 해도 수도 로마의 동부 근교에서 가장 낙후된 곳이었다. 그런데 재개발이 급속도로 진행되면서 다양한 외국 음식점과 밤 문화로 활기찬 장소가 되었다.[53]

피자의 모든 재료가 이탈리아산일 필요는 없다. 이탈리아의 밀 생산량은 현재에도 이미 수요를 감당하기에 충분하지 않은데, 최근 연구에 따르면 기후 변화로 인해 앞으로 현재 수준도 유지하지 못하게 될 전망이다.[54] 빵과 파스타 소비가 많은 이탈리아는 유럽연합이 수입하는 밀 전체의 80퍼센트 이상을 소비하고 있다.[55] 세계에서 가장 큰 파스타 생산업체인 바릴라는 미국, 캐나다, 동유럽에서 수입한 밀을 사용한다.[56]

피자의 재료 공급 사슬을 추적해보면, 먼저 모차렐라 치즈는 젖소나 물소의 젖으로 만든다. 이들 젖소와 물소를 돌보는 목동과 토마토를 수확하는 노동자는 대부분 아프리카에서 온 미등록 이주자다. 이들이 수확하는 토마토 중에는 피자 소스 재료로 유명한 산마르차노 품종도 있다. 이탈리아 농민들은 여러 해 동안 수확기에 합법 체류자와 불법 체류자를 가리지 않고 많은 이주 노동자를 고용해왔다. 이탈리아농민협회 콜디레티Coldiretti에 따르면, 2010년 유럽연합 밖에서 온 합법적 이주 노동자 9만 명이 이탈리아의 농장에 고용되었으며, 이들 중 1만 5000명 정도는 장기 계약 노동자였다.[57] 여러 해 동안 이탈리아인들은 식품 생산 체계에 이민자들이 대규모로 종사하고 있다는 사실을 무시해왔지만, 2010년 1월 칼라브리아 주 로사르노 마을에서 발생한 사건으로 이 문제가 시급한 현안으로 떠올랐다. 이 사건은 이민자가 인종 혐오로 인한 습격을 당하면서 촉발된 폭력 사태다. 농장에서 일하던 미등록 이주 노동자들이 봉기에 가담했다. 비인간적인 생활 조건, 저임금, 그리고 '은드랑게타ndrangheta'라는 지역 폭력 조직이 '보호' 명목으로 자행하는 갈취를 당하며 쌓이고 쌓였던 미등록 이주 노동자들의 좌절감이 폭발한 것이다.[58] 이 폭동은 다큐멘터리 영화 〈초록 피Il sangue verde〉의 소재가 되었다. 〈초록 피〉는 2010년 9월 베네치아 국제 영화제(베니스 영화제)에서 상영되었다.

이탈리아에서 농업 노동자로 일하는 이민자들은 열악한 환경에서 생활하면서 착취당하는 경우가 많다.

이탈리아의 외국 음식점

이민자들의 존재는 농산품 생산 과정보다 유통과 요식업계에서 훨씬 두드러져 보인다. 외국 음식점의 출현은 비교적 최근에 나타난 현상인데, 초기에는 주요 도시의 중심가에서만 볼 수 있었지만 점차 빠른 속도로 작은 도시까지 확산되고 있다. 1970년대까지만 해도 새 삶의 터전으로 이탈리아를 선택한 이민자들은 극소수였는데, 그들 대부분이 가까운 북아프리카나 중동의 시민들이었다. 대부분 무슬림인 이 이민자들은 이탈리아에서 할랄 식품•을 구할 수가 없어, 대신 유대인 상점에서 카셰르 식품을 구입했다. 지금은 대도시처럼 상당수 이슬람 인구가 안정된 공동체를 이루고 있는 곳에는 할랄 정육점이 있다.[59]

1980년대에는 중국인 이민자의 물결이 밀어닥친 것을 시작으로 남아시아, 필리핀, 남아메리카, 아프리카 여러 나라(특히 과거 이탈리아의 식민지였던 에티오피아, 에리트레아, 소말리아) 등 세계 곳곳에서 이민자가 들어왔다. 베를린 장벽이 무너진 뒤에는 동유럽에서 많은 사람들이 이탈리아로 흘러들었다. 1990년대에는 수많은 알바니아인이 쪽배에 빽빽하게 실려 아드리아 해를 건넜다. 이탈리아 해안에서 이들이 탄 배의 난파 사고가 자주 일어나자, 이탈리아인들은 인구 구성의 변화가 일어나고 있음을 감지하게 되었다. 이탈리아의 외국

• '할랄'은 아랍어로 '허락된 것'이라는 뜻이다. 이슬람 율법에서 허락하는 음식, 의약품, 각종 생활 용품을 가리키는데, 이중 할랄 식품에는 채소, 과일, 곡물 등 식물성 음식과 해산물이 포함되고, 육류는 이슬람 율법이 정하는 절차에 따라 도축한 것으로 국한된다. 뱀, 민물고기, 돼지고기를 비롯해 발굽이 갈라지지 않은 네발짐승의 고기는 금지된다.

인 거주 인구 비중은 다른 유럽 국가들에 비해 매우 낮은 수준이지만, 인종혐오주의 내지 이탈리아의 정체성이 흐려질지 모른다는 두려움이 이탈리아인들 사이에 널리 퍼지고 있다. 어쨌거나 이민자 공동체의 존재는 현실이다. 어린 학생들은 다른 나라에서 온 급우들의 식습관을 알게 되고, 멀리 세계의 다른 모퉁이에서 온 베이비시터가 이탈리아의 아기들을 먹이고 있으며, 점차 늘고 있는 노년층을 돌보는 이민자 간병인들이 노인들과 함께 기거하며 식사 준비도 도맡아 하고 있다. 매일 일어나는 교류나 동거의 영향을 측정하기는 어렵지만, 상이한 문화의 상호작용은 장차 이탈리아 음식 문화의 발전 도정에 흔적을 남길 것이다.

밀라노나 토리노, 로마 같은 대도시가 아니라면, 고유 음식점 운영이 가능할 만큼 규모가 큰 이민자 공동체가 있는 지역은 흔치 않다. 그렇지만 이국적인 식품을 판매하는 가판대나 상점은 과거보다 훨씬 많아졌다. 중국 식품점이 가장 흔한데, 그 이유는 여러 가지다. 중국인 공동체의 규모가 매우 큰 데다(토스카나 주 프라토 시를 예로 들면, 중국인들이 이 도시의 피혁·섬유 산업을 장악하고 있다), 이들은 식문화를 포함해서 전통에 대한 애착이 강하기 때문이다(적어도 이민 1세대는 그러하다).

요즈음 유서 깊은 주거지구나 대도시 외곽에는 중식당이 반드시 있게 마련이다. 그래서 중국 식품이나 식재료 수요가 계속 늘고 있다. 중식당은 가격이 저렴하고, 느긋한 분위기에서 새로운 요리를 탐험하는 설렘을 맛볼 수 있어 많은 이탈리아인, 특히 젊은이들에게 퍼브나 피체리아 대신 갈 만한 장소로 인식되고 있다. 그렇지만 일식당이나 중동 식당처럼 고급스러운 음식점으로는 인식되지 않는다.[60]

중식당은 확실히 이탈리아에서 가장 많이 볼 수 있는 외국 음식점이며, 중국인 신규 이민자에게 일자리를 제공하는 장소이기도 하다. 중국인이 소유하거나 운영하기 때문에 여기서 일하는 중국인은 이탈리아어를 구사할 필요도 없다. 더욱이 중식당에서는 종업원에게 식사와 숙소를 제공하는 경우도 많은데, 이는 급여가 적은 경우 꼭 필요한 일이다. 요리사들은 그 출신과 배경이 매우 다양하고, 전문적인 훈련을 받지 않은 경우가 많다. 중식당 음식의 평균 수준은 상대적으로 낮은 편이다. 따라서 중국인 이민자들이 주방에서 자신의 운을 시험해보는 일을 멈출 것 같지는 않다. 중국 본토 요리의 맛을 아는 이탈리아인은 매우 드물기 때문이다.

이탈리아 전역에 있는 대부분의 중식당에서 중국의 다양한 지방 특색이 살아 있는 경우는 거의 없고, 중국 요리의 복잡하고 세련된 과정도 거의 생략된 채 만들기 쉽고 손님에게 적당히 이국적으로 느껴지는 잡종 요리가 거의 똑같이 만들어진다. 중국인 요리사들은 어떤 음식이 이탈리아인의 입맛에 맞고 비용을 절감하려면 무엇을 해야 하는지를 계산해냈다. 이탈리아인들에게 중국 음식이란 빨리 나오고 별 말썽만 없으면 되기 때문에, 요리사들은 이미 조리가 되어 있거나 냉동된 만두, 춘권, 해산물 등을 사용한다. 이들 포장 식품은 중국 식품점과 슈퍼마켓에서도 구할 수 있다. 여러 가지 쌀, 국수, 장류, 말린 채소류도 마찬가지지만 보통 이탈리아인이 이러한 식재료를 파는 곳을 찾아보기는 쉽지 않다.

  이탈리아의 중식당은 식사의 구성을 이탈리아인의 취향과 식습관에 맞춰 변형했다. 이탈리아의 중식에서 전채 요리는 갖가지 딤섬, 춘권, 월남쌈, 만두(삶거나 찌거나 구운)로 구성된다. 프리모는 죽, 면, 밥인데, 프리모 개념에 중국 음식을 대입한 것이다. 세콘도(고기나 생선 요리) 범주에는 단백질 식품이 들어간다. 닭고기, 쇠고기, 돼지고기, 생선과 다른 해산물(주로 새우)로 만든다. 이탈리아인들은 생선이 뼈, 머리, 꼬리와 함께 통째로 나와도 위축되지 않기 때문에, 중국인 요리사들이 전통을 그대로 유지할 수 있었다. 콘토르니(곁들이 음식)는 달걀이나 두부를 기본으로 하고, 물론 채소도 나오는데 대부분 찌거나 볶은 것이다. 세콘도와 콘토르니는 중국 본토에서처럼 큰 대접에 많은 양이 나오지 않고 1인분씩 나오는 곳도 있다. 디저트는 본래의 중식에는 거의 존재하지 않지만, 이탈리아에서는 과일 튀김이나 아이스크림 튀김처럼 새로 개발된 음식이 나오고, 여지荔枝*(대부분 통조림이다. 신선한 여지를 구할 수 있을 때에도 통조림을 사용한다) 같은 이국적인 과일이 곁들여진다. 식사를 마치면 달콤한 술이 나오기도 하는데, 이것이 이탈리아의 전통적인 아마로(맛이 쓰고 소화가 빠른 알코올음료)나 그라파grappa**를 대신한다. 이탈리아에서는 포춘 쿠키가 나오지 않는다. 최소한 아직까지는 그렇다. 젓가락과 사발은 미

---

* 중국 남부가 원산지인 열대 과일. 크기는 딸기만 하고, 오돌토돌한 붉은색 껍질 속에 흰색 과육이 들어 있다. 맛은 시고 달다.
** 와인을 만들려고 포도를 짜낸 뒤 남은 찌꺼기를 증류한 술. 알코올 도수는 35~60°이고, 아주 엷은 적황색을 띠거나 무색투명하다.

이탈리아 북동부의 도시 고리치아에 있는 한 중국 음식점

리 식탁에 놓여 있는 경우도 있지만, 손님이 주문하면 웨이터가 가져다주는 경우가 더 많다.

이탈리아의 중식당은 느긋한 서비스와 번쩍이는 실내장식, 저렴한 가격을 앞세워 여러 해 동안 문화적 변형과 적응 과정을 거치면서 널리 받아들여진 것으로 보인다. 정해진 세트 요리를 친숙하게 받아들이는 이탈리아인도 많아졌다. 그런데 2003년 사스(중증 급성호흡기증후군) 공포가 세계를 휩쓸면서 이탈리아인들이 일시적으로 중식당을 회피했기 때문에, 많은 중식당이 거의 문을 닫을 뻔한 위기를 맞았다. 이때 중식당 주인들이 손님을 불러들이기 위해서 갖가지 계책을 짜냈는데, 어떤 사람들은 위성 TV를 설치해서 손님이 유료로 축구 경기를 볼 수 있게 했고, 어떤 사람들은 저렴한 정가 상차림에 다 덤으로 피자나 다른 이탈리아 요리를 내놓기도 했다. 사스 위기가 해소되자 대부분의 식당은 예전의 방식으로 돌아갔지만, 위기 시에 도입했던 변화를 그대로 유지한 곳도 상당했다.

현재 중식당은 유행의 첨단을 걷는 신세대 식당의 강력한 도전을 받고 있는 상황이다. 새로운 식당들은 대부분 이탈리아인이 운영하는 것으로, 현대적인 감각의 퓨전 요리를 내세우고 있다. 이런 장소에서는 디자인, 음악, 마실 것도 중요한 요소다. 물론 대상 고객도 완전히 다르다. 기존의 중식당은 비용 대비 최선의 선택이지만, 새롭게 떠오르는 식당들은 유행에 민감하고 부유한 손님들을 대상으로 한다. 이런 곳에서 이탈리안 셰프들은 친숙하지 않은 재료와 기술을 자신의 요리에 접목할 가능성을 모색하고 있다. 젊은 요리 전문가들은 자기 주위의 외국 음식점을 탐색하는 데 그치지 않고, 외국의 전통 음식을 습득하고자 아주 멀리까지 다니기도 한다. 게다가 이들은 전 세계의 요리사들과 네트워크를 형성해서 조리법과 조리 요령을 주고받고, 공식 회합에도 참가한다. 열렬한 미식가들과 대중매체는 이러한 추세에 주목해서, 이를 불과 몇 년 전만 해도 생소했던 요리 범세계주의로 키워가는 중이다. 요리학교에서 스시 강좌를 개설하고 멕시코 요리 연수회를 여는가 하면, 출판사들은 이국 요리를 다룬 요리책을 발간한다. 그러나 외국 식습관에 대한 풍부한 지식이 이탈리아인들의 전통 요리에 대한 애착과 자긍심을 깎아내리지는 않는다.

각 개인의 차원에서 세계화란 복잡다단한 양상으로 나타난다. 개인의 문화 자본, 자금력, 개인적인 경험과 관심, 사회 환경과 접촉 기회 등 다양한 요인에 따라서 얼마든지 다른 양상을 띨 수 있는 것이다. 동시에 개인의 성향이나 습관은 더 거시적인 경제·정치의 역학 관계에서 떨어질 수 없는 것이다. 수십 년 전 이탈리아인들은 키위가 무엇인지 알지도 못했는데 지금은 이탈리아가 세계 최대 키위 생산국으로 꼽힌다. 20세기 초 피자라는 음식에 익숙한 사람들은 이탈리아의 일부 지역에 사는 소수에 그쳤다. 그렇지만 이제 이 음식은 전 세계적인 현상이 되어버렸다. 이제 카르파초 carpaccio나 리조토는 미식가들만 아는 영역에 속한 낱말이 아니다.

역사 속에서 언제나 그랬듯이 이탈리아의 음식은 상업적 거래와 직업적 교류가 이뤄지는 거대한 네트워크를 통해서 전 세계를 만나고, 영향을 받았다. 미래를 예측하기란 어렵지만 우리가 확신할 수 있는 것은, 어떤 방법으로든 이탈리아 음식을 전 세계로부터 고립시켜서 보호하려 한다 해도 그 시도가 성공할 가능성은 없어 보인다는 점이다. 할머니가 끓여주신 전통 미네스트로네(이탈리아식 채소 수프)와 전도유망한 셰프가 일본식 된장국으로 실험한 음식 중에서 무엇이 더 이탈리아적인 음식인가? 전통 방식·요리·식품을 지키려는 열망과 역사적 변화라는 피할 수 없는 현실 사이에서 이탈리아인들이 어떤 식으로 조화를 찾을지는 오직 시간만이 말해줄 것이다.

8장

마을과 지역의 나라, 이탈리아의 캄파닐리스모

피자는 구식이고…… 요즘 대세는 나폴리 피자, 로마 피자, 아풀라 피자지. 스파게티? 지겨워! 수제 오레키에테*나 단단한 스트로차프레티**는 어때? 음식에 대한 지식과 문화적 자산을 드러내기도 하고 더 넓히기도 하려고 참신한 것을 찾는 미식가들이 점점 많아지고 있기 때문에, 단순히 '이탈리아 식당'이라는 점만을 내세운 음식점은 뒤처진 곳, '진짜'가 아닌 곳으로 여겨질 우려가 있다. 식당에 자주 다니며 전문적인 정보에 빠삭하고, 개중에는 이탈리아에 가본 적도 있는 음식 애호가들은 이탈리아 전통 지방 음식의 복잡다단함을 정

● '작은 귀'라는 뜻으로, 귀처럼 가운데가 옴폭한 타원형으로 생긴 파스타. 이탈리아 남부 풀리아 지방에서 만들어졌다.
●● 반쯤 꼰 꽈배기처럼 양쪽 끝부분이 반대 방향으로 꼬여 있는 파스타. 스트로차프레티는 '성직자 교살범'이라는 뜻인데, 옛날에 한 성직자가 이 파스타를 급하게 먹다가 목이 메어 그만 목숨을 잃은 데서 유래한 이름이라고 한다.

488 알덴테

확하게 알고 있다. 지금까지 짚어본 이탈리아의 역사가 알려주듯 그 복잡다단한 역학 관계는 전혀 새로울 것도 없이 시대와 장소를 가로지르며 다양한 방법으로 이탈리아 반도 전역의 음식 문화에 영향을 미쳐왔다. 지방 전통 요리는 1460년대 중반 마에스트로 마르티노의 유명한 조리법 모음서 《요리 기법에 관한 책》이 나온 시기에 이미 확립되어 있었다. 물론 여러 지역 중에서 특산물의 원산지로 특히 유명한 지역들이 따로 있었다. 마에스트로 마르티노는 각 지방의 전통 파스타를 명확히 구분해서 조리법 말미에 표시해두었다.

국가적인 차원에서 '이탈리아 요리'란 것이 과연 존재하느냐 하는 의문이 자주 제기된다. 예를 들면 일찍이 1970년대 후반에 미국의 많은 식당에서 자기네 음식을 '북부 이탈리아식'이라고 정의했다. 이는 두루뭉술하게 남부 이탈리아의 것으로 인식되었던, 이민자들이 만드는 단순한 구식 '이탈리아' 요리와 자기네 요리를 구분하려는 의도였다. 1980년대에는 대중매체, 여행사, 마케팅이 불을 지핀 덕에 토스카나 열풍이 폭발했다. 최근에는 지방 도시와 마을, 시골의 지역 전통이 새롭게 주목받으면서, 이전에 잘 알려지지 않았던 풀리아, 사르데냐, 발레다오스타 지방 등의 특산 요리로 관심의 초점이 옮겨졌다. 이러한 추세는 이탈리아인들 스스로 지역 요리의 정체성에 새로이 관심을 기울이면서 더욱 강화되었고, 1980년대 말엽부터는 이탈리아인들의 음식 선호도와 실제 식생활에 근본적인 변화가 일어났다. 특정한 몇몇 지역하고만 밀접한 관련이 있었던 와인용 포도 품종(비티니 아우토크토니 vitigni autoctoni)이 이제는 폭발적인 인

풀리아 지방의 파스타, 오레키에테

기를 끌고 있다. 20년 전만 해도 와인 전문가나 연구자들이 식견을 자랑할 때나 들먹이는 이름이었던 네그로아마로negroamaro, 라그레인lagrein, 칸노나우cannonau 같은 품종이 이제는 일반적인 것이 되었고, 페코리노pecorino나 사그란티노sagrantino와 같이 새롭게 발견된 품종도 대중매체와 소비자들의 관심을 받고 있다. 한때 침체했던 작고 소박한 식당 오스테리아도 르네상스를 맞이했다. 요즈음 들어 오스

'성직자 교살범'을 뜻하는 특이한 이름을 가진 파스타, 스트로차프레티

테리아는 세계화된 대량 생산 식품과 유행의 침공에 맞서 지역의 요리와 관습을 지키는 요새로 인식되고 있다. 이러한 전통적인 공공장소와 그 장소에 깃든 공동체 정서에 관심을 기울이는 후원자들을 밑천 삼아 젊은 사업가들이 오스테리아를 열고 있다. 또 어떤 식품은 원산지의 이름이 곧 그 식품의 가치를 말해준다. 이런 식품에 붙는 원산지 인증 표시는 지식 재산권의 범주에 들어간다. 유럽연합이 인증하는 '원산지 명칭 보호(PDO)', '지명 표시 보호(PGI)', '전통 특산품 보증(TSG)' 마크를 획득하려고 기업과 공공기관 모두 엄청난 노력을 기울인다.

로마식 마카로니

고운 흰 밀가루에 물을 붓고 반죽해서 라자냐보다 약간 굵은 두께로 넓적하게 편 다음, 밀대에 두른다. 그리고 밀대는 빼내고 새끼손가락 굵기로 반죽을 자른다. 잘 라낸 반죽은 띠나 줄 같은 모양이 된다. 계절에 따라 기름기 많은 고기 육수나 물 에 삶는다. 물에 삶는 경우에는 신선한 버터와 약간의 소금을 추가한다. 반죽이 익 자마자 접시에 담고 품질 좋은 치즈, 버터, 달콤한 향신료를 뿌린다.[1]

시칠리아식 마카로니

아주 고운 흰 밀가루에 달걀흰자나 장미수, 또는 물을 섞어가며 잘 치댄다. 2인분을 준비할 경우 달걀을 한 개나 두 개 이상 쓰지 말고, 반죽을 매우 탄탄하게 만든다. 반죽을 길이 한 뼘 정도, 지푸라기 정도 굵기로 토막 낸다. 한 뼘보다 긴 철사를 준비해서 반죽 토막에 꽂은 다음, 조리대에 놓고 양손으로 굴린다. 그다음에 철사를 빼면서 가운데가 뚫린 마카로니를 잡아당긴다. 이렇게 만든 마카로니를 햇볕에 말려야 하는데, 특히 8월에 만들어 잘 말리면 2~3년 간다. 이것을 물이나 고기 육수에 삶아서, 품질 좋은 치즈 가루, 신선한 버터, 달콤한 향신료와 함께 접시에 담는다. 이 종류의 마카로니는 두 시간 정도 삶아야 한다.[2]

유럽의 먹을거리 정치

기업가, 대중매체 종사자, 행정가, 정치인들이 시민들의 삶에 가장 생생한 체감으로 와 닿는 먹을거리 관련 동향을 이용해 자신들이 중시하는 의제를 부각하는 것은 흔한 일이다. 전통 음식과 전형적인 식재료를 식별하고 보호하며 경제 발전의 동력으로 활용하는 방식에 영향을 미치는 시사 현안들이 지역적, 국가적, 국제적인 차원에 이르기까지 음식 관련 논쟁에 개입하고 있다.

이탈리아와 프랑스, 에스파냐 등 유럽연합 회원국들은 지명 표기(GIs)에 관한 국제 규정을 만들고 발전시키는 데 앞장서 왔다. 1994년 체결된 WTO '지식 재산권에 관한 무역협정'(TRIPs)에 따르면, GIs는 WTO 회원국의 특정한 지역 생산품을 가리키는 이름이나 표시를 의미한다. 실상 GIs는 제품의 원산지만을 입증하는 표시이지만, 소비자들은 이것을 높은 품질과 명성을 보증하는 것으로 받아들였다. 식품 제조업자들은 GIs가 상품의 가치를 높여준다고 생각한다. 경쟁자들이 비슷한 제품을 만들어 같은 이름을 붙여 팔 수 없고, 복잡한 규정을 다 지키지 못하는 생산자들의 시장 진입을 막을 수 있기 때문이다. 소비자와 정부 기관도 GIs 제도가 위조품의 범람을 막아준다고 생각한다.

WTO '지식 재산권에 관한 무역협정'에 앞서 1992년 유럽연합의 악명 높은 '규칙 2082/92호'가 제정되었다. 이것은 지역의 특산물이나 생산품을 PDO와 PGI, 두 가지로 분류해서 등록할 수 있게 한 법령이다.*

이탈리아의 PDO, PGI(오른쪽) 마크

PDO는 어떤 식품의 원산지가 특정한 장소나 지방, 국가라는 표지로, 그 식품의 품질과 특성이 특정한 지리 환경의 고유한 산물임을 나타낸다. 이는 PDO 규정에서 정한 특정 지역에서만 해당 식품의 생산과 가공이 이뤄져야 한다는 의미다. 이탈리아의 PDO 제품으로 프로슈토 디 파르마(파르마산 프로슈토), 아시아고 치즈, 토스카나 북부 루니자나의 꿀 등이 있다. 이것들 중에는 몇 백 년에 걸쳐 미식가와 일반 소비자에게 알려진 것도 있지만, 영리 단체나 정부가 인류학 연구를 통해서 과거 역사에 흔적만 남기고 사라졌던 제조 방법을 되살린 것도 있다. 예를 들면 양의 생젖으로 '페코리노 토스카노 PDO' 제품을 생산하는 토스카나 주 시에나 지역의 치즈 제조업자들

● 유럽의회가 제정하는 EU법에는 규칙(Regulation), 지침(Directive), 결정(Decision), 권고(Recommendation), 의견(Opinion) 등이 있는데, 이 중 '규칙'은 모든 회원국에 곧장 적용되는 법령으로서 각 회원국에서 국내법으로 제정하는 절차를 거칠 필요가 없다.

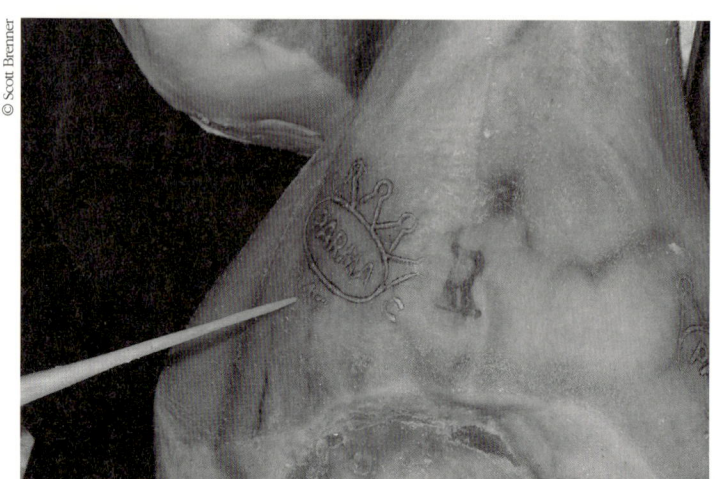

파르마산 프로슈토는 가장 인기 있는 PDO 제품에 속한다.

은 최근 치즈 생산 공정에 송아지 레닛veal rennet•이 아니라 야생 카르둔(아티초크와 비슷한 지중해 식물)을 사용하는 옛 전통을 되살리기로 결정했다. 제품을 차별화하고 채식주의자들의 요구에 부응하기 위해서였다. 페코리노 토스카노 생산자 컨소시엄에 따르면, 치즈 응결 효소로 카르둔이나 무화과 수액 같은 식물성 재료를 사용하는 것은 고대 로마 시대에 일반적으로 쓰였던 방식이다.[3] 역사적인 선례나 지역 연고에 관해서는 반론의 여지가 없는 듯하다. 그 시대에 치즈 생산자가 아닌 지방 관리들이 남긴 기록에 그 사실이 자주 거론되기

• 우유를 응고시키는 효소로, 치즈를 만드는 데 필요한 재료다. 주로 어린 송아지의 위 점막에서 추출한다.

때문이다.

PGI에 대한 규정은 자격 요건이나 전통적인 명성 측면에서나 PDO에 비해 덜 까다로운 편이다. 이를테면 비알로네 나노Vialone Nano 품종 쌀, 소렌토로의 레몬, 볼로냐의 모르타델라는 PGI 식품으로 지정되었는데, 이들 식품에 대한 규정에서는 역사성과 명성이 결정적인 요건으로 간주된다. 게다가 PGI 제품은 생산·가공의 모든 과정이 PGI 규정에 정해진 특정 지역에서만 이뤄질 필요도 없다.

1992년 제정된 원산지 명칭 보호에 관한 규칙을 기초로 유럽연합 집행위원회는 1997년과 1998년 일련의 법령을 제정한 데 이어 2006년 세 번째 범주로서 '전통 특산품 보증'(TSG) 제도를 명문화했다. TSG는 원산지를 규정 요건으로 삼지 않는다.

> (TSG는) 농산물이나 식품이 전통적인 원재료를 사용해서 만들어지거나, 특색 있는 전통 방식으로 구성되거나, 전통적인 생산 방식이나 생산 과정을 반영한 생산 방식이나 생산 과정을 특징으로 하는 경우에 해당된다. 단, 특정한 생산지나 원산지를 근거로 농산물이나 식품의 특수성을 인정하지 않는다.[4]

PDO, PGI, TSG 인증 식품 등재는 한 가지 품목에 대해 단 한 군데 생산자 단체만이 신청할 수 있다. 현재까지 이탈리아에서는 모차렐라 치즈와 피자 생산자들만 각각 1998년과 2010년 TSG 인증을 획득했다. 재래식 수제 초콜릿Antico Cioccolato Artigianale 생산자들과 방목

© cyclonebill / CC BY-SA 2.0

나폴리 피자는 TSG 식품이지만 전 세계에서 다양하고 창의적인 방식으로 만들어지고 있다.

수탉Gallo Ruspante 생산자 단체도 인증 절차를 밟고 있고, 조만간 다른 생산자 단체들도 이들의 뒤를 따를 것으로 보인다.

이탈리아를 비롯한 유럽 남부 지역의 회원국들은 이런 3중 분류 체계의 이점을 활용해서 자국 농산품의 가치를 올렸고, 음식 관련 전통과 지역 관습을 중요한 공공 의제와 국가 정치 사안으로 부각했다. 와인에도 같은 원칙에 따른 비슷한 인증 체계가 적용된다. 그러나 와인에 대한 인증 제도는 유럽연합이 통일된 규칙을 마련하기 전에 시행되었기 때문에 나라별로 차이가 있다.

이탈리아의 와인 인증 제도

유럽연합의 지명 표기 제도는 프랑스가 보르도 지방 와인 생산자들의 등급을 매기기 위해서 1855년에 창안한 분류 체계에 뿌리를 둔다. 프랑스에서는 그 후 1930년대에 '원산지 명칭 관리Appellation d'Origine Contrôlée' 제도가 법적 효력이 있는 공식 제도로서 자리를 잡았다.

프랑스의 사례를 따라서 이탈리아 정부는 1963년 '원산지 명칭에 대한 규제 Denominazione d'Origine Controllata'(DOC)와 '원산지 명칭에 대한 규제 및 인증 Denominazione d'Origine Controllata e Garantita'(DOCG) 제도를 도입했다. 기계화가 진행되면서 생산량이 증대한 반면 품질 관리가 소홀해지자, 최상품 와인 생산을 촉진하고 보호하려는 데 제도의 목적이 있었다. 규제의 주체와 방법이 제도로 정해졌다. 정해진 생산 규범(이른바 디시플리나레disciplinare)에 따라 와인의 생산지가 제한되고, 해당 지역 명칭을 붙일 수 있는 와인의 종류, 색깔, 포도의 품종, 최소 알코올 함유량, 헥타르당 최대 포도 수확량과 포도 수확량 대비 와인 생산량, 감각적인 기본 특성, 숙성 방법(나무통을 비롯한 밀폐 저장 용기), 최소한의 숙성 기간, 그리고 '전통(클라시코classico)'이나 '고급(수페리오레superiore)' 등 하위분류 항목의 요건 등이 규정되었다. DOCG 와인은 DOC 규범보다 더 까다로운 기준을 충족해야 한다. DOCG 규범에서는 포도 수확량 대비 와인 생산량을 더 낮은 수준으로 제한한다는 것이 주요 차이점이다. 와인 생산량을 제한하는 것은 무엇보다 와인의 품질을 높이기 위해서일 것이다. 또한 모든 DOCG 와인은 면밀한 화학적 분석을 받아야 한다.

첫 DOC 와인은 1966년에 선정된 토스카나산 베르마차 디 산지미냐노, 첫 DOCG 와인은 1980년에 선정된 토스카나산 브루넬로 디 몬탈치노다.

DOC와 DOCG에 이어 세 번째로 등장한 것이 1992년 유럽연합의 규정에 따라 제정된 '고유 지명 표시Indicazione Geografica Tipica'(IGT) 제도다. IGT 규정은 공인된 포도 품종만을 사용하도록 의무화했다. 공인된 한 가지 품종만을 사용하거나, 공인된 품종들을 혼합할 경우 그중 한 가지 품종이 85퍼센트를 넘어야 한다. IGT 와인도 생산지가 특정한 지역으로 제한되지만, 대개 DOCG나 DOC에 비해 그 범위가 훨씬 넓다. 토스카나의 '토스카노Toscano'나 시칠리아의 '시칠리아'처럼 주 전체가 해당되는 경우도 있다. 이에 반해서 DOCG나 DOC는 어느 한 골짜기나 특정한 언덕땅 정도로 생산지 범위를 제한한다. 소비자의 입장에서 보면 IGT 표기는 썩 괜찮은 가격에 고를 수 있는 쓸 만한 와인을 폭넓게 제시해주는 기능을 한다. 또한 IGT 표기는 많은 지방 와인들에게 흔한 비노 다 타볼라vino da tavola*보다 높은 지위를 부여해주었다. 비노 다 타볼라는 생산 과정이 특정한 지역 안에서만 이뤄질 필요가 없어서 어디서든 병 포장 작업을 할 수 있으며, 심지어는 저장 용기에 담긴 채 통째sfuso로 판매되기도 한다. 이렇게 통째로 파는 와인을 벌크와인bulk wine이라고 하는데, 이탈리아는 중요한 벌크와인 생산국이기도 하다.

그렇지만 갖가지 품종과 기술을 실험하는 데 관심 있는 일부 혁신적인 와인 생산자들은 이들 제도가 시행되던 초창기부터 규정이 지나치게 엄격하다고 생각했다. 일찍이 1968년에 토스카나 남부의 마렘마에서 인치사 델라 로케타Incisa della Rocchetta 백작은 와인 연구가 자코모 타키스Giacomo Tachis의 도움을 받아 사시카이아Sassicaia 와인을 만들었다. 지금도 많은 사람들이 이 와인을 이탈리아 최고의 와인으로 손꼽는다. 1971년, 역시 토스카나에서 안티노리Antinori가 티냐넬로 와인을 출시했다. 이들 와인은 비노 다 타볼라로 분류되지만 영어권에서는 슈퍼투스칸

---

* 프랑스어로 뱅 드 타블(Vin de Table)이라 하는데, 특정한 원산지나 생산 방식에 구애되지 않는, 가장 등급이 낮은 와인을 말한다.

Supertuscans*으로 불리며 세계적인 명성을 얻었다. 그리고 마침내 오르넬라이아, 구아도 알타소 등과 함께 세계 시장에서 그 위대한 보르도 와인들과 경쟁하기에 이르렀다.

혁신적인 경향이 널리 주목받던 1986년, 이탈리아는 향후 여러 해 동안 깊은 상처를 남기게 될 추문에 휩싸였다. 몇 가지 피에몬테산 와인에서 알코올 도수를 높이는 데 독성 물질인 메탄올을 썼던 것인데, 이로 인해 롬바르디아, 리구리아, 피에몬테에서 사람들이 중독 증상을 겪고 몇 명은 실명했으며, 사망에 이른 사람들도 있었다. 이탈리아 정부는 여러 가지 대응 조치를 발표했지만, 와인에 대한 일반의 인식 자체가 심각하게 나빠졌다. 많은 이탈리아인들이 적어도 한동안은 와인 대신 맥주를 마셨다. 와인 소비량이 역사에 기록될 만큼 낮은 수준으로 떨어졌으며, 세계 시장에서는 이탈리아산 와인에 의심의 눈초리를 보냈다. 이탈리아 와인 산업이 헤아릴 수 없는 경제적 타격을 입었지만, 덕분에 와인 양조업체들은 생산 방식을 개선하고 안전성, 소비자의 인식, 인증 절차에 더욱 주의를 기울이게 되었다. 그 결과 이탈리아산 와인은 다시금 세계적인 명성을 얻었다.

---

* 토스카나 지방에서 이탈리아 포도가 아닌 프랑스 포도 품종을 사용해 생산하는 와인으로, 이탈리아 와인 등급을 적용받지 않아 비노 다 타볼라로 분류되지만 품질은 매우 우수한 와인이다.

종탑 아래에서—이탈리아 음식이란 무엇인가?

향토색을 강조하는 근래의 경향이 이탈리아의 강력한 문화 요소인 캄파닐리스모Campanilismo를 더욱 부추기고 강화하고 있는 듯하다. '캄파닐리스모'라는 심오한 이탈리아어 표현은 자신과 이웃의 집이 옹기종기 모여 있는 곳, 은유적으로 말해서 같은 교회 종탑(캄파닐레campanile)의 그림자가 드리우는 동네에 대한 사랑과 자부심과 애착을 의미한다. 종탑주의는 음식 문화에서도 드러난다. 크고 작은 도시, 그리고 조그마한 시골이나 산골 마을까지 인접한 지역끼리만 공유하고 있는 독특한 전통을 자랑한다. 이런 전통 중에는 지금 눈에 띄게 변화를 겪고 있거나 어쩌면 천천히 사라지게 될 수공업 기술이나 농촌 문화에 바탕을 둔 것이 많다.

이탈리아 음식 문화의 다양성과 복잡성을 추적하다 보면 이탈리아 반도 문명의 기원까지 거슬러 올라갈 수 있다. 지중해성 기후의 영향력은 고도에 따라 다르고, 해안선에서 얼마나 떨어져 있느냐 하는 것도 관건이 된다. 남부의 반건조 평원과 낮은 언덕땅에는 1년에 5~7개월 동안 비가 내리지 않거나 매우 적게 내리는 데 비해, 중부와 북부의 산간 지대와 평원은 강수량이 많은 편이다. 북부의 알프스 산맥 기슭과 이탈리아 반도를 종단하는 아펜니노 산맥 일대의 습도와 강수량이 높다.[5] 각기 다른 물, 토양, 기후의 성격이 거주 인구의 관습과 사회 구조와 문화에 영향을 미친다. 농민, 목동, 어민들은 처한 환경에 맞게 생활 방식을 발전시키다가 다른 지역의 관습이나 기술을 끌어다 쓰기도 했다.

내 할아버지의 고향인 아브루초 지방 토시차 마을에 있는 종탑. 향토애를 의미하는 '캄파닐리스모'라는 말은 '종탑(캄파닐레)'에서 유래한다.

현재의 환경 조건과 환경 관련 문제들은 지난 4000년 동안 인류와 주위 환경이 장·단기적으로 상호작용하면서 만들어낸 결과라는 사실을 잊지 말아야 한다. 그 세월 동안 시대에 따라 농업 개발, 삼림 훼손, 물 관리 등으로 토질의 악화를 유발하고 가속하거나, 그렇게 악화된 토양을 복구해왔던 것이다. 이탈리아 반도의 기후는 대체로 온화하지만 충분한 농업 소출을 거두지 못한 경우가 적지 않았고, 특히 인구 팽창기에는 식량 부족에 시달리곤 했다. 따라서 사람들은 로마 시대처럼 필요한 만큼 작물을 거둘 수 있는 새 땅을 찾아 나서기도 하고, 신기술이나 장인 경지의 솜씨, 교역, 나중에는 산업화를 통해 농업 소출을 극대화했다. 그 결과 이탈리아는 눈부시게 다양한 식품을 만들어내고 유지해왔던 것이며, 이제는 그것이 지역 정체성의 중요한 요소가 되었다. 만토바의 스쿼시* 토르텔리, 알토아디제의 훈제 돼지비계, 풀리아의 감미로운 부라타 치즈 등등, 지금 내가 아주 좋아하는 수많은 식품을 어른이 되기 전에는 알지도 못했던 것을 나는 똑똑히 기억한다. 마찬가지로 내가 어릴 적에 아브루초의 할아버지 댁에서 방학을 보내면서 친숙해졌던 아로스티치니arrosticini(양고기 꼬치구이)나 벤트리치나ventricina(돼지고기와 비계를 갈아 양념해서 돼지 방광에 채워 넣은 것)를 내 로마 출신 친구들은 얼마 전까지 전혀 알지 못했다. 할아버지 댁이 있는 도시는 로마에서 불과 160킬로미터 떨어져 있다.

---

* 호박의 일종으로, 아메리카가 원산지다.

풀리아산 부라타 치즈

    이러한 다양성 때문에 '이탈리아 요리'를 어떻게 정의할 것인가, 과연 그것이 가능하기나 할까 하고 많은 사람이 의구심을 품고 있다. 역사학자 지롤라모 아르날디는 외국의 침입 역사를 다룬 저서에서 '끔찍하게 취약한' 국가 정체성을 가진 '이탈리아는 환상, 정말이지, 신기루, 소망의 덩어리'라는 시인 마리오 루치1914~2005의 말을 인용했다.[6] 과연 이탈리아의 것이라고 할 만한 일체의 재료, 음식, 문화적인 태도, 관습이 존재하는가? 명확하게 일관성 있는 이탈리아 요리 목록을 제시할 수 있는가? 그것은 서로 관련되어 있지만 독립적인 각 지역 전통들의 전체 집합인가?

이러한 질문들은 2011년 이탈리아 통일 150주년을 기념하는 동안 언론의 관심을 받으며 공론의 대상이 되었다. 사실 통일된 주권 국가라는 것은 아직 달성되지 않았거나 아예 달성될 수 없는 목표인지도 모른다. 뿌리 깊은 쟁점들이 꼬리를 물고 이어지며 국가 정체성에 관한 정치적 담론을 만들어내고 있다. 중요한 기관과 정당들이 완전한 분리 독립까지는 아니더라도 지방 자치권을 더 폭넓게 확대하는 것을 목표로 삼고 있다. 통일 기념행사는 대부분 국가나 헌법, 국가國歌 같은 것에 중점을 두었지만, 음식 역시 관심의 대상이었다. 특히 1891년 《부엌의 과학과 좋은 식사의 기술》이라는 요리책을 저술한 펠레그리노 아르투시의 역할과 중요성을 기리는 행사들이 개최되었다. 앞서 4장에서 살펴본 바와 같이, 지금도 이 조리법 모음서는 어떤 정치적인 언사도 없이 이탈리아의 문화적 통합 가능성을 처음으로 열었다는 평가를 받는다. 아르투시는 다종다양한 지방색이 있음을 알고 있었으며, 이탈리아 음식이라는 복잡한 모자이크를 일관된 접근 방식과 통일된 언어가 필요한 실체로 다루었다. 실제로 그는 서문 바로 다음에, 조리법을 소개하기에 앞서 '토스카나 사투리에 속하므로 모든 사람이 이해할 수는 없을' 용어들을 해설했다.[7] 그 시절에는 라르도lardo(돼지기름 곧 라드), 마테렐로matterello(밀대), 메스

피렌체 인근 산미니아토 알몬테 성당 묘지에 있는 펠레그리노 아르투시의 흉상

톨로 mestolo(국자), 탈리에레 tagliere(도마) 같은 일반 명사도 설명이 필요했다. 이 책이 출판되고 나서 수십 년 뒤 파쇼 정권의 선전기관이 나서서 이탈리아 요리의 정체성을 규정하고 북돋웠다. 파시즘 선전에 따르면 다양성과 지방색으로 풍성한 이탈리아 요리는 국가 정체성의 한 요소이자 국민적 자긍심의 한 이유였다.

물론, 이탈리아인들이 공통으로 생각하는 국민 음식이나 국민 식품이 무엇인지는 시대에 따라 변했다. 통일 150주년 기념일 즈음 인기 있는 와인·요리 잡지 《감베로 로소》에서 독자들에게 가장 중요한 이탈리아 음식이 무엇이라고 생각하느냐고 묻는 온라인 설문 조사를 벌였다. 조사 결과 가장 높은 비율을 차지한 것이 파르미자노 레자노 치즈(53.5퍼센트)였다. 그 뒤를 엑스트라버진 올리브유(43.8퍼센트), 나폴리 피자(43.2퍼센트), 모차렐라 디 부팔라 치즈(40퍼센트)가 이었다. 놀랍게도 쌀밥(37.4퍼센트)을 빵(36.7퍼센트)이나 스파게티(34.1퍼센트)보다 더 '이탈리아적'인 것으로 생각한다는 결과가 나왔다. 원래 밀라노의 특산물이었는데 1차 세계대전 후 산업 생산이 이뤄지면서 전국적으로 보급되었던 크리스마스 디저트 파네토네 panettone도 스파게티와 같은 비율을 기록했다. 이 밖에도 피렌체 스테이크, 제노바 페스토,• 라자냐, 파스타 아마트리차나 amatriciana(돼지 볼살로 만든 구안찰레 guanciale 베이컨, 페코리노 치즈, 토마토 등을 넣는 전형적인 로마 요리), 모르타델라, 바롤로 와인 등이 상위 15개 품목에

• 으깬 바질, 잣, 마늘 등에 파르미자노 레자노 치즈와 올리브유를 넣어서 가열하지 않고 만든 녹색 소스.

크리스마스에 먹는 밀라노 특산 디저트, 파네토네

구안찰레, 페코리노 치즈, 토마토가 들어가는 로마 특산 파스타, 아마트리차나

포함되었다.[8]

　이 목록은 요리 잡지의 독자들, 그중에서도 인터넷 사용자들만이 참가해 만든 것이기 때문에 학술적인 가치는 없다. 사실 북부 지방의 음식에 편향되어 있기도 하다. 특정한 지방 특산품이 국민적인 먹을거리로 받아들여지긴 했지만, 이 목록은 이탈리아 음식이 강한 지역성을 띤다는 것을 어느 정도 보여준다. 페스토와 모차렐라 디 부팔라 같은 식품은 최근에야 전국적으로 알려진 것들로, 이탈리아 음식이란 것이 정해진 틀에 박혀 있지 않다는 사실을 알려준다. 그런데 어떤 특정한 음식을 '이탈리아 음식'으로 만드는 것은 강한 지방색, 장인 수준의 기술과 전통이다. 설사 이들 요소가 대중의 인식이나 마케팅의 영향을 강하게 받는다 해도 마찬가지다. 다시 아르투시의 책으로 돌아가 보면, 모차렐라 디 부팔라나 파스타 아마트리차나는 언급조차 되지 않는다. 제노바식 소스만 등장하는데, 삶은 생선 요리에 케이퍼, 달걀과 함께 사용된다. 아르투시의 책에서 나폴리 피자는 아몬드, 달걀, 리코타를 곁들여 먹는 디저트였다.

이탈리아인에게 전통 음식이란

'이탈리아 음식'의 정의는 개념과 현실 양 측면에서 1880년대 말부터 지속적으로 변해왔다. 정부는 유럽연합의 지명 표기 법령을 적극 받아들여 식품을 명확히 정의하고 규제하려고 노력하지만, 현재도 변화는 진행 중이다. 마찬가지로 어떤 것에 전통의 자격이 있고 어떤 첨가물이 용납되는가 하는 문제에 대한 답도 시간에 따라 진화하게 마련이다. 그렇다면 더욱 흥미로운 질문은 '어떤 식품이나 요리가 전통적인 것인가'가 아니라, '이탈리아인들에게 전통이란 어떤 의미인가', 또는 '이런저런 요소들이 결국 전통으로 인식되는 이유는 무엇인가'다. 무엇보다 가장 결정적인 쟁점은 이것이다. 불과 반세기 전 경제 발전의 급물살을 타면서 완전히 내다 버리다시피 했던 전통이라는 것을, 21세기에 들어서 이탈리아인들은 왜 그토록 신경 쓰기 시작했는가? 음식에 관한 오늘날의 문화 담론에서는 '전형적인', '장인의 솜씨로 만들어진', '정통'이라는 것이 왜 그렇게 가치 있는 것으로 중시되는가? 특정한 장소와 지역 전통의 연계가 왜 그렇게 중요한가? 그리고 마을에서 주, 나아가 전국적인 차원에 이르기까지 각 단위의 이해 당사자들은 어떻게 서로 상호작용하고 있는가?

  나는 다른 여러 나라 사람들과 마찬가지로 이탈리아인들 역시 현재에 우선시되는 불안과 욕망에 따라 과거(물질적인 측면을 포함해서)를 돌아보게 마련이라고 생각한다. 이탈리아뿐만 아니라 서유럽, 일본, 그리고 더욱 최근에는 미국과 오스트레일리아에서도 전통 요리, 지역 특산물, 장인의 별미 등에 대한 관심이 새로이 치솟고 있다. 또한 브라질, 멕시코, 코스타리카 같은 나라들도 그 뒤를 잇고 있는데, 이들 나라에서 상층 계급을 형성하는 사람들의 수가 늘면서 그들 사이에 전통 음식을 문화적으로 중시하는 감수성이 발달하고 있다.[9] 몇 년 전까지만 해도 개발도상국의 시민 다수는 토속 식재료와 음식을 당혹스럽고 상스러운 것, 또한 국가 현대화 사업의 주변부로 밀려난 사람들과 농촌 현실에 대한 불편한 진실을 상기시켜주는 것으로 여겼다. 이탈리아가 바로 그러했다. 이탈리아는 1950년대 말엽, 가난하고 거칠고 후진적인 농촌 사회에서 조금 더 풍요롭고 범세계주의적인 감각을 갖춘(그러나 곧 보게 되겠지만 실질적인 다문화주의까지 일어난 것은 아니다) 현대 도시 사회로 빠르고 광범위한 전환이 이뤄졌다. 불편한 과거로부터 충분히 멀어진 것 같은 1980년대 말에 이르러서야 이탈리아인들은 일종의 향수를 품고 과거를 돌아볼 수 있었다. 이때부터 이탈리아인들은 스스로 벗어나려고 발버둥 쳤기 때문에 사라질 위기에 처한, 음식을 비롯한 전통 문화의 여러 측면을 전에 없이 예찬하기 시작했다.

지난 20여 년 사이 후기 산업 사회에서 지역의 향토 음식 문화뿐 아니라 식품을 생산하는 장인의 손 기술과 지혜의 값어치가 훨쩍 높아졌다. 원래 프랑스에서 나온 '산지terroir' 개념은 생산지의 토양·기후·지리적 환경이 음식·와인의 감각적인 품질을 결정한다고 보고, 생산지의 이름을 곧 그 음식·와인의 맛과 품질과 가치를 표현하는 수단으로 삼은 것이다. 그런데 이제 '산지'는 프랑스산 식품에 대해서만 적용되는 개념이 아니다. 개발도상국까지 포함해 전 세계의 생산자들이 고유 식품을 생산해야 더 높은 부가가치를 거둘 수 있다는 사실을 점차 깨닫고 있다. 고유 식품은 통제 불가능한 가격 변동과 국제적인 투기 때문에 불안정한 소비 시장을 벗어나 있다는 것도. 특정 지역에서 재배되는 커피콩의 경우 수량이 제한되고 감각적으로 식별 가능하며 구체적인 규정에 의거해서 생산되기 때문에,

세계의 소비자들이 그 상품의 존재와 변별성을 아는 한 세계 시장에서 높은 가격을 유지할 수 있다. 특정 지역에서 생산되는 유명한 코코아도 제빵사와 조예 있는 소비자 등 전문가들 덕분에 높은 가치를 누리게 되었다. 이탈리아에서 맛과 모양, 그리고 다양한 응용 가능성으로 유명한 파치노 토마토나 산마르차노 토마토는 덜 유명한 품종에 비해 훨씬 비싼 값으로 거래된다. 특산품 교역 시장은 양적, 질적으로 성장하고 있다. 슈퍼마켓이나 식당, 가정의 식탁에서까지 확인할 수 있는 이러한 추세는 대중매체와 마케팅, 정치인들에 의해서 촉진, 이용되고, 관광 산업의 흐름에도 어쩔 수 없이 영향을 미친다. 이러한 식품들 중 다수는 생산지 밖에서, 자국뿐만 아니라 외국에서도 구매자를 찾을 수 있기 때문에 생산되는 것이다. 이러한 역학 관계가 농촌 사회에 긍정적인 영향을 미치는 반면, 사람·돈·상품·정보가 세계화의 흐름에 편입되면서 종종 혼란과 긴장이 발생한다는 사실도 부인할 수 없다.

오늘날 이탈리아 사람들은 주로 도시에 거주하며 식품 생산에 직접 관계하지 않는 경우가 많기 때문에, 지역 전통 음식을 농촌에 깊이 뿌리 내린 것, 오랜 역사에 걸쳐 장인들이 발전시켜온 것으로 인식하는 경향이 있다. 그러나 실상 전통 식품에 대한 평가가 높아진 것은 산업화, 세계화, 기업의 공세로 인해서 그것이 완전히 사라져 버리지 않을까 하는 두려움에 기인한다. 6장에서 본 바와 같이 유기농, 농민 장터, 지역사회 기반 농업, 공정 무역 운동에 높은 관심이 쏠리고 슬로푸드 운동이 성공을 거두고 있는 현상은, 자기가 먹는 음식이 어디서 왔고 어떻게 만들어졌으며 어떤 경로를 통해서 식탁에 오르게 되었는지 알고 싶은 소비자의 욕구를 나타낸다. 그렇지만 소비할 여력이 있는 이탈리아의 수많은 도시인들에게 시골이란 주말 나들이나 휴가를 즐기는 장소 이상이 아니다. 농가가 점점이 박혀 있는 그림 같은 풍경을 배경으로, 적당히 안전한 조건에서, 편안하고 조용하며 건강에 좋은 생활을 며칠 즐기는 장소에 불과하다. 여가와 도락의 일환으로 음식을 대할 때, 땅을 일구는 노고나 농업을 위태롭게 하는 경제적·구조적 문제를 돌아볼 여지는 거의 없다. 예나 지금이나 농촌의 일은 도시의 소비라는 틀로 규정된다. 가장 값나가고 찾는 사람이 많은 특산물에 그것이 자라나거나 만들어진 시골 마을의 이름이 아니라 그것이 주로 거래되는 시장이 있는 도시의 이름이 붙는 경우가 있는데, 그런 일은 중세부터 있어왔다. 생산지 밖의 지역에서 온 상인과 소비자가 그 특산물을 알게 되는 장소는 바로 그런 도시의 시장이었다. 예를 들면 우리는 카스텔루초의 렌틸콩, 발레라노의 밤, 라구사노('라구사Ragusa 고을의'라는 뜻) 치즈, 모데나와 레조넬에밀리아의 발삼 식초와 친숙하지만 사실 이들 식품은 그 이름이 붙은 지역의 경계선 안에서 생산되지 않는다. 13세기나 현재나 도시가 주변의 농촌을 지배하고 종종 착취하는 관계가 형성되어 있는 것이다.

지역 장인의 식품을 재발견한 경우에도, 알기 쉽고 지키기도 좋은 도시나 특정한 농촌 지역 단위의 이름을 내세운다. 이것이 유럽연합의 법령을 비롯한 농산품 보호 체계에서 채택하고 있는 지명 표기

정책의 바탕에 깔린 메커니즘이다. 그렇다 해도 현대 이탈리아인들이 애착을 가지고 지키려고 하는 지역 정체성은 다양한 차원에서 다양한 형태를 띠고 나타난다. 마을의 고유한 조리법을 자랑스럽게 여기(고 지키)는 사람이 자기 마을을 아우르는 더 큰 단위 고장의 산물에 대해서도 같은 마음을 품고, 더 큰 지방 단위로도 마찬가지이며, 나아가 훨씬 더 폭넓은 분류인 '남부'나 '북부'에도 소속감을 드러낸다. 남부와 북부라는 지역 구분은 아직도 이탈리아에서 문화적·정치적으로 중요한 요소로 작동하고 있다.

'지방 음식'의 정체

도시나 마을 같은 특정한 고장의 음식에 대한 애착은 수 세기 전으로 거슬러 올라가지만, 최근 들어서야 지역의 관점에서 전통 음식, 재료, 요리를 논하기 시작했다.[10] 이런 말을 들으면 최근 20년 동안 이탈리아 음식을 지방에 따라 분류해서 이해하는 데 익숙해진 외국 소비자들은 의아할지도 모르겠다. 토스카나와 시칠리아처럼 수 세기 동안 이탈리아 문화 안에서도 분명히 식별되는, 특색 있는 고장으로 자리매김한 지역들이 있다. 1948년 제정된 이탈리아 헌법에 따라 이탈리아공화국은 기초자치체 Municipality, 현 Province, 광역시 Metropolitan City, 주 Region, 국가 State까지 5단계 행정 구역 단위로 구성된다. 이탈리아 왕정을 종식하고 새롭게 공화국 시대를 연 1946년의 국민투표 이후 제정된 헌법에서 무려 114조부터 133조까지가 지방

자치체와 중앙정부의 관계를 규정하는 내용이다. 공화국 수립을 주도한 사람들은 지방과 중앙의 관계를 새 국가의 근본 원칙 중 하나로 삼을 정도로 중시했다. 헌법 제5조에는 다음과 같이 쓰여 있다.

> 공화국은 하나이며 분리될 수 없다. 공화국은 지방자치를 인정하고 장려하며, 국가에 속한 행정 사무의 지방 분권화를 최대한 시행한다. 공화국은 지방자치와 분권의 필요에 따라 입법의 원칙과 방법을 조정한다.

20년간 파쇼 정부의 중앙집권적인 통치를 겪고 나서, 전후의 이탈리아 정치인들은 지방자치를 시행하는 것이 쉽지 않다는 사실을 알게 되었다. 파쇼 정권 치하에서는 선거로 자치단체장을 뽑지 않고, 로마 정부가 지사Podestà를 임명했다. 1948년 통과된 헌법 조문에 이미 20개 주Region의 이름이 명시되어 있었지만, 그때는 시칠리아·사르데냐·트렌티노알토아디제·발레다오스타, 이렇게 단 네 주만 수립되어 있었다. 1963년에 다섯 번째로 프리울리베네치아줄리아 주가 수립되었다. 이들 다섯 주는 저마다 독특한 과거사가 있으며 현대에 들어서도 소수 민족의 존재나 국경 분쟁 같은 복잡한 문제를 안고 있기 때문에 특별한 수준의 자치가 허용되었다. 이들 특별자치주와 달리 헌법에 명시된 나머지 15개 주는 '일반 법규'로 규정되는 주인데, 실제로 각 주가 지방자치단체로서 수립된 시기는 1970년 이후였다. 그때부터 지방정부의 입법권과 행정권이 점점 확대되었다. 지방

현재 이탈리아를 구성하는 20개 주

정부는 중앙정부의 농림식품부와 협력해서 관광, 농업, 어업, 임업, 식품 안전에 관한 모든 사안을 관장한다. 중앙정부의 농림식품부는 1993년 폐지되었다가 1999년에 다시 개설되었는데, 식품 원산지 표시 문제 등에 대한 유럽연합 차원의 협상이 이뤄질 때 이탈리아를 대표하는 기관이 필요했기 때문이다.

이탈리아의 지방자치는 역사가 짧지만, 주 차원의 입법권이 커지고 있기 때문에 이탈리아인의 일상에서 지방 행정과 정치는 눈에 띄게 중요한 일이 되었다. 시간이 지나면서 미식과 전통 음식을 비롯해 문화·사회적인 측면에도 그 영향력이 미치게 되었다. 이제는 '지방 요리regional cuisine'라는 말이 이탈리아 국내외에서 아주 널리 쓰이게 되었지만, 그래도 때로는 '지방 요리'를 정의하기가 쉽지 않다. 지방(주)의 음식 문화란 무엇인가? 지역 관습과 다른 것인가? 지역 관습 모두를 아우르는 것인가? 또한 어떤 요리나 조리법이 어느 주의 전통 문화임을 명확히 나타내는 특정한 요소, 재료나 기술의 조합을 규명하는 것이 가능한가?

지금은 지방 요리를 소개하는 책이 흔해졌고, 이탈리아 요리책에서는 종종 주별로 조리법을 나열한다. 이는 현란한 문화적·물질적 다양성을 이해하고 다루기 쉽게 제시한다는 명확한 편집 원칙에 따른 것이다. 이탈리아인들에게 이러한 분류 방식은 지극히 실용적인 것으로, 잘 알려지지 않았거나 다소간 자기네 전통에 속하지 않는 요리와 식품을 식별해내는 데 유용하다. 이런 구성 방식을 처음 채택한 조리법 모음서는 1909년 비토리오 아녜티Vittorio Agnetti가 낸 《새로운 지방 특산 요리》*였다. 그러나 이 책에서는 현존하는 20개 주 전체를 다루지는 않았으며, 어떤 주는 주요 도시로 대신했다.[11] 피에몬테, 롬바르디아, 에밀리아로마냐, 토스카나에는 각기 별도의 장을 할애했지만, 베네토 주 대신 베네치아를 소개하고 라치오 주 전체를 대표해서 로마를 올려놓았다. 남부 전체를 대표해서 나폴리를 올려놓고, 그 하위 항목으로 시칠리아와 사르데냐를 다루었다. 이 책 전체의 목표는 '약간 독일사람 같은 프리울리 지방 사람들'부터 '약간 아랍인 같은 시칠리아 사람들'에 이르기까지 다양한 주민들로 구성되어 있는 만큼 이탈리아 요리가 다양하다는 것, 바로 그런 까닭에 이탈리아 음식의 '다양성과 맛이 그 유명한 프랑스 요리보다 훨씬 뛰어나다'는 점을 보여주는 것이다.[12] 새롭게 통일된 왕국이 국제 정치에서 중요한 역할을 하려고 노력하고 있을 때, 아녜티는 이탈리아 전체를 탐험하려는 욕망보다는 국가적인 자긍심에 차서 이 책을 썼던 것이다.

파쇼 정권 치하에서는 지방 요리에 대한 이런 태도가 주류를 이루었고, 이러한 맥락에서 정부는 1931년 이탈리아 관광클럽의 《이탈리아 미식 안내서》 발간을 허가했다.[13] 앞서 5장에서 보았듯이 이 책은 조리법을 알려주는 책이 아니라 관광객이나 여행자를 위한 정보서로, 이탈리아 식품 소비를 촉진하는 '훌륭한 국가주의적 활동'이었다.[14] 이 안내서에 소개된 지방의 목록은 1948년 이탈리아공화국 헌

---

* 원제 *La nuova cucina delle specialità regionali*.

법에 명시된 20개 주 명단과 상당히 비슷하다. 각 주를 구성하는 현의 특산물, 요리, 와인 목록이 실려 있고, 특정한 도시에서 나는 식품도 자주 거론된다. 오늘날에도 이 책은 1950년대 후반 주요한 변화가 전국을 휩쓸기 전에 이탈리아의 식품 생산과 요리 실태가 어떠했는지 가늠하게 해주는 가치 있는 자료다.

20세기 초반에 나온 이들 책이나 최근의 조리법 모음서나, 범위가 좁은 특정 지역에서 기원한 요리나 재료를 '주'라는 커다란 범주로 묶으면서도 과연 무엇이 지방 요리인가 하는 문제를 정면으로 다루지는 않는다. 예를 들면 토스카나 주의 음식을 다룬 책이나 기사, TV 쇼를 보면 종종 카추코cacciucco 이야기가 나오는데, 카추코는 생선과 조개를 주재료로 해서 와인, 토마토, 허브를 넣어 만든 스튜로 토스카나의 주요 도시 리보르노를 대표하는 요리다. 그런데 이 카추코가 토스카나 요리로 분류된다면, 이것은 루니자나나 키안티처럼 어쩌다 보니 같은 토스카나 주에 속하게 된 다른 도시의 전혀 다른 전통 요리들과 어떤 특성을 공유하고 있을까? 단지 같은 행정 구역에 속해 있을 뿐 너무나 다른 물질문화를 가지고 있는 이들 지역은 서로 어떻게 연결되어 있을까?

어떤 경우에는 겨우 싹트기 시작한 주의 정체성이 다양한 현실과 겹쳐지면서 저 나름의 생명을 얻기도 한다. 파스타 아마트리차나는 이제 라치오 주의 요리로 인식되는데, 특히 다른 지역 사람들에게 그렇게 받아들여졌다. 그러자 기원에 관한 논쟁이 불붙었다. 이 요리가 로마에서 만들어졌는가, 아니면 같은 라치오 주에 속한 아마트리체에서 만들어졌는가? 많은 오스테리아 요리사가 아마트리체 출신이었다. 다른 예도 있다. 가지를 볶아 새콤달콤하게 양념한 요리 카포나타와 주먹밥에 콩, 치즈 등으로 소를 넣고 튀긴 요리 아란치네(또는 아란치니)는 둘 다 시칠리아에서 기원하는데 특정한 마을이나 현이 아닌 주 전체의 요리로 인식된다. 시칠리아 섬 안의 기원 논쟁은 대부분 곁길로 빠져서, 중세에 이곳을 점령했던 무슬림과 연관이 있느냐 없느냐 하는 문제로 발전한다. 하지만 무슬림에게서 유래한 모든 시칠리아 요리가 문제되지는 않는다. 예를 들면 쿠스쿠스는 서부 시칠리아, 특히 트라파니 현의 요리라는 인식이 굳건하게 자리 잡고 있다.●

남북 문제

주를 떠나 더 넓은 범위의 지역 정체성이 이탈리아의 문화 요소로 작동하면서 미식부터 정치까지 많은 분야에서 그 힘을 발휘하고 있다. 바로 북부와 남부의 구분이다. 이것은 애매하고 두루뭉술하면서도 폭넓게 공유된 의식이다. 이런 차별 의식은 이탈리아 통일 시기에 두 지역 사이에 있었던 최악의 사회적·경제적 격차에 기인한다. 이 격차는 이탈리아왕국 시대와 훗날 공화국 시대에 들어서도 중대한 문제로 비화하곤 했다. 1950년대 후반 들어 남부 이탈리아인들은

● 쿠스쿠스는 본래 북아프리카 베르베르족의 전통 음식으로, 북아프리카에서는 밀가루뿐 아니라 보릿가루나 옥수숫가루로도 쿠스쿠스를 만든다.

가난과 미개발 상태를 벗어나고자 대거 북부의 도시로 이주했다. 특히 안정된 일자리와 현대 문명의 이기를 찾아 이른바 '산업 삼각지대'라고 불린 밀라노, 토리노, 제노바로 많은 사람이 몰려들었다. 문화도 같지 않고, 이국적인 식습관과 조리법으로 들어보지도 못한 재료와 음식을 먹는 노동자들이 너무나 갑자기 북부에 나타난 것이다. 대부분 시골 출신이었던 이들 새 이주민은 세련되지 못하고, 교육 수준도 떨어졌으며, 시끄럽고, 위생에도 크게 신경 쓰지 않는 것으로 보였지만, 관대하고 사교성이 좋은 사람들이라는 점도 알려졌다. 그들의 음식은 풍성하고, 양념을 아주 많이 쓰고, 가족 간의 긴밀한 유대감과 밀착되어 있는 것이었지만, 동시에 낯설고 얼마간 위험해 보이기도 했다. 사실 이렇게 광범위한 일반화는 근거가 대단히 모호하기 때문에 더 위력을 발휘하는 것이다. 어떤 경우에도 대충 들어맞는 말이 될 수 있기 때문이다.

역사적인 대이동 후 수십 년이 지난 오늘날 당시의 이주민들은 대부분 현지 문화에 동화되었지만, 남북 간의 차별 의식은 아직도 남아 있을 뿐만 아니라 실질적으로 생활 깊숙이 스며들어 이제는 자연 현상처럼 되어버렸다. 특히 대중문화나 대중매체에서는 각기 다른 사람들을 일반적인 고정관념의 좁은 틀 안에 가둬버리기 일쑤다.

루카 미니에로1967~ 감독의 흥행작 〈웰컴 투 사우스*Benvenuti al sud*〉2010는 프랑스의 인기 영화 〈알로, 슈티*Bienvenue chez les Ch'tis*〉2008를 리메이크한 작품인데, 이 영화는 밀라노에서 나폴리 남쪽에 있는 작은 해변 마을로 전근을 간 우체국장의 이야기다. 숨이 멎을 듯

아름다운 경치가 펼쳐진 곳이지만 이 신참 국장은 낯선 지역의 생활 방식에 좀처럼 적응하지 못하는데, 꼬리를 물고 이어지는 오해가 풍부한 코미디 소재가 된다. 두말할 나위도 없이 음식은 남부와 북부의 차이를 강조하는 데 중요한 구실을 한다. 북부인들은 조직적인 직장 문화와 핵가족 생활에 익숙한, 더 현대적인 모습으로 묘사된다. 그들은 고르곤졸라 치즈와 같은 자기네 전통 음식에 애착을 가지고 있지만, 온갖 세계 음식에도 마음을 열어두고 있다. 이 영화에서는 생선 초밥이 음식에 대한 도전의 시금석으로 설정되어 있다. 남부로 가면 3대가 한 집에 살면서 가모장家母長이 살림을 관리한다. 음식은 풍성하고 전통적이며(초콜릿과 돼지 선지를 넣어 만드는 산구이나초 sanguinaccio 스프레드처럼), 거의 언제나 직접 손으로 만들고, 식사는 다 같이 모여 나눠 먹는 것을 좋아하는 분위기에서 느긋하게 한다.

시간이 흐르면서 북부 출신 우체국장은 이렇게 색다른 풍습 뒤에 숨은 진정한 가치를 발견하고, 마을에서 자신의 자리를 찾게 된다. 이 서사의 결말은 관객에게 고정관념 너머를 볼 수 있게 해준다고 할 수 있지만, 이 영화에서 웃음을 자아내는 요소는 대부분 그 고정관념을 이용하고 그것을 당연시한 데서 나온다.

이 영화는 대성공을 거두어 속편 〈북부에 온 걸 환영합니다 Benvenuti al nord〉 2012까지 만들어졌다. 같은 감독 루카 미니에로가 이번에는 남부의 우체국 직원을 북부로 전근 보내서, 1950년대부터 수많은 이탈리아 코미디가 굳혀온 똑같은 고정관념을 재현했다.

그렇다고 해서 모든 이탈리아 영화가 똑같은 접근 방식을 취하지

가장 유명한 이탈리아산 치즈로 꼽히는 고르곤졸라. 피에몬테 지방과 롬바르디아 지방에서 생산된다.

바실리카타 지방 특산물인
산구이나초 돌체

는 않는다. 예를 들면 프란체스코 로시Francesco Rosi, 1922~2015의 걸작 영화 〈그리스도는 에볼리에 머물렀다Cristo si è fermato a Eboli〉1979는 파쇼 정권 치하에서 남부의 조그마한 마을로 피신한 북부 출신 지식인의 이야기인데, 특정한 시기의 문화적 차이와 사회적 역학 관계를 훨씬 미묘하고 현실적으로 묘사했다.

최근 들어 남부 출신 젊은 감독들은 고향의 문화에 비판적이면서도 애정 어린 시선을 보내고 있다. 이들은 종종 풍자와 초현실적인 기법으로 기이하고 몽상적인 작품을 만들어낸다. 대개 이들 영화는 오늘날 도를 넘은 듯 보이는 갈등과 모순을 인정하고 받아들여야만 고정관념을 넘어설 희망이 있다고 암시한다.

이러한 경향의 재미있는 예가 로코 파팔레오1958~ 감독의 〈이탈리아 횡단 밴드Basilicata Coast to Coast〉2010다. 이 영화는 네 젊은이가 현재 이탈리아에서 가장 발전이 늦은 지역으로 꼽히는 바실리카타를 횡단하는 이야기다. 주인공들은 걸어서 여행하면서 농사짓는 시골의 풍경을 만나고, 프리타타*를 곁들인 빵이나, 양의 창자로 묶은 고기 내장에 후춧가루를 뿌린 늄마레디gnummareddi 같은 전통 음식과 마주친다.

이와 달리 에도아르도 데 안젤리스1978~의 〈모차렐라 이야기들Mozzarella Stories〉2011은 나폴리 남쪽 지역의 모차렐라 디 부팔라 산업을 다루었다. 이 영화는 지역사회를 멍들게 하는 조직적인 부패 범

● 달걀 푼 물에 갖은 재료를 넣어 팬으로 두툼하게 부치거나, 오븐에 구운 요리.

이탈리아식 오믈렛, 프리타타

Pasquale Paolo Cardo 제공, 출처 www.flickr.com

남부 이탈리아 전통 음식인 늄마레디

죄, 중국산 제품을 상대로 하는 경쟁의 여파 같은 정치·경제적 문제를 부각한다. 이런 영화는 향수 어린 관점을 배제하고, 세계화의 흐름을 맞아 위기에 처했으나 바로 그 때문에 더욱 가치가 높아진 지역 전통과 수공업 기술의 성격 변화를 강조한다.

요리 전문가 빈첸초 부오나시시Vincenzo Buonassisi가 1983년 미국 이탈리아식당협회Gruppo Ristoratori Italiani(GRI) 총회에서 단언한 바와 같이, 지방 요리는 근본적으로 역사적·경제적·문화적 혼합의 산물이다. 그는 모든 참가자 앞에서 이렇게 말했다.

> 이제 이탈리아에 온전히 어느 한 지방에만 속한 요리는 존재하지 않는다. 이것은 미국인들의 낭만적인 개념일 뿐, 현대의 현실은 아니다. 실재하는 현대 이탈리아에서 지방의 조리법은 이 주에서 저 주로 흘러 다니고 있다.[15]

결론적으로, 이탈리아에서 순전히 어느 한 지역만의 것으로 뚝 떼어낼 수 있는 요리란 것이 존재하는가? 국가에 속한 것, 이탈리아의 것이라고 규정할 수 있는 요소가 존재하는가? 음식 역사학자 마시모 몬타나리는 저서 《부엌의 이탈리아 정체성》*에서 이 문제를 다루었다. 중세 후기에 도시 생활이 근본적으로 재구성된 이후, 원래는 교외의 농촌과 하층민들에게서 비롯된 음식 관련 취향, 요리 양식, 조

---

* 원제 L'identità italiana in cucina.

리법, 선호 음식 등이 좀 더 다듬어진 형태로 공유되어 이탈리아 전역을 가로지르며 도시 상층 계급에 전파되었다고 마시모 몬타나리는 주장한다.

> 여러 세기 동안 사회의 상층 계급, 관료층, 부르주아들은 당시 이탈리아 반도와 섬에 자리 잡고 있던 수많은 나라의 정치적·행정적 경계선을 초월한 '이탈리아적' 차원에서 살고 있었다. 다시 말해 최소한 '이탈리아'라고 하는 것은 이미 존재했다. 이탈리아는 그들의 생활 방식, 일상의 습관, 정신적인 태도로 만들어진 것이었다.[16]

그렇지만 몬타나리는 차이점을 지워버리고 완전히 하나로 통합된 문화가 있었다고 보는 것은 역사적으로 옳지 않다는 견해를 취한다. 그는 도리어 지역적 다양성이 이탈리아 요리의 근본 특성이라고 주장한다.[17]

음식과 지역사회

높은 평가를 받는 전통 음식과 음식 문화일수록 세계화의 흐름을 비켜 갈 수 없다. 현대 물질문화의 많은 측면에 세계화의 역학이 끼어들고 있다. 그리고 세계화의 효과가 언제나 부정적인 것만도 아니다. 국제적인 환경에 노출된다는 것은 생산자가 세계 시장의 불확실성과 변덕을 겪어야 한다는 의미지만, 덕분에 수요가 증가하고 가격이 오르면 사라질 위기에 처했던 재료나 음식이 새 생명을 얻을 수도 있다. 세계화와 지역화, 획일성과 다양성, 보편성과 특수성을 서로 적대적인 관계로 파악하는 이분법은 지나치게 단순한 접근 방식이다. 음식에 관한 한, 많은 경우에 지역 정체성은 더 큰 범위의 교역과 연락망을 통해 형성된 역사의 산물이며, 다른 지역을 배경에 두었을 때 비로소 알려지고 정의된 것이라 할 수 있다. 이탈리아 음식 역사학자 알베르토 카파티와 마시모 몬타나리는 이렇게 말한다.

> 전통 요리의 맥락에서 정체성이란 당연히 특정한 장소에 소속된다는 것, 어느 특정 지역의 식품과 조리법에 얽힌 것으로 여겨진다. 그런데 그렇게 생각하면 이 점을 놓치기 쉬운 것 같다. 정체성이란 근본적으로 '차이'로 정의할 수도 있는데, 차이란 다른 존재와 비교될 때에 비로소 알 수 있는 것이라는 점을. 미식의 경우, 한 가지는 명확하다. '지역' 정체성이란 어떤 식품이나 조리법이 다른 문화 체계와 접촉하는 순간에(그 순간에야 비로소) 교환 가능한 요소로서 창조되는 것이다.[18]

이러한 접근법에 따라 두 역사학자는 지역과 계급과 문화가 서로 물들고 뒤섞이는 과정을 강조하며, 정체성의 뿌리가 생산이 아니라 교환에 있는 것으로 볼 필요가 있다고 주장한다. 그들의 관점에 따르면 지역 정체성을 영원불변한 고정 요소로 생각할 수 없다. 그보다는 다양한 사람들과 그 사람들이 살고 있는 장소, 그들을 지탱하는 권력 구조가 서로 관계를 맺고 긴장하고 협상해가면서 만들어내는 문화적·사회적 구조물로 보아야 할 것이다. 지역이든 세계든 발전하고 있다. 따라서 생물다양성, 비균질성 개념과 접목해서 지역적인 것을 '자연스러운' 본연의 것으로 생각한다든지, 획일화를 추구하는 세계화 세력에 맞설 마지막 방어선으로 생각하는 순진한 관점은 아예 버리는 편이 낫다.[19]

지역 정체성과 전통에 관한 이탈리아 국내의 논쟁에서는 음식 관련 상품이나 조리법을 규정하고 보호하려는 갖가지 시도가 당면한 잠재적 난제들이 지적된다. 보호 조치는 종종 경제적 획일화, 고도의 환경 파괴, 지역 문화의 상품화에 대항하는 수단으로서 도입된다. 관습적인 식습관이나 전통 식품과 그것을 만드는 장인의 역사가 그리 오래되지 않았다든지, 과거와 별 연결고리 없이 최근에 만들어진 것이라든지 하는 사실은 그다지 중요하지 않다. 그런 것들은 길이 살아 숨 쉬는 역사의 현대적인 표현으로 인식되는 동시에, 사라질 위기에 처해 있기 때문에 아끼고 보호할 필요가 있는 것으로 그려지곤 한다.

지역 전통 음식이나 식습관을 보호하고 장려하는 정책은 정치적인 목적으로 조작되기 쉬운 공동체 의식을 불러일으키는 구실을 한다. 주 안에서나 전국적 차원, 나아가 국제적 차원에 이르기까지 보수와 진보 양쪽에서 애향심은 지역주의 운동이나 정치적인 이득을 노린 구호로 이용되기 십상이다. 최근에 정립된 '산지' 개념은 어떤 식품의 맛과 질을 특정한 지역 및 그 지역 주민과 직접 결부된 것으로 간주한다. 이런 개념은 다양성과 통합을 강조하는 우호적인 대화의 주제가 될 수도 있지만, 동시에 이민자들의 침투에 대항해 국토를 지키자는 보수적 주장과 인종 혐오의 무기로 활용될 수도 있다.

흔히 지역사회는 자기네 전통 음식에 열렬한 애착을 보이고, 관련된 등장인물 모두는 정서적인 명분에 충만해서 정열적으로 그 역할을 받아들인다. 특정한 상황에서 시작된 음식 관련 논쟁은 각 개인, 지역사회, 이익 집단들에게 앞으로 계속해서 진화할 지역 정체성을 새롭게 만들어내라고 재촉한다. 신체 및 신체의 물질적 생존과 밀접한 관련이 있는 음식은 이런 문화 형성 과정에 확실한 버팀목이 되기 때문에, 파급력이 큰 사회적·정치적 기획에 언제라도 포함될 수 있다.[20] '만족스럽고 즐거운 식사'라든가 '잠재적 위험성', 심지어는 '역겨움'이라는 표현에서도 음식을 먹는다는 것은 강력한 구조적 비유로 기능한다. 다문화주의와 이방인의 존재를 받아들일 것인가 거부할 것인가 하는 문제에 관한 정치적 담론을 쉽게 떠올릴 수 있는 비유다. 음식은 개개인에게 통합이나 배척의 현실을 직접 물리적으로, 그 어느 지적인 토론보다 강력하게 체감케 한다.

지금까지 이탈리아에서 농업 생산이 시작된 때부터 가장 최근에 이르기까지 여러 세기에 걸쳐 형성된 역사적 역학 관계를 살펴보았다. 여러 민족, 다양한 관습, 눈부시게 다채로운 식품과 요리가 상호작용해서 지역 정체성을 형성해왔음이 분명해졌다. 지역 정체성은 특정한 장소와 결부된 음식뿐 아니라 경제 구조나 권력 관계와도 연계되어 있다. 많은 사람들에게 진짜 전통 음식을 생생하게 체험한 것은 중요한 경험이 된다.[21] 따라서 그런 것을 조작되거나 인위적인 것, 그저 있어도 그만 없어도 그만인 것으로 생각할 수는 없다. 실제로 그것은 사회적·정치적 의도에 따라 좋은 방향이건 나쁜 방향이건 활용될 수 있는 강력한 범주를 이룬다.

식사는 식탁에서 얻는 즐거움, 재료들이 만들어내는 풍미, 요리사의 기술 이상의 것이다. 식사는 우리가 개인과 공동체, 문화와 사회를 이해하는 데 도움이 된다. 그런 '이해'가 바로 이 책을 쓴 목적이다. 독자 여러분이 다음에 이탈리아를 여행할 때는 마주치는 풍경과 사람들과 그 놀라운 음식 모두를 다른 시각으로 보시길 희망한다.

용어 설명
가나다 순

DOP Denominazione di origine protetta PDO의 이탈리아식 표기로, 이탈리아의 원산지 명칭 보호 제품에 붙는 표시다.

IGP Indicazione geografica protetta PGI의 이탈리아식 표기. 이탈리아의 지명 표시 보호 제품에 붙는 표시.

PDO(원산지 명칭 보호) Protected Designations of Origin 유럽연합의 지역 특산품 인증 제도. 생산-가공-포장에 이르는 전체 공정이 모두 특정한 지역에서 이뤄진 제품만이 PDO 마크를 붙이고 특정 지명을 원산지로 표기할 수 있다.

PGI(지명 표시 보호) Protected Geographical Indication 유럽연합의 지역 특산품 인증 제도. 생산이나 가공, 포장 중 적어도 한 가지가 해당 지역에서 이뤄진 제품은 PGI 마크를 붙이고 해당 지명을 상표에 쓸 수 있다.

STG Specialità tradizionale garantita TSG의 이탈리아식 표기.

TSG(전통 특산품 보증) Traditional Specialty Guaranteed 유럽연합의 전통 식품 인증 제도. 생산지와는 상관없이, 정해진 규정에 따라 전통 재료를 사용해서 전통 방식으로 만든 농산물이나 식품에 TSG 마크를 붙인다.

강화 와인 fortified wine 일반 와인에 증류주를 첨가해서 알코올 도수를 15° 이상으로 높인 와인. 포르투갈의 포르투, 에스파냐의 셰리, 시칠리아의 마르살라 등이 유명하다.

그라파 grappa 와인을 만들려고 포도를 짜낸 뒤 남은 찌꺼기를 증류한 술. 알코올 도수는 35~60° 이고, 아주 엷은 적황색을 띠거나 무색투명하다.

뇨키 gnocchi 감자나 세몰리나 밀가루 반죽을 경단처럼 작은 덩어리로 빚어 소스와 함께 먹는 요리. 반죽에 채소나 치즈를 섞기도 한다.

누벨 퀴진 nouvelle cuisine 프랑스어로 '새로운 요리'라는 뜻. 화려하고 묵직했던 전통 프랑스 요리에 대한 대안으로서 1960년대~1970년대에 개발된 요리법. 지방·설탕·정제 전분·소금 사용을 줄이고, 신선한 제철 식품을 잘 골라서 재료 본연의 식감과 풍미를 살리는 데 주안점을 둔다.

누에콩(잠두) fava bean 파바콩, 또는 브로드빈(Broad bean)이라고도 한다. 꼬투리 길이가 10센티미터 이상, 콩 한 알의 길이가 2~3센티미터 정도 되는 큰 콩이다.

듀럼밀 durum wheat 굳은밀(경질밀)의 일종으로, 마카로니와 스파게티를 만들 때 사용하는 품종이다. 건조 파스타는 듀럼밀로만 만든다.

딜 dill 미나리과의 한해살이풀. 꽃, 잎, 줄기, 씨를 모두 향신료로 쓰는데 씨가 가장 향이 강하다. 생선 비린내를 없애거나 오이 피클의 맛을 내는 데 주로 쓰인다.

라르도 lardo 돼지비계를 소금, 허브와 향신료로 간해서 굳혀 숙성시킨 것. 빵 사이에 끼워 먹는다.

라비올리 ravioli 만두 모양 파스타. 얇은 파스타 반죽을 원형이나 사각형으로 자른 반대기에 고기, 치즈, 채소 등으로 소를 넣고, 삶거나 기름에 익혀서 먹는다.

러비지 lovage 미나리과의 여러해살이풀. 잎, 줄기, 뿌리, 씨를 모두 식용하며, 채소로도 쓰이고 향신료로도 쓰인다.

레닛 rennet 우유를 응고시키는 효소로, 치즈를 만드는 데 필요한 재료다. 주로 어린 송아지의 위 점막에서 추출한다.

로마네스코 주키니 Romanesco zucchini 길쭉한 호박의 일종. 몸통에 세로로 하얀 줄이 나 있다.

리코타 살라타 ricotta salata 리코타는 치즈를 만들고 남은 유청으로 만든 음식인데, 정확히 말해서 치즈는 아니지만 치즈로 통용된다. 리코타 살라타는 시칠리아 토속 리코타로, 리코타에 소금 간을 하고 눌러서 만든다. 일반 리코타보다 단단하고 짭짤한 것이 특징이다.

리크 leek 대파와 모양이 비슷하나 잎이 더 넓고 납작하며 길이는 더 짧은 채소로, 지중해 연안이 원산지다. 순하고 달콤한 양파 맛이 난다.

마리네이드 marinade 식초나 와인, 기름, 향신료 등을 배합한 양념장.

마지팬 marzipan 아몬드 가루와 설탕을 반죽해 굳힌 것으로 그냥 먹기도 하고 과자나 케이크 위에 씌우는 장식으로도 사용한다.

맑은 육수(브로스) broth 동물의 뼈나 고기, 또는 생선을 채소와 함께 물에 넣고 약한 불에 끓여 맛을 우려낸 국물. 곡물이나 향신료를 첨가하기도 한다. 여기에 고명을 얹어 그대로 먹기도 하지만, 주로 수프나 소스를 만드는 원료로 쓴다.

무른밀 soft wheat 연질(軟質) 밀. 낟알 속 부분이 쉽게 부스러지고, 글루텐 함량이 적어서 케이크나 과자를 만들기에 알맞다. 강우량이 많고 날씨가 따뜻한 지역에서 잘 자란다. 반대로 강우량이 적고 날씨가 서늘한 지역에서 잘 자라는 굳은밀(경질밀, hard wheat)은 글루텐 함량이 높아 쫄깃한 빵을 만드는 데 적합하다. 생파스타는 무른밀에 달걀을 섞어서 만들거나 무른밀과 굳은밀을 섞어 만든다. 건조 파스타는 굳은밀의 일종인 듀럼밀로만 만든다.

무풀레타 muffuletta 미국 뉴올리언스의 이탈리아인 이민자들이 만든 음식으로, 참깨 박힌 둥근 빵 사이에 소시지와 슬라이스 치즈, 올리브 샐러드를 끼운 샌드위치.

바질 basil 꿀풀과의 한해살이풀. 잎을 향신료로 쓴다. 이탈리아 요리에 폭넓게 쓰이며, 특히 토마토와 잘 어울린다.

베르무트 vermouth 강화 와인의 일종으로 여러 가지 약초나 허브를 넣어 향을 가미한 술. 달콤한 맛을 내고 붉은 빛을 띠는 이탈리아형과 쌉쌀한 맛을 내고 투명한 프랑스형이 있다.

베르미첼리 vermicelli 보통 스파게티보다 가느다란 면 파스타.

블러드 오렌지 blood orange 당귤의 일종. 과육이 빨간색을 띠고 껍질도 불그스름하다.

비노 다 타볼라 vino da tavola 프랑스어로 뱅 드 타블(Vin de Table)이라 하는데, 특정한 원산지나 생산 방식에 구애되지 않는, 가장 등급이 낮은 와인을 말한다.

비터벳지 bitter vetch 야생 콩과 식물로 살갈퀴의 일종이다.

사르투 디 리조 sartù di riso 속에 익힌 미트볼, 완두콩, 버섯, 닭의 간, 치즈 등을 넣고 겉은 양념한 밥으로 둥근 케이크처럼 만든 나폴리 전통 요리.

샬롯 shallot 이탈리아어로 스칼로뇨(scalogno)라 한다. 보통 양파의 4분의 1 정도 되는 크기에 양파보다 달콤하고 부드러운 향을 낸다.

서양쥐오줌풀 valerian 마타리과의 여러해살이풀. 2년 이상 자랐을 때 뿌리를 말려 약재로 쓴다. 중세 유럽에서는 만병통치약처럼 널리 쓰였다고 한다. 진정·진통 기능이 있다.

세몰리나 semolina 듀럼밀을 갈아 만든, 입자가 거친 밀가루. 마카로니와 파스타를 만드는 원료다.

세인포인 sainfoin 콩과 식물로, 주로 동물의 사료로 사용된다.

속을 채운 달걀 stuffed egg 삶은 달걀을 반으로 갈라 노른자를 빼내고 그 자리를 다른 재료로 채운 것.

수플레 soufflé 달걀흰자 거품에 치즈나 밀가루, 고기나 생선 등 여러 가지 재료를 넣고 화덕에 부풀려 구운 디저트 요리.

슈퍼투스칸 Supertuscans 토스카나 지방에서 이탈리아 포도가 아닌 프랑스 포도 품종을 사용해 생산하는 와인으로, 이탈리아 와인 등급을 적용받지 않아 비노 다 타볼라로 분류되지만 품질은 매우 우수한 와인이다.

슈하스코 churrasco 고기와 채소, 파인애플 등 여러 가지 재료를 꼬챙이에 끼워 숯불에 구운 브라질 전통 요리.

스칼코 scalco 르네상스 시대 궁정의 연회 감독. 요리사를 포함한 모든 일꾼을 총괄 지휘한다.

스쿼시 squash 호박의 일종으로, 아메리카가 원산지다.

스톡 stock ① 겨자과의 여러해살이풀. '비단향꽃무'라는 우리말 이름이 있는데, 오늘날에는 주로 관상용 화초로 재배된다. ② ☞ 진한 육수(스톡)

스트로차프레티 strozzapreti 반쯤 꼰 꽈배기처럼 양쪽 끝부분이 반대 방향으로 꼬여 있는 파스타. 스트로차프레티는 '성직자 교살범'이라는 뜻인데, 옛날에 한 성직자가 이 파스타를 급하게 먹다가 목이 메어 그만 목숨을 잃은 데서 유래한 이름이라고 한다.

스펜디토레 spenditore 르네상스 시대 궁정에서 식재료 조달을 전담하던 일꾼.

아란치네/아란치니 arancine/arancini 밥을 조그마한 공처럼 빚어 튀긴 것. 시칠리아 음식이다.

아루굴라 arugula 이탈리아어로는 루콜라(rucola), 프랑스어로는 로케트(roquette)라고 한다. 지중해가 원산지인 채소, 샐러드를 비롯한 이탈리아 요리에 많이 사용된다.

아마로 amaro 포도가 아닌 수십 가지 식물을 숙성시켜 만드는 술로, 이탈리아에서 생산되어 대부분 이탈리아에서 소비된다. '아마로'는 본래 쓴맛을 뜻하는 형용사로, 와인의 맛이 달지 않고 쌉쌀한 경우를 가리키는 말로도 쓰인다.

아사도 asado 쇠갈비를 통째로 숯불에 구운 아르헨티나 전통 요리.

안초비 anchovy 멸치의 한 종류로 지중해와 유럽 근해에서 잡힌다. 이 물고기를 소금과 향신료에 절여 발효시켜서 안초비 소스로 만든다.

에인절 케이크 angel cake 달걀노른자는 쓰지 않고 흰자로 거품을 내서 만든 스펀지케이크. 도넛처럼 가운데 구멍이 난 틀에 넣고 굽는다.

엘더 elder 서양딱총나무라고 하는 떨기나무. 열매로 잼, 식초, 와인, 의약품 등을 만든다.

여지 荔枝 중국 남부가 원산지인 열대 과일. 크기는 딸기만 하고, 오돌토돌한 붉은색 껍질 속에 흰색 과육이 들어 있다. 맛은 시고 달다.

오레가노 oregano 꿀풀과의 여러해살이풀. 박하처럼 톡 쏘는 향기가 특징이다. 지중해 요리에 기본양념으로 쓰인다.

오레키에테 orecchiette '작은 귀'라는 뜻으로, 귀처럼 가운데가 옴폭한 타원형 파스타. 이탈리아 남부 풀리아 지방에서 만들어졌다.

올리브유의 등급
엑스트라 버진 올리브유 extra virgin olive oil 품질 좋은 올리브 열매를 단 한 차례 압착해서 짜낸 기름으로, 자연 상태에서 산도가 0.8퍼센트 이하인 것. 화학적인 처리를 전혀 거치지 않아 독특한 맛과 향이 강하다. 주로 샐러드드레싱으로 쓰이지만, 산도가 아주 낮은 최고급품은 조리용으로도 쓸 수 있다.
버진 올리브유 virgin olive oil 같은 압착 방식으로 짜냈으되 자연 산도가 2퍼센트 이하인 것. 맛과 향은 엑스트라 버진 올리브유와 거의 구별할 수 없지만, 발연점이 낮아 조리용으로 적절하지 않다.
퓨어 올리브유 pure olive oil 버진 올리브유와 정제유를 혼합한 것으로, 일반 조리용 식용유로 널리 쓰인다. 퓨어 올리브유의 산도는 1퍼센트 이하여야 한다.
정제 올리브유 refined olive oil 압착해서 짜낸 올리브유 중 산도가 높은 것을 화학적인 방법으로 정제해서 산도를 0.3퍼센트 이하로 낮춘 것이다. 퓨어 올리브유와 정제유는 독특한 맛과 향이 없다.

용담 gentian 용담과의 여러해살이풀. 어린 싹과 잎을 채소로 먹고, 뿌리는 약재로 쓴다. 동양과 서양에서 오래전부터 소화제로 사용되었다.

이탈리아의 정찬 순서 안티파스토(antipasto, 전채 요리) ─ 프리모(primo, 수프나 파스타, 때로는 밥) ─ 세콘도(secondo, 고기나 생선 요리)와 콘토르니(contorni, 곁들이 음식, 대개 채소로 만듦) ─ 디저트.

자워크라우트 sauerkraut 양배추를 소금에 절여 발효시킨 음식으로, 독일식 김치라 할 수 있다.

주방 서비스 kitchen service 르네상스 시대 궁정 연회에서, 불에 익혀 따뜻하게 먹는 요리 코스를 가리키던 말.

진한 육수(스톡) stock 수프나 소스의 원료가 되는 진한 국물. 고기와 채소, 향신료를 물에 끓여 만든다. 생선을 주재료로 한 피시스톡(fish stock), 쇠고기와 사골을 주재료로 한 비프스톡(beef stock), 닭고기를 주재료로 한 치킨스톡(chicken stock)이 있다. 재료를 그대로 끓여 만든 것은 화이트 스톡(white stock)이라 하고, 소뼈나 닭뼈와 채소가 갈색을 띠게끔 구운 다음에 끓여서 갈색 국물로 만든 것을 브라운 스톡(brown stock)이라 한다.

찬장(크레덴차) 서비스 board(credenza) service 르네상스 시대 궁정 연회의 가볍고 차가운 요리 코스. 신선한 과일이나 샐러드 등으로 구성된다.

초피노 cioppino 미국 샌프란시스코의 이탈리아인 이민자들이 만든 음식으로, 일종의 해물탕이다. 게, 대합, 새우, 오징어, 각종 생선 등을 신선한 토마토, 와인 소스와 함께 끓여 만든다.

카르둔 cardoon 국화과의 여러해살이풀. 오래전부터 지중해 연안 지역에서 줄기를 식용해왔다.

카셰르 Kasher 유대교의 계율을 엄격하게 지켜서 만든 식품. 영어로는 코셔(kosher)라고 한다. 히브리어 카슈루트(kashrut)에서 온 말로, 원래는 구약성서에 명기된 음식 관련 율법을 준수하는 것을 의미했다. "땅 위에 있는 모든 네발짐승 가운데서 …… 굽이 두 쪽으로 갈라지고 새김질하는 짐승은 먹을 수 있다. …… 돼지는 굽은 두 쪽으로 갈라졌지만 새김질을 하지 않으므로 너희에게 부정한 것이다"(〈레위기〉 11장, 〈신명기〉 14장)라는 구절에 따라 돼지가 배제되고, "물에 사는 것 가운데 …… 지느러미와 비늘이 없는 것은 바다에서 사는 것이든지 개울에서 사는 것이든지 너희에게 더러운 것이다"(위와 같음)라는 구절에 따라 갑각류와 조개류가 제외되었으며, "소나 양을 그 새끼와 함께 같은 날 죽이지 말라"(〈레위기〉 22장 28절)는 구절에 따라 쇠고기와 유제품을 함께 먹는 것이 금지되었다. 훗날 여성은 도축을 하지 못하게 하는 등 다른 사회·문화적 규정이 추가되었다.

쿠스쿠스 couscous 세몰리나 가루를 손으로 비벼 만든 좁쌀 모양 파스타로, 주로 고기나 채소로 만든 스튜와 함께 먹고, 샐러드에 넣기도 한다.

크레덴차 ☞찬장 서비스

크레덴치에레 credenziere 르네상스 시대 궁정 연회의 찬장 서비스 전담 요리사.

키안티 클라시코 Chianti Classico 이탈리아 토스카나 지방에서 생산되는 대표적 와인.

타임 thyme 서양백리향. 꿀풀과의 여러해살이풀로, 잎에서 강한 향이 난다.

탈리아텔레 알 라구 볼로녜세 tagliatelle al ragù bolognese 탈리아텔레(길고 납작한 생파스타 면)에 다진 고기·채소·와인·토마토 등을 오래 끓여 만든 소스 '알 라구 볼로녜세'를 부은 볼로냐식 스파게티 요리. 알 라구 볼로녜세를 흔히 영어로 '볼로네즈 소스'라 한다.

토르텔리니 tortellini 만두형 파스타의 한 종류로, 얇고 둥근 반대기에 치즈나 고기 소를 얹고 반으로 접은 다음, 반대기 양쪽 끝을 이어 붙여 고리 모양으로 만든 파스타. 에밀리아로마냐 지방에서 많이 먹는다.

통밀빵 밀을 도정하지 않고, 껍질과 씨눈까지 통째로 빻은 가루로 만든 빵.

트로피에 trofie 리구리아 지방의 파스타. 짧고 납작한 면을 비틀어서 말아놓은 형상이다.

트린찬테 trinciante 르네상스 시대 궁정의 식탁 옆에서 꼬챙이나 포크에 꿴 고기를 멋진 동작으로 썰어주던 일꾼.

티젤라 tigella 크레셴티나(crescentina)라고도 한다. 에밀리아 지방의 납작한 빵이다. 치즈와 냉육을 곁들여 먹는다.

파로 farro 이탈리아어로, 낟알에서 겨를 벗겨내지 않은 상태로 조리하는 아인코른, 에머, 스펠트 통밀을 통틀어 가리키는 말.
아인코른 einkorn 학명 *Triticum monococcum*. 에머와 함께 인류가 처음 농사지은 밀 품종으로, 한 이삭에 밀알이 한 개 맺힌다. 파로 피콜로(farro piccolo)라고도 한다.
에머 emmer 학명 *Triticum dicoccum*. 아인코른과 함께 인류가 처음 농사지은 밀 품종으로, 한 이삭에 밀알이 두 개 맺힌다. 파로 메디오(farro medio)라고도 한다.
스펠트 spelt 학명 *Triticum aestivum spelta*. 오늘날 가장 많이 재배되는 보통밀(빵밀) 바로 이전에 생긴 것으로 여겨지는 품종으로, 한 이삭에 밀알이 두 개 맺힌다. 파로 그란데(farro grande)라고도 한다.

파르메산 Parmesan '파르미자노 레자노(parmigiano reggiano)'의 영어식 표기로, 이탈리아의 파르마, 레조넬에밀리아, 모데나, 볼로냐 등지에서 생산된 단단한 치즈를 가리킨다. 우유를 장기 숙성시켜 만들며, 수분이 매우 적다. 숙성도에 따라 얇게 잘라 쓸 수도 있지만 흔히 가루 형태로 쓰인다. 오늘날 '파르미자노 레자노'는 원산지 명칭 보호 대상 식품이어서, 에밀리아로마냐와 롬바르디아 지방에서 정해진 방식대로 생산한 치즈에만 그 이름을 붙일 수 있다. 그러나 '파르메산'이라는 이름을 쓰는 데는 규제가 없어서, 미국 기업에서 만든 모방 상품이 널리 유통되고 있다.

퍼프 페이스트리 puff pastry 넓적한 밀반죽에 유지(油脂)를 한 층 올리고, 겹겹이 접어 구운 페이스트리.

페스토 Pesto 으깬 바질, 잣, 마늘 등에 파르메산 치즈와 올리브유를 넣어서 가열하지 않고 만든 녹색 소스.

페코리노 로마노 Pecorino Romano 양젖으로 만든 단단한 치즈로, 로마 근교에서 처음 만들어졌다.

펜네테 Pennette 양 끝이 비스듬히 잘린 짧은 관 모양 파스타를 펜네(Penne, 길이 3~4센티미터), 펜네보다 조금 길이가 짧고 두께도 얇은 것을 펜네테라고 한다.

펠라티 pelati 펠라티는 토마토를 껍질만 벗겨 통째로 담은 통조림. 산마르차노 토마토가 펠라티의 원료로 유명하다.

포카차 focaccia 밀가루 반죽에 올리브유, 소금, 허브 등을 넣고 납작하게 구운 이탈리아 전통 빵. 여기다 갖가지 토핑을 얹은 것이 피자다.

폴렌타 polenta 곡물을 주재료로 해서 걸쭉하게 끓인 죽. 폴렌타를 굽거나 튀겨 먹기도 한다. 오늘날 이탈리아에서는 주로 옥수숫가루로 만든다.

풀멘타리움 pulmentarium 빵에 곁들여 먹는 모든 부식을 통틀어 지칭하는 라틴어.

풀스 puls 파로를 주재료로 해서 끓인 죽. 폴렌타의 원형이라고 할 수 있다.

프로슈토 prosciutto 돼지 뒷다리로 만드는 이탈리아 전통 햄. 돼지 뒷다리를 염장한 다음, 바람이 잘 통하는 서늘한 곳에 매달아 최소 2년 동안 말려서 만든다. 파르마와 산다니엘레의 프로슈토가 유명하다.

프로슈토 코토 prosciutto cotto 이탈리아 전통 방식으로 만든 '익힌 햄'을 뜻한다. 돼지 뒷다리를 향신료에 절여 증기로 쪄서 만든다.

프리타타 frittata 달걀 푼 물에 갖은 재료를 넣고 팬으로 두툼하게 부치거나, 오븐에 구운 요리. 이탈리아식 오믈렛이라고 할 수 있다.

피아디나 piadina 로마냐 지방 음식으로, 빵반죽에 라드나 올리브유를 넣고 이스트 없이 구운 납작한 빵. 치즈와 냉육을 곁들여 먹는다.

할랄 아랍어로 '허락된 것'이라는 뜻이다. 이슬람 율법에서 허락하는 음식, 의약품, 각종 생활 용품을 가리키는데, 이중 할랄 식품에는 채소, 과일, 곡물 등 식물성 음식과 해산물이 포함되고, 육류는 이슬람 율법이 정하는 절차에 따라 도축한 것으로 국한된다. 뱀, 민물고기, 돼지고기를 비롯해 발굽이 갈라지지 않은 네발짐승의 고기는 금지된다.

미주

(비영어권 문헌을 영어로 번역해 인용한 문장은_옮긴이) 따로 번역자를 명기한 경우 외에는 모두 저자가 번역한 것이다.

서문

1 David Kamp, *The United States of Arugula: How We Became a Gourmet Nation* (New York, 2006).
2 Frances Mayes, *Under the Tuscan Sun* (New York, 1997), p. 192.
3 Ibid., pp. 120–121.
4 François de Salignac de la Mothe-Fénelon, *Telemachus, Son of Ulysses*, trans. Patrick Riley [1699] (Cambridge, 1994), p. 131.
5 Mayes, *Under the Tuscan Sun*, p. 189.
6 Vito Teti, *Il colore del cibo* (Rome, 1999), pp. 33–45.
7 Barbara Haber, 'The Mediterranean Diet: A View from History', *American Journal of Clinical Nutrition*, 66 (1997), pp. 1053S–1057S.
8 Marion Nestle, 'Mediterranean Diets: Historical and Research Overview', *American Journal of Clinical Nutrition*, 61 (1995), pp. 1313s–1320s.
9 Patricia Crotty, 'The Mediterranean Diet as a Food Guide: The Problem of Culture and History', *Nutrition Today*, 33/6 (1998), pp. 227–232.
10 Intergovernmental Committee for the Safeguarding of the Intangible Cultural Heritage, Fifth session Nairobi, Kenya November 2010, Nomination File No. 00394 for inscription on the Representative List of the Intangible Cultural Heritage in 2010, p. 7.
11 Massimo Mazzotti, 'Enlightened Mills: Mechanizing Olive Oil Production in Mediterranean Europe', *Technology and Culture*, 65/2 (2004), pp. 277–304; Anne Meneley, 'Like an Extra Virgin', *American Anthropologist*, 109/4 (2007), pp. 678–687; Tom Mueller, *Extra Virginity:The Sublime and Scandalous World of Olive Oil* (New

York, 2012).
12 *New Yorker* (11 and 18 July 2011), p. cv3.
13 Barbara Kirshenblatt-Gimblett, 'Theorizing Heritage', *Ethnomusicology*, 39/3 (1995), p. 369.
14 Eric Hobsbawm and Terence Ranger, eds, *The Invention of Tradition* (Cambridge, 1983), p. 1.
15 '프레시디아'에 관한 정보는 www.slowfoodfoundation.com 에서 찾아 볼 수 있다.
16 Alison Leitch, 'The Social Life of Lardo: Slow Food in Fast Times', *Asian Pacific Journal of Anthropology*, 1/1 (2000), pp. 103–128; Fabio Parasecoli, 'Postrevolutionary Chowhounds: Food, Globalization, and the Italian Left', *Gastronomica*, 3/3 (2003), pp. 29–39.
17 Alberto Capatti and Massimo Montanari, *Italian Cuisine: A Cultural History* (New York, 2003), p. xiv.
18 Peter Garnsey, *Food and Society in Classical Antiquity* (Cambridge, 1999), p. 5.

1장

1 Marcel Mazoyer and Laurence Roudart, *A History of World Agriculture: From the Neolithic Age to the Current Crisis* (New York, 2006), pp. 71–100; Ian Morris, *Why the West Rules – for Now: The Patterns of History and What They Reveal about the Future* (New York, 2011), pp. 89–105.
2 Jared Diamond, *Guns, Germs, and Steel* (New York, 1997), p. 124.
3 Ron Pinhasi, Joaquim Fort and Albert Ammerman, 'Tracing the Origin and Spread of Agriculture in Europe', *PLOS Biology*, 3/12 (2005), p. e410.
4 C. Hunt, C. Malone, J. Sevink and S. Stoddart, 'Environment, Soils and Early Agriculture in Apennine Central Italy,' *World Archaeology*, 22/1 (1990), pp. 34–44; T. Douglas Price, ed., *Europe's First Farmers* (Cambridge, 2000).
5 Emilio Sereni, *History of the Italian Agricultural Landscape* (Princeton, NJ, 1997), p. 17.
6 John Robb and Doortje Van Hove, 'Gardening, Foraging and Herding: Neolithic Land Use and Social Territories in Southern Italy', *Antiquity*, 77 (2003), pp. 241–254.
7 Umberto Albarella, Antonio Tagliacozzo, Keith Dobney and Peter Rowley-Conwy, 'Pig Hunting and Husbandry in Prehistoric Italy: A Contribution to the

Domestication Debate', *Proceedings of the Prehistoric Society*, 72 (2006), pp. 193–227.

8 Fernand Braudel, *Memory and the Mediterranean* (New York, 2001), pp. 111, 139–141.

9 Maria Bernabò Brea, Andrea Cardarelli and Mauro Cremaschi, eds, *Le terremare, la più antica civiltà padana* (Milan, 1997).

10 Mauro Cremaschi, Chiara Pizzi and Veruska Valsecchi, 'Water Management and Land Use in the Terramare and a Possible Climatic Co-factor in their Abandonment: The Case Study of the Terramara of Poviglio Santa Rosa (Northern Italy)', *Quaternary International*, 151/1 (2006), pp. 87–98.

11 Sabatino Moscati, *Così nacque l'Italia: profili di popoli riscoperti* (Turin, 1998).

12 Robert Leighton, *Sicily before History: An Archaeological Survey from the Paleolithic to the Iron Age* (Ithaca, 1999), pp. 203–206.

13 Robert Leighton, 'Later Prehistoric Settlement Patterns in Sicily: Old Paradigms and New Surveys', *European Journal of Archaeology*, 8/3 (2005), pp. 261–287.

14 Anna Grazia Russu, 'Power and Social Structure in Nuragic Sardinia', *Eliten in der Bronzezeit-Ergebnisse Zweier Kolloquien in Mainz und Athen-Teil*, 1 (1999), pp. 197–221, plates 17–22; Gary Webster, *Duos Nuraghes: A Bronze Age Settlement in Sardinia*, vol. 1: *The Interpretive Archaeology, Bar International Series* 949 (Oxford, 2001), pp. 43, 48.

15 J. M. Roberts, *The Penguin History of the World* (London, 1995), pp. 85–90.

16 Morris, *Why the West Rules*, pp. 215–220.

17 Braudel, *Memory*, p. 179.

18 Massimo Pallottino, *The Etruscans* (Bloomington, 1975), p. 75.

19 Robert Beekes, 'The Prehistory of the Lydians, the Origin of the Etruscans, Troy and Aeneas', *Biblioteca Orientalis*, 59/3–4 (2002), pp. 205–241.

20 Alessandro Achilli et al., 'Mitochondrial DNA Variation of Modern Tuscans Supports the Near Eastern Origin of Etruscans', *American Journal of Human Genetics*, 80/4 (2007), pp. 759–768; Cristiano Vernesi et al., 'The Etruscans: A Population-Genetic Study', *American Journal of Human Genetics*, 74/4 (2004), pp. 694–704.

21 Marco Pellecchia et al., "The Mystery of Etruscan Origins: Novel Clues from Bos Taurus Mitochondrial DNA', *Proceedings of the Royal Society B*, 274/1614 (2007), pp. 1175–1179.

22 Braudel, *Memory*, p. 201; Massimo Pallottino, *A History of Earliest Italy* (Ann Arbor,

MI, 1991), p. 53.
23 Jodi Magness, 'A Near Eastern Ethnic Element among the Etruscan Elite?', *Etruscan Studies*, 8/4 (2001), pp. 80–82.
24 Mauro Cristofani, 'Economia e societa', in *Rasenna: storia e civilta degli Etruschi*, ed. Massimo Pallottino et al. (Milan 1986), pp. 79–156.
25 Daphne Nash Briggs, 'Metals, Salt, and Slaves: Economic Links between Gaul and Italy from the Eighth to the Late Sixth Centuries BC', *Oxford Journal of Archaeology*, 22/3 (2003), pp. 243–259.
26 Diodorus Siculus, *Bibliotheca Historica* 5.40.3–5.
27 Catullus, *Poems* 39.11; Virgil, *Georgics* 2.194.
28 Anthony Tuck, 'The Etruscan Seated Banquet: Villanovan Ritual and Etruscan Iconography', *American Journal of Archaeology*, 98/4 (1994), pp. 617–628.
29 Lisa Pieraccini, 'Families, Feasting, and Funerals: Funerary Ritual at Ancient Caere', *Etruscan Studies*, 7 (2000), Article 3.
30 Jocelyn Penny Small, 'Eat, Drink, and Be Merry: Etruscan Banquets', in *Murlo and the Etruscans: Art and Society in Ancient Etruria*, ed. Richard Daniel De Puma and Jocelyn Penny Small (Madison, WI, 1994), pp. 85–94.
31 Daphne Nash Briggs, 'Servants at a Rich Man's Feast: Early Etruscan Household Slaves and Their Procurement', *Etruscan Studies*, 9 (2002), Article 14; Giovanni Camporeale, 'Vita private', in *Rasenna: storia e civiltà degli Etruschi*, ed. Massimo Pallottino et al. (Milan, 1986), pp. 239–308.
32 Gregory Warden, 'Ritual and Representation on a Campana Dinos in Boston', *Etruscan Studies*, 11 (2008), Article 8.
33 Adrian Paul Harrison and E. M. Bartels, 'A Modern Appraisal of Ancient Etruscan Herbal Practices', *American Journal of Pharmacology and Toxicology*, 1/1 (2006), pp. 21–24; Gianni Race, *La cucina del mondo classico* (Napoli, 1999), pp. 143–146.
34 Jean and Eve Gran-Aymerich, 'Les Etrusques en Gaule et en Iberie: Du Mythe a la Realite des Dernieres Decouvertes', *Etruscan Studies*, 9 (2002), Article 17.
35 Braudel, *Memory*, p. 181.
36 Leighton, *Sicily*, p. 230.
37 Braudel, *Memory*, p. 192.
38 Valerio Manfredi, *I greci d'Occidente* (Milan, 1996), p. 72.
39 Pliny, *Naturalis Historia* 18.5; Varro, *De Re Rustica* 1.1.10.

40 Columella, *De Re Rustica* 1.1.13; Braudel, *Memory*, p. 196; Columella, *De Re Rustica* 12.39.1–2.
41 Pliny the Elder, *Historia Naturalis* 18.51.188.
42 Braudel, *Memory*, p. 191; Susan and Andrew Sherratt, 'The Growth of the Mediterranean Economy in the Early First Millennium BC', *World Archaeology*, 24/3 (1993), pp. 361–378.
43 Richard J. Clifford, 'Phoenician Religion', *Bulletin of the American Schools of Oriental Research*, 279 (1990), p. 58.
44 Antonella Spanò Giammellaro, 'The Phoenicians and the Carthaginians: The Early Mediterranean Diet', in *Food: A Culinary History from Antiquity to the Present*, ed. Jean-Louis Flandrin and Massimo Montanari (New York, 1999), pp. 55–64.
45 Sherratt and Sherratt, 'The Growth of the Mediterranean Economy'; Sally Grainger, 'A New Approach to Roman Fish Sauce', *Petits Propos Culinaires*, 83 (2007), pp. 92–111.
46 David S. Reese, 'Whale Bones and Shell Purple-dye at Motya (Western Sicily, Italy)', *Oxford Journal of Archaeology*, 24/2 (2005), pp. 107–114.
47 Robert Roesti, 'The Declining Economic Role of the Mediterranean Tuna Fishery', *American Journal of Economics and Sociology*, 25/1 (1966), pp. 77–90; Rob Van Ginkel, 'Killing Giants of the Sea: Contentious Heritage and the Politics of Culture', *Journal of Mediterranean Studies*, 15/1 (2005), pp. 71–98.
48 Hesiod, *Works and Days* 306–313, 458–464, 586–596, 609–614.
49 Peter Garnsey, *Food and Society in Classical Antiquity* (Cambridge, 1999), p. 2.
50 Marie-Claire Amouretti, 'Urban and Rural Diets in Greece', in *Food: A Culinary History from Antiquity to the Present*, ed. Jean-Louis Flandrin and Massimo Montanari (New York, 1999), pp. 79–89; Garnsey, *Food*, pp. 6, 65.
51 Massimo Montanari, 'Food Systems and Models of Civilization', in *Food: A Culinary History from Antiquity to the Present*, ed. Jean-Louis Flandrin and Massimo Montanari (New York, 1999), pp. 55–64.
52 Andrew Dalby, *Siren Feasts: A History of Food and Gastronomy in Greece* (London, 1996), p. 6.
53 Pauline Schmitt-Pantel, 'Greek Meals: A Civic Ritual', in *Food: A Culinary History from Antiquity to the Present*, ed. Jean-Louis Flandrin and Massimo Montanari (New York, 1999), pp. 90–95.
54 Robert I. Curtis, 'Professional Cooking, Kitchens, and Service Work', in *A Cultural*

History of Food in Antiquity, ed. Fabio Parasecoli and Peter Scholliers (London, 2012), pp. 113–32.
55 Massimo Vetta, 'The Culture of the Symposium', in *Food: A Culinary History from Antiquity to the Present*, ed. Jean-Louis Flandrin and Massimo Montanari, (New York, 1999), pp. 96–105.
56 Domenico Musti, *L'economia in Grecia* (Bari, 1999), pp. 88–94.
57 Manfredi, *I greci*, pp. 18–19, 99.
58 Ibid., pp. 214, 221, 229.
59 Leighton, *Sicily*, pp. 234–242.
60 Sereni, *History*, p. 22.
61 Franco De Angelis, 'Trade and Agriculture at Megara Hyblaia', *Oxford Journal of Archaeology*, 21/3 (2002), pp. 299–310; Franco De Angelis, 'Going against the Grain in Sicilian Greek Economics', *Greece and Rome*, 53/1 (2006), pp. 29–47; Robin Osborne, 'Pots, Trade, and the Archaic Greek Economy', *Antiquity*, 70 (1996), pp. 31–44.
62 Plato, *Gorgias* 518b; Athenaeus, *The Deipnosophists* 325f.
63 Dalby, *Siren Feasts*, p. 110.
64 Race, *La cucina*, p. 51.
65 Chadwick, *The Celts*, p. 30.
66 Ibid., p. 41.
67 Venceslas Kruta and Valerio M. Manfredi, *I Celti in Italia* (Milan, 1999), p. 51.
68 Ibid., p. 11.
69 Chadwick, *The Celts*, pp. 46, 141.
70 Peter J. Reynolds, 'Rural Life and Farming', in *The Celtic World*, ed. Miranda Green (New York, 1995), pp. 176–209.
71 Kruta and Manfredi, *I Celti*, p. 10.
72 Paolo Galloni, *Storia e cultura della caccia: dalla preistoria a oggi* (Bari, 2000), pp. 86–88.
73 Mark Kurlansky, *Salt: A World History* (New York, 2002), p. 65.
74 Ibid., p. 93.
75 Kruta and Manfredi, *I Celti*, p. 59.
76 Antonietta Dosi and François Schnell, *Le abitudini alimentari dei Romani* (Rome, 1992), p. 13.
77 Kimberly B. Flint-Hamilton, 'Legumes in Ancient Greece and Rome: Food, Medicine,

or Poison?', *Hesperia: The Journal of the American School of Classical Studies at Athens*, 68/3 (1999), pp. 371–385.
78 Paul Halstead, 'Food Production', in *A Cultural History of Food in Antiquity*, ed. Fabio Parasecoli and Peter Scholliers (London, 2012), pp. 21–39.
79 Dosi and Schnell, *Le abitudini*, p. 17.
80 Florence Dupont, 'The Grammar of Roman Food', in *Food: A Culinary History from Antiquity to the Present*, ed. Jean-Louis Flandrin and Massimo Montanari (New York, 1999), pp. 113–127.
81 Valerie Huet, 'Le sacrifice disparu: les reliefs de boucherie', *Food and History*, 5/1 (2007), pp. 197–223; Nicholas Tran, 'Le statut de travail des bouchers dans l'Occident romain de la fin de la Republique et du Haut-Empire', *Food and History*, 5/1 (2007), pp. 151–167.
82 Galloni, *Storia*, pp. 71–74.
83 Brian Fagan, *Fish on Friday: Feasting, Fasting, and the Discovery of the New World* (New York, 2006), p. 7.
84 Race, *La cucina*, pp. 221–230.
85 Claire De Ruyt, 'Les produits vendus au macellum', *Food and History*, 5/1 (2007), pp. 135–50.
86 Nicole Belayche, 'Religion et consommation de la viande dans le monde romain: des realites voilees', *Food and History*, 5/1 (2007), pp. 29–43; John Scheid, 'Le statut de la viande à Rome', *Food and History*, 5/1 (2007), pp. 19–28.
87 Steven J. R. Ellis, 'Eating and Drinking Out', in *A Cultural History of Food in Antiquity*, ed. Fabio Parasecoli and Peter Scholliers (London, 2012), pp. 111–112.
88 Robin Nadeau, 'Stratégies de survie et rituels festifs dans le monde gréco-romain', in *Profusion et pénurie: les hommes face à leurs besoins alimentaires*, ed. Martin Bruegel (Rennes, 2009), pp. 55–69.
89 Antonietta Dosi and François Schnell, *I Romani in cucina* (Rome, 1992), pp. 93–121.
90 Dosi Antonietta and François Schnell, *Pasti e vasellame da tavola* (Rome, 1992), p. 12.
91 Dosi and Schnell, *I Romani*, pp. 108–115.
92 J.H.C. Williams, *Beyond the Rubicon: Romans and Gauls in Republican Italy* (Oxford, 2001).
93 Emilio Sereni, 'Agricoltura e mondo rurale', in *Storia d'Italia: I caratteri originali*,

vol. 1, ed. Ruggiero Romano and Corrado Vivanti (Turin, 1989), pp. 143–145.
94 Ellen Churchill Semple, 'Geographic Factors in the Ancient Mediterranean Grain Trade', *Annals of the Association of American Geographers*, 11 (1921), p. 73.
95 Paul Erdkamp, *The Grain Market in the Roman Empire: A Social, Political and Economic Study* (Cambridge, 2005).
96 Dosi and Schnell, *Le abitudini*, pp. 43–47.
97 Paul Erdkamp, *Hunger and the Sword: Warfare and Food Supply in Roman Republican Wars (264–30 BC)* (Amsterdam, 1998).
98 Dalby, *Siren Feasts*, p. 198.
99 James Innes Miller, *The Spice Trade of the Roman Empire, 29 BC to AD 641* [1969] (Oxford, 1998).
100 Garnsey, *Food*, p. 23.
101 Horace, *Satires* 2.6.77–115.
102 Stéphane Solier, 'Manières de tyran à la table de la satire latine: l'institutionnalisation de l'excès dans la convivialité romaine', *Food and History*, 4/2 (2006), pp. 91–111.
103 Christophe Badel, 'Ivresse et ivrognerie à Rome (IIe s av. J.-C. – IIIe s ap. J.-C.)', *Food and History*, 4/2 (2006), p. 75–89.
104 Dosi and Schnell, *Le abitudini*, pp. 113–118.
105 Elizabeth Ann Pollard, 'Pliny's Natural History and the Flavian Templum Pacis: Botanical Imperialism in First-Century CE Rome', *Journal of World History*, 20/3 (2009), pp. 311.
106 Deborah Ruscillo, 'When Gluttony Ruled!', *Archaeology*, 54/6 (2001), pp. 20–24; John H. D'Arms, 'The Culinary Reality of Roman Upper-class Convivia: Integrating Texts and Images', *Comparative Studies in Society and History*, 46/3 (2004), pp. 428–450.
107 Konrad I. Vössing, 'Family and Domesticity', in *A Cultural History of Food in Antiquity*, ed. Fabio Parasecoli and Peter Scholliers (London, 2012), pp. 133–143.
108 Dosi and Schnell, *Pasti*, pp. 24–26.
109 Roy Strong, *Feast: A History of Grand Eating* (Orlando, 2002), p. 29.
110 Petronius, *Satyricon* 31–70.
111 Christopher Grocock, Sally Grainger and Dan Shadrake, *Apicius: A Critical Edition with an Introduction and English Translation* (Totnes, 2006).
112 Curtis, 'Professional Cooking', pp. 113–132.
113 Apicius, *Cooking and Dining in Imperial Rome*, trans. Joseph Dommers Vehling

(Chicago, 1936). www.gutenberg.org 에서 찾아 볼 수 있다.
114 Robin Nadeau, 'Body and Soul', in *A Cultural History of Food in Antiquity*, ed. Parasecoli and Scholliers, pp. 145–162.
115 Garnsey, *Food*, p. 110.
116 Gillian Feeley-Harnik, *The Lord's Table: The Meaning of Food in Early Judaism and Christianity* (Washington and London, 1994), pp. 153–164.
117 Wim Broekaert and Arjan Zuiderhoek, 'Food Systems in Classic Antiquity', in *A Cultural History of Food in Antiquity*, ed. Parasecoli and Scholliers, pp. 75–93.
118 Paul Erdkamp, 'Food Security, Safety, and Crises', in *A Cultural History of Food in Antiquity*, ed. Parasecoli and Scholliers, pp. 57–74.
119 Wim Broekaert and Arjan Zuiderhoek, 'Food and Politics in Classic Antiquity', in *A Cultural History of Food in Antiquity*, ed. Parasecoli and Scholliers, pp. 41–55; Garnsey, *Food*, pp. 30–33.
120 Broekaert and Zuiderhoek, 'Food Systems', p. 48.
121 Steven J. R. Ellis, 'The Pompeian Bar: Archaeology and the Role of Food and Drink Outlets in an Ancient Community', *Food and History*, 2/1 (2004), pp. 41–58.
122 Dosi and Schnell, *Pasti*, pp. 36–58.

2장

1 Jairus Banaji, *Agrarian Change in Late Antiquity: Gold, Labour, and Aristocratic Dominance* (Oxford, 2007).
2 Lin Foxhall, 'The Dependent Tenant: Land Leasing and Labour in Italy and Greece,' *Journal of Roman Studies*, 80 (1990), pp. 97–114.
3 Emilio Sereni, 'Agricoltura e mondo rurale', in *Storia d'Italia: I caratteri originali*, vol. 1, ed. Ruggiero Romano and Corrado Vivanti (Turin, 1989), pp. 146–148.
4 Paolo Galloni, *Storia e cultura della caccia: dalla preistoria a oggi* (Bari, 2000), pp. 74–84.
5 Girolamo Arnaldi, *Italy and Its Invaders* (Cambridge, MA, 2005), p. 15.
6 Massimo Montanari, *Convivio* (Bari, 1989), p. 208.
7 Emilio Sereni, *History of the Italian Agricultural Landscape* (Princeton, NJ, 1997), pp. 58–61.

8 Alfio Cortonesi, 'Food Production', in *A Cultural History of Food: In the Medieval Age*, ed. Fabio Parasecoli and Peter Scholliers (Oxford, 2012), p. 22.
9 Galloni, *Storia*, pp. 93–109.
10 Lars Brownworth, *Lost to the West* (New York, 2009), pp. 67–113.
11 Arnaldi, *Italy*, p. 28.
12 Peter Charanis, 'Ethnic Changes in the Byzantine Empire in the Seventh Century', *Dumbarton Oaks Papers*, 13 (1959), pp. 23–44.
13 Lynn White, 'The Byzantinization of Sicily', *American Historical Review*, 42/1 (1936), pp. 1–21.
14 Ann Wharton Epstein, 'The Problem of Provincialism: Byzantine Monasteries in Cappadocia and Monks in South Italy', *Journal of the Warburg and Courtauld Institutes*, 42 (1979), pp. 28–46.
15 Giovanni Haussmann, 'Il suolo d'Italia nella storia', in *Storia d'Italia: I caratteri originali*, vol. 1, ed. Ruggiero Romano and Corrado Vivanti (Turin, 1989), p. 79.
16 《베네딕도 수도 규칙》 35장.
17 《베네딕도 수도 규칙》 39장.
18 《베네딕도 수도 규칙》 40장.
19 Brian Fagan, *Fish on Friday: Feasting, Fasting, and the Discovery of the New World* (New York, 2006), p. 23.
20 Andrew Dalby, *Siren Feasts: A History of Food and Gastronomy in Greece* (London, 1996), p. 197.
21 Neil Christie, 'Byzantine Liguria: An Imperial Province against the Longobards, AD 568–643', *Papers of the British School at Rome*, 58 (1990), pp. 229–271.
22 Peter Sarris, 'Aristocrats, Peasants and the Transformation of Rural Society, c. 400–800', *Journal of Agrarian Change*, 9/1 (2009), p. 15.
23 Thomas Brown and Neil Christie, 'Was There a Byzantine Model of Settlement in Italy?', *Melanges de l'École française de Rome. Moyen-Age, Temps modernes*, 101/2 (1989), pp. 377–399.
24 Pere Benito, 'Food Systems', in *A Cultural History of Food: In the Medieval Age*, ed. Fabio Parasecoli and Peter Scholliers (Oxford, 2012), p. 52.
25 Daron Acemoglu and James A. Robinson, *Why Nations Fail: The Origin of Power, Prosperity, and Poverty* (New York, 2012), pp. 151–152.
26 Armand O. Citarella, 'Patterns in Medieval Trade: The Commerce of Amalfi before

the Crusades', *Journal of Economic History*, 28/4 (1968), pp. 531–555; Barbara M. Kreutz, 'Ghost Ships and Phantom Cargoes: Reconstructing Early Amalfitan Trade', *Journal of Medieval History*, 20 (1994), pp. 347–357; Patricia Skinner, *Family Power in Southern Italy: The Duchy of Gaeta and Its Neighbours, 850–1139* (Cambridge, MA, 1995).

27 Marios Costambeys, 'Settlement, Taxation and the Condition of the Peasantry in Post-Roman Central Italy', *Journal of Agrarian Change*, 9/1 (2009), pp. 92–119.

28 Lynn White Jr, 'Indic Elements in the Iconography of Petrarch's Trionfo Della Morte', *Speculum*, 49 (1974), pp. 204–205; ANASB, 'Le origini del bufalo', www.anasb.it.

29 André Guillou, 'Production and Profits in the Byzantine Province of Italy (Tenth to Eleventh Centuries): An Expanding Society', *Dumbarton Oaks Papers*, 28 (1974), p. 92.

30 John L. Teall, 'The Grain Supply of the Byzantine Empire, 330–1025', *Dumbarton Oaks Papers*, 13 (1959), pp. 137–138.

31 Dalby, *Siren Feasts*, pp. 189–199.

32 Anthony Bryer, 'Byzantine Agricultural Implements: The Evidence of Medieval Illustrations of Hesiod's "Works and Days"', *Annual of the British School at Athens*, 81 (1986), pp. 45–80.

33 Sereni, *History*, p. 49.

34 Arnaldi, *Italy*, p. 59.

35 Einhard, *Vita Karoli Magni*, (Hannover and Lipsia, 1905), p. 24. http://archive.org/stream 에서 볼 수 있다.

36 Galloni, *Storia*, pp. 109–124.

37 Yann Grappe, *Sulle Tracce del Gusto: Storia e cultura del vino nel Medievo* (Bari, 2006), pp. 6–10.

38 Sereni, *History*, p. 69.

39 Massimo Montanari, 'Production Structures and Food Systems in the Early Middle Ages', in *Food: A Culinary History from Antiquity to the Present*, ed. Jean-Louis Flandrin and Massimo Montanari (New York, 1999), pp. 168–177.

40 Montanari, *Convivio*, p. 255.

41 Giuliano Pinto, 'Food Safety', in *A Cultural History of Food: In the Medieval Age*, ed. Parasecoli and Scholliers, pp. 57–64.

42 Fagan, *Fish*, pp. 10–11.

43 Anthimus, *De observatione ciborum epistula ad Theudericum, regem Francorum*.

Bibliotheca scriptorum Graecorum et Romanorum Teubneriana, ed. Valentin Rose (Lipsia, 1877).

44 *The Holy Rule of St Benedict*, trans. Rev. Boniface Verheyen, OSB (Atchison, KS, 1949). (한국어판 《베네딕도 수도 규칙》은 www.osb.or.kr 에서 찾아 볼 수 있다.)

45 Andrew Watson, *Agricultural Innovation in the Early Islamic World* (Cambridge, 1983); Michael Decker, 'Plants and Progress: Rethinking the Islamic Agricultural Revolution', *Journal of World History*, 20/2 (2009), pp. 197–206.

46 Clifford A. Wright, *A Mediterranean Feast* (New York, 1999).

47 Charles Perry, 'Sicilian Cheese in Medieval Arab Recipes', *Gastronomica*, 1/1 (2001), pp. 76–77.

48 Manuela Marìn, 'Beyond Taste', in *A Taste of Thyme: Culinary Cultures of the Middle East*, ed. Sami Zubaida and Richard Tapper (London, 2000), pp. 205–214.

49 Lilia Zaouali, *Medieval Cuisine of the Islamic World* (Berkeley, CA, 2007).

50 Janet L. Abu-Lughod, *Before European Hegemony: the World System, AD 1250–1350* (New York and Oxford, 1989); George F. Hourani, *Arab Seafaring in the Indian Ocean and In Ancient and Early Medieval Times* (Princeton, NJ, 1995).

51 Arnaldi, *Italy*, p. 71.

52 Francesco Gabrieli, 'Greeks and Arabs in the Central Mediterranean Area', *Dumbarton Oaks Papers*, 18 (1964), pp. 57–65.

53 Mohamed Ouerfelli, 'Production et commerce du sucre en Sicile au XVe siècle', *Food and History*, 1/1 (2003), p. 105.

54 David Abulafia, 'Pisan Commercial Colonies and Consulates in Twelfthcentury Sicily', *English Historical Review*, 93/366 (1978), pp. 68–81.

55 David Abulafia, 'The Crown and the Economy under Roger II and his Successors', *Dumbarton Oaks Papers*, 37 (1983), pp. 1–14.

3장

1 Giovanni Ceccarelli, Alberto Grandi and Stefano Magagnoli, 'The "Taste" of Typicality', *Food and History*, 8/2 (2010), pp. 45–76.

2 Giovanni Boccaccio, *The Decameron*, Eighth Day, Novella 3; Pina Palma, 'Hermits, Husband and Lovers: Moderation and Excesses at the Table in the Decameron',

    Food and History, 4/2 (2006), pp. 151–162.
3 Emilio Sereni, *History of the Italian Agricultural Landscape* (Princeton, NJ, 1997), p. 114.
4 Ibid., pp. 81–86.
5 Ibid., p. 99, 110.
6 Pere Benito, 'Food Systems', in *A Cultural History of Food: In the Medieval Age*, ed. Fabio Parasecoli and Peter Scholliers (Oxford, 2012), p. 42.
7 Eric E. Dursteler, 'Food and Politics', in *A Cultural History of Food: In the Renaissance*, ed. Fabio Parasecoli and Peter Scholliers (London, 2012), pp. 84–85.
8 Silvano Serventi and Françoise Sabban, *Pasta: The Story of a Universal Food* (New York, 2002), pp. 9–62.
9 Evelyn Welch, *Shopping in the Renaissance: Consumer Cultures in Italy 1400–1600* (New Haven and London, 2005), pp. 70–103.
10 Federica Badiali, *Cucina medioevale italiana* (Bologna, 1999); Allen J. Grieco, 'Body and Soul', in *A Cultural History of Food: In the Medieval Age*, ed. Parasecoli and Scholliers, pp. 143–149.
11 Yann Grappe, *Sulle Tracce del Gusto: Storia e cultura del vino nel Medievo* (Bari, 2006), pp. 71–77.
12 Mohamed Ouerfelli, 'Production et commerce du sucre en Sicile au XVe siècle', *Food and History*, 1/1 (2003), pp. 105–106.
13 Giuseppe Sperduti, *Riccardo di San Germano: La Cronaca* (Cassino, 1995), pp. 138–145.
14 Joshua Starr, 'The Mass Conversion of Jews in Southern Italy (1290–1293)', *Speculum*, 21/2 (1946), pp. 203–211; Nadia Zeldes, 'Legal Status of Jewish Converts to Christianity in Southern Italy and Provence', *California Italian Studies Journal*, 1/1(2010). http://escholarship.org 에서 볼 수 있다.
15 Sereni, *History*, p. 126.
16 Daron Acemoglu and James A. Robinson, *Why Nations Fail: The Origin of Power, Prosperity, and Poverty* (New York, 2012), pp. 155–156; E. Ashtor, 'Profits from Trade with the Levant in the Fifteenth Century', *Bulletin of the School of Oriental and African Studies*, 38/2 (1975), pp. 250–275.
17 Sereni, *History*, p. 97.
18 Ibid., pp. 133–139.
19 Welch, *Shopping*, pp. 2–11.

20 Ibid., pp. 32–55.
21 Lino Turrini, *La cucina ai tempi dei Gonzaga* (Milan, 2002).
22 Jeremy Parzen, 'Please Play with Your Food: An Incomplete Survey of Culinary Wonders in Italian Renaissance Cookery', *Gastronomica*, 4/4 (2004), pp. 25–33.
23 Muriel Badet, 'Piero di Cosimo: d'une iconographie à l'autre. Rapt, repas de noce et pique-nique pour l'Enlevement d'Hippodamie', *Food and History*, 4/1 (2006), pp. 147–167; John Varriano, 'At Supper with Leonardo', *Gastronomica*, 8/3 (2008), pp. 75–79; John Varriano, *Tastes and Temptations: Food and Art in Renaissance Italy* (Berkeley, CA, 2011); Gillian Riley, 'Food in Painting', in *A Cultural History of Food: In the Renaissance*, ed. Fabio Parasecoli and Peter Scholliers (London, 2012), pp. 171–182.
24 Antonella Campanini, 'La table sous contrôle: Les banquets et l'excès alimentaire dans le cadre des lois somptuaires en Italie entre le Moyen Âge et la Renaissance', *Food and History*, 4/2 (2006), pp. 131–150.
25 Ken Albala, *Food in Early Modern Europe* (Westport, CT, 2003), pp. 107–112.
26 Massimo Montanari, *Convivio* (Bari, 1989), pp. 363–368.
27 Darra Goldstein, 'Implements of Eating', in *Feeding Desire: Design and the Tools of the Table, 1500–2005*, ed. Sarah D. Coffin, Ellen Lupton, Darra Goldstein and Barbara Bloemink (New York, 2006), p. 118.
28 Daniele Alexandre-Bidon, 'La cigale et la fourmi: Céramique et conservation des aliments et des médicaments (Moyen Age–XVI siècle)', in *Profusion et Pénurie: les hommes face à leurs besoins alimentaires*, ed. Martin Bruegel (Rennes, 2009), pp. 71–84.
29 Wendy Watson, *Italian Renaissance Ceramics* (Philadelphia, 2006).
30 Catherine Hess, George Saliba and Linda Komaroff, *The Arts of Fire: Islamic Influences on Glass and Ceramics of the Italian Renaissance* (Los Angeles, 2004).
31 Aldo Bova, *L'avventura del vetro dal Rinascimento al Novecento tra Venezia e mondi lontani* (Geneva, 2010).
32 Jutta-Annette Page, *Beyond Venice: Glass in Venetian Style, 1500–1750* (Manchester, VT, 2004).
33 Margaret Gallucci and Paolo Rossi, *Benvenuto Cellini: Sculptor, Goldsmith, Writer* (Cambridge, 2004).
34 Albala, *Food*, pp. 115–121.

35 Ariel Toaff, *Mangiare alla giudia* (Bologna, 2000), p. 67.
36 Jean François Revel, *Culture and Cuisine: A Journey through the History of Food* (New York, 1982), pp. 117–120.
37 Giovanna Giusti Galardi, *Dolci a corte: dipinti ed altro* (Livorno, 2001).
38 Grappe, *Sulle Tracce*, pp. 13–14; Luisa Cogliati Arano, *The Medieval Health Handbook: Tacuinum Sanitatis* (New York, 1976).
39 Montanari, *Convivio*, pp. 267–268.
40 Luciano Mauro and Paola Valitutti, *Il Giardino della Minerva* (Salerno, 2011).
41 Kenneth D. Keele, 'Leonardo da Vinci's Studies of the Alimentary Tract', *Journal of the History of Medicine*, 27/2 (1972), pp. 133–144.
42 Ken Albala, *Eating Right in the Renaissance* (Berkeley and Los Angeles, 2002), pp. 14–47.
43 Alberto Capatti and Massimo Montanari, *Italian Cuisine: A Cultural History* (New York, 2003), p. 9; Nancy Harmon Jenkins, 'Two Ways of Looking at Maestro Martino', *Gastronomica*, 7/2 (2007), pp. 97–103; Maestro Martino, *The Art of Cooking: The First Modern Cookery Book* (Berkeley and Los Angeles, 2005).
44 Laura Giannetti, 'Italian Renaissance Food-Fashioning or The Triumph of Greens', *California Italian Studies*, 1/2 (2010). http://escholarship.org 에서 볼 수 있다. Giovanna Bosi, Anna Maria Mercuri, Chiara Guarnieri and Marta Bandini Mazzanti, 'Luxury Food and Ornamental Plants at the 15th Century AD Renaissance Court of the Este Family (Ferrara, Northern Italy)', *Vegetation History and Archaeobotany*, 18/5 (2009), pp. 389–402.
45 David Gentilcore, *Pomodoro: A History of the Tomato in Italy* (New York, 2010), p. 32.
46 John Varriano, 'Fruits and Vegetables as Sexual Metaphor in Late Renaissance Rome', *Gastronomica*, 5/4 (2005), pp. 8–14.
47 Montanari, *Convivio*, p. 504.
48 Maestro Martino, *The Art of Cooking*, p. 17; Jenkins, 'Two Ways', p. 97.
49 Cristoforo di Messisbugo, *Banchetti, compositioni di vivande et apparecchio generale* (Ferrara, 1549), p. 20. http://books.google.com 에서 찾아 볼 수 있다.
50 *The Opera of Bartolomeo Scappi* (1570), trans. Terence Scully (Toronto, 2008); June di Schino and Furio Luccichenti, *Il cuoco segreto dei papi – Bartolomeo Scappi e la Confraternita dei cuochi e dei pasticceri* (Rome, 2008).
51 Bartolomeo Scappi, *Opera* (Venezia, 1570), p. 2. http://archive.org 에서 볼 수 있다.

52 Capatti and Montanari, *Italian Cuisine*, p. 13.
53 Albala, *Food*, pp. 122–133.
54 Ibid., pp. 89–99.
55 Alison A. Smith, 'Family and Domesticity', in *A Cultural History of Food: In the Renaissance*, ed. Parasecoli and Scholliers, p. 138.
56 Serventi and Sabban, *Pasta*, pp. 63–90.
57 Claudia Roden, *The Book of Jewish Food* (New York, 1998), p. 479.
58 Toaff, *Mangiare*, p. 17.
59 Henry Kamen, 'The Mediterranean and the Expulsion of Spanish Jews in 1492', *Past and Present*, 119/1 (1988), pp. 30–55.
60 Joyce Goldstein, *Cucina Ebraica* (San Francisco, 1998); Edda Servi Machlin, *Classic Italian Jewish Cooking: Traditional Recipes and Menus* (New York, 2005).
61 Lucia Frattarelli Fischer and Stefano Villani, '"People of Every Mixture": Immigration, Tolerance and Religious Conflicts in Early Modern Livorno', in *Immigration and Emigration in Historical Perspective*, ed. Ann Katherine Isaacs (Pisa, 2007), pp. 93–107; Matthias B. Lehmann, 'A Livornese "Port Jew" and the Sephardim of the Ottoman Empire', *Jewish Social Studies*, 11/2 (2005), pp. 51–76.
62 Howard Adelman, 'Rabbis and Reality: Public Activities of Jewish Women in Italy during the Renaissance and Catholic Restoration', *Jewish History*, 5/1 (1991), pp. 27–40.
63 Toaff, *Mangiare*, pp. 26–27.
64 Maurizio Sentieri and Zazzu Guido, *I semi dell'Eldorado* (Bari, 1992); Alfred Crosby, *The Columbian Exchange: Biological and Cultural Consequences of 1492* (Westport, CT, 1972).
65 Valérie Boudier, 'Appropriation et représentation des animaux du Nouveau Monde chez deux artistes nord italiens de la fin du XVIe siècle. Le cas du dindon', *Food History*, 7/1 (2009), pp. 79–102.
66 Salvatore Marchese, *Benedetta patata: Una storia del '700, un trattato e 50 ricette* (Padova, 1999).
67 Gentilcore, *Pomodoro*, p. 4.
68 Dursteler, 'Food and Politics', p. 93.
69 Massimo Montanari, *Nuovo Convivio* (Bari, 1991), p. 183.

4장

1 Brian Fagan, *The Little Ice Age: How Climate Made History, 1300–1850* (New York, 2001).
2 Emilio Sereni, *History of the Italian Agricultural Landscape* (Princeton, NJ, 1997), p. 187.
3 Ibid, pp. 189–198.
4 Ariel Toaff, *Mangiare alla giudia* (Bologna, 2000), p. 82.
5 Ibid., pp. 74–75.
6 Bartolomeo Stefani, *L'arte del ben cucinare ed instruire i meno periti in questa lodevole professione: dove anche s'insegna a far pasticci, sapori, salse, gelatine, torte, ed altro* (Mantova, 1662), p. 137. www.academiabarilla.it 에서 찾아 볼 수 있다.
7 Ken Albala, *Food in Early Modern Europe* (Westport, CT, 2003), pp. 133–136.
8 John Dickie, *Delizia: The Epic History of the Italians and Their Food* (New York, 2008), pp. 139–143.
9 Alberto Capatti and Massimo Montanari, *Italian Cuisine: A Cultural History* (New York, 2003), p. 21.
10 Antonio Latini, *Lo scalco alla moderna. Overo l'arte di ben disporre li conviti* (Napoli, 1693), intro., p. 2. www.academiabarilla.it 에서 찾아 볼 수 있다.
11 David Gentilcore, *Pomodoro: A History of the Tomato in Italy* (New York, 2010), p. 48.
12 Albala, *Food*, pp. 13–18.
13 Giacomo Castelvetro, *The Fruit, Herbs, and Vegetables of Italy*, trans. Gillian Riley (London, 1989), p. 49.
14 Castelvetro, *The Fruit*, p. 65.
15 Massimo Montanari, *Nuovo Convivio* (Bari, 1991), pp. 355–356.
16 Ibid., p. 358.
17 Piero Camporesi, 'La cucina borghese dell'Ottocento fra tradizione e rinnovamento', in *La terra e la luna* (Garzanti, 1995), p. 233.
18 Sereni, *History*, p. 221.
19 Silvano Serventi and Françoise Sabban, *Pasta: The Story of a Universal Food* (New York, 2002), pp. 91–115.
20 Toaff, *Mangiare*, p. 111.
21 Mark Pendergrast, *Uncommon Grounds: The History of Coffee and How It Transformed Our World* (New York, 1999); Bennett A. Weinberg and Bonnie K.

Bealer, *The World of Caffeine: The Science and Culture of the World's Most Popular Drug* (New York and London, 2002).

22 Sophie D. Coe, *America's First Cuisines* (Austin, 1994), p. 55.
23 Montanari, *Nuovo Convivio*, pp. 315–316.
24 Piero Camporesi, *Exotic Brew: The Art of Living in the Age of Enlightenment* (Malden, MA, 1998), p. 40.
25 Ibid., p. 48.
26 Montanari, *Nuovo Convivio*, p. 335.
27 Gentilcore, *Pomodoro*, p. 53.
28 Albala, *Food*, pp. 139–140.
29 Alberto Capatti, 'Il Buon Paese', in *Introduzione alla Guida Gastronomica Italiana 1931* (Milan, 2003), p. 6.
30 Vincenzo Corrado, *Il Credenziere di Buon Gusto* (Napoli, 1778), p. ix.
31 Maria Attilia Fabbri Dall'Oglio and Alessandro Fortis, *Il gastrononomo errante Giacomo Casanova* (Rome, 1998).
32 Louis Chevalier de Jaucourt, 'Cuisine', in *Encyclopédie ou Dictionnaire raisonné des sciences, des arts et des métiers*, vol. IV (Paris, 1754), p. 538.
33 Renato Mariani-Costantini and Aldo Mariani-Costantini, 'An Outline of the History of Pellagra in Italy', *Journal of Anthropological Sciences*, 85 (2007), pp. 163–171.
34 Athos Bellettini, 'Aspetti e problemi della ripresa demografica nell'Italia del Settecento', *Società e Storia*, 6 (1979), pp. 817–838.
35 Vera Zamagni, *Economic History of Italy, 1860–1990: Recovery after Decline* (Oxford, 1993), pp. 118–119.
36 Alberto Capatti, Alberto De Bernardi and Angelo Varni, 'Introduzione', in *Storia d'Italia, Annali 13: L'alimentazione*, p. xxxv.
37 'La falange noi siam de' mietitori, / E falciamo le messi a lor signori. / Ben venga il Sol cocente, il Sol di giugno / Che ci arde il sangue, ci annerisce il grugno / E ci arroventa la falce nel pugno, Quando falciam le messi a lor signori... / I nostri figlioletti non han pane, / E chi sa? Forse moriran domane, / I nvidiando il pranzo al vostro cane ... / E noi falciamo le messi a lor signori. / Ebbre di sole ognun di noi barcolla; / Acqua ed aceto, un tozzo e una cipolla / Ci disseta, ci allena, ci satolla. / Falciam, falciam le messi a quei signori.' Mario Rapisardi, *Versi: scelti e riveduti da esso* (Milan, 1888), p. 167.

38 Francesco Taddei, 'Il cibo nell'Italia mezzadrile fra Ottocento and Novecento', in *Storia d'Italia, Annali 13: L'alimentazione*, ed. Alberto De Bernardi, Alberto Varni and Angelo Capatti (Turin, 1998), p. 32.

39 Giovanni Verga, *Cavalleria Rusticana and Other Stories*, trans. G. H. McWilliam (Harmondsworth, 1999), p. 169.

40 Alberto Caracciolo, *L'Inchiesta Agraria Jacini* (Turin, 1973).

41 Maria Luisa Betri, 'L'alimentazione popolare nell'Italia dell'Ottocento', in *Storia d'Italia, Annali 13: L'alimentazione*, ed. De Bernardi, Varni and Capatti, p. 7.

42 Giuliano Malizia, *La cucina romana e ebraico-romanesca* (Rome, 2001).

43 Carol Helstosky, *Garlic and Oil: Food and Politics in Italy* (Oxford, 2004), p. 22; Alfredo Niceforo, *Italiani del Nord, italiani del Sud* (Turin, 1901); Vito Teti, *La razza maledetta: origini del pregiudizio antimeridionale* (Rome, 2011).

44 Betri, 'L'alimentazione', p. 19.

45 Paolo Sorcinelli, *Gli Italiani e il cibo: dalla polenta ai cracker* (Milan, 1999), p. 47.

46 Giorgio Pedrocco, 'La conservazione del cibo: dal sale all'industria agroalimentare', in *Storia d'Italia, Annali 13: L'alimentazione*, ed. De Bernardi, Varni and Capatti, pp. 401–419.

47 Ibid., pp. 423–426.

48 Serventi and Sabban, *Pasta*, pp. 162–169.

49 Stefano Somogyi, 'L'alimentazione nell'Italia unita', in *Storia d'Italia*, vol. 5/1: *I documenti*, ed. Lellia Cracco Ruggini and Giorgio Cracco (Turin, 1973), pp. 841–887.

50 Francesco Chiapparino, 'L'industria alimentare dall'Unità al period fra le due guerre', in *Storia d'Italia, Annali 13: L'alimentazione*, ed. De Bernardi, Varni and Capatti, pp. 231–250.

51 Ada Lonni, 'Dall'alterazione all'adulterazione: le sofisticazioni alimentari nella società industriale', in *Storia d'Italia, Annali 13: L'alimentazione*, ed. De Bernardi, Varni and Capatti, pp. 531–584.

52 Giorgio Pedrocco, 'Viticultura e enologia in Italia nel XIX secolo', in *La vite e il vino: storia e diritto (secoli XI–XIX)*, ed. Maria Da Passano, Antonello Mattone, Franca Mele and Pinuccia F. Simbula (Rome, 2000), pp. 613–627.

53 Hugh Johnson, *Story of Wine* (London, 1989), p. 308.

54 Domenico Quirico, *Naja: storia del servizio di leva in Italia* (Milan, 2008).

55 Assunta Trova, 'L'approvvigionamento alimentare dell'esercito italiano', *Storia d'Italia*,

Annali 13: L'alimentazione, ed. De Bernardi, Varni and Capatti, pp. 495–530.
56 Pellegrino Artusi, *La scienza in cucina e l'arte di mangiar bene* [1891] (Florence, 1998), p. 93.
57 Artusi, *La scienza*, p. 168.
58 Helstosky, *Garlic*, p. 31.
59 Sorcinelli, *Gli italiani*, pp. 59–62.
60 Eugenia Tognotti, 'Alcolismo e pensiero medico nell'Italia liberale', in *La vite e il vino: storia e diritto (secoli XI–XIX)*, ed. Maria Da Passano, Antonello Mattone, Franca Mele and Pinuccia F. Simbula (Rome, 2000), pp. 1237–1248.
61 Sorcinelli, *Gli italiani*, pp. 50–52.
62 Penelope Francks, 'From Peasant to Entrepreneur in Italy and Japan', *Journal of Peasant Studies*, 22/4 (1995), pp. 699–709.
63 Elizabeth D. Whitaker, 'Bread and Work: Pellagra and Economic Transformation in Turn-of-the-century Italy', *Anthropological Quarterly*, 65/2 (1992), pp. 80–90.

5장

1 Paolo Sorcinelli, *Gli Italiani e il cibo: dalla polenta ai cracker* (Milan, 1999), p. 168.
2 Carol Helstosky, *Garlic and Oil: Food and Politics in Italy* (Oxford, 2004), p. 40.
3 Riccardo Bachi, *L'alimentazione e la politica annonaria* (Bari, 1926).
4 Giovanna Tagliati, 'Olindo Guerrini gastronomo: Le rime romagnole de E' Viazze L'arte di utilizzare gli avanzi della mensa', *Storia e Futuro*, 20 (2009). www.storiaefuturo.com 에서 찾아 볼 수 있다.
5 Olindo Guerrini, *L'arte di utilizzare gli avanzi della* mensa [1917] (Padova, 1993), p. 57.
6 Vera Zamagni, 'L'evoluzione dei consumi tra tradizione e innovazione', in *Storia d'Italia, Annali 13: L'alimentazione*, ed. Alberto De Bernardi, Alberto Varni and Angelo Capatti (Turin, 1998), p. 185.
7 1927년 곡물 수입을 제한하고 지방의 쌀 소비를 증진하기 위해 파쇼 정부가 쌀의 15퍼센트 이상을 맥주 양조에 강제 할당한 뒤로, 맥주의 상승세는 일시적으로 꺾이게 된다.
8 Helstosky, *Garlic*, p. 51.
9 Pasquale Lucio Scandizzo, 'L'agricoltura e lo sviluppo economico', in *L'Italia Agricola nel XX secolo: Storia e scenari* (Corigliano Calabro, 2000), p. 16.

10 Amate il pane, cuore della casa, profumo della mensa, gioia del focolare. Rispettate il pane, sudore della fronte, orgoglio del lavoro, poema di sacrificio. Onorate il pane, gloria dei campi, fragranza della terra, festa della vita. Non sciupate il pane, ricchezza della patria, il più soave dono di Dio, il più santo premio alla fatica umana. (Benito Mussolini, *Il popolo d'Italia*, 1928년 3월 25일 자, 15쪽).
11 Simonetta Falasca Zamponi, *Lo spettacolo del fascismo* (Rome, 2003), pp. 226–242.
12 Ernesto Laura, *Le stagioni dell'aquila: storia dell'Istituto Luce* (Rome, 2000).
13 www.archivioluce.com 에서 루체 국립영화제작소가 남긴 자료들을 찾아 볼 수 있다.
14 Helstosky, *Garlic*, pp. 100–102.
15 Sorcinelli, *Gli Italiani*, pp. 200–201.
16 Stephen C. Bruner, 'Leopoldo Franchetti and Italian Settlement in Eritrea: Emigration, Welfare Colonialism and the Southern Question', *European History Quarterly*, 39/1 (2009), pp. 71–94.
17 Kate Ferris, '"Fare di ogni famiglia italiana un fortilizio": The League of Nations' Economic Sanctions and Everyday Life in Venice', *Journal of Modern Italian Studies*, 11/2 (2006), pp. 117–142.
18 'Mai come in quest'ora delicatissima, in cui tutto ciò che è forza morale attiva e fattiva acquista, sulla via del sacrificio, un potere trascendentale, la vostra missione di massaie ha avuto la suprema importanza che si riconnette, nel modo più diverso, cogli attuali urgenti interessi della Nazione. Perché specialmente da voi, massaie, che delle vostre attività e delle vostre possibilità spirituali fate il fulcro della vita familiare, si vuole che parta l'esempio capace di portare irresistibilmente anche gli indifferenti, anche gli incoscienti alla rigida osservanza della regola di parsimonia che ci siamo imposte e nella quale persevereremo fino al giorno della vittoria!' (Frida, 'Cucina Antisanzionista', *Cucina Italiana*, 1935년 12월호, 9쪽).
19 Perry R. Wilson, 'Cooking the Patriotic Omelette: Women and the Italian Fascist Ruralization Campaign', *European History Quarterly*, 27/4 (1993), pp. 351–347; Paul Corner, 'Women in Fascist Italy: Changing Family Roles in the Transition from an Agricultural to an Industrial Society', *European History Quarterly*, 23/1 (1997), pp. 51–68.
20 Jeffrey T. Schnapp, 'The Romance of Caffeine and Aluminum', *Critical Inquiry*, 28/1(2001), pp. 244–269; Jonathan Morris, 'Making Italian Espresso, Making Espresso Italian', *Food and History*, 8/2 (2010), pp. 155–184.

21 'Il caffe non e necessario alla nostra razza dinamica, attiva, svegliatissima, quindi niente affatto bisognosa di eccitanti o stimolanti in genere ... Il caffe non rappresenta per noi una necessità ma una ghiottoneria, un'abitudine, un pregiudizio che sia la panacea di molti mali o l'indispensabile aiuto di quel lavoro che non ci sgomenta mai neppure se snervante o continuo o identico a se stesso, quel lavoro che per essere da noi integralmente e sanamente compiuto non ha bisogno delle pause al banco degli espressi' (Eleonora della Pura, 'Vini tipici e frutta invece di cafe', *La cucina italiana*, 1939년 6월호, 164쪽).
22 Gian Franco Vené, *Mille lire al mese: vita quotidiana della famiglia nell'Italia Fascista* (Milan, 1988).
23 Gianni Isola, *Abbassa la tua radio per favore ... Storia dell'ascolto radiofonico nell'italia fascista* (Florence, 1990).
24 Adam Ardvisson, 'Between Fascism and the American Dream: Advertising in Interwar Italy', *Social Science History*, 25/2 (2001), p. 176.
25 Giampaolo Gallo, Renato Covino and Roberto Monicchia, 'Crescita, crisi, riorganizzazione: l'industria alimentare dal dopoguerra a oggi', in *Storia d'italia, Annali 13: L'alimentazione*, ed. De Bernardi, Varni and Capatti, p. 172.
26 Alberto Capatti, 'La nascita delle associazioni vegetariane in Italia', *Food and History*, 2/1 (2004), pp. 167–190.
27 Ada Bonfiglio Krassich, *Almanacco della cucina 1937: La cucina economica e sana: consigli preziosi per la massaia* (Milan, 1936), p. 25.
28 Bonfiglio Krassich, *Almanacco*, p. 34.
29 Steve Siporin, 'From Kashrut to Cucina Ebraica: The Recasting of Italian Jewish Foodways', *Journal of American Folklore*, 107/424 (1994), pp. 268–281.
30 Agnese Portincasa, 'Il Touring Club Italiano e la Guida Gastronomica d'Italia. Creazione, circolazione del modello e tracce della sua evoluzione (1931–1984)', *Food and History*, 6/1 (2008), pp. 83–116.
31 Touring Club Italiano, *Guida Gastronomica d'Italia* (Milan, 1931); Massimo Montanari, 'Gastronomia e Cultura', in *Introduzione alla Guida Gastronomica Italiana 1931* (Milan, 2003), pp. 4–5.
32 Alberto Capatti, *L'osteria nuova: una storia italiana del XX secolo* (Bra, 2000), p. 65.
33 Alberto Capatti, 'Il Buon Paese', in *Introduzione alla Guida Gastronomica Italiana 1931* (Milan, 2003), p. 16.

34 Federazione Nazionale Fascista Pubblici Esercizi, *Trattorie d'Italia 1939* (Rome, 1939).
35 Capatti, *L'osteria*, pp. 34–35.
36 Ibid., pp. 19–22.
37 Hans Barth, *Osteria: Guida spirituale delle osterie italiane da Verona a Capri* (Florence, 1921).
38 Filippo Tommaso Marinetti and Fillìa [Luigi Colombo], *La cucina futurista* (Milan 1932), pp. 28–30.
39 Ibid., p. 5.
40 Ibid., pp. 218–219.
41 Enrico Cesaretti, 'Recipes for the Future: Traces of Past Utopias in the Futurist Cookbook', *European Legacy*, 14/7 (2009), pp. 841–856.
42 Marinetti and Fillìa, *La cucina futurista*, p. 146.
43 Maria Paola Moroni Salvatori, 'Ragguaglio bibliografico sui ricettari del primo Novecento', in *Storia d'Italia, Annali 13: L'alimentazione*, ed. De Bernardi, Varni and Capatti, p. 900.
44 Pietro Luminati, *La Borsa Nera* (Rome, 1945).
45 Pierpaolo Luzzato Fegiz, *Alimentazione e Prezzi in tempo di Guerra, 1942–1943* (Trieste, 1948).
46 Sorcinelli, *Gli italiani*, p. 137.
47 Rinaldo Chidichimo, 'Un secolo di agricoltura italiana: uno sguardo d'insieme', in *L'Italia Agricola nel XX secolo: Storia e scenari*, ed. Società Italiana degli Agricoltori (Corigliano Calabro, 2000), p. 5.
48 Paul Ginsborg, *A History of Contemporary Italy: Society and Politics 1943–1988* (New York, 2003), pp. 121–140.
49 Scandizzo, 'L'agricoltura', pp. 30–31.
50 Cao Pinna, 'Le classi povere', in *Atti della commissione parlamentare di inchiesta sulla miseria in Italia e sui mezzi per combatterla*, vol. II (Rome, 1954).
51 Sorcinelli, *Gli italiani*, p. 212.
52 Viviana Lapertosa, *Dalla fame all'abbondanza: Gli italiani e il cibo nel cinema dal dopoguerra ad oggi* (Turin, 2002).
53 Fabio Carlini, Donata Dinoia and Maurizio Gusso, *C'è il boom o non c'è. Immagini dell'Italia del miracolo economico attraverso film dell'epoca (1958–1965)* (Milan,

1998).
54 Helstosky, *Garlic*, p. 127.
55 Luisa Tasca, '"The Average Housewife" in Post-World War II Italy', *Journal of Women's History*, 16/2 (2004), pp. 92–115; Adam Arvidsson, 'The Therapy of Consumption Motivation Research and the New Italian Housewife, 1958–62', *Journal of Material Culture*, 5/3 (2000), pp. 251–274.
56 Scandizzo, 'L'agricoltura', p. 35.
57 Paolo Malanima, 'Urbanisation and the Italian Economy During the Last Millennium', *European Review of Economic History*, 9 (2005), p. 106.
58 Sorcinelli, *Gli italiani*, p. 219.
59 Scandizzo, 'L'agricoltura', p. 22.
60 Gianpaolo Fissore, 'Gli italiani e il cibo sul grande schermo dal secondo dopoguerra a oggi', in *Il cibo dell'altro: movimenti migratori e culture alimentari nella Torino del Novecento*, ed. Marcella Filippa (Rome, 2003), pp. 163–179.
61 Mara Anastasia and Bruno Maida, 'I luoghi dello scambio', in *Il cibo dell'altro: movimenti migratori e culture alimentari nella Torino del Novecento*, ed. Marcella Filippa (Rome, 2003), pp. 3–52.
62 Rachel E. Black, *Porta Palazzo: The Anthropology of an Italian Market* (Philadelphia, 2012).
63 Paolo Sorcinelli, 'Identification Process at Work: Virtues of the Italian Working-class Diet in the First Half of the Twentieth Century', in *Food, Drink and Identity*, ed. Peter Scholliers (Oxford, 2001), p. 81.
64 Istituto Italiano Alimenti Surgelati, *I surgelati: amici di famiglia* (Rome, 2011), p. 30.
65 Gian Paolo Ceserani, *Storia della pubblicità in Italia* (Bari, 1988); Gianni Canova, *Dreams: i sogni degli italiani in 50 anni di pubblicità televisiva* (Milan, 2004); Gian Luigi Falabrino, *Storia della pubblicità in Italia dal 1945 a oggi* (Rome, 2007).
66 Emanuela Scarpellini, 'Shopping American-style: The Arrival of the Super market in Postwar Italy', *Enterprise and Society*, 5/4 (2004), pp. 625–668.
67 Bernando Caprotti, *Falce e carrello: Le mani sulla spesa degli italiani* (Venezia, 2007).
68 Morris, 'Making Italian Espresso', p. 164.

6장

1 Piero Camporesi, *La terra e la luna* (Garzanti, 1995), p. 339.
2 Pasquale Lucio Scandizzo, 'L'agricoltura e lo sviluppo economico', in *L'Italia Agricola nel XX secolo: Storia e scenari* (Corigliano Calabro, 2000), p. 41.
3 Ibid., p. 21.
4 Aida Turrini, Anna Saba, Domenico Perrone, Eugenio Cialfa and Amleto D'Amicis, 'Food Consumption Patterns in Italy: the INN-CA Study 1994–1996', *European Journal of Clinical Nutrition*, 55/7 (2001), pp. 571–588.
5 ISTAT, *Rapporto Annuale 2012: La situazione del Paese* (Rome, 2012).
6 Fondazione Qualivita – Ismea, *Rapporto 2011 sulle produzioni agroalimentari italiane dop igp stg* (Siena, 2012).
7 Monica Giulietti, 'Buyer and Seller Power in Grocery Retailing: Evidence from Italy', *Revista de Economia del Rosario*, 10/2 (2007), pp. 109–125.
8 Ulf Johansson and Steve Burt, 'The Buying of Private Brands and Manufacturer Brands in Grocery Retailing: a Comparative Study of Buying Processes in the UK, Sweden and Italy', *Journal of Marketing Management*, 20/7–8 (2004), pp. 799–824.
9 Lucio Sicca, *Lo straniero nel piatto* (Milan, 2002).
10 Rachel Eden Black, *Porta Palazzo: The Anthropology of an Italian Market* (Philadelphia, 2012), pp. 93–118.
11 Riccardo Vecchio, 'Local Food at Italian Farmers' Markets: Three Case Studies', *International Journal of Sociology of Agriculture and Food*, 17/2 (2010), pp. 122–139.
12 Anna Carbone, Marco Gaito and Saverio Senni, 'Consumer Attitudes toward Ethical Food: Evidence from Social Farming in Italy', *Journal of Food Products Marketing*, 15/3 (2009), pp. 337–350.
13 Paolo C. Conti, *La leggenda del buon cibo italiano* (Rome, 2006), pp. 102–112.
14 Maria Paola Ferretti and Paolo Magaudda, 'The Slow Pace of Institutional Change in the Italian Food System', *Appetite*, 67/2 (2006), pp. 161–169; Bente Halkier, Lotte Holm, Mafalda Domingues, Paolo Magaudda, Annemette Nielsen and Laura Terragni, 'Trusting, Complex, Quality-conscious or Unprotected?' *Journal of Consumer Culture*, 7/3 (2007), pp. 379–402; Roberta Sassatelli and Alan Scott, 'Novel Food, New Markets and Trust Regimes: Responses to the Erosion of Consumers'

Confidence in Austria, Italy and the UK', *European Societies*, 3/2 (2001), pp. 213–244; Andrew Fearne, Susan Hornibrook and Sandra Dedman, 'The Management of Perceived Risk in the Food Supply Chain: A Comparative Study of Retailer-led Beef Quality Assurance Schemes in Germany and Italy', *International Food and Agribusiness Management Review*, 4/1 (2001), pp. 19–36.

15 http://gmofree-euroregions.regione.marche.it 참조.
16 Johanna Gibson, 'Markets in Tradition – Traditional Agricultural Communities in Italy and the Impact of GMOs', *Script-ed*, 3/3 (2006), pp. 243–252.
17 Ferruccio Trabalzi, 'Crossing Conventions in Localized Food Networks: Insights from Southern Italy', *Environment and Planning A*, 39/2 (2007), pp. 283–300; Andrés Rodríguez-Pose and Maria Cristina Refolo, 'The Link Between Local Production Systems and Public and University Research in Italy', *Environment and Planning A*, 35/8 (2003), pp. 1477–1492.
18 Felice Adinolfi, Marcello De Rosa, Ferruccio Trabalzi, 'Dedicated and Generic Marketing Strategies: The Disconnection between Geographical Indications and Consumer Behavior in Italy', *British Food Journal*, 113/3 (2011), pp. 419–435.
19 Conti, *La leggenda*, pp. 200–202.
20 Directorate-General for Agriculture and Rural Development, *An Analysis of the EU Organic Sector* (Brussels, 2010).
21 Achille Mingozzi and Rosa Maria Bertino, *Rapporto Bio Bank 2012: prosegue la corsa per accorciare la filiera* (Forlí, 2012). www.biobank.it 참조.
22 Roberta Sonnino, 'Quality Food, Public Procurement, and Sustainable Development: The School Meal Revolution in Rome', *Environment and Planning A*, 41/2 (2009), pp. 425–440; Stefano Bocchi, Roberto Spigarolo, Natale Marcomini and Valerio Sarti, 'Organic and Conventional Public Food Procurement for Youth in Italy', *Bioforsk Report*, 3/42 (2008), pp. 1–45.
23 Carole Counihan, *Around the Tuscan Table: Food, Family, and Gender in Twentieth-century Florence* (New York and London, 2004).
24 Angelo Presenza, Antonio Minguzzi and Clara Petrillo, 'Managing Wine Tourism in Italy', *Journal of Tourism Consumption and Practice*, 2/1 (2010), pp. 46–61.
25 Filippo Ceccarelli, *Lo stomaco della Repubblica* (Milan, 2000).
26 Fabio Parasecoli, 'Postrevolutionary Chowhounds: Food, Globalization, and the Italian Left', *Gastronomica*, 3/3 (2003), pp. 29–39.

27 Mara Miele and Jonathan Murdoch, 'The Practical Aesthetics of Traditional Cuisines: Slow Food in Tuscany', *Sociologia Ruralis*, 42/4 (2002), pp. 312–328; Costanza Nosi and Lorenzo Zanni, 'Moving From "Typical Products" to "Food-related services": The Slow Food Case as a New Business Paradigm', *British Food Journal*, 106/10–11 (2004), pp. 779–792.
28 Corby Kummer, *The Pleasures of Slow Food: Celebrating Authentic Traditions, Flavors, and Recipes* (San Francisco, 2002).
29 Heather Paxson, 'Slow Food in a Fat Society: Satisfying Ethical Appetites', *Gastronomica*, 5/2 (2005), pp. 14–18; Narie Sarita Gaytàn, 'Globalizing Resistance: Slow Food and New Local Imaginaries', *Food, Culture and Society*, 7/2 (2004), pp. 97–116.
30 Carlo Petrini, ed., *Slow Food: Collected Thoughts on Taste, Tradition, and the Honest Pleasures of Food* (White River Junction, VT, 2001); Carlo Petrini, *Slow Food: The Case of Taste* (New York, 2003); Carlo Petrini and Gigi Padovani, *Slow Food Revolution* (New York, 2006).
31 Janet Chrzan, 'Slow Food: What, Why, and to Where?', *Food, Culture and Society*, 7/2 (2004), pp. 117–132.
32 Rachel Laudan, 'Slow Food: The French Terroir Strategy, and Culinary Modernism', *Food, Culture and Society*, 7/2 (2004), pp. 133–144.

7장

1 Jeffrey M. Pilcher, *Food in World History* (New York, 2006), p. 87.
2 David Gentilcore, *Pomodoro: A History of the Tomato in Italy* (New York, 2010), p. 100; Ercole Sori, *L'emigrazione italiana dall'unità alla seconda guerra mondiale* (Bologna, 1980).
3 Alberto Pecorini, 'The Italian as an Agricultural Laborer', *Annals of the American Academy of Political and Social Science*, 33/2 (1909), p. 158.
4 Ibid., p. 159.
5 Nancy Tregre Wilson, *Louisiana's Food, Recipes, and Folkways* (Gretna, LA, 2005).
6 Joel Denker, *The World on a Plate: A Tour through the History of America's Ethnic Cuisines* (Boulder, CO, 2003), pp. 14–20.
7 Dick Rosano, *Wine Heritage: The Story of Italian American Vintners* (San Francisco,

2000); Simone Cinotto, *Terra soffice uva nera: Vitivinicoltori piemontesi in California prima e dopo il Proibizionismo* (Turin, 2008).

8 Carol Helstosky, *Garlic and Oil: Food and Politics in Italy* (Oxford, 2004), p. 28.
9 Gentilcore, *Pomodoro*, p. 114.
10 Julia Lovejoy Cuniberti, *Practical Italian Recipes for American Kitchens* (Gazette Printing Company, 1918), p. 27. http://books.google.com 에서 찾아 볼 수 있다.
11 Donna Gabaccia, *We Are What We Eat: Ethnic Food and the Making of Americans* (Cambridge, MA, 1998), p. 52.
12 Hasia Diner, *Hungering for America: Italian, Irish, and Jewish Foodways in the Age of Migration* (Cambridge, MA, 2001), p. 64.
13 Naomi Guttman and Roberta L. Krueger, 'Utica Greens: Central New York's Italian–American Specialty', *Gastronomica*, 9/3 (2009), pp. 62–67.
14 Maddalena Tirabassi, *Il Faro di Beacon Street: Social Workers e immigrate negli Stati Uniti, 1910–1939* (Milan, 1990).
15 Jane Ziegelman, *97 Orchard: An Edible History of Five Immigrant Families in One New York Tenement* (New York, 2010), pp. 183–227.
16 Fernando Devoto, Gianfausto Rosoli and Diego Armus, *La inmigracion italiana en la Argentina* (Buenos Aires, 2000); Fernando Devoto, *La Historia de los Italianos en la Argentina* (Buenos Aires, 2008); Franco Cenni, *Italianos no Brasil: 'Andiamo in Merica'* (São Paulo, 2002).
17 Paola Corti, 'Emigrazione e consuetudini alimentari', in *Storia d'Italia, Annali 13: L'alimentazione*, ed. Alberto De Bernardi, Alberto Varni and Angelo Capatti (Turin, 1998), pp. 696–702.
18 Diner, *Hungering*, pp. 48–83.
19 Roberta James, 'The Reliable Beauty of Aroma: Staples of Food and Cultural Production among Italian Australians', *Australian Journal of Anthropology*, 15/1 (2004), pp. 23–39; Harvey Levenstein, *Paradox of Plenty: A Social History of Eating in Modern America* (Berkeley and Los Angeles, 2003), p. 29.
20 Simone Cinotto, 'La cucina diasporica: il cibo come segno di identita culturale', in *Storia d'Italia, Annali 24: Migrazioni*, ed. Alberto De Bernardi, Alberto Varni and Angelo Capatti (Turin, 2009), pp. 653–672.
21 Lara Pascali, 'Two Stoves, Two Refrigerators, Due Cucine: The Italian Immigrant Home with Two Kitchens', *Gender, Place and Culture*, 13/6 (2006), pp. 685–695.

22 Leen Beyers, 'Creating Home: Food, Ethnicity and Gender among Italians in Belgium since 1946', *Food, Culture and Society*, 11/1 (2008), pp. 7–27.
23 Maren Möhring, 'Staging and Consuming the Italian Lifestyle: The Gelateria and the Pizzeria-Ristorante in Post-war Germany', *Food and History*, 7/2 (2009), pp. 181–202.
24 Jonathan Morris, 'Imprenditoria italiana in Gran Bretagna Il consumo del caffè "stile italiano"', *Italia Contemporanea*, 241 (2005), pp. 540–552.
25 Rossella Ceccarini, *Pizza and Pizza Chefs in Japan: A Case of Culinary Globalization* (Leiden, 2011); Corky White, 'Italian Food: Japan's Unlikely Culinary Passion', *The Atlantic* (6 October 2010). www.theatlantic.com 에서 찾아 볼 수 있다.
26 Robbie Swinnerton, 'Italian Cucina Meets 21st-century Tokyo', *Japan Times* online (18 June 2004). www.japantimes.co.jp 에서 찾아 볼 수 있다.
27 http://japaneats.tv 에서 발췌.
28 Luigi Cembalo, Gianni Cicia, Teresa Del Giudice, Riccardo Scarpa and Carolina Tagliafierro, 'Beyond Agropiracy: The Case of Italian Pasta in the United States Retail Market', *Agribusiness*, 24/3 (2008), pp. 403–413.
29 Gabaccia, *We Are What We Eat*, p. 150.
30 John F. Mariani, *How Italian Food Conquered the World* (New York, 2011), pp. 44–45.
31 Hasimu Huliyeti, Sergio Marchesini and Maurizio Canavari, 'Chinese Distribution Practitioners' Attitudes towards Italian Quality Foods', *Journal of Chinese Economic and Foreign Trade Studies*, 1/3 (2008), pp. 214–231.
32 Davide Girardelli, 'Commodified Identities: The Myth of Italian Food in the United States', *Journal of Communication Inquiry*, 28/4 (2004), pp. 307–324.
33 itchefs, GVCI, 'IDIC 2010: An Unforgettable Day in the Name of Tagliatelle al Ragù Bolognese', www.itchefs-gvci.com.
34 Dwayne Woods, 'Pockets of Resistance to Globalization: The Case of the Lega Nord', *Patterns of Prejudice*, 43/2(2009), pp. 161–177.
35 Laura Chadwick, *The Celts* (London, 1997), p. 19.
36 Michael Dietler, 'Our Ancestors the Gauls: Archaeology, Ethnic Nationalism, and the Manipulation of Celtic Identity in Modern Europe', *American Anthropologist*, New Series, 96/3 (1994), p. 584.
37 E. Ma, 'La polenta uncia contro il "cous cous"', *La Provincia di Como* (7 February 2004).
38 'Straniera la polenta uncia: L'accusa arriva dallo chef', *La Provincia di Como* (1

Feburary 2010). www.laprovinciadicomo.it 에서 찾아 볼 수 있다.
39 Flavia Krause-Jackson, 'Tuscan Town Accused of Culinary Racism for Kebab Ban', www.bloomberg.com, 27 January 2009.
40 Maria Sorbi, '"Coprifuoco" notturno per kebab e gelati', www.ilgiornale.it, 22 April 2009.
41 Matthew Fort, 'McDonald's Launch McItaly', *The Guardian* (28 January 2010).
42 Ibid.
43 Carlo Petrini, 'Lettera al panino McItaly', *La Repubblica* (3 February 2010).
44 'Gualtiero Marchesi firma due nuovi panini per Mcdonald's', www.italianfoodnet.com, 11 October 2011.
45 Luca Zaia, *Adottare la terra (per non morire di fame)* (Milan, 2010), p. 9.
46 Ibid., p. 20.
47 Ibid., p. 57.
48 Rosario Scarpato, 'Pizza: An Organic Free Range. Tale in Four Slices', *Divine*, 20 (2001), pp. 30–41.
49 European Union Commission, 'Commission Regulation (EU) no 97/2010', *Official Journal of the European Union*, 6/2 (2010), pp. L34/7–16.
50 Ian Fisher, 'Is Cuisine Still Italian Even if the Chef Isn't?', *New York Times* (7 April 2008).
51 Pina Sozio, 'Fornelli d'Italia', *Gambero Rosso*, 19/221 (2010), pp. 86–91.
52 Marco Delogu, 'Due Migrazioni', *Sguardi online*, 54 (2007). www.nital.it 에서 볼 수 있다. Marco Delogu, *Pastori*, vol. 2 (Rome, 2009).
53 Lorenzo Cairoli, 'Pigneto: Etnico senza trucchi', *Gambero Rosso*, 19/220 (2010), pp. 76–83.
54 Jonathan Leake, 'Global Warming Threatens to Rob Italy of Pasta', *Sunday Times* (15 November 2009), p. 9.
55 Rudy Ruitenberg, 'Italian Grain Imports Rise 11% on Soft-Wheat, Barley Purchases, Group Says', www.bloomberg.com, 13 August 2010.
56 Barilla, FAQs (2010), www.barillaus.com.
57 Coldiretti, 'Rosarno: Coldiretti, nei campi oltre 90mila extracomunitari regolari', *NewsColdiretti* (24 January 2010). www.coldiretti.it 에서 찾아 볼 수 있다.
58 Giuseppe Salvaggiulo, 'La rivolta nera di Rosarno', *La Stampa* (8 January 2010).
59 Massimo Ferrara, 'Food, Migration, and Identity: Halal Food and Muslim Immigrants in Italy', masters thesis, Center for Global and International Studies, University of

Kansas, 2011, pp. 25–26.
60 Pierpaolo Mudu, 'The People's Food: The Ingredients of "Ethnic" Hierarchies and the Development of Chinese Restaurants in Rome', *GeoJournal*, 68 (2007), pp. 195–210.

8장

1 Emilio Faccioli, ed., *Arte della cucina. Libri di ricette, testi sopra lo scalco, I trinciante e i vini. Dal XIV al XIX secolo*, vol. 1 (Milan, 1966), p. 143.
2 Faccioli, *Arte*, p. 146.
3 Pecorino Toscano dop, *Viaggio nella storia* [Travel history] (2008). www.pecorinotoscanodop.it 에서 찾아 볼 수 있다.
4 European Union Council, 'Council Regulation (EC) no 510/2006', *Official Journal* L 93, 31/3 (2006), pp. 12–25.
5 Giovanni Haussmann, 'Il suolo d'Italia nella storia', in *Storia d'Italia: I caratteri originali*, vol. 1, ed. Ruggiero Romano and Corrado Vivanti (Turin, 1989), p. 66.
6 Girolamo Arnaldi, *Italy and Its Invaders* (Cambridge, MA, 2005), p. vii.
7 Pellegrino Artusi, *La scienza in cucina e l'arte di mangiare bene* [1891] (Florence, 1998), p. 29.
8 '150 anni di sapori', *Gambero Rosso*, 20/228 (2011), pp. 23–36.
9 Julio Paz Cafferata and Carlos Pomareda, *Indicaciones geograficas y denominaciones de origen en Centroamerica: situacion y perspectivas* (Geneva, 2009); Leonardo Granados and Carols Álvarez, 'Viabilidad de establecer el sistema de denominaciones de origen de los productos agroalimentarios en Costa Rica', *Agronomía Costarricense*, 26/1 (2002), p. 63–72.
10 Vito Teti, *Il colore del cibo* (Rome, 1999), pp. 107–114.
11 Vittorio Agnetti, *La nuova cucina delle specialità regionali* (Milan, 1909).
12 Ibid., pp. 5–6.
13 Touring Club Italiano, *Guida Gastronomica d'Italia* (Milan, 1931).
14 Ibid., p. 5.
15 John F. Mariani, *How Italian Food Conquered the World* (New York, 2011), p. 163.
16 Massimo Montanari, *L'identità Italiana in Cucina* (Rome, 2010), p. vii.
17 Ibid., p. 17.

18 Alberto Capatti and Massimo Montanari, *Italian Cuisine: A Cultural History* (New York, 2003), p. xiv.
19 Michael Hardt and Antonio Negri, *Empire* (Cambridge, MA, 2001), pp. 44–45.
20 Davide Panagia, *The Political Life of Sensation* (Durham, NC, and London, 2009).
21 Regina Bendix, *In Search of Authenticity: The Formation of Folklore Studies* (Madison, WI, 1997); Meredith Abarca, 'Authentic or Not, It's Original', *Food and Foodways*, 12/1 (2004), pp. 1–25.

참고문헌

Abarca, Meredith, 'Authentic or Not, it's Original', *Food and Foodways*, 12/1 (2004), pp. 1–25.
Abulafia, David, 'Pisan Commercial Colonies and Consulates in Twelfth-century Sicily', *English Historical Review*, 93/366 (1978), pp. 68–81.
——, 'The Crown and the Economy under Roger II and his Successors', *Dumbarton Oaks Papers*, 37 (1983), pp. 1–14.
Abu-Lughod, Janet, *Before European Hegemony: The World System, AD 1250–1350* (New York and Oxford, 1989).
Acemoglu, Daron, and James A. Robinson, *Why Nations Fail: The Origin of Power, Prosperity, and Poverty* (New York, 2012).
Achilli, Alessandro et al., 'Mitochondrial DNA Variation of Modern Tuscans Supports the Near Eastern Origin of Etruscans', *American Journal of Human Genetics*, 80/4 (2007), pp. 759–768.
Adelman, Howard, 'Rabbis and Reality: Public Activities of Jewish Women in Italy during the Renaissance and Catholic Restoration', *Jewish History*, 5/1 (1991), pp. 27–40.
Adinolfi, Felice, Marcello De Rosa and Ferruccio Trabalzi, 'Dedicated and Generic Marketing Strategies: The Disconnection between Geographical Indications and Consumer Behavior in Italy', *British Food Journal*, 113/3 (2011), pp. 419–435.
Agnetti, Vittorio, *La nuova cucina delle specialità regionali* (Milan, 1909). www.academiabarilla.it 에서 볼 수 있다.
Albala, Ken, *Eating Right in the Renaissance* (Berkeley and Los Angeles, 2002).
——, *Food in Early Modern Europe* (Westport, CT, 2003).
Albarella, Umberto, Antonio Tagliacozzo, Keith Dobney and Peter Rowley-Conwy, 'Pig Hunting and Husbandry in Prehistoric Italy: A Contribution to the Domestication Debate', *Proceedings of the Prehistoric Society*, 72 (2006), pp. 193–227.
Alexandre-Bidon, Daniele, 'La cigale et la fourmi: Céramique et conservation des aliments

et des médicaments (Moyen Age–XVI siècle)', in *Profusion et Pénurie: Les hommes face à leurs besoins alimentaires*, ed. Martin Bruegel (Rennes, 2009), pp. 71–84.

Amouretti, Marie-Claire, 'Urban and Rural Diets in Greece', in *Food: A Culinary History from Antiquity to the Present*, ed. Jean-Louis Flandrin and Massimo Montanari (New York, 1999), pp. 79–89.

Anastasia, Mara, and Bruno Maida, 'I luoghi dello scambio', in *Il cibo dell'altro: movimenti migratori e culture alimentari nella Torino del Novecento*, ed. Marcella Filippa (Roma, 2003), pp. 3–52.

Ardvisson, Adam, 'Between Fascism and the American Dream: Advertising in Interwar Italy', *Social Science History*, 25/2 (2001), pp. 151–184.

——, 'The Therapy of Consumption Motivation Research and the New Italian Housewife, 1958–62', *Journal of Material Culture*, 5/3 (2000), pp. 251–274.

Arnaldi, Girolamo, *Italy and Its Invaders* (Cambridge, MA, 2005).

Artusi, Pellegrino, *La scienza in cucina e l'arte di mangiare bene* [1891] (Firenze, 1998).

Ashtor, E., 'Profits from Trade with the Levant in the Fifteenth Century', *Bulletin of the School of Oriental and African Studies*, 38/2 (1975), pp. 250–275.

Bachi, Riccardo, *L'alimentazione e la politica annonaria* (Bari, 1926).

Badel, Christophe, 'Ivresse et ivrognerie à Rome (IIe s av. J.-C. – IIIe s ap. J.-C.)', *Food and History*, 4/2 (2006), pp. 75–89.

Badet, Muriel, 'Piero di Cosimo: d'une iconographie a l'autre. Rapt, repas de noce et pique-nique pour l'Enlevement d'Hippodamie', *Food and History*, 4/1 (2006), pp. 147–167.

Badiali, Federica, *Cucina mediaevale italiana* (Bologna, 1999).

Banaji, Jairus, *Agrarian Change in Late Antiquity: Gold, Labour, and Aristocratic Dominance* (Oxford, 2007).

Barker, Graeme, *The Agricultural Revolution in Prehistory: Why Did Foragers Become Farmers?* (Oxford, 2006).

Barth, Hans, *Osteria: Guida spirituale delle osterie italiane da Verona a Capri* (Firenze, 1921).

Beekes, Robert, 'The Prehistory of the Lydians, the Origin of the Etruscans, Troy and Aeneas', *Biblioteca Orientalis*, 59/3–4 (2002), pp. 205–241.

Belayche, Nicole, 'Religion et consommation de la viande dans le monde romain: des réalités voilées', *Food and History*, 5/1 (2007), pp. 29–43.

Bellettini, Athos, 'Aspetti e problemi della ripresa demografica nell'Italia del Settecento',

Società e Storia, 6 (1979), pp. 817–838.
Bendix, Regina, *In Search of Authenticity: The Formation of Folklore Studies* (Madison, WI, 1997).
Benito, Pere, 'Food Systems', in *A Cultural History of Food: In the Medieval Age*, ed. Fabio Parasecoli and Peter Scholliers (Oxford, 2012), pp. 37–56.
Bernabò Brea, Maria, Andrea Cardarelli and Mauro Cremaschi, eds, *Le terremare, la più antica civiltà padana* (Milan, 1997).
Betri, Maria Luisa, 'L'alimentazione popolare nell'Italia dell'Ottocento', in *Storia d'Italia, Annali 13: L'alimentazione*, ed. Alberto De Bernardi, Alberto Varni and Angelo Capatti (Torino, 1998), pp. 7–38.
Beyers, Leen, 'Creating Home: Food, Ethnicity and Gender among Italians in Belgium since 1946', *Food, Culture and Society*, 11/1 (2008), pp. 7–27.
Black, Rachel Eden, *Porta Palazzo: The Anthropology of an Italian Market* (Philadelphia, 2012).
Bocchi, Stefano, Roberto Spigarolo, Natale Marcomini and Valerio Sarti, 'Organic and Conventional Public Food Procurement for Youth in Italy', *Bioforsk Report*, 3/42 (2008), pp. 1–45.
Bosi, Giovanna, Anna Maria Mercuri, Chiara Guarnieri and Marta Bandini Mazzanti, 'Luxury Food and Ornamental Plants at the 15th-century AD Renaissance Court of the Este Family (Ferrara, Northern Italy)', *Vegetation History and Archaeobotany*, 18/5 (2009), pp. 389–402.
Boudier, Valérie, 'Appropriation et représentation des animaux du Nouveau Monde chez deux artistes nord italiens de la fin du XVIe siècle: Le cas du dindon', *Food History*, 7/1 (2009), pp. 79–102.
Bova, Aldo, *L'avventura del vetro dal Rinascimento al Novecento tra Venezia e mondi lontani* (Geneva, 2010).
Braudel, Fernand, *Memory and the Mediterranean* (New York, 2001).
Briggs, Daphne Nash, 'Metals, Salt, and Slaves: Economic Links between Gaul and Italy from the Eighth to the Late Sixth Centuries BC', *Oxford Journal of Archaeology*, 22/3 (2003), pp. 243–259.
——, 'Servants at a Rich Man's Feast: Early Etruscan Household Slaves and Their Procurement', *Etruscan Studies*, 9, Article 14 (2002). http://scholarworks.umass.edu 에서 볼 수 있다.

Broekaert, Wim, and Arjan Zuiderhoek, 'Food and Politics in Classic Antiquity', in *A Cultural History of Food in Antiquity*, ed. Fabio Parasecoli and Peter Scholliers (London, 2012), pp. 41–55.

——, 'Food Systems in Classic Antiquity', in *A Cultural History of Food in Antiquity*, ed. Fabio Parasecoli and Peter Scholliers (London, 2012), pp. 75–93.

Brothwell, Don, and Patricia Brothwell, *Food in Antiquity: A Survey of the Diet of Early Peoples* (Baltimore and London, 1998).

Brown, Thomas and Neil Christie, 'Was There a Byzantine Model of Settlement in Italy?', *Melanges de l'École française de Rome: Moyen-Age, Temps modernes*, 101/2 (1989), pp. 377–399.

Brownworth, Lars, *Lost to the West* (New York, 2009).

Bruegel, Martin, 'Pénurie et profusion: de la crise alimentaire à l'alimentation en crise', in *Profusion et pénurie: les hommes face à leurs besoins alimentaires*, ed. Martin Bruegel (Rennes, 2009), pp. 9–34.

Bruner, Stephen C., 'Leopoldo Franchetti and Italian Settlement in Eritrea: Emigration, Welfare Colonialism and the Southern Question', *European History Quarterly*, 39/1 (2009), pp. 71–94.

Bryer, Anthony, 'Byzantine Agricultural Implements: The Evidence of Medieval Illustrations in Hesiod's "Works and Days"', *Annual of the British School at Athens*, 81 (1986), pp. 45–80.

Cafferata, Julio Paz and Carlos Pomareda, *Indicaciones geograficas y denominaciones de origen en Centroamerica: situacion y perspectivas* (Geneva, 2009).

Cairoli, Lorenzo, 'Pigneto: Etnico senza trucchi', *Gambero Rosso*, 19/220 (2010), pp. 76–83.

Campanini, Antonella, 'La table sous controle: Les banquets et l'exces alimentaire dans le cadre des lois somptuaires en Italie entre le Moyen Age et la Renaissance', *Food and History*, 4/2 (2006), pp. 131–150.

Camporeale, Giovanni, 'Vita privata', in *Rasenna: storia e civiltà degli Etruschi*, ed. Massimo Pallottino et al. (Milan, 1986), pp. 239–308.

Camporesi, Piero, *Exotic Brew: The Art of Living in the Age of Enlightenment* (Malden, MA, 1998).

——, 'La cucina borghese dell'Ottocento fra tradizione e rinnovamento', in *La terra e la luna* (Garzanti, 1995), pp. 209–272.

Canova, Gianni, *Dreams: i sogni degli italiani in 50 anni di pubblicità televisiva* (Milan,

2004).

Capatti, Alberto, 'Il Buon Paese', in *Introduzione alla Guida Gastronomica Italiana 1931* (Milan, 2003), pp. 6–31.

——, 'La nascita delle associazioni vegetariane in Italia', *Food and History*, 2/1 (2004), pp. 167–190.

——, *L'osteria nuova: una storia italiana del xx secolo* (Bra, 2000).

Capatti, Alberto, Alberto de Bernardi and Angelo Varni, 'Introduzione', in *Storia d'Italia, Annali 13: L'alimentazione* (Torino, 1998), pp. xvii–lxiv.

Capatti, Alberto, and Massimo Montanari, *Italian Cuisine: A Cultural History* (New York, 2003).

Caprotti, Bernando, *Falce e carrello: Le mani sulla spesa degli italiani* (Venezia, 2007).

Carbone, Anna, Marco Gaito and Saverio Senni, 'Consumer Attitudes toward Ethical Food: Evidence from Social Farming in Italy', *Journal of Food Products Marketing*, 15/3 (2009), pp. 337–350.

Carlini, Fabio, Donata Dinoia and Maurizio Gusso, *C'è il boom o non c'è: Immagini dell'Italia del miracolo economico attraverso film dell'epoca (1958–1965)* (Milan, 1998).

Ceccarelli, Filippo, *Lo stomaco della Repubblica* (Milan, 2000).

Ceccarelli, Giovanni, Alberto Grandi and Stefano Magagnoli, 'The "Taste" of Typicality', *Food and History*, 8/2 (2010), pp. 45–76.

Ceccarini, Rossella, *Pizza and Pizza Chefs in Japan: A Case of Culinary Globalization* (Leiden, 2011).

Cembalo, Luigi, Gianni Cicia, Teresa Del Giudice, Riccardo Scarpa and Carolina Tagliafierro, 'Beyond Agropiracy: The Case of Italian Pasta in the United States Retail Market', *Agribusiness*, 24/3 (2008), pp. 403–413.

Cenni, Franco, *Italianos no Brasil: 'Andiamo in Merica'* (São Paulo, 2002).

Cesaretti, Enrico, 'Recipes for the Future: Traces of Past Utopias in The Futurist Cookbook', *The European Legacy*, 14/7 (2009), pp. 841–856.

Ceserani, Gian Paolo, *Storia della pubblicità in Italia* (Bari, 1988).

Chadwick, Nora, *The Celts* (London, 1997).

Charanis, Peter, 'Ethnic Changes in the Byzantine Empire in the Seventh Century', *Dumbarton Oaks Papers*, 13 (1959), pp. 23–44.

Chiapparino, Francesco, 'L'industria alimentare dall'Unità al period fra le due guerre', in

Storia d'Italia, Annali 13: L'alimentazione, ed. Alberto De Bernardi, Alberto Varni and Angelo Capatti (Torino, 1998), pp. 206–268.

Chidichimo, Rinaldo, 'Un secolo di agricoltura italiana: uno sguardo d'insieme', in L'Italia Agricola nel xx secolo: Storia e scenari, ed. Società Italiana degli Agricoltori (Corigliano Calabro, 2000), pp. 3–7.

Christie, Neil, 'Byzantine Liguria: An Imperial Province against the Longobards, AD 568–643', Papers of the British School at Rome, 83 (1990), pp. 229–271.

Chrzan, Janet, 'Slow Food: What, Why, and to Where?', Food, Culture and Society, 7/2 (2004), pp. 117–132.

Churchill Semple, Ellen, 'Geographic Factors in the Ancient Mediterranean Grain Trade', Annals of the Association of American Geographers, vol. 11 (1921), pp. 47–74.

Cinotto, Simone, 'La cucina diasporica: il cibo come segno di identità culturale', in Storia d'Italia, Annali 24: Migrazioni, ed. Alberto De Bernardi, Alberto Varni and Angelo Capatti (Turin, 2009), pp. 653–672.

—, Terra soffice uva nera: Vitivinicoltori piemontesi in California prima e dopo il Proibizionismo (Turin, 2008).

Citarella, Armand O., 'Patterns in Medieval Trade: The Commerce of Amalfi before the Crusades', The Journal of Economic History, 28/4 (1968), pp. 531–555.

Clifford, Richard J., 'Phoenician Religion', Bulletin of the American Schools of Oriental Research, 279 (1990), pp. 55–64.

Coe, Sophie D., America's First Cuisines (Austin, 1994).

Cogliati Arano, Luisa, The Medieval Health Handbook: Tacuinum Sanitatis (New York, 1976).

Conti, Paolo C., La leggenda del buon cibo italiano (Rome, 2006).

Corner, Paul, 'Women in Fascist Italy: Changing Family Roles in the Transition from an Agricultural to an Industrial Society', European History Quarterly, 23/1 (1997), pp. 51–68.

Corrado, Vincenzo, Il Credenziere di Buon Gusto (Naples, 1778).

Corti, Paola, 'Emigrazione e consuetudini alimentary', in Storia d'Italia, Annali 13: L'alimentazione, ed. Alberto De Bernardi, Alberto Varni and Angelo Capatti (Turin, 1998), pp. 681–719.

Cortonesi, Alfio, 'Food Production', in A Cultural History of Food: In the Medieval Age, ed. Fabio Parasecoli and Peter Scholliers (Oxford, 2012), pp. 19–36.

Costambeys, Marios, 'Settlement, Taxation and the Condition of the Peasantry in Post-

Roman Central Italy', *Journal of Agrarian Change*, 9/1 (2009), pp. 92–119.

Counihan, Carole, *Around the Tuscan Table: Food, Family, and Gender in Twentieth century Florence* (New York and London, 2004).

Cremaschi, Mauro, Chiara Pizzi and Veruska Valsecchi, 'Water Management and Land Use in the Terramare and a Possible Climatic Co-factor in their Abandonment: The Case Study of the Terramara of Poviglio Santa Rosa (Northern Italy)', *Quaternary International*, 151/1 (2006), pp. 87–98.

Cristofani, Mauro, 'Economia e società', in Massimo Pallottino et al., *Rasenna: Storia e civiltà degli Etruschi* (Milan, 1986), pp. 79–156.

Crosby, Alfred, *The Columbian Exchange: Biological and Cultural Consequences of 1492* (Westport, CT, 1972).

Crotty, Patricia, 'The Mediterranean Diet as a Food Guide: The Problem of Culture and History', *Nutrition Today*, 33/6 (1998), pp. 227–232.

Curtis, Robert I., 'Professional Cooking, Kitchens, and Service Work', in *A Cultural History of Food in Antiquity*, ed. Fabio Parasecoli and Peter Scholliers (London, 2012), pp. 113–132.

Dalby, Andrew, *Siren Feasts: A History of Food and Gastronomy in Greece* (London, 1996).

D'Arms, John H., 'The Culinary Reality of Roman Upper-class Convivia: Integrating Texts and Images', *Comparative Studies in Society and History*, 46/3 (2004), pp. 428–450.

Davidson, James, *Courtesans and Fishcakes: The Consuming Passions of Classical Athens* (New York, 1997).

De Angelis, Franco, 'Going against the Grain in Sicilian Greek Economics', *Greece and Rome*, 53/1 (2006), pp. 29–47.

——, 'Trade and Agriculture at Megara Hyblaia', *Oxford Journal of Archaeology*, 21/3 (2002), pp. 299–310.

Decker, Michael, 'Plants and Progress: Rethinking the Islamic Agricultural Revolution', *Journal of World History*, 20/2 (2009), pp. 197–206.

Delogu, Marco, 'Due Migrazioni', *Sguardi online*, 54 (2007), www.nital.it

——, *Pastori*, vol. 2 (Roma, 2009).

Denker, Joel, *The World on a Plate: A Tour through the History of America's Ethnic Cuisines* (Boulder, CO, 2003).

De Ruyt, Claire, 'Les produits vendus au macellum', *Food and History*, 5/1 (2007), pp. 135–150.

Devoto, Fernando, *La Historia de los Italianos en la Argentina* (Buenos Aires, 2008).

Devoto, Fernando, Gianfausto Rosoli and Diego Armus, *La inmigracion italiana en la Argentina* (Buenos Aires, 2000).

Diamond, Jared, *Guns, Germs, and Steel* (New York, 1997).

Dickie, John, *Delizia: The Epic History of the Italians and Their Food* (New York, 2008).

Dietler, Michael, 'Our Ancestors the Gauls: Archaeology, Ethnic Nationalism, and the Manipulation of Celtic Identity in Modern Europe', *American Anthropologist*, New Series, 96/3 (1994), pp. 584–605.

Diner, Hasia, *Hungering for America: Italian, Irish, and Jewish Foodways in the Age of Migration* (Cambridge, MA, 2001).

Directorate-General for Agriculture and Rural Development, *An Analysis of the EU Organic Sector* (Brussels, 2010).

di Schino, June, and Furio Luccichenti, *Il cuoco segreto dei papi – Bartolomeo Scappi e la Confraternita dei cuochi e dei pasticceri* (Roma, 2008).

Dosi, Antonietta and François Schnell, *Le abitudini alimentari dei Romani* (Rome, 1992).

——, *Pasti e vasellame da tavola* (Rome, 1992).

——, *I Romani in cucina* (Rome, 1992).

Dupont, Florence, 'The Grammar of Roman Food', in *Food: A Culinary History from Antiquity to the Present*, ed. Jean-Louis Flandrin and Massimo Montanari (New York, 1999), pp. 113–127.

Dursteler, Eric E., 'Food and Politics', in *A Cultural History of Food: In the Renaissance*, ed. Fabio Parasecoli and Peter Scholliers (London, 2012), pp. 83–100.

Ellis, Steven J. R., 'Eating and Drinking Out', in *A Cultural History of Food in Antiquity*, ed. Fabio Parasecoli and Peter Scholliers (London, 2012), pp. 95–112.

——, 'The Pompeian Bar: Archaeology and the Role of Food and Drink Outlets in an Ancient Community', *Food and History*, 2/1 (2004), pp. 41–58.

Erdkamp, Paul, 'Food Security, Safety, and Crises', in *A Cultural History of Food in Antiquity*, ed. Fabio Parasecoli and Peter Scholliers (London, 2012), pp. 57–74.

——, *The Grain Market in the Roman Empire: A Social, Political and Economic Study* (Cambridge, 2005).

——, *Hunger and the Sword: Warfare and Food Supply in Roman Republican Wars (264–30 BC)* (Amsterdam, 1998).

European Commission, 'Commission Regulation (EU) no 97/2010', *Official Journal of the European Union*, 5/2 (2010), pp. L34/7–16.

Faas, Patrick, *Around the Roman Table: Food and Feasting in Ancient Rome* (New York, 1994).

Fabbri Dall'Oglio, Maria Attilia, and Alessandro Fortis, Il *gastrononomo errante Giacomo Casanova* (Rome, 1998).

Fagan, Brian, *Fish on Friday: Feasting, Fasting, and the Discovery of the New World* (New York, 2006).

——, *The Little Ice Age: How Climate Made History, 1300–1850* (New York, 2001).

Falabrino, Gian Luigi, *Storia della pubblicità in Italia dal 1945 a oggi* (Rome, 2007).

Falasca Zamponi, Simonetta, *Lo Spettacolo del Fascismo* (Rome, 2003).

Fearne, Andrew, Susan Hornibrook and Sandra Dedman, 'The Management of Perceived Risk in the Food Supply Chain: A Comparative Study of Retailer-led Beef Quality Assurance Schemes in Germany and Italy', *International Food and Agribusiness Management Review*, 4/1 (2001), pp. 19–36.

Federazione Nazionale Fascista Pubblici Esercizi, *Trattorie d'Italia 1939* (Rome, 1939).

Feeley-Harnik, Gillian, *The Lord's Table: The Meaning of Food in Early Judaism and Christianity* (Washington and London, 1994).

Fernàndez-Armesto, Felipe, *Near a Thousand Tables* (New York, 2002).

Ferrara, Massimo, 'Food, Migration, and Identity: Halal Food and Muslim Immigrants in Italy', masters thesis, Center for Global and International Studies, University of Kansas, 2011.

Ferretti, Maria Paola, and Paolo Magaudda, 'The Slow Pace of Institutional Change in the Italian Food System', *Appetite*, 67/2 (2006), pp. 161–169.

Ferris, Kate, '"Fare di ogni famiglia italiana un fortilizio": Se League of Nations' Economic Sanctions and Everyday Life in Venice', *Journal of Modern Italian Studies*, 11/2 (2006), pp. 117–142.

Fissore, Gianpaolo, 'Gli italiani e il cibo sul grande schermo dal secondo dopoguerra a oggi', in *Il cibo dell'altro: movimenti migratori e culture alimentari nella Torino del Novecento*, ed. Marcella Filippa (Rome, 2003), pp. 163–179.

Flint-Hamilton, Kimberly B., 'Legumes in Ancient Greece and Rome: Food, Medicine, or Poison?', *Hesperia: The Journal of the American School of Classical Studies at Athens*, 68/3 (1999), pp. 371–385.

Fondazione Qualivita – Ismea, *Rapporto 2011 sulle produzioni agroalimentari italiane dop igp stg* (Siena, 2012).

Foxhall, Lin, 'The Dependent Tenant: Land Leasing and Labour in Italy and Greece', *The Journal of Roman Studies*, 80 (1990), pp. 97–114.

Francks, Penelope, 'From Peasant to Entrepreneur in Italy and Japan', *Journal of Peasant Studies*, 22/4 (1995), pp. 699–709.

Frattarelli Fischer, Lucia, and Stefano Villani, '"People of Every Mixture": Immigration, Tolerance and Religious Conflicts in Early Modern Livorno', in *Immigration and Emigration in Historical Perspective*, ed. Ann Katherine Isaacs (Pisa, 2007), pp. 93–107

Gabaccia, Donna, *We Are What We Eat: Ethnic Food and the Making of Americans* (Cambridge, MA, 1998).

Gabrieli, Francesco, 'Greeks and Arabs in the Central Mediterranean Area', *Dumbarton Oaks Papers*, 18 (1964), pp. 57–65.

Gallo, Giampaolo, Renato Covino and Roberto Monicchia, 'Crescita, crisi, riorganizzazione: l'industria alimentare dal dopoguerra a oggi', in *Storia d'italia, Annali 13: L'alimentazione*, ed. Alberto De Bernardi, Alberto Varni and Angelo Capatti (Turin, 1998), pp. 269–343.

Galloni, Paolo, *Storia e cultura della caccia: dalla preistoria a oggi* (Bari, 2000).

Gallucci, Margaret, and Paolo Rossi, *Benvenuto Cellini: Sculptor, Goldsmith, Writer* (Cambridge, 2004).

Garnsey, Peter, *Food and Society in Classical Antiquity* (Cambridge, 1999).

Gaytan, Narie Sarita, 'Globalizing Resistance: Slow Food and New Local Imaginaries', *Food, Culture and Society*, 7/2 (2004), pp. 97–116.

Gentilcore, David, *Pomodoro: A History of the Tomato in Italy* (New York, 2010).

Giannetti, Laura, 'Italian Renaissance Food-fashioning or the Triumph of Greens', *California Italian Studies*, 1/2 (2010), http://escholarship.org.

Gibson, Johanna, 'Markets in Tradition – Traditional Agricultural Communities in Italy and the Impact of GMOs', *Script-ed*, 3/3 (2006), pp. 243–252.

Ginsborg, Paul, *A History of Contemporary Italy: Society and Politics 1943–1988* (New York, 2003).

Girardelli, Davide, 'Commodified Identities: The Myth of Italian Food in the United States', *Journal of Communication Inquiry*, 28/4 (2004), pp. 307–324.

Giulietti, Monica, 'Buyer and Seller Power in Grocery Retailing: Evidence from Italy',

Revista de Economía del Rosario, 10/2 (2007), pp. 109–125.

Giusti Galardi, Giovanna, *Dolci a corte: dipinti ed altro* (Livorno, 2001).

Goldstein, Darra, 'Implements of Eating', in *Feeding Desire: Design and the Tools of the Table, 1500–2005*, ed. Sarah D. Coffin, Ellen Lupton, Darra Goldstein and Barbara Bloemink (New York, 2006), pp. 115–163.

Goldstein, Joyce, *Cucina Ebraica* (San Francisco, 1998).

Grainger, Sally, 'A New Approach to Roman Fish Sauce', *Petits Propos Culinaires*, 83 (2007), pp. 92–111.

Granados, Leonardo, and Carlos Álvarez, 'Viabilidad de establecer el sistema de denominaciones de origen de los productos agroalimentarios en Costa Rica', *Agronomía Costarricense*, 26/1 (2002), pp. 63–72.

Gran-Aymerich, Jean, and Eve Gran-Aymerich, 'Les Etrusques en Gaule et en Ibérie: Du Mythe à la Réalité des Dérnieres Decouvertes', *Etruscan Studies*, 9, Article 17 (2002), http://scholarworks.umass.edu.

Grappe, Yann, *Sulle Tracce del Gusto: Storia e cultura del vino nel Medievo* (Bari, 2006).

Greif, Avner, 'On the Political Foundations of the Late Medieval Commercial Revolution: Genoa during the Twelfth and Thirteenth Centuries', *The Journal of Economic History*, 54/2 (1994), pp. 271–287.

Grieco, Allen J., 'Body and Soul', in *A Cultural History of Food: In the Medieval Age*, ed. Fabio Parasecoli and Peter Scholliers (London, 2012), pp. 143–149.

Grocock, Christopher, Sally Grainger and Dan Shadrake, *Apicius: A Critical Edition with an Introduction and English Translation* (Totnes, 2006).

Guerrini, Olindo, *L'arte di utilizzare gli avanzi della mensa* [1917] (Padua, 1993).

Guillou, André, 'Production and Profits in the Byzantine Province of Italy (Tenth to Eleventh Centuries): An Expanding Society', *Dumbarton Oaks Papers*, 28 (1974), pp. 89–109.

Guttman, Naomi, and Roberta L. Krueger, 'Utica Greens: Central New York's Italian-American Specialty', *Gastronomica*, 9/3 (2009), pp. 62–67.

Haber, Barbara, 'The Mediterranean Diet: A View From History', *American Journal of Clinical Nutrition*, 66 (1997), pp. 1053S–1057S.

Halkier, Bente, Lotte Holm, Mafalda Domingues, Paolo Magaudda, Annemette Nielsen and Laura Terragni, 'Trusting, Complex, Quality Conscious or Unprotected?', *Journal of Consumer Culture*, 7/3 (2007), pp. 379–402.

Halstead, Paul, 'Food Production', in *A Cultural History of Food in Antiquity*, ed. Fabio Parasecoli and Peter Scholliers (London, 2012), pp. 21–39.

Hardt, Michael, and Antonio Negri, *Empire* (Cambridge, MA, 2001).

Harrison, Adrian Paul, and E. M. Bartels, 'A Modern Appraisal of Ancient Etruscan Herbal Practices', *American Journal of Pharmacology and Toxicology*, 1/1 (2006), pp. 21–24.

Haussmann, Giovanni, 'Il suolo d'Italia nella storia', in *Storia d'Italia: I caratteri originali*, vol. 1, ed. Ruggiero Romano and Corrado Vivanti (Turin, 1989), pp. 61–132.

Helstosky, Carol, *Garlic and Oil: Food and Politics in Italy* (Oxford, 2004).

Hess, Catherine, George Saliba and Linda Komaroff, *The Arts of Fire: Islamic Influences on Glass and Ceramics of the Italian Renaissance* (Los Angeles, 2004).

Hobsbawm, Eric, and Terence Ranger, eds, *The Invention of Tradition* (Cambridge, 1983).

Hourani, George F., *Arab Seafaring in the Indian Ocean and In Ancient and Early Medieval Times* (Princeton, NJ, 1995).

Huet, Valérie, 'Le sacrifice disparu: Les reliefs de boucherie', *Food and History*, 5/1 (2007), pp. 197–223.

Huliyeti, Hasimu, Sergio Marchesini and Maurizio Canavari, 'Chinese Distribution Practitioners' Attitudes towards Italian Quality Foods', *Journal of Chinese Economic and Foreign Trade Studies*, 1/3 (2008), pp. 214–231.

Hunt, C., C. Malone, J. Sevink and S. Stoddart, 'Environment, Soils and Early Agriculture in Apennine Central Italy', *World Archaeology*, 22/1 (1990), pp. 34–44.

Isola, Gianni, *Abbassa la tua radio per favore ... Storia dell'ascolto radiofonico nell'italia fascista* (Firenze, 1990).

ISTAT, *Rapporto Annuale 2012: La situazione del Paese* (Rome, 2012).

Istituto Italiano Alimenti Surgelati, *I surgelati: amici di famiglia* (Rome, 2011).

James, Roberta, 'The Reliable Beauty of Aroma: Staples of Food and Cultural Production among Italian Australians', *Australian Journal of Anthropology*, 15/1 (2004), pp. 23–39.

Jaucourt, Louis, Chevalier de, 'Cuisine', in *Encyclopédie ou Dictionnaire raisonné des sciences, des arts et des métiers*, vol. 4 (Paris, 1754), p. 538.

Jenkins, Nancy Harmon, 'Two Ways of Looking at Maestro Martino', *Gastronomica*, 7/2 (2007), pp. 97–103.

Johansson, Ulf, and Steve Burt, 'The Buying of Private Brands and Manufacturer Brands in Grocery Retailing: a Comparative Study of Buying Processes in the UK, Sweden and Italy', *Journal of Marketing Management*, 20/7–8 (2004), pp. 799–824.

Johnson, Hugh, *Story of Wine* (London, 1989).

Kamen, Henry, 'The Mediterranean and the Expulsion of Spanish Jews in 1492', *Past and Present*, 119/1 (1988), pp. 30–55.

Keele, Kenneth D., 'Leonardo da Vinci's Studies of the Alimentary Tract', *Journal of the History of Medicine*, 27/2 (1972), pp. 133–144.

Kirshenblatt-Gimblett, Barbara, 'Theorizing Heritage', *Ethnomusicology*, 39/3 (1995), pp. 367–380.

Kreutz, Barbara M., 'Ghost Ships and Phantom Cargoes: Reconstructing Early Amalfitan Trade', *Journal of Medieval History*, 20 (1994), pp. 347–357.

Krondl, Michael, *The Taste of Conquest: The Rise and Fall of the Three Great Cities of Spice* (New York, 2007).

Kruta, Venceslas and Valerio M. Manfredi, *I Celti in Italia* (Milan, 1999).

Kummer, Corby, *The Pleasures of Slow Food: Celebrating Authentic Traditions, Flavors, and Recipes* (San Francisco, 2002).

Kurlansky, Mark, *Salt: A World History* (New York, 2002).

Lane, Frederic, 'The Mediterranean Spice Trade: Further Evidence of its Revival in the Sixteenth Century', *The American Historical Review*, 45/3 (1940), pp. 581–590.

Lapertosa, Viviana, *Dalla fame all'abbondanza: Gli italiani e il cibo nel cinema dal dopoguerra ad oggi* (Turin, 2002).

Latini, Antonio, *Lo scalco alla moderna. Overo l'arte di ben disporre li conviti* (Naples, 1693).

Laudan, Rachel, 'Slow Food: The French Terroir Strategy, and Culinary Modernism', *Food, Culture and Society*, 7/2 (2004), pp. 133–144.

Laura, Ernesto, *Le stagioni dell'aquila: storia dell'Istituto Luce* (Rome, 2000).

Lehmann, Matthias B., 'A Livornese "Port Jew" and the Sephardim of the Ottoman Empire', *Jewish Social Studies*, 11/2 (2005), pp. 51–76.

Leighton, Robert, 'Later Prehistoric Settlement Patterns in Sicily: Old Paradigms and New Surveys', *European Journal of Archaeology*, 8/3 (2005), pp. 261–287.

——, *Sicily before History: An Archaeological Survey from the Paleolithic to the Iron Age* (Ithaca, 1999).

Leitch, Alison, 'The Social Life of Lardo: Slow Food in Fast Times', *Asian Pacific Journal of Anthropology*, 1/1 (2000), pp. 103–128.

Levenstein, Harvey, *Paradox of Plenty: A Social History of Eating in Modern America* (Berkeley and Los Angeles, 2003).

Lonni, Ada, 'Dall'alterazione all'adulterazione: le sofisticazioni alimentari nella società industriale', in *Storia d'Italia, Annali 13: L'alimentazione*, ed. Alberto De Bernardi, Alberto Varni and Angelo Capatti (Turin, 1998), pp. 531–584.

Luminati, Pietro, *La Borsa Nera* (Rome, 1945).

Luzzato Fegiz, Pierpaolo, *Alimentazione e Prezzi in tempo di Guerra, 1942–43* (Trieste, 1948).

Maestro Martino, *The Art of Cooking: The First of Modern Cookery Book* (Berkeley and Los Angeles, 2005).

Magness, Jodi, 'A Near Eastern Ethnic Element Among the Etruscan Elite?', *Etruscan Studies*, 8/4 (2001), pp. 79–117.

Malanima, Paolo, 'Urbanisation and the Italian Economy during the Last Millennium', *European Review of Economic History*, 9 (2005), pp. 97–122.

Manfredi, Valerio M., *I greci d'Occidente* (Milan, 1996).

Marchese, Salvatore, *Benedetta patata: Una storia del '700, un trattato e 50 ricette* (Padu, 1999).

Mariani, John F., *How Italian Food Conquered the World* (New York, 2011).

Mariani-Costantini, Renato, and Aldo Mariani-Costantini, 'An Outline of the History of Pellagra in Italy', *Journal of Anthropological Sciences*, 85 (2007), pp. 163–171.

Marìn, Manuela, 'Beyond Taste', in *A Taste of Thyme: Culinary Cultures of the Middle East*, ed. Sami Zubaida and Richard Tapper (London, 2000), pp. 205–214.

Mauro, Luciano, and Paola Valitutti, *Il Giardino della Minerva* (Salerno, 2011).

Mayes, Frances, *Under the Tuscan Sun* (New York, 1997).

Mazoyer, Marcel and Laurence Roudart, *A History of World Agriculture: From the Neolithic Age to the Current Crisis* (New York, 2006).

Mazzotti, Massimo, 'Enlightened Mills: Mechanizing Olive Oil Production in Mediterranean Europe', *Technology and Culture*, 45/2 (2004), pp. 277–304.

Meneley, Anne, 'Like an Extra Virgin', *American Anthropologist*, 109/4 (2007), pp. 678–687.

Miele, Mara and Jonathan Murdoch, 'The Practical Aesthetics of Traditional Cuisines: Slow Food in Tuscany', *Sociologia Ruralis*, 42/4 (2002), pp. 312–328.

Miller, James Innes, *The Spice Trade of the Roman Empire, 29 BC to AD 641* [1969] (Oxford, 1998).

Mingozzi, Achille, and Rosa Maria Bertino, *Rapporto Bio Bank 2012: Prosegue la corsa per accorciare la filiera* (Forlí, 2012).

Mohring, Maren, 'Staging and Consuming the Italian Lifestyle: The Gelateria and the Pizzeria-Ristorante in Post-war Germany', *Food and History*, 7/2 (2009), pp. 181–202.

Monelli, Paolo, *Il Ghiottone Errante* (Milan, 1935).

Montanari, Massimo, *Convivio* (Bari, 1989).

——, 'Food Systems and Models of Civilization', in *Food: A Culinary History from Antiquity to the Present*, ed. Jean-Louis Flandrin and Massimo Montanari (New York, 1999), pp. 55–64.

——, 'Gastronomia e Cultura', in *Introduzione alla Guida Gastronomica Italiana 1931* (Milan, 2003), pp. 4–5.

——, *L'identità Italiana in Cucina* (Rome, 2010).

——, *Nuovo Convivio* (Bari, 1991).

——, 'Production Structures and Food Systems in the Early Middle Ages Civilization', in *Food: A Culinary History from Antiquity to the Present*, ed. Jean-Louis Flandrin and Massimo Montanari (New York, 1999), pp. 168–177.

Moroni Salvatori, Maria Paola, 'Ragguaglio bibliografico sui ricettari del primo Novecento', in *Storia d'Italia, Annali 13: L'alimentazione*, ed. Alberto De Bernardi, Alberto Varni and Angelo Capatti (Turin, 1998), pp. 887–925.

Morris, Ian, *Why the West Rules – for Now: The Patterns of History and What They Reveal about the Future* (New York, 2011).

Morris, Jonathan, 'Imprenditoria italiana in Gran Bretagna. Il consumo del caffè "stile italiano"', *Italia Contemporanea*, 241 (2005), pp. 540–552.

——, 'Making Italian Espresso, Making Espresso Italian', *Food and History*, 8/2 (2010), pp. 155–184.

Moscati, Sabatino, *Così nacque l'Italia: profili di popoli riscoperti* (Turin, 1998).

Mudu, Pierpaolo, 'The People's Food: The Ingredients of "Ethnic" Hierarchies and the Development of Chinese Restaurants in Rome', *GeoJournal*, 68 (2007), pp. 195–210.

Mueller, Tom, *Extra Virginity: The Sublime and Scandalous World of Olive Oil* (New York, 2012).

Musti, Domenico, *L'economia in Grecia* (Bari, 1999).

Nadeau, Robin, 'Body and Soul', in *A Cultural History of Food in Antiquity*, ed. Fabio Parasecoli and Peter Scholliers (London, 2012), pp. 145–162.

——, 'Stratégies de survie et rituels festifs dans le monde gréco-romain', in *Profusion et pénurie: Les hommes face à leurs besoins alimentaires*, ed. Martin Bruegel (Rennes, 2009), pp. 55–69.

Nestle, Marion, 'Mediterranean Diets: Historical and Research Overview', *American Journal of Clinical Nutrition*, 61 (1995), pp. 1313S–1320S.

Niceforo, Alfredo, *Italiani del Nord, italiani del Sud* (Turin, 1901).

Nosi, Costanza and Lorenzo Zanni, 'Moving from "Typical Products" to "Food-related Services": The Slow Food Case as a New Business Paradigm', *British Food Journal*, 106/10–11 (2004), pp. 779–792.

Osborne, Robin, 'Pots, Trade, and the Archaic Greek Economy', *Antiquity*, 70 (1996), pp. 31–44.

Ouerfelli, Mohamed, 'Production et commerce du sucre en Sicile au XVe siècle', *Food and History*, 1/1 (2003), pp. 103–122.

Page, Jutta-Annette, *Beyond Venice: Glass in Venetian Style, 1500–1750* (Manchester, VT, 2004).

Pallottino, Massimo, *The Etruscans* (Bloomington, 1975).

——, *A History of Earliest Italy* (Ann Arbor, MI, 1991).

Palma, Pina, 'Hermits, Husband and Lovers: Moderation and Excesses at the Table in the *Decameron*', *Food and History*, 4/2 (2006), pp. 151–162.

Panagia, Davide, *The Political Life of Sensation* (Durham and London, 2009).

Parasecoli, Fabio, 'Postrevolutionary Chowhounds: Food, Globalization, and the Italian Left', *Gastronomica*, 3/3 (2003), pp. 29–39.

Parzen, Jeremy, 'Please Play with Your Food: An Incomplete Survey of Culinary Wonders in Italian Renaissance Cookery', *Gastronomica*, 4/4 (2004), pp. 25–33.

Pascali, Lara, 'Two Stoves, Two Refrigerators, Due Cucine: The Italian Immigrant Home with Two Kitchens', *Gender, Place and Culture*, 13/6 (2006), pp. 685–695.

Paxson, Heather, 'Slow Food in a Fat Society: Satisfying Ethical Appetites', *Gastronomica*, 5/2 (2005), pp. 14–18.

Pecorini, Alberto, 'The Italian as an Agricultural Laborer', *Annals of the American Academy of Political and Social Science*, 33/2 (1909), pp. 156–166.

Pedrocco, Giorgio, 'La conservazione del cibo: dal sale all'industria agro-alimentare', in

Storia d'Italia, Annali 13: L'alimentazione, ed. Alberto De Bernardi, Alberto Varni and Angelo Capatti (Torino, 1998), pp. 377–447.

——, 'Viticultura e enologia in Italia nel xix secolo', in *La vite e il vino: storia e diritto (secoli XI–XIX)*, ed. Maria Da Passano, Antonello Mattone, Franca Mele and Pinuccia F. Simbula (Rome, 2000), pp. 613–627.

Pellecchia, Marco et al., 'The Mystery of Etruscan Origins: Novel Clues from Bos Taurus Mitochondrial DNA', *Proceedings of the Royal Society B*, 274/1614 (2007), pp. 1175–1179.

Pendergrast, Mark, *Uncommon Grounds: The History of Coffee and How It Transformed Our World* (New York, 1999).

Perry, Charles, 'Sicilian Cheese in Medieval Arab Recipes', *Gastronomica*, 1/1 (2001), pp. 76–77.

Petrini, Carlo, ed., *Slow Food: Collected Thoughts on Taste, Tradition, and the Honest Pleasures of Food* (White River Junction, VT, 2001).

——, *Slow Food: The Case of Taste* (New York, 2003).

Petrini, Carlo, and Gigi Padovani, *Slow Food Revolution* (New York, 2006).

Pieraccini, Lisa, 'Families, Feasting, and Funerals: Funerary Ritual at Ancient Caere', *Etruscan Studies*, 7/Article 3 (2000), http://scholarworks.umass.edu.

Pilcher, Jeffrey M., *Food in World History* (New York, 2006).

Pinhasi, Ron, Joaquim Fort and Albert Ammerman, 'Tracing the Origin and Spread of Agriculture in Europe', *PLOS Biology*, 3/12 (2005), e410, doi:10.1371/journal.pbio.0030410.

Pinna, Cao, 'Le classi povere', in *Atti della commissione parlamentare di inchiesta sulla miseria in Italia e sui mezzi per combatterla*, vol. 2 (Rome, 1954).

Pinto, Giuliano, 'Food Safety', in *A Cultural History of Food: In the Medieval Age*, ed. Fabio Parasecoli and Peter Scholliers (London, 2012), pp. 57–72.

Pollard, Elizabeth Ann, 'Pliny's Natural History and the Flavian Templum Pacis: Botanical Imperialism in First-century CE Rome', *Journal of World History*, 20/3 (2009), pp. 309–338.

Portincasa, Agnese, 'Il Touring Club Italiano e la Guida Gastronomica d'Italia. Creazione, circolazione del modello e tracce della sua evoluzione (1931–1984)', *Food and History*, 6/1 (2008), pp. 83–116.

Presenza, Angelo, Antonio Minguzzi and Clara Petrillo, 'Managing Wine Tourism in

Italy', *Journal of Tourism Consumption and Practice*, 2/1 (2010), pp. 46–61.

Price, T. Douglas, ed., *Europe's First Farmers* (Cambridge, 2000).

Purcell, N., 'Wine and Wealth in Ancient Italy', *Journal of Roman Studies*, 75 (1985), pp. 1–19.

Quirico, Domenico, *Naja: Storia del servizio di leva in Italia* (Milan, 2008).

Race, Gianni, *La cucina del mondo classic* (Naples, 1999).

Rapisardi, Mario, *Versi: scelti e riveduti da esso* (Milan, 1888).

Rebora, Giovanni, *Culture of the Fork* (New York, 2001).

Reese, David S., 'Whale Bones and Shell Purple-dye at Motya (Western Sicily, Italy)', *Oxford Journal of Archaeology*, 24/2 (2005), pp. 107–114.

Revel, Jean François, *Culture and Cuisine: A Journey through the History of Food* (New York, 1982).

Reynolds, Peter J., 'Rural Life and Farming', in *The Celtic World*, ed. Miranda Green (New York, 1995), pp. 176–209.

Riley, Gillian, 'Food in Painting', in *A Cultural History of Food: In the Renaissance*, ed. Fabio Parasecoli and Peter Scholliers (London, 2012), pp. 171–182.

Robb, John, and Doortje Van Hove, 'Gardening, Foraging and Herding: Neolithic Land Use and Social Territories in Southern Italy', *Antiquity*, 77 (2003), pp. 241–254.

Roberts, J. M., *The Penguin History of the World* (London, 1995).

Roden, Claudia, *The Book of Jewish Food* (New York, 1998).

Rodríguez-Pose, Andrés, and Maria Cristina Refolo, 'The Link between Local Production Systems and Public and University Research in Italy', *Environment and Planning A*, 35/8 (2003), pp. 1477–1492.

Roesti, Robert, 'The Declining Economic Role of the Mediterranean Tuna Fishery', *American Journal of Economics and Sociology*, 25/1 (1966), pp. 77–90.

Rosano, Dick, *Wine Heritage: The Story of Italian American Vintners* (San Francisco, 2000).

Ruscillo, Deborah, 'When Gluttony Ruled!', *Archaeology*, 54/6 (2001), pp. 20–24.

Russu, Anna Grazia, 'Power and Social Structure in Nuragic Sardinia', *Eliten in der Bronzezeit-Ergebnisse Zweier Kolloquien in Mainz und Athen-Teil*, 1 (1999), pp. 197–221, plates 17–22.

Sabatino Lopez, Roberto, 'Market Expansion: The Case of Genoa', *The Journal of Economic History*, 24/4 (1964), pp. 445–464.

Salignac de la Mothe-Fénelon, François de, *Telemachus, Son of Ulysses*, trans. Patrick

Riley [1699] (Cambridge, 1994).

Sarris, Peter, 'Aristocrats, Peasants and the Transformation of Rural Society, c. 400–800', *Journal of Agrarian Change*, 9/1 (2009), pp. 3–22.

Sassatelli, Roberta, and Alan Scott, 'Novel Food, New Markets and Trust Regimes: Responses to the Erosion of Consumers' Confidence in Austria, Italy and the UK', *European Societies*, 3/2 (2001), pp. 213–244.

Scandizzo, Pasquale Lucio, 'L'agricoltura e lo sviluppo economico', in *L'Italia Agricola nel XX secolo: Storia e scenari* (Corigliano Calabro, 2000), pp. 9–55.

Scarpato, Rosario, 'Pizza: An Organic Free Range: Tale in Four Slices', *Divine*, 20 (2001), pp. 30–41.

Scarpellini, Emanuela, 'Shopping American-style: The Arrival of the Supermarket in Postwar Italy', *Enterprise and Society*, 5/4 (2004), pp. 625–668.

Scheid, John, 'Le statut de la viande à Rome', *Food and History*, 5/1 (2007), pp. 19–28.

Schmitt-Pantel, Pauline, 'Greek Meals: A Civic Ritual', in *Food: A Culinary History from Antiquity to the Present*, ed. Jean-Louis Flandrin and Massimo Montanari (New York, 1999), pp. 90–95.

Schnapp, Jeffrey T., 'The Romance of Caffeine and Aluminum', *Critical Inquiry*, 28/1 (2001), pp. 244–269.

Sentieri, Maurizio, and Zazzu Guido, *I semi dell'Eldorado* (Bari, 1992).

Sereni, Emilio, 'Agricoltura e mondo rurale', in *Storia d'Italia: I caratteri originali*, vol. 1, ed. Ruggiero Romano and Corrado Vivanti (Torino, 1989), pp. 133–252.

——, *History of the Italian Agricultural Landscape* (Princeton, NJ, 1997).

Serventi, Silvano, and Françoise Sabban, *Pasta: The Story of a Universal Food* (New York, 2002).

Servi Machlin, Edda, *Classic Italian Jewish Cooking: Traditional Recipes and Menus* (New York, 2005).

Sherratt, Susan, and Andrew Sherratt, 'The Growth of the Mediterranean Economy in the Early First Millennium BC', *World Archaeology*, 24/3 (1993), pp. 361–378.

Sicca, Lucio, *Lo straniero nel piatto* (Milan, 2002).

Siporin, Steve, 'From Kashrut to Cucina Ebraica: The Recasting of Italian Jewish Foodways', *The Journal of American Folklore*, 107/424 (1994), pp. 268–281.

Skinner, Patricia, *Family Power in Southern Italy: The Duchy of Gaeta and Its Neighbors, 850–1139* (Cambridge, 1995).

Small, Jocelyn Penny, 'Eat, Drink, and Be Merry: Etruscan Banquets', in *Murlo and the Etruscans: Art and Society in Ancient Etruria*, ed. Richard Daniel De Puma and Jocelyn Penny Small (Madison, 1994), pp. 85–94.

Smith, Alison A., 'Family and Domesticity', in *A Cultural History of Food: In the Renaissance*, ed. Fabio Parasecoli and Peter Scholliers (London, 2012), pp. 135–150.

Solier, Stéphane, 'Manières de tyran à la table de la satire latine: l'institutionnalisation de l'excès dans la convivialité romaine', *Food and History*, 4/2 (2006), pp. 91–111.

Somogyi, Stefano, 'L'alimentazione nell'Italia unita', in *Storia d'Italia*, vol. 5/1: *I documenti*, ed. Lellia Cracco Ruggini and Giorgio Cracco (Turin, 1973), pp. 841–887.

Sonnino, Roberta, 'Quality Food, Public Procurement, and Sustainable Development: The School Meal Revolution in Rome', *Environment and Planning A*, 41/2 (2009), pp. 425–440.

Sorcinelli, Paolo, *Gli Italiani e il cibo: dalla polenta ai cracker* (Milan, 1999).

——, 'Identification Process at Work: Virtues of the Italian Working-class Diet in the First Half of the Twentieth Century', in *Food, Drink and Identity*, ed. Peter Scholliers (Oxford, 2001), pp. 81–97.

Sori, Ercole, *L'emigrazione italiana dall'unità alla seconda guerra mondiale* (Bologna, 1980).

Sozio, Pina, 'Fornelli d'Italia', *Gambero Rosso*, 19/221 (2010), pp. 86–91.

Spano Giammellaro, Antonella, 'The Phoenicians and the Carthaginians: The Early Mediterranean Diet', in *Food: A Culinary History from Antiquity to the Present*, ed. Jean-Louis Flandrin and Massimo Montanari (New York, 1999), pp. 55–64.

Sperduti, Giuseppe, *Riccardo di San Germano: La Cronaca* (Cassino, 1995).

Starr, Joshua, 'The Mass Conversion of Jews in Southern Italy (1290–1293)', *Speculum*, 21/2 (1946), pp. 203–211.

Strong, Roy, *Feast: A History of Grand Eating* (Orlando, FL, 2002).

Taddei, Francesco, 'Il cibo nell'Italia mezzadrile fra Ottocento e Novecento', in *Storia d'Italia, Annali 13: L'alimentazione*, ed. Alberto De Bernardi, Alberto Varni and Angelo Capatti (Turin, 1998), pp. 25–38.

Tagliati, Giovanna, 'Olindo Guerrini gastronomo: Le rime romagnole de E' Viazze L'arte di utilizzare gli avanzi della mensa', *Storia e Futuro*, 20 (2009), www.storiaefuturo.com.

Tasca, Luisa, 'The "Average Housewife" in Post-World War ii Italy', *Journal of Women's*

History, 16/2 (2004), pp. 92–115.

Teall, John L., 'The Grain Supply of the Byzantine Empire, 330–1025', *Dumbarton Oaks Papers*, 13 (1959), pp. 87–139.

Teti, Vito, *Il colore del cibo* (Rome, 1999).

——, *La razza maledetta: origini del pregiudizio antimeridionale* (Rome, 2011).

Tirabassi, Maddalena, *Il Faro di Beacon Street. Social Workers e immigrate negli Stati Uniti (1910–1939)* (Milan, 1990).

Toaff, Ariel, *Mangiare alla giudia* (Bologna, 2000).

Tognotti, Eugenia, 'Alcolismo e pensiero medico nell'Italia liberale', in *La vite e il vino: storia e diritto (secoli XI–XIX)*, ed. Maria Da Passano, Antonello Mattone, Franca Mele and Pinuccia F. Simbula (Rome, 2000).

Touring Club Italiano, *Guida Gastronomica d'Italia* (Milan, 1931).

Trabalzi, Ferruccio, 'Crossing Conventions in Localized Food Networks: Insights from Southern Italy', *Environment and Planning A*, 39/2 (2007), pp. 283–300.

Tran, Nicholas, 'Le statut de travail des bouchers dans l'Occident romain de la fin de la République et du Haut-Empire', *Food and History*, 5/1 (2007), pp. 151–167.

Tregre Wilson, Nancy, *Louisiana's Food, Recipes, and Folkways* (Gretna, LA, 2005).

Trova, Assunta, 'L'approvvigionamento alimentare dell'esercito italiano', in *Storia d'Italia, Annali 13: L'alimentazione*, ed. Alberto De Bernardi, Alberto Varni and Angelo Capatti (Turin, 1998), pp. 495–530.

Tuck, Anthony, 'The Etruscan Seated Banquet: Villanovan Ritual and Etruscan Iconography', *American Journal of Archaeology*, 98/4 (1994), pp. 617–628.

Turrini, Aida, Anna Saba, Domenico Perrone, Eugenio Cialfa and Amleto D'Amicis, 'Food Consumption Patterns in Italy: The INN-CA Study 1994–1996', *European Journal of Clinical Nutrition*, 55/7 (2001), pp. 571–588.

Turrini, Lino, *La cucina ai tempi dei Gonzaga* (Milan, 2002).

Van Ginkel, Rob, 'Killing Giants of the Sea: Contentious Heritage and the Politics of Culture', *Journal of Mediterranean Studies*, 15/1 (2005), pp. 71–98.

Varriano, John, 'At Supper with Leonardo', *Gastronomica*, 8/3 (2008), pp. 75–79.

——, 'Fruits and Vegetables as Sexual Metaphor in Late Renaissance Rome', *Gastronomica*, 5/4 (2005), pp. 8–14.

——, *Tastes and Temptations: Food and Art in Renaissance Italy* (Berkeley, CA, 2011).

Vecchio, Riccardo, 'Local Food at Italian Farmers' Markets: Three Case Studies',

International Journal of Sociology of Agriculture and Food, 17/2 (2010), pp. 122–139.

Vené, Gian Franco, *Mille lire al mese: vita quotidiana della famiglia nell'Italia Fascista* (Milan, 1988).

Verga, Giovanni, *Cavalleria Rusticana and Other Stories*, trans. G. H. McWilliam (Harmondsworth, 1999).

Vernesi, Cristiano et al., 'The Etruscans: A Population-Genetic Study', *American Journal of Human Genetics*, 74/4 (2004), pp. 694–704.

Vetta, Massimo, 'The Culture of the Symposium', in *Food: A Culinary History from Antiquity to the Present*, ed. Jean-Louis Flandrin and Massimo Montanari (New York, 1999), pp. 96–105.

Vössing, Konrad I., 'Family and Domesticity', in *A Cultural History of Food in Antiquity*, ed. Fabio Parasecoli and Peter Scholliers (London, 2012), pp. 133–143.

Warden, Gregory, 'Ritual and Representation on a Campana Dinos in Boston', *Etruscan Studies*, 11/Article 8 (2008), http://scholarworks.umass.edu.

Watson, Andrew, *Agricultural Innovation in the Early Islamic World* (Cambridge, 1983).

Watson, Wendy, *Italian Renaissance Ceramics* (Philadelphia, 2006).

Webster, Gary, *Duos Nuraghes: A Bronze Age Settlement in Sardinia, vol. 1: The Interpretive Archaeology*, BAR International Series 949 (Oxford, 2001).

Weinberg, Bennett A., and Bonnie K. Bealer, *The World of Caffeine: The Science and Culture of the World's Most Popular Drug* (New York and London, 2002).

Welch, Evelyn, *Shopping in the Renaissance: Consumer Cultures in Italy, 1400–1600* (New Haven and London, 2005).

Wharton Epstein, Ann, 'The Problem of Provincialism: Byzantine Monasteries in Cappadocia and Monks in South Italy', *Journal of the Warburg and Courtauld Institutes*, 42 (1979), pp. 28–46.

Whitaker, Elizabeth D., 'Bread and Work: Pellagra and Economic Transformation in Turn-of-the-century Italy', *Anthropological Quarter*, 65/2 (1992), pp. 80–90.

White, Lynn, 'The Byzantinization of Sicily', *American Historical Review*, 42/1 (1936), pp. 1–21.

White, Corky, 'Italian Food: Japan's Unlikely Culinary Passion', *The Atlantic* (6 October 2010), www.theatlantic.com.

White, Lynn Jr, 'Indic Elements in the Iconography of Petrarch's Trionfo Della Morte', *Speculum*, 49 (1974), pp. 201–221.

Williams, J.H.C., *Beyond the Rubicon: Romans and Gauls in Republican Italy* (Oxford, 2001).

Wilson, Perry R., 'Cooking the Patriotic Omelette: Women and the Italian Fascist Ruralization Campaign', *European History Quarterly*, 27/4 (1993), pp. 351–347.

Woods, Dwayne, 'Pockets of Resistance to Globalization: The Case of the Lega Nord', *Patterns of Prejudice*, 43/2 (2009), pp. 161–177.

Wright, Clifford A., *A Mediterranean Feast* (New York, 1999).

Zaia, Luca, *Adottare la terra (per non morire di fame)* (Milan, 2010).

Zamagni, Vera, *Economic History of Italy, 1860–1990: Recovery after Decline* (Oxford, 1993).

——, 'L'evoluzione dei consumi tra tradizione e innovazione', in *Storia d'Italia, Annali 13: L'alimentazione*, ed. Alberto De Bernardi, Alberto Varni and Angelo Capatti (Turin, 1998), pp. 169–204.

Zaouali, Lilia, *Medieval Cuisine of the Islamic World* (Berkeley, CA, 2007).

Zeldes, Nadia, 'Legal Status of Jewish Converts to Christianity in Southern Italy and Provence', *California Italian Studies Journal*, 1/1 (2010), http://escholarship.org.

Ziegelman, Jane, *97 Orchard: An Edible History of Five Immigrant Families in One New York Tenement* (New York, 2010).

감사의 말

좋은 뜻의 이탈리아 방식대로 먼저 가족에게 감사한다. 어머니, 두 분 할머니, 고모와 이모 모두 나와 누이들에게 요리하는 법을 가르쳐주셨다. 사실 (절대 과장이 아니라) 수십 명을 먹이기 위해 부엌에서 노예처럼 일할 때에도 언제나 명랑하셨던 이 강인한 여성들은 경이로운 분들이셨다. 로마에서 살 때 일요일마다 온 가족이 모여 식사하던 전통에 대해, 나는 지금껏 감사하는 마음을 갖고 있다. 수년 동안 그 자리에 참석했던 외국 출신 친구들 역시 나와 같은 마음이다. 조카 플라비오와 그라치아가 앞으로도 이 전통을 이어가기를 바라 마지 않는다.

뉴스쿨 음식 연구 프로그램에서 활동 중인 작가 앤디 스미스에게 특별한 감사의 뜻을 전한다. 그는 이 책의 편집자와 나를 연결해준 사람이며, 투철한 학구열과 직업의식의 표상과 같은 사람이다. 뉴스쿨은 나에게 훌륭한 작업 환경과 놀라운 동료들, 그리고 제도적인 지원을 베풀어주었으며, 덕분에 나는 집필 작업을 도와준 에이미 오어, 뛰어난 편집자 이브 투로, 이 책의 도판 작업을 맡아준 헬렌 곽 같은 인재들과 함께 일할 수 있었다.

또 뉴스쿨, 미식과학대학교, 구스토랩Gustolab, 《감베로 로소》지, 볼로냐대학교 알마대학원, 일리노이대학교 어배나–섐페인 캠퍼스, 매사추세츠대학교 애머스트 캠퍼스, 뉴욕대학교에서 이탈리아 음식에 대한 열정을 나와 함께 공유했던 학생들에게 감사한다. 많은 학생이 나와 친구가 되었고, 또한 내가 기자 생활을 그만두고 강단에 선 이유를 꾸준히 일깨워주었다. 그들이 제기한 질문들과 그들이 보여준 호기심은 언제나 나로 하여금 인간으로서나 학자로서나 더 성장하도록 자극해주었다. 그 수가 너무 많아 여기에 다 적을 수 없지만, 당사자들은 알 것이다.

《감베로 로소》지에서 함께 일했던 옛 동료들, 특히 이탈리아 음식에 대해 엄청난 지식을 가지고 있었던 안날리사 바르발리, 그리고 내가 국제 관계에 대한 기사를 쓰고 있을 때에도 나를 믿어주었던 스테파노 보닐리는 나의 발전에 크나큰 역할을 해주었다.

이 책을 만드는 수고로운 과정에 많은 사람이 함께해주었다. 도런 릭스는 흥분했다가 허둥대다가 의기양양하다가 지쳐 떨어지곤 하던 나를 내내 잘 참고 견뎌주었다. 소니아 마사리, 피에르 알베르토 메를리, 로베르토 루도비코, 미첼 데이비스, 리사 새슨, 매리언 네슬, 막스 베르가미, 루도비카 레오네, 다이애나 민시트, 피터 아사로, 재닛 흐샨, 레이철 블랙, 캐럴 쿠니핸, 켄 알발라, 메릴 로소스키, 파울루 지 아브레우이리마, 로베르타 알베로탄차는 좋은 생각과 웃음, 한자리에 둘러앉아 즐기던 많은 순간들을 통해 내게 활력을 채워주고, 내 연구에 비할 데 없는 자극을 제공해주었다.

나는 음식을 연구하는 많은 학자에게서 영감과 영향을 받았다. 알린 아바키안, 워런 벨라스코, 애니 벨로스, 에이미 벤틀리, 제니퍼 버그, 안토넬라 캄파니니, 알베르토 카파티, 시모네 치노토, 폴 프리드먼, 다라 골드스타인, 얀 그라프, 앨런 그리에코, 리사 헬드케, 앨리스 줄리어, 로라 린든펠드, 사비에르 메디나, 마시모 몬타나리, 베아트리체 모란디, 프리실라 파크허스트 퍼거슨, 니콜라 페룰로, 안드레아 피에로니, 크리슈넨두 레이, 시뉴 루소, 에이미 트루벡, 카일라 와자나 톰킨스, 해리 웨스트, 릭 월크, 사이키 윌리엄스포슨 등.

여섯 권에 이르는 《음식의 문화사 *A Cultural History of Food*》를 피터 숄리에Peter Scholliers와 함께 엮으면서 놀라운 역사가와 학자들을 만난 경험은 여러 프로젝트 때문에 우왕좌왕하고 있던 내게 새로운 열정과 힘을 불어넣어 주었다.

나는 개인으로서나 일로서나 나만의 독특한 길을 선택하는 기회와 호사를 누릴 수 있었다는 데 대해 깊이 감사한다. 지금도 나는 내 길을 가는 중이다. 이제 이 책 다음에 무엇이 나올지 누가 알겠는가?

옮긴이 김후

연세대학교 경제학과를 졸업한 뒤 대우그룹 기획조정실 및 대우조선과 대우통신에서 일했다. 이후 독립 인문·역사 연구가로서 역사·철학·문화·정치·경제 등 다양한 분야의 지식을 바탕으로 저술 및 번역 활동을 하고 있다. 지은 책으로 《활이 바꾼 세계사》(제43회 한국백상출판문화상 수상), 《불멸의 여인들》, 《불멸의 제왕들》이 있고, 옮긴 책으로 《전쟁 연대기(전2권)》와 《몬스터 스토리(전5권)》 등이 있다.

감수 김성윤

《조선일보》 음식 전문 기자. 이탈리아 미식과학대학 음식문화와 커뮤니케이션 석사 과정을 졸업했다. 지은 책으로 《커피 이야기》, 《식도락계 슈퍼스타 32》, 《세계인의 밥》, 《이탈리아 여행 스크랩북》 등이 있다.

맛의 제국 이탈리아의 음식문화사, Al dente

초판 1쇄 발행 2018년 4월 16일
　　2쇄 발행 2019년 12월 31일

지은이　　파비오 파라세콜리
옮긴이　　김 후
펴낸이　　이혜경
책임편집　최인수
디자인　　여혜영
온라인마케팅　이지아
제작·관리　김애진

펴낸곳　　니케북스
출판등록　2014년 4월 7일 제300-2014-102호
주소　　　서울시 종로구 새문안로 92 광화문 오피시아 1717호
전화　　　(02) 735-9515
팩스　　　(02) 735-9518
전자우편　nikebooks@naver.com
블로그　　nikebooks.co.kr
페이스북　www.facebook.com/nikebooks
인스타그램 www.instagram.com/nike_books
트위터　　twitter.com/nikebooks

한국어판 ⓒ 니케북스, 2018
ISBN 978-89-94361-83-3 (03900)

책값은 뒤표지에 있습니다.
잘못된 책은 구입한 서점에서 바꿔 드립니다.